国家社科基金
GUOJIA SHEKE JIJIN HOUQI ZIZHU XIANGMU
后期资助项目

朝鲜王朝礼制研究

On the Rituals of Joseon Dynasty,1392-1910

赵 旭 著

中国社会科学出版社

图书在版编目(CIP)数据

朝鲜王朝礼制研究/赵旭著.—北京：中国社会科学出版社，2017.1
ISBN 978 - 7 - 5161 - 9268 - 9

Ⅰ.①朝…　Ⅱ.①赵…　Ⅲ.①礼仪—制度—研究—朝鲜
Ⅳ.①K893.129

中国版本图书馆 CIP 数据核字(2016)第 270796 号

出 版 人　赵剑英
责任编辑　喻　苗
责任校对　闫　萃
责任印制　李寡寡

出　　版　中国社会科学出版社
社　　址　北京鼓楼西大街甲 158 号
邮　　编　100720
网　　址　http://www.csspw.cn
发 行 部　010 - 84083685
门 市 部　010 - 84029450
经　　销　新华书店及其他书店

印　　刷　北京君升印刷有限公司
装　　订　廊坊市广阳区广增装订厂
版　　次　2017 年 1 月第 1 版
印　　次　2017 年 1 月第 1 次印刷

开　　本　710×1000　1/16
印　　张　18
字　　数　315 千字
定　　价　68.00 元

国家社科基金后期资助项目

出　版　说　明

　　后期资助项目是国家社科基金设立的一类重要项目，旨在鼓励广大社科研究者潜心治学，支持基础研究多出优秀成果。它是经过严格评审，从接近完成的科研成果中遴选立项的。为扩大后期资助项目的影响，更好地推动学术发展，促进成果转化，全国哲学社会科学规划办公室按照"统一设计、统一标识、统一版式、形成系列"的总体要求，组织出版国家社科基金后期资助项目成果。

全国哲学社会科学规划办公室

目　　录

自　序

　　随着改革开放的深入和中国社会的全方位进步，中国的年青一代较其前辈视野大为拓展。在日常生活中，国人日益崇尚个性、追求时尚。在众多的时尚文化中，"哈韩"一族成了一道亮丽的风景线。然而，自1992年中韩建交以来，我们对于20世纪七八十年代崛起于朝鲜半岛的这个邻邦并不十分熟悉，尤其是对其过去的历史、现今的核心民族精神缺乏应有的了解和观照，而仅以"时尚"或"潮"等直观的感性认知来概括我们对韩国乃至朝鲜民族的印象。这显然是远远不够的。

　　2010年，笔者有幸获得韩国高等教育财团2010—2011年度访问学者项目的资助，在首尔国立大学奎章阁韩国学研究院从事合作研究项目，合作导师为朴泰钧教授。赴韩之前预设的项目标题是"唐宋礼学对东亚社会的影响"。回顾一年的在韩访学经历，笔者深切地感受到，在这个世界文化日趋一体化的时代里，一个曾经在中华文化圈里吸纳了足够文化养分的国家如何将其传统与现代文化因素有机结合。徜徉在首尔市区的锺路街，可以观览到朝鲜王朝的故宫——景福宫，可以瞻仰世宗大王和李舜臣将军的铜像及其纪念馆，还有近代以来影响颇大的重要媒体——《朝鲜日报》那幢鹤立鸡群的大楼。一切似乎都在讲述着这个对于我们中国人而言既陌生又熟悉的邻邦的过去与今天。

　　来到韩国，一切安排妥当以后，伏案伊始，浏览了前贤们有关中国文化对朝鲜半岛的影响及朝鲜王朝历史的研究成果，大致有如下几种视角：

　　其一，中韩交流或宗藩政治传统。如陈尚胜《中韩交流三千年》（中华书局1997年版），讲述了从箕子入朝鲜、秦民走海东，到唐罗贸易以及中韩天文历法和数学的交流、中韩典章制度和宗教礼俗文化的交流等；邱瑞中《〈燕行录〉研究》（广西师范大学出版社2010年版），以《燕行录》文献为线索，描述了《燕行录》中反映的元、明、清三朝朝鲜半岛使者所见到的中国政治、经济和社会诸端现象；孙卫国《大明旗号与小中华意识：朝鲜王朝尊周思明问题研究（1637—1800）》（商务印书馆2007年版），分析了大报坛、万东庙和大统庙的建立以及这些建筑物的政治、文化含义。

其二，中国文化对外传播的历史。如朱云影（1904—1995 年）《中国文化对日、韩、越的影响》（广西师范大学出版社 2007 年版），较早且明确地提出了"中国文化圈"的概念；彭林《中国礼学在古代朝鲜的播迁》（北京大学出版社 2005 年版），从先秦礼文化谈起，论述了在不同的历史时期中华礼仪文明在朝鲜的嬗变，纵贯了三国时代、高丽时代、朝鲜时代，并结合朝鲜典制，分析了朱熹《家礼》在朝鲜时代的变化。

其三，侧重于思想文化层面。如李甦平《韩国儒学史》（人民出版社 2009 年版），着墨于中韩儒学的比较研究，阐释了韩国儒学"重气""重情""重实"的基本特点，集中探讨了韩国儒学在"理气""心性""礼仪""以图解说"等方面对中国儒学各方面的发展；正文五章内容则是着重对韩国儒学发展演变历史的梳理和论述，依照韩国历史发展的顺序，对李穑、郑梦周、郑道传、权近、徐花潭、李退溪、奇高峰、李栗谷、成牛溪、曹植、金长生、宋时烈、魏岩、韩元震、郑霞谷、李瀷、洪大容、丁茶山（即丁若镛）、崔济愚、朴殷植等代表人物的儒学思想作了深入阐发，并探究了韩国儒学发展演变的内在规律。如韩国琴章泰《韩国儒学思想史》（韩梅译，中国社会科学出版社 2011 年版）探讨了儒学思想在韩国历史上表现的多面性及其作为综合核心价值观的性质。更为突出的是，该著作在论述三国时代新罗国的花郎道时，指出了花郎道乃是杂糅了儒、佛、道三家思想且具有朝鲜民族特色的文化现象。张敏《韩国思想史纲》（北京大学出版社 2009 年版），以韩国 11—19 世纪十三名最有代表性的思想家作为研究对象，展开对于韩国哲学思想史的研究，认为在东亚区域文化圈中，韩国堪称最具有代表性的儒学国度。

总体而言，上述研究成果侧重于对以儒学为核心价值的思想的传播，没有将东亚传统文化作为一个整体进行综合考量，尤其对于朝鲜半岛的社会结构和礼俗研究不足，因此没有充分揭示中国传统文化（尤其是礼文化）在朝鲜半岛发展和适用的状态。彭林《中国礼学在古代朝鲜的播迁》（北京大学出版社 2005 年版）堪称先驱之作，辞旨恢宏，贯通古今，对笔者启迪颇多，但前辈毕竟没有把焦点放在集朝鲜半岛传统礼学文化之大成的朝鲜时代（公元 1392—1910 年），其视角重在中国礼学在朝鲜半岛之变，而不是朝鲜社会结构之变及其对中国礼学文化的适应与择从。实则，朝鲜王朝这一时代是比较充分地领悟了从先秦到唐宋、明清文化的时代，是融会贯通、集其大成的时代，也是近代转型的前夜，新思想潜滋暗长、积极萌动的时代。如果把朝鲜王朝同三国时代和高丽王朝做一番对比的话，不难看出朝鲜王朝的儒学正统和主导地位确实是提升了，道家思想融入了儒学的思辨之中，与儒学珠联璧合；佛教的思想潜藏于山岳之间，对政府官员和士大夫群体不再具有重大影响力。中国当时的官方哲学思想也有一个从多元向一元过渡的辙迹，也有一个儒家吸收和融汇释老之学的过程。这些思想意识和上层建筑的变化似乎有某种共振效应，但是基于不同的社会基础、民族基础和地域差异，礼文化作为沟通了意识形态（官方哲学、官僚和士大夫的主流理念）、上层建筑（国家制度、官僚和士大夫的普遍言行规范）和社会基础（百姓日用及民俗传统）的特殊文化现象，尤其值得考量。

　　笔者在读博士期间所从事的专题研究是隋唐五代制度史，也略微涉猎一些宋史，进入首尔大学的奎章阁，笔者试图在异国的尺牍中找到唐朝和宋朝文化的影子，哪怕是只鳞片甲也足以为"唐宋礼学对东亚社会的影响"这个选题做一下注脚。然而，让笔者惊叹的是，这里有很多关于古代礼制的资料，尽管那是播扬于外域而又被当地学者整理和研究了的资料，仍不啻为中华文化圈共同的宝贵财富。可能往往是"当局者迷"的缘故，朝鲜学者在引进中国礼文化的同时，不可避免地遇到了礼俗有别、化礼成俗、因情制礼、礼文化与近代社会转型等一系列问题。我们今天从近代化、现代化的视角再来审视古代社会不同族群中同质文化的变容时，自然会有新的体悟。在谈及中国传统社会与朝鲜古代社会的关系时，常驻奎章阁的比利时籍学者塞姆·沃美尔士（Sem Vermeersche）先生曾用"One essence, but different manifestations"（"同一本质，不同表象"，姑且可以简略地翻译为"同质异形"）来概括古代中国与古代朝鲜文化的关系。朝鲜宣祖朝的柳梦寅也以"我东与中国，山川人物、兴废事变，略相仿佛"的说法来描述中国传统社会与朝鲜古代社会的关系。① 因此，笔者在撰文时更倾向于使用"东亚传统文化"这一语汇，尤其是在论述中国与朝鲜古代的文化交流，而不是单独论述中国特有的典籍、典章和制度文明的时候。

　　对于中国传统"三礼"的研究自东汉以后逐渐形成学术，可以称之为"礼学"，礼学发展到宋代，成为宋代学术的重要组成部分，以致彭林前辈断言："礼学是宋学"，宋儒"知理"而后"制礼"。② 朝鲜王朝的学者也

---

① 柳梦寅：《於于野谈》，转引自［韩］孙晋泰著，全华民译《朝鲜民族故事研究》，民族出版社 2008 年版，第 103 页。

② 彭林：《中国礼学在古代朝鲜的播迁》，北京大学出版社 2005 年版，第 268—272 页。

因为取法于朱熹而将宋代目为"盛宋"。因此，对于朝鲜王朝礼学和礼制的研究可以与唐宋礼学和礼制的研究相互联系，互相照应，别其异同，贯通而为一体，此一体乃是中华传统礼文化之源头和流脉之统合。根据前辈学者的考证，一般认为"中国礼仪文明在朝鲜半岛的传播"可以追溯到三国时代，主要表现是三国政权遣使朝华、废除殉葬、建立宗庙、确立王之年号等。① 在三国时代之后的统一新罗时代，产生了一种古代朝鲜民族特有的精神追求。目前的韩国哲学会等学术组织的研究成果也认为花郎道是以儒学为基础的儒释道三教合一的民族精神体系。花郎道滥觞于新罗时代，最具民族和时代特色。花郎道起初是少女审美、竞美的活动，以乐舞、歌唱等形式"奉源花"。由于发生了少女之间的妒杀事件，于是改为以门第和才德为根据来选美男，以新选中的美男替代原来的源花，称为"花郎"。因此，选花郎后来就演变成了选士的活动。花郎道要求"追慕风流"（即以歌舞的形式表达信仰），要求接化群生，到达忘我的极致，要求守佛教的每月六斋日，并由此演绎出世俗五戒——事君以忠、事亲以孝、交友以信、临敌无退、杀生有择。这五戒也可以概括为忠、孝、信、勇、节制的"五德目"。② 历史往往是偶然性与必然性的统一。少女在选美时的妒杀只是导致花郎道产生的一个偶然事件，其必然的原因则是新罗国追求尚武精神、习武德行的需要，而这种精神最后成为新罗统一朝鲜半岛，建立了统一新罗王朝的助力因素之一。因此，笔者认为，花郎道的所谓儒学基础就很值得怀疑了。高丽成宗姓王名治（981—997 年在位），其在位期间是高丽王朝向宋朝学习礼制和文化的重要时期。宋太宗淳化三年（992年），宋太宗亲自考试诸道贡举人，诏赐高丽"宾贡进士"王彬、崔罕等及第，且授以官职，并遣送回高丽。当时，王彬、崔罕已然在宋朝学习了十年，所谓"十年观国，俾登名于桂籍，仍命秩于芸台"。次年，高丽成宗又上言求赐板本"九经"书，用敦儒教，宋太宗许之，③ 也有一种说法是高丽成宗欲以"九经""夸示外国，（宋太宗）诏给之"。④ 由是，高丽成宗制礼可以看作朝鲜半岛接受儒学，并以此制礼作乐的一个新的里程碑。高丽成宗"亲祀圜丘祈穀，配以太祖"。这种祭天的行为显然是儒家敬天思想的体现，而以太祖配享则是中国传统礼学的要求，皇帝以其先祖配享上帝。笔者认为，由于宋、辽、西夏的对峙，高丽成宗没有把中原王

　① 彭林：《中国礼学在古代朝鲜的播迁》，北京大学出版社 2005 年版，第 1—25 页。

　② 李甦平：《韩国儒学史》，人民出版社 2009 年版，第 47—72 页。

　③ 《宋史》卷四八七《外国三·高丽传》，中华书局标点本 1985 年版，第 14041、14042 页。

　④ （宋）杨亿：《杨文公谈苑》，上海古籍出版社 2012 年版，第 85 页。

朝视为天下共主的观念，因此自行祭天。高丽成宗确定了五庙的宗庙制度。以后的高丽诸王在此基础上编订了《详定古今礼》五十卷，并结合《周官六翼式目编录》《蕃国礼仪》等书，确立了官方礼制的"五礼"——吉、凶、军、宾、嘉。① 可以说，高丽时代是中国传统礼文化东渐的一个重要时期，也是东亚文化圈形成的一个关键时期。

　　总体而言，高丽王朝时代对于中国传统礼文化只是机械地吸纳，并没有进行深刻的融会和内化。当然，我们不能把朝鲜半岛的一切文明进步都归因于中国传统礼文化输入的结果。从广义的根源上讲，传统的东亚礼文化乃是原始习惯法成文化的结果，而各个民族早期都有自己的习惯法。从这个意义上讲，本无所谓中国传统礼文化的传播问题，而是东亚传统社会礼俗的延续问题。如殉葬的废除、嫡长子继承制度的确立等乃是历史发展的一般动势，各个民族都会经历这些文明发展的必然变数。一般和必然的因素往往不应该成为历史学研究的唯一焦点，而历史的丰富性与多样性以及看似同质同源而却表现出细微差别的研究对象，往往会给读者耳目一新的感觉。

　　"朱子学"早在13世纪30年代就借助朱熹后代移居朝鲜半岛的契机，开始在高丽民间传播。13世纪末，随着高丽诸王及其使团对元朝的访问，朱子学获得了官方的传播途径。南宋嘉定十七年（1224年）春，朱熹曾孙朱潜弃官，与门人叶公济、赵昶、陈祖舜、周世显、刘应奎、杜行秀、陶成河七学士浮海而东。"舟泊锦城，仍居焉。"朱潜与门人到达高丽全罗道之锦城后，建书院讲学，传播朱熹的思想，在当地产生了很大影响。人们尊称朱潜所居之地为"仁夫里""君子里""朱子川"。这是朱子学在朝鲜传播之伊始。但是这仅是一种民间的私学传播，其影响也主要在民间，还未能对整个高丽民族的政治制度和文化心理产生重大的影响。高丽王朝统治者接受朱子学还需要一个渐进的过程。公元1289年（元世祖至元二十六年），安珦（原名安裕，1242—1306年，曾任高丽朝集贤殿大学士、宰相等职）陪同高丽忠烈王赴元大都燕京（今北京），首次读到新刊《朱子大全集》，认为它是孔孟儒教之正脉，于是手抄此书并摹写朱熹画像。他回国后，作为宰相，便在高丽太学中讲授朱子学，并以朱熹教育思想为依据，整合当时的高丽教育机构。安珦的学生白颐正、权溥、李齐贤和后学李穑、郑梦周等都在高丽一朝致

---

① 彭林：《中国礼学在古代朝鲜的播迁》，北京大学出版社2005年版，第47—50页。

力于朱子学说的传播。①

　　从文献资料来看，《朝鲜王朝实录》所记朝鲜王朝之事，可谓巨细咸赅，遍览丛书《韩国文集丛刊》，发现其间所论礼学，也多称"朱子"。以朱子学于朝鲜半岛传布开去算起，有李滉的退溪学，其在世界观方面，深得朱子理气说之衣钵。退溪学及其诸家流脉者，多闲云野鹤，以隐逸为事。直到朝鲜王朝中后期，"汉城实学派"的形成之后，才对朝鲜王朝的官方礼制和礼学加以总结，其渠魁者有沙溪金长生、星湖李瀷、洌水丁若镛等，皆有礼学专著传世，其间既渗透了朝鲜王朝官方礼典的内容，又反映了朝鲜王朝特有的民俗状况，并对中国礼文化多所采撷，采撷之际，兼有离析、论断，贯通古今、结合朝鲜时俗之处。其典章制度、学者论说，可谓卷帙浩繁，洋洋大观；细致委曲之处，又可谓丝丝入扣。

　　于是笔者决定将研究题目确定为中国古代礼俗对朝鲜王朝的影响，且试图以冠、婚、丧、祭四礼为核心，探寻朱熹《家礼》所确定的礼制框架对于民俗的深彻影响。谈及礼俗者，往往离不开国家典制、法律制度等问题。就化礼成俗之后的礼文化而言，朱熹《家礼》确立的冠、婚、丧、祭的框架乃是宋代以后中华文化圈内逐渐认同的框架，是所谓士大夫礼仪的典范，与代表国家礼典的"五礼"并存于世。五礼指的是《周礼》《礼记》所确定的吉、凶、军、宾、嘉这五部分的国家礼典，清代康熙年间的进士徐乾学著有《读礼通考》一书，"惟详《丧葬》一门，而《周官·大宗伯》所列五礼之目"则不甚关注，乾隆年间进士、刑部尚书秦蕙田"乃因徐氏体例，网罗众说，以成一书。凡为类七十有五，以乐律附于吉礼宗庙制度之后，以天文推步、句股割圆，立观象授时一题统之；以古今州国都邑、山川地名，立体国经野一题统之，并载入《嘉礼》"，纪昀对此的评价是："虽事属旁涉，非'五礼'所应该（笔者按，'该'同'赅'，包容囊括之意），不免有炫博之意。"② 而与此同时代的民间士大夫之家的礼书则以"四礼"冠名。清代平湖人顾广誉曾著《四礼榷疑》，现存有由光绪年间吴县朱记荣校刻的《槐庐丛书三编》本。

　　朝鲜王朝之初，士大夫多有指斥高丽王朝之末季，"降元从伪"，政荒礼颓之言论。实则，作为中国古代法律文化的重要法典《唐律疏议》已然于高丽时期传入朝鲜半岛。然而，高丽对唐律的移植实际上就是一个制度

---

① 张品端：《朱子学东渐及其朝鲜化的过程》，《南平师专学报》2000 年第 3 期。
② （清）纪昀：《四库全书总目提要》卷二二《礼类》。

变迁的过程，而制度的变迁被披上了文化之争的外衣，其结果便是在"华制"与"土俗"之间进行折中，从而使唐律在高丽的立法过程中发生了大规模的变形，例如，高丽在移植唐律时将唐律以夫系血亲为尊的原则改为夫妇双系血亲并重的原则，妻族的地位远较中国为高。① 朝鲜时代郑麟趾在总括高丽王朝的法典时说："高丽一代之制，大抵防（仿）乎唐，至于刑法，亦采唐律，参酌时宜而用之，曰《狱官令》二条、《名例》十二条、《卫禁》四条、《职制十四条》、《户婚》四条、《厩库》三条、《擅兴》三条、《盗贼》六条、《鬥讼》七条、《诈伪》二条、《捕亡》八条、《断狱》四条，总七十一条。删烦取简，行之一时……然其弊也，禁网不张，缓刑数赦，奸凶之徒脱漏自恣，莫之禁制。及其季世，其弊极矣。于是有建议杂用元朝《议刑易览》、《大明律》以行者，又有兼采《至正条格》，救时之弊，其如大网之已毁，国事已然倾，何以见于史者。"② 综观高丽一朝，以王之教命为禁令者亦有之，但是唐律的地位维持到最后。辛禑十四年（1388 年）九月，典法司上疏："……今《大明律》考之《议刑易览》，斟酌古今，尤颇详尽。况时王之制，尤当仿行，然与本朝律不合者有之。伏惟殿下命通中国，与本朝文俱者斟酌，更定训导外，官吏一笞一杖，依律施行之，若不按律而妄意轻重者，以其罪罪之。"③ 同时，出于东亚传统意识形态领域的"法古"情结（如唐人虽有律，然议事制刑往往称引先秦经典及汉律）以及元朝制度对朝鲜半岛影响之余波，朝鲜王朝在司法议事中一直参酌中国法典，尤其是《唐律》以及《至正条格》《议刑易览》等元朝法典。

朝鲜王朝虽为明之藩国，然自太祖大王以来即制定更加符合自己国情与民俗的《经济六典》作为国家政典："太祖神武开基，制度一新，仿成周六官，为《经济六典》。"④ 其于王朝前期，于律科人才之选拔、典制之创制，颇循中国旧制。《经国大典》（世祖时期开始撰写，成书并颁行于成宗五年、公元 1474 年、明宪宗成化十年）卷三《礼典》"诸科条"规定律科初试录取十八人，由刑曹试取，内容为"《大明律》（背讲）、《唐律

①　张春海：《唐律、〈高丽律〉法条比较研究》，《南京大学法律评论》2011 年第 36 期。

②　（朝鲜王朝）郑麟趾：（明代宗景泰二年，1451 年）《高丽史》卷八四《刑法志一》，首尔：亚细亚文化社 1972 年影印本，第 2、3 页。

③　《高丽史》卷八四《刑法志一》，第 34 页。

④　成世昌（嘉靖二十二年）：《〈大典后续录〉序》，首尔大学奎章阁影印本 1997 年版，第 131 页。

疏议》、《无冤录》①、《律学解颐》、《律学辨疑》、《经国大典》（临文）。"②而到后来的《续大典》（颁行于乾隆十一年，公元1746年）则规定律科初试内容为"《大明律》（背诵）、《无冤录》、《经国大典》（临文），其馀诸书今废"③。朝鲜王朝于明朝时，不忘师法唐律，而于清朝时，亦不忘传承和借鉴明律。这固然与东亚民族共有的"法古"情结有关，也是其作为独立藩国的施政特色。当然，就其法律而言，确实受明朝的影响最大，当时有治律学者，均以《大明律》为典范，如朝鲜王朝金祗等撰《大明律直解》颁行。它既是一部法典，又是一部大明律的注释书，今存朝鲜光武七年（1903年）刊刻本；从其注释来看，基本上接轨于明代流行的雷梦麟《读律琐言》、胡琼《律解附例》等律解书。④金祗《大明律直解》与佚名撰《大明律讲解》，约成书于洪武九年（1376年）至三十年（1397年）之间。⑤佚名撰《大明律附例》，今于奎章阁有复印本，未详其与明代舒化等撰《大明律附例》⑥的关联。一般认为，最迟在于高丽辛禑四年（1378年）《大明律》已然传入朝鲜半岛，并为郑梦周在制定法律时所参用。高丽王朝末期立法就是参酌唐律、元律与《大明律》的。⑦单纯就法律的定制与适用来看，《经国大典》卷五《刑典》开宗明义地规定"用律：用《大明律》。"世祖大王即位以后，逐渐有了"用律，用《大明律》"的法律思想，后来《经国大典》确立了《大明律》在朝鲜王朝法律

---

① 笔者按，此书共二卷，1308年成书，作者为元朝王与，东瓯人。1928年至1936年间，祖籍平阳侨寓温州的黄群校印《敬乡楼丛书》，收录了此书。此书与南宋宋慈《洗冤集录》（1247年）、宋元之际赵逸斋的《平冤录》合称为《宋元检验三录》。（参见贾静涛《中国古代法医学著作在国外》，《中国科技史料》1981年第2期）。《秋官志》第一篇《律令》记载《无冤录》成书于明宣宗正统三年（1438年），并有《肃宗御制无冤录引》，第51页。大概是因为朝鲜王朝力图在政治上与元朝撇清关系，所以对《无冤录》的缘起和作者进行了隐晦。

② 太白山实录史库本，第8页。

③ 首尔大学奎章阁影印本，第226页。笔者按，举凡国家典章、实录书写，朝鲜王朝皆用清朝年号。然其私人书信、家庭祭祀、墓志皆用明朝年号，尤其是"崇祯"年号。（参见孙卫国《大明旗帜与小中华意识——朝鲜王朝尊周思明问题研究［1637—1800］》，商务印书馆2007年版，第14页）

④ 何勤华：《略论明代中国律学对周边国家的影响》，《法制日报》2000年4月16日。

⑤ 赵志晚：《〈大明律〉和朝鲜的刑事规定》，载张中秋编《中华法系国际学术研讨会文集》，中国政法大学出版社2007年版，第73页。

⑥ 马韶青：《明代律学文献及研究综述》，载《中外法律文献研究》第二卷，北京大学出版社2008年版。明神宗万历十三年（1585年），将《问刑条例》附于《大明律》之后，形成《大明律附例》。

⑦ 文亨镇：《〈大明律〉传入朝鲜考》，《中央民族大学学报》2000年第5期。

体系中的核心地位，并历代沿袭不替。而此前朝鲜王朝的司法实践则是唐律、元律与明律杂用。① 笔者认为，一贯杂用中国各代法典兼立其"一王之法"才是朝鲜王朝的司法实态。《经国大典》规定的"用《大明律》并无抽刀断水之效。"卷帙浩繁的《秋官志》所记载的案例大多为一般的民间刑事案件，确实有直接按照《大明律》判罚的普遍现象，但是一旦涉及疑难案件或者涉及官员的职务犯罪，其处罚原则往往不依据《大明律》。

立法活动未必会对司法实践起到立竿见影的效果，所以《大明律》绝非成宗以后朝鲜法制的全本内容。朝鲜王朝只能通过将外来法律与自身的民俗和礼制相磨合才能实现对所移植法律的有效运用。何况在明确使用《大明律》之前，朝鲜王朝自有其典章。因此，因礼俗而司法才是朝鲜王朝的通行做法。比如，《经国大典》之《吏典》使用统一的品级制度，不但规定了官僚的品级，而且规定了后宫、宗室、命妇的品级地位，不再如中国历代王朝那样设立爵、散品和职官官阶，对于后宫、宗室、命妇也不再以"令"的形式单独规范。如《吏典》"内命妇"条即以表格的形式规定了从正一品的嫔、从一品的贵人、正二品的昭仪等一直到从九品的从事"奏变徵、奏徵"等职守的乐工；"宗亲府"条又以表格形式规定大君（王子嫡）位列诸品之前，即有储君的地位，君（王子庶）为正一品，与之并列的有辅国崇禄大夫、议政等。② 朝鲜王朝也规定根据衣服的颜色和冠带确立社会等级，但是在"良贱有别"的原则上则较之中国淡化了许多，只是规定了在官之人与庶人在衣服冠带上的等级差别（自汉代以来，中国的奴婢一般以青碧色幞头及衣服为定制颜色，如苍头、青衣之称谓即是如此）："一、禁庶人红紫衣及袄交绮绡、珊瑚、玛瑙、琥珀、明贝、青金石、笠缨子、笠饰钑、镫子、黄铜事件（饰件）、斜皮。一、公服、朝服、祭服及妓工人冠带红色，仍旧。"③《经国大典》之《刑典》内明确有"用《大明律》"之语，而二百余年后的《续大典》才规定了《大明律》作为"一般法"的参照法律之地位。在司法实践中，适用《大明律》所引发的种种问题，则通过参考《唐律疏议》和元朝《至正条格》等得以解决。④ 就笔者所见，所谓"一般法"，就是参考法，而不是上位法。即只参考其基本精神——如丧服图（五服及亲属关系）、刑罚等级（笞、杖、徒、

---

① 参见高艳林《〈大明律〉对朝鲜王朝法律制度的影响》，《求是学刊》2009 年第 4 期。

② 《经国大典》卷一《吏典》用律条，第 1 页。

③ 《睿宗实录》卷六，元年（1469 年）七月庚寅（九日）条，第 8 册，第 401 页。

④ 参见赵志晚《〈大明律〉和朝鲜的刑事规定》，载张中秋编《中华法系国际学术研讨会文集》，中国政法大学出版社 2007 年版，第 73 页。

流、死与罪刑之差等)。《经国大典》只言:"用《大明律》。"①《续大典》则规定:"依《大典》(笔者按,指《经国大典》),用《大明律》,而《大典》、《续大典》有当律者,从二典。"②笔者认为,这里的"当"应当释作"挡",有"阻隔、妨碍、抵触"的意思,同时代流行的小说《三国演义》中,"挡"均作"当"。基于这种用字习惯,"当"不可能解释成"符合",否则,"从二典"三个字就显得莫名其妙了。可以看出朝鲜王朝是自立一王之法的,只不过其自治意识的加强有一个循序渐进的过程。朝鲜王朝之采用《大明律》作为一般法,实则是推重其立法精神,尤其是《大明律讲解》前所附的《本宗九族》《五服正服之图》《妻为夫族服之图》《出嫁女为本宗降服之图》《外亲服图》《妻亲服图》《三父八母服图》等礼学思维,以此制定法律,整饬社会伦纪,审议疑难案件。《大明律》继承《唐律》,唯于细节上着重强化了父权、夫权和君权。《大明律》比起明初洪武年间行用的《大诰》严峻不足,比起明代后来的《充军条例》等规定,又细琐弗及。因此,《大明律》尽管不是明代法律的全部,却是明代法律的重要权衡,更是明代基本治国理念的体现,也可以看作朝鲜王朝的律学中的礼学内核的体现。至于其治国用典,在司法经验上亦不时参考唐、宋及元朝之典章,其借鉴范畴之广博甚至囊括了宋、元、明三朝的法医学成就。

朝鲜王朝在设官立制方面,亦取法"六部"和"九卿"的双重体系,"六部"为主,"九卿"为辅。仿六部设立六曹,各司其职,其中吏曹,掌百官之考绩黜陟;礼曹,负责礼仪的制定和论礼议事等。仿九卿者如设立议政府,参决机要;设立司谏院,广开言路;设立司宪府,议刑罚之轻重及律条之宗旨;设立义禁府,惩办贵族宗室的犯罪事件。王则以"教旨"的形式总其成。这种兼听而后独断,又优容仕宦的政体颇似宋代。朝鲜王朝的学者亦常以"盛宋"来称美宋朝,为其师法。盖其在文化上仰慕朱子之故,而其政治亦多遵从有宋制度。同时,作为明的藩国,朝鲜王朝亦参考明制。可以说师法宋、明是朝鲜王朝的文化和政治取向。

与朝鲜王朝情况迥异的是与之一衣带水的日本。日本虽亦有朱子学之传布,然其于政治体制上多师法汉唐,以致天皇暗弱,强藩干政。其武人骄纵之态势自镰仓幕府时代(1185—1333年)已大行其道,继之愈演愈烈。虽有主公与家臣之大义名分,然家臣废立甚至弑主的事件时有

---

① 《经国大典》卷五《刑典》用律条,第1—5页。
② 《续大典》卷五《刑典》用律条,第409页。

发生。这和中国历史上中唐以后至五代的藩镇等军事集团的形态极为相似。清末民初的学者辜鸿铭指出，"今天的日本人是真正的中国人，是唐代的中国人。那时中国的精神，今天在日本继续着，而在中国却已大部失传了。"进而认为中国汉唐之向上精神被后来粗鄙的游牧民族蹂躏殆尽，日本孤悬海外，台风阻挡了元朝的军队，故幸而保存了中国正统之文明。中国内地则唯独江苏、浙江两省稍得其遗泽耳，为其曾是南宋的统治中心。① 辜鸿铭的这种论断虽然有显而易见的文化、种族、地域偏见，很值得商榷，但却启示我们认同这样一个事实：周边国家或民族在借鉴庞杂的中华文明时本就有各自之倾向，各取所需，正如中国各种地域文化殊别，各有禀赋一样。日本继承了唐文化的衣钵，并长期传续和发扬，当为不争的事实。

　　中国自宋代以后的中央专制权力和文治主义的加强，也正是为了矫治中唐以后至五代的藩镇割据。日本古代的政治可以理解为等级名分判然，而武士阶层骄纵，"下剋上"事件频发的不稳定政治格局。及至近代，武人政治的影响依旧：明治维新实际上是通过一次下级武士主导的"下剋上"实现的；"二二六"兵变是"下剋上"的结果；侵华战争不断扩大化也是"下剋上"的推动……都是在政府对军队失驭的状态下发生的。与日本相反的是，朝鲜在借鉴中华文明时，尤其侧重吸取宋、明的文治。比及同时代的日本，朝鲜王朝的政治比较平稳，纵贯五百年，垂拱而治，而李氏一姓，统绪相传，政局相对稳固，于内虽偶有驱逐现任君主另立新君的政变发生，于外则不事征伐。唯自后期，遭倭寇之袭扰，又有黄海道农民举事，更兼与建州女真交兵，略显扰攘，但大致能够长期地能绥靖疆土，保全社稷，化干戈为玉帛者，实赖文治之功也。其崇文抑武，取法宋明的负面作用也比较明显。如睿宗即位之年（1468年）南怡将军（1447—1468年）之冤案，较之岳武穆之于风波亭被祸，何其相似乃尔！唯因诗获罪，更加令人扼腕。南怡将军诗曰："白头山石磨刀尽，豆满江水饮马无？男儿二十未平国，后世谁称大丈夫。"② 遂遭谗毁，冤杀于汉江之畔。所不同者，朝鲜王朝这次诛杀武臣的冤狱是用了文字狱的严酷手段，宋、明则以"莫须有"、谋叛之类的罪名，或唆使其他武将诬告、揭发的形式打击功臣宿将，然其以文御武，于鸟尽兔死之际冤

---

　　① 参见黄兴涛等译《辜鸿铭文集》之《读易草堂文集·中国文明的复兴与日本》，海南出版社1996年版，第276页。

　　② 韦旭昇：《韩国文学史》，北京大学出版社2008年版，第213页。

杀武人的统治方式则与宋明别无二致。在壬辰倭乱（公元1592—1598年，中国史书称万历援朝战争）中，通行的说法是李舜臣于1589年在露梁大捷中阵亡，死后被朝鲜民族誉为民族英雄。延边大学文学院的金宽雄教授有不同的说法，他认为，李舜臣是在对日寇的决战取得胜利以后，投海自杀，目的很简单，就是一死殉难，避免谗言毁谤，以自全其名节，亦避免株连其家小。这种解说是史实也罢，是民间文学的演绎也罢，都透露出朝鲜民族对于"鸟尽弓藏、兔死狗烹"这一政治潜规则的深刻认识，并且这种认识延续至今，还体现在其他的方面。如当下流通的韩币中，李舜臣的形象仅出现在百元的硬币中，其购买力几乎可以忽略，其他千元以上的大额纸币上出现的都是有思想文化贡献的人物。朝鲜历史上也曾出现过鸿儒宋时烈被赐死的事件，翌年即获得平反。类似这种因党争而冤杀文人的事件与打压武人的普遍国策相比，仅是偶发事件。朝鲜王朝虽政局相对平稳，然终亡于强敌入侵，又与中国古代的宋明何其相似。然而，这种畸形的文人政治并不能消弭英雄豪杰舍身殉难的爱国热情，正如中华民族涌现出岳飞、于谦等英雄一样，朝鲜民族也一样有南怡、李舜臣，还有近代史上舍生忘死刺杀日本军政领袖的安重根、尹奉吉等义士，足以彪炳史册、光照千秋。

若就礼文化而言，朝鲜王朝模拟中国，从表面上的官服装束到其内在的对程朱理学的探研，可谓既精微又深邃，既惟肖又神似。若以朱熹的"理一分殊"之基本哲学理念而论，东亚文化之本体乃是其"理"，而各秉受不同之"气"。尚武与右文乃是汉唐与宋明两种不同时代，不同气质的文明。日本之所秉受者，以汉唐为主；朝鲜之秉受者，以宋明为主。就东亚历史的视角而言，"唐宋转型"说纵然描述了唐宋之际的诸端变化，其"转型"亦不足以作为中国历史上"上古""中古"与"近世"阶段的明确分野，而仅仅可以看作政治模式或统治方略的变革而已。若推广和使用"唐型文化""宋型文化"的说法①，不但可以解析中国历史上政治模式、统治方略的变革，而且亦可以适度地用于解说东亚各地域或国家的历史。

笔者以先前治史之偏好，又得灵感于唐宋文明之异趣，故欲探逸东亚

---

① 傅乐成：《唐型文化与宋型文化》，载台湾"国立"编译馆、中国唐代学会主编《唐代研究论集》第一辑，台湾新文丰出版公司1992年版。目前在中国大陆，唐型文化与宋型文化的学说在史学界显然不是主流，所见多为古代文学研究者的作品，如王宏武《略论唐型文化与宋型文化》（《甘肃高师学报》2011年第6期）；张再林《白居易是"宋型文化"的第一个代表人物》（《中州学刊》2006年第1期）等。

传统礼文化之于朝鲜王朝之影响及其在朝鲜半岛的变容，并与朝鲜王朝的政治与社会问题相结合，决心沉潜册府，草成专著，实冀同仁、方家批评哂正。

赵旭

2011 年 8 月于首尔冠岳山麓

引　论

（一）朝鲜王朝的政治和礼法取向

朝鲜半岛的古代历史与中国东北的历史在地缘和文化方面有很多的交集：时聚时散，纵横捭阖。笔者笼而统之地称其为"朝鲜半岛"的历史，其缘故是学力所限，自知对东北边疆史地的研究非己所长。且拙作之创制，姑且是以礼俗问题为切入点，探讨"中国""中原"的礼俗与朝鲜半岛政治民俗的相互影响问题。

按一般中国国内公认的历史分期，乃有檀君朝鲜（公元前 2333—前 1121 年）、箕子朝鲜时代（约公元前 1122—前 194 年）、卫满朝鲜时代（公元前 195—前 108 年）①、前三国时代（因高句丽、新罗、百济三个政权并立而得名，公元前 108—公元 313 年）、统一新罗时代（公元 668—

---

① "朝鲜"一词在朝鲜的史书《三国遗事》被用来称呼"古朝鲜"（檀君朝鲜）"卫满朝鲜""箕子朝鲜"。"古朝鲜"与"箕子朝鲜""卫满朝鲜"并立而言，所以今天在朝鲜和韩国单称古朝鲜，多指檀君朝鲜。从周朝至汉朝的中国史书，"朝鲜"只是指朝鲜半岛北部的地区，朝鲜半岛南部则被称为三韩（即辰韩、马韩、弁韩）。在南宋（1127—1279 年）灭亡后不久，有高丽僧侣一然所著《三国遗事》，其书假托并称引《魏书》云："往二千载有坛君王俭，立都阿斯达，开国号朝鲜。"今天朝韩两国的学者将檀君神话的时间推定为公元前 2333 年，并纪年为檀君元年，此类似武昌起义后，湖北军政府采用黄帝纪元，各省独立政府也有效法者。在韩国光州的独立博物馆，可以看到韩国建国时的一副楹联："终见檀民还故土，楚虽三户可亡秦"，"檀民"应该理解为檀君之后裔遗民。实则，公元前 194 年燕人卫满推翻古朝鲜准王，国号仍称"朝鲜"，史称卫满朝鲜。西汉元封二年（前 109 年）汉武帝东征朝鲜，设立四郡，此后"朝鲜"一词长期消失在中国典籍中。直到 14 世纪晚期明朝太祖朱元璋选中朝鲜为该国国号。

901 年）、高丽王朝时代（公元 918—1392 年）、朝鲜王朝①时期（公元 1392—1910 年）。笔者试图将自己的研究视角主要锁定在朝鲜王朝前期和中期的断代上，以突出朱熹为核心的宋代学者的礼学思想对朝鲜半岛的影响。

关于朝鲜这一称呼的来龙去脉可以追溯到西汉时期。公元前 194 年，燕人卫满推翻古朝鲜准王，国号仍称"朝鲜"，司马迁《史记》中记载的就是卫满朝鲜。西汉元封二年（公元前 109 年）汉武帝东征朝鲜，设立四郡，此后"朝鲜"一词长期消失在中国典籍中。公元 4 世纪以后，高句丽在鸭绿江流域兴起，兼并北部的各部落国家及汉四郡。在南部，百济消灭了马韩诸国。辰韩也由十余个小国合并为新罗。朝鲜半岛形成高句丽、新罗、百济三国鼎立时期，史称"三国时代"。公元 7 世纪，新罗在唐朝的帮助下统一朝鲜半岛大同江以南，史称"统一新罗时代"。904 年，新罗僧人金弓裔建立"泰封"。918 年，后高句丽大将王建建立王氏高丽，此后定国号"高丽"。并深受中国儒家思想以及佛教的影响。1392 年，高丽大将李成桂建立政权，请示明廷，改国号为"朝鲜"，中国历史学者过去习惯称其为"李氏朝鲜"。1896 年，中日甲午战争后，中日马关条约规定清朝承认朝鲜自主，当时日本控制下的朝鲜宣布终止与清朝的册封关系，后来在俄日博弈之间隙建立了短暂的独立称帝的大韩帝国政权。

在古代文献的语汇中，朝鲜王朝在教旨等行政公文中自称"东"，以"东方"自居，既有别于所谓"夷狄"，亦有别于中国，如朝鲜文献记载"佛者，夷狄之一法，自汉永平，始入中国。传及东方，崇奉尤甚"。② 洪

①　中国史学界长期称朝鲜王朝为"李朝"，如传世之史学著作中有吴晗辑佚的《朝鲜李朝实录中的中国史料》（中华书局 1980 年版）。据该书的序言，1934 年时，中国学者在北平图书馆见过影印版的《朝鲜李朝实录》，以后则以为"李朝"可以作为朝鲜王朝的别称。笔者于赴韩期间曾与首尔大学奎章阁韩国学研究院的梁晋硕诸君谈及《朝鲜王朝实录》的问题，据说该书的原本藏于釜山，从来没有"李朝实录"的称谓，该书的正确书名一直是《朝鲜王朝实录》。1910 年"日韩合并"以后，日本帝国主义者为了磨灭朝鲜的民族意识，推行奴化教育及所谓"内鲜一体"的政治理念，以"李朝"指代朝鲜王朝。这与其在中国东北推行奴化教育的方针类似，即称"满洲"而不准称"中华"。另外，今天的韩国人十分追慕自 1897 年至 1910 年间的大韩帝国，认为这时的大韩帝国尽管受制于日、俄列强，但尚能斡旋于其间，保持独立，并与大清帝国脱离了宗藩关系，且勘定了疆界，乃是今天韩国独立和崛起的基础。所以在韩国所藏的史料中，《高宗实录》的卷册是独立的，没有和《朝鲜王朝实录》中的其他诸王实录编辑在一起。并且，在朝鲜时代的诸王薨逝以后，行状都冠以"某某大王行状"，而高宗和纯宗则冠以"大韩高宗皇帝行状""大韩纯宗皇帝行状"云云。

②　《朝鲜王朝实录》之《太祖实录》（他处只简称《太祖实录》等）卷一，元年（1392）七月己亥（二十日），首尔：国史编纂委员会 1955 年版，第 1 册，第 20 页。

武二十六年（1393年）以前，中国称其为高丽，之后赐国名为朝鲜。① 但在其行政文书和学术著作中，朝鲜则仍多以"东"自称。"东"是朝鲜半岛的学者自己指称自己国家的习惯用语。如"吾东之俗，婚礼成于女氏，汉魏诸史，并有讥贬，读之可愧"②。当时的朝鲜王朝以"东"自称，以有别于"中国""中原"而自成为独立的地域。今天在韩国超市经常能见到传统药茶——"東醫漢茶"。这其中的"东"就是指朝鲜半岛的古代国家及其地理位置，"漢"应该代指汉江，进一步明确了其本身的地域归属，同时也暗示了一种文化归属，即朝鲜王朝素来不认为自己是夷狄之邦，相反是承袭了汉文化的正统，与北方的夷狄有着明确分野的文明开化之邦。这种理念似乎在朝鲜王朝德寿宫的正门被命名为"大汉门"的事实中亦能昭显一二。

比起高丽王朝，朝鲜王朝之设典立制更加成熟完备，至今仍有《经国大典》等典章传世。其以"六典"为模式的法典编纂肇始于太祖大王之时，基本定型于成宗时期。其原则是"受判可为遵守"者，其间判例的成分很多。太宗又"选上王即位以来可为经济者"编制并颁行《续六典》："颁行《经济六典》。国初，政丞赵浚等撰，受判可为遵守者，目为《经济六典》以进，刊行中外。至是，政丞河仑等存其意，去其俚语，谓之《元六典》，又选上王即位以来可为经济者，谓之《续六典》，令铸字所印出，颁布中外。"③ 对于太祖传下来的《六典》，既有必须继承的宣言，也

---

① 洪武二十五年（1392年）十月十一日，……钦奉圣旨："高丽前者差人来奏本国情由……然我中国纲常所在，列圣相传，守而不易。高丽限山隔海，天造东夷，非我中国所治。尔礼部回文书，声教自由，果能顺天意合人心，以妥东夷之民，不生边衅，则使命往来，实彼国之福也。文书到日，国更何号，星驰来报。"［《太祖实录》卷二，元年（1392年）十一月甲辰（二十七日），第1册，第36页。] 向遣中枢院使赵琳，奏闻于帝，报曰："国更何号，星驰来报。"即令金书中枢院事韩尚质请更国号，洪武二十六年二月十五日，韩尚质赍礼部咨文以来。本部右侍郎张智等于洪武二十五年闰十二月初九日，钦奉圣旨："东夷之号，惟朝鲜之称美，且其来远，可以本其名而祖之。体天牧民，永昌後嗣。"兹予不谷，岂敢自庆！实是宗社生灵无疆之福也。诚宜播告中外，与之更始。可自今除高丽国名，遵用朝鲜之号。属兹初服，宜示宽恩，其在洪武二十六年二月十五日昧爽以前，二罪以下，已发觉未发觉、已结正未结正，咸宥除之，敢以宥旨前事相告言者，以其罪罪之。于戏！创业垂统，既得更国之称；发政施仁，当布勤民之治。［《太祖实录》卷二，二年（1393年）二月庚寅（十五日），第1册，第41页] 明朝亦不以东夷称谓朝鲜之统治阶层，而是把朝鲜当成中华文化的延续，命朝鲜之王"以妥（笔者按，通'绥'，有镇抚之意）东夷之民，不生边衅"。
② 丁若镛：《与犹堂全书》第三集卷二三《嘉礼酌仪》，《韩国文集丛刊》第284册，第493页。
③ 《太宗实录》卷二五，十三年（1414年）二月己卯（三十日），第1册，第663页。

有改作的机制。如太宗朝之司谏院官员说："惟我太上王（太祖大王），应运开国，创制立法，以成《经济六典》，诚子孙万世之龟鉴也。恭维殿下（指太宗）……继序不忘，每降教条，举行《六典》，比居其一。……然而依牒之法不复举行，则有用智喜新若（王）安石之辈者出于后世，变乱旧章，未可知也。愿自今虽《六典》所不载，其已成之法，不得纷更。如有不获已而更易，与夫立新法，则莫论大小，依前朝旧制，必令台谏出其依牒而实行。"朝鲜王朝以《六典》为立法之纲要，每有改法，与台谏核议，且有"台谏出其依牒"的制度。这种君臣相维而制的格局乃是东亚传统政治制度的遗绪。[①]

在朝鲜王朝不断接受中国文化的过程中，关于国家典制用朝鲜当地俗语还是中国文言产生了分歧。太祖时赵浚所著的《六典》多用方言俗语，而太宗时的《续六典》用文言，同时太宗的大臣河崙还把《元六典》由方言俗语改为了文言。世宗大王时期，对典制中当用俚俗之方言还是用正统的中国文言产生了争论，最后确定俗文与文言并行。世宗大王说：

> "今观河崙所修《元六典》，易俚为文，间有窒碍难晓。赵浚所撰方言《六典》，则人皆易晓，无乃可用乎？"（左议政黄喜）对曰："用方言《六典》，亦可。"总制河演曰："今《续六典》，既以文撰之，《元六典》亦当用文，不可用方言。其窒碍难晓处，宜令改正。"上曰："《元（六典）》、《续六典》各异，虽并用方言与文，何害？"[②]

世宗大王还把《六典》提升到治道风俗之先的地位，对于入仕者须先考察《六典》与"新立条章"。世宗五年（1423 年）五月丁未（二十八日）实录：

> 星山府院君李稷言："凡厚风俗之道，具在《六典》，今令为吏者先习《元（六典）》、《续六典》与新立条章。初入仕者亦讲《元（六典）》、《续六典》与新立条章，然后方许筮仕，则人人皆知法令之所在，其有不顾旧章，而用智更法者，以不守法论。"……（世宗）皆从之。[③]

---

① 《朝鲜王朝实录分类集》风俗篇一《太宗实录》卷五，三年（1402 年）四月庚戌条，"司谏院进时务数条疏"，第 30—31 页。
② 《世宗实录》卷四八，十二年（1430）四月辛巳（十二日），第 3 册，第 229 页。
③ 《世宗实录》卷五，五年（1430）五月丁未，第 2 册，第 543 页。

《经济六典》与所谓"新立条章"的法律地位同等重要。那么世宗朝的"新立条章"后来也可能成为扩充《六典》的内容。朝鲜王朝的典制特点是仿照《唐六典》和明朝律令的模式，以官职（吏、户、礼、兵、刑、工六部分）作为法典的章目①。其修改法令的原则则遵循了类似宋代编敕以新敕冲替旧敕的做法，使王的教旨可以传布后世者得以融入新编的《六典》当中。② 直到后来编纂《续大典》时依然保留这种立法传统："各条下勿书受教，亦依《续》、《录》例。而关系大段刑政，特教通变者，则别书年月以识。"③ 且朝鲜诸王设义禁府作为特别法庭，"掌奉教推鞫之事。堂上官四员，以他官兼。堂下官十（笔者按：或为'七'，原文漫漶不清）员。"④《六典》中关于刑法的部分又兼采唐律与明律，此司法取向亦可从具体案例之处理中观其一斑。另外，世宗大王还训导律学生徒，研习宋、元、明之法典，以备资政之用，并作为判案时的比附之法。世宗以为"人法并用，今不如古，故不得已以律文比附施行，而律文杂以汉吏之文，虽文臣，难以悉知，况律学生徒乎？自今择文臣之精通者，别置训导官，如《唐律疏义》、《至正条格》、《大明律》等书，讲习可也。其令吏曹议诸政府"⑤。《经国大典》序称："世祖（在位期间为1455年至1468年，世宗嫡次子，端宗之叔父）握兵中兴，功兼创守，文昭武定，礼备乐兴。……尝谓左右曰：我祖宗深仁厚泽，宏规懿范。播在令章者有《元（六典）》、《续六典》誊录。又有累降教旨，法非不美，官吏庸愚，眩于奉行。良由科条浩繁，前后抵牾，不一大定耳。欲斟酌损益，删定会通，为万世成法"，于是崔恒等"删烦削冗，务要精简"，"凡所措置，皆禀睿裁"。⑥ 朝鲜王朝之法律，名义上以《大明律》

---

① 当然，《唐六典》除了六部之外，还有九卿和十二卫等门，《经济六典》吏、户、礼、兵、刑、工的分类法更酷似《大明律》和明令，而用"六典"之名，有法古的意味。

② 据考证，朝鲜王朝主要的对于《六典》的修订有以下五次：1397年（太祖六年），赵浚等主编《经济六典》，于朝议之际亦称方言《六典》（或吏读《六典》）及《元六典》；1399年由赵浚等分门别类，分吏、户、礼、兵、刑、工六部构成的成文化的法典；1407—1413年（太宗六年到十二年），河崙等编修《原集详节》三卷及《续集详节》三卷；1422—1429年（世宗五年至十二年），李稷等编《新续六典》；1430—1433年（世宗十三年至十六年）黄禧等《新撰经济续六典》。（参见李炬《汉文化对朝鲜司法文化的影响》，《延边大学学报》1996年第3期）。成宗大王时，有《经济续录》。

③ 《续大典》凡例，第26、27页。

④ 《经国大典》卷一《吏典》义禁府条，第9页。

⑤ 《世宗实录》卷三四，八年（1426年）十月丁亥（二十七日），第3册，第46页。

⑥ （朝鲜王朝）崔恒等《经国大典》序，第2、3页。

为准绳，实则兼采《唐律》。又结合民俗，因俗而制。其于立法方面，遵行由大臣经王首肯编纂和考订"新立条章"，并结合案例的立法原则。其所谓《六典》者，往往陈陈相因，检索繁难。试以抑佛一事为例，本为国之大政方略，已然有明确的方针，而依然按照行政惯例议事，反复检讨，臣僚各执一词。如成宗二十二年（1491年）十一月辛丑（二十九日）实录之所反映：

> 御经筵。讲讫……特进官朴安性启曰："臣为全罗道观察使，道内寺社，大邑则几至百馀，小邑则四五十，又多新创，且《大典》有选僧之法，而为僧之路广。臣意谓，诸道郡县，四面各存一大寺，其馀皆毁撤，且革大选之法，以杜为僧之路。"上问左右。克培对曰："无度牒僧人与新创寺社，检察科罪，已有立法，何必破毁。"上曰："已有其法，虽不毁寺社，监司守令，若能纠检，使僧人不得恣行可也。"（掌令）李琚曰："大选之法，虽在《大典》，然非美法，固当速改。（王）〔三〕国时，军额甚多，今则统合三韩，而军额反少者，良由僧人之多也。前朝，僧徒甚繁，而军额甚少，故以僧人为军，而名曰僧军，于後人所见，甚不美。臣见《元（六典）》《续六典》《经济续录》有曰：'为僧离亲者，不与俗人同，虽父母之物不得分给'，今无此法，故近者卢怀慎妾子僧状告本府，争家舍财宝，为僧之道，果若是乎？今方勘校《大典》，父母财物不许僧人子息事，载录何如？"上曰："可。"①

朝鲜半岛自三国时代接受佛教，并逐渐确立了佛教在思想界的"首座"地位。高丽太祖《训要》其四曰："惟我东方，旧慕唐风，文物礼乐，悉遵其制。殊方异土，人性各异，不必苟同。契丹是禽兽之国，风俗不同，言语亦异，衣冠制度，慎勿效焉。"② 明太祖洪武二年（1369年），正值高丽末季，高丽使者王颛来朝，明太祖询问道："王居国何为？城郭修乎？兵甲利乎？宫室壮乎？"王颛顿首言："东海波臣，惟知崇信释氏，他未遑也。"明太祖遂以书谕之曰："古者王公设险，未尝去兵。民以食为天，而国必有出政令之所。今有人民而无城郭，人将何依？武备不修，则威弛。地不耕，则民艰于食。且有居室，无厅事，无以示尊

---

① 《成宗实录》卷二五九，第12册，第120页。
② 《高丽史》卷二《太祖世家》，二十六年（943年）四月癸卯条。

严。此数者朕甚不取。夫国之大事，在祀与戎。苟阙斯二者，而徒事佛求福，梁武之事，可为明鉴。王国北接契丹、女直，而南接倭，备御之道，王其念之。"因赐之"六经""四书"、《通鉴》。自是贡献数至，元旦及圣节皆遣使朝贺，岁以为常。① 高丽王朝追慕唐风，尊崇佛教，但对于中国文化绝非一知半解。高丽使者王颛的对答显然是有意地在向明太祖示弱，目的是建立朝贡关系，进一步了解明朝，得到更多的实际利益。

高丽王朝的佞佛也是事实，尤其到了后期，由于僧侣的腐败，日益为士大夫诟病。朝鲜王朝于立国之初，即以抑制佛教及其对民俗的影响为基本国策之一。为矫正高丽佞佛之弊政，朱子学被推广到更广泛的政治领域。太祖李成桂的辅弼之臣郑道传著《佛氏杂辩》，为排佛力作之一。佛教之于朝鲜王朝的政治影响力已然丧失殆尽，僧侣被视为准贱民，但"山岳佛教"依然允许存续。同时，朱子学和退溪学面临的来自佛教的"重压"也是十分巨大的，佛教的影响是"余波遗烬尚存"，②并且据笔者考察，佛教在民间丧礼中的影响可以与朱熹《家礼》平分秋色。

高丽末期，高丽学者安珦曾两度出使元朝，到中国购求祭器、乐器、六经、诸子、史书等。安珦景慕朱熹，家里悬挂着朱熹的画像；因朱熹号晦庵，遂自号"晦轩"。《家礼》因之传入朝鲜半岛。高丽末期，盛行了数百年之久的佛教渐入衰境。《家礼》传入朝鲜半岛后，侍中郑梦周遭父丧，不用佛门丧礼，而是在庐墓之侧立家庙，依《家礼》行丧祭之礼，继而上书，请求在全国推行《家礼》。朝鲜时代初，士林争相仿效郑梦周立庙祭祀。朝鲜太宗大王初年，命平壤府印刷《朱文公家礼》一百五十部，颁赐各司。同时，民间学者亦催生了"《家礼》热"。李德弘《家礼注解》、宋翼弼《家礼注说》、曹好益《家礼考证》、金长生《家礼辑览》、金榦《答问礼疑》、俞棨《家礼源流》、李喜朝《家礼札疑》、柳长源《常变通考》、金隆《家礼讲录》、裴龙吉《家礼考义》等，都是很有影响的作品。为了使《家礼》平民化，一些学者撰写了便于士庶翻阅的手本，金长生（即沙溪先生，1548—1631 年）《丧礼备要》是其

---

① 《明史》卷三二〇《朝鲜传》，中华书局标点本1974年版，第8281页。

② 参见辺英浩《朱子学的比较政治思想史的特质——以李退溪、李栗谷为中心的观察》，日本神户大学博士学位论文，平成十八年（2006年），第191页。辺英浩对僧侣的定义就是"贱民"，笔者认为《经国大典》等典章并未将僧侣与奴婢列为一等，观念上的歧视不等于法理上的歧视，充其量属于"准贱民"的范畴。

中颇享盛誉的一种，"继《家礼》而言礼者，在我东惟《丧礼备要》为最切，今士大夫皆遵之"。《丧礼备要》仅主于丧、祭，乃以《家礼》为纲。继而有李縡仿《丧礼备要》体例，又增加冠、婚二礼，题为《四礼便览》，也在民间广为流传。① 今日本仍然藏有韩帝国高宗初叶至中叶木版本的《简礼彙纂》一卷附二卷一册，前附有《本朝国忌》《四礼冠婚丧祭》。② 朝鲜王朝的《家礼》之学及礼学对于我们恢复朱熹的礼学亦大有裨益。如金长生《丧礼备要》凡例指出："一、图说一依《家礼》而间或有添改者，览者详之……一、《家礼》本文皆用单行书之，添入者皆双书，或标上下，或所引诸说并取其书名。至于瞽说用'愚'字、'按'字别之。"③ 无论是四库全书本还是上海古籍出版社点校本《朱子家礼》，均无所谓图说，而对于《朱子家礼》的再度注疏在国内也比较少见，盖朱熹之学说虽然在明清时代被定为官学，然而在四库全书的编纂中，只是列为了"子部·儒家类"，而不是经部，也就意味着不是核心的儒家经典。在朝鲜半岛，对于朱子的著作则视为核心经典，潜心研究。

朝鲜民族初无文字，但是口语表达已然比较成熟，书面语言完全借用汉字表达。最初还有"吏读"现象，于文献中亦有"吏札""吏头""吏道""吏吐"等说法。吏读文字开始于新罗时期，是借用汉字，按照朝鲜语的语法体系和语序进行标记的文字模式，类似于日本语的音读词汇，如日本语中"御無沙汰"是书信用语，意思相当于"好久不见"之类的寒暄问候，字面含义与义项无涉，只是借助汉字表音而已。与日本语不同的是，朝鲜半岛的"吏读"词汇既涵盖了助词，也涵盖了地名、官名等实词。在语序上保持着宾语前置的特点，与现代韩国语的语序相同。已知最早的吏读文献是庆州（属于三国时代的新罗地区）出土的"壬申盟誓石"，约为6世纪中叶至7世纪初的遗存。④ 史载："新罗薛聪吏读，虽为鄙俚，然皆借中国通行之字，施于语助，与文字元不相离，故虽至胥吏仆隶之徒，必欲习之。先读数书，粗知文字，然后乃用吏读。用吏读者，须凭文字，乃能达意，故因吏读而知文字者颇多，亦兴学之

---

① 彭林：《中国古代礼仪文明》，中华书局2004年版，第281—282页。
② ［日］藤本幸夫：《国立ギメ東洋美術館所藏朝鮮本に就いて》，《朝鮮學報》第二一八辑，平成二十三年（2011年）1月，第5页。
③ 金长生：《丧礼备要》凡例，太白山实录史库本，第4页。
④ 安炳浩、尚玉河：《韩语发展史》，北京大学出版社2009年版，第254—257页。

一助也。"① 于是，世宗大王创制了一种简单明快的拼音字符体系，称为"谚文"。② 此后，"吏读"现象不再普遍了。尤其是吏读文字对于官民而言都难以理解："若曰如刑杀狱辞，以吏读文字书之，则不知文理之愚民，一字之差，容或致冤。今以谚文直书其言，读使听之，则虽至愚之人，悉皆易晓而无抱屈者，然自古中国言与文同，狱讼之间，冤枉甚多。借以我国言之，狱囚之解吏读者，亲读招辞，知其诬而不胜棰楚，多有枉服者……若然则虽用谚文，何异于此？"③ 这足以说明谚文较之吏读文字更加明确，而汉字和汉语文言文则是士大夫们书面语表达的常规形式。

但是，除士大夫之外，一般民众并不甚通解汉字。于是乎有了宗英鸾、寿文叟《丧礼谚解》和申湜《家礼谚解》等，用俚语谚文解释《家礼》。《家礼》东传之后，成为朝鲜社会公认的仪轨，柳云龙《家戒》说："文公《家礼》，固是吾东士夫所共遵行。"李退溪（李滉）、李栗谷（李珥）等著名学者还仿照《家礼》制定自家的礼仪规范，士林纷纷响应，蔚成一代风气。④ 儒生所制作的各种"家礼"对王朝的典制影响深远，在朝鲜王朝前中期，上达于朝廷经筵，下及于士庶礼俗。按照东亚文化的传统发展模式，《家礼》之学最终必然走向官学化之路径。至肃宗四十二年（1716 年）元月二十九日（庚申）乃有禁止私家《家礼》学之动议，被朝鲜王否决。这也从一个侧面反映了朝鲜王朝民间的"《家礼》热"：

> 上仍谕承旨李绛曰："《家礼源流》是私家文字，非朝家所可与知，而因此相争，纷挐转甚。此后儒疏关系兹事者，一切勿为捧入。"绛曰："固知圣教出于息澜止燎之意，而今若设禁，则物情恐又转激。出纳之责，当付喉司，殿下惟当公听并观，是是非非。是非明，则闹端自息，不宜一切防禁。……"上不纳。⑤

---

① 《世宗实录》卷一〇三，二十六年（1444 年）二月庚子二十日条，第 4 册，第 543 页。
② 世宗大王最著名的成就之一，就是召集郑麟趾、成三问、申叔舟、朴彭年、崔恒、李善老、李垍等著名学者，创立了韩文字母（Hangul）。于正统十一年（1446 年）颁布了《训民正音》。官方书面语言仍然使用汉语文言文，汉语文言文在朝鲜半岛的地位一如拉丁文之于中世纪的欧洲。但是有了谚文以后，朝鲜的下层人民却有了一种书写自己语言的手段，并创作了讴歌王朝建立的谚文和汉语文言文两种语言写成的颂诗《龙飞御天歌》，并把《释谱详节》（佛祖生平片断）一书译成谚文。
③ 《世宗实录》卷一〇三，二十六年（1444 年）二月庚子二十日条，第 4 册，第 543 页。
④ 参彭林《中国古代礼仪文明》，中华书局 2004 年版，第 281—282 页。
⑤ 《肃宗实录》第 40 册，第 568 页。

私家《家礼》之学渐渐隆盛，而佛教之地位不再煊赫。世宗七年（1425 年）元月丙申（二十五日）实录记载了臣僚剥夺僧人土地、奴婢，并逐之于山岳的动议：

> 司谏院左司谏柳季闻等上疏曰："且以道制欲者为难，故虽以释迦之贤，必入雪山，六年苦行，然后以成其道。今之居两宗者，饱食城中之寺，往来市井之家，常与女色杂处，岂能以道制欲，而精修其道哉？伏望殿下，将中皓、惠真、宝惠、祖衍、信暐等，下有司按律科罪，革两宗，罢选职，令四十以上僧徒出居山水胜处，俾修其道，削其土田，以补军需；夺其奴婢，以属残驿。臣等窃恐此非独无名之费，斯道之行，亦由是而废矣。愿四十以下各寺道伴僧徒，并令长发，毋更剃发，以锢其本。……凡大小人民丧制之礼，一依《文公家礼》，不作佛事，违者痛绳以法。"命下刑曹中皓等照律以启。①

笔者以为，朝鲜王朝之台、谏官较为活跃，其言论也代表了士大夫群体的主流文化意识：抑制佛教、遵从《家礼》。世宗十四年（1432 年），集贤殿副提学偰循等上书曰："讲求古制，恭葳祀仪，臣庶丧制，仰体国家成宪，俯取故宰相权近《详节家礼》，颁布遵行。"并建议"水陆设斋，亦令停罢；宗门僧选，共议铨注"。② 然世宗大王并没有下"特教"制裁僧侣，进而完全杜绝佛教对世俗生活的影响，而是"命下刑曹中皓等，照律以启"，说明朝鲜王朝具有以法典治国的原则，即按照《大典》有选僧之法为之限制，而社会实态却是"为僧之路广"。那么，朝鲜王朝典制于佛教之遏制力度显然不足。至于成宗时期，僧人反而激增。

另外，在司法过程中，因为法条烦琐，常有议论其是非者。更为严重的是，法条颇多，不便检索。文宗时，于遵循《元六典》和《续六典》之际，必须对把已有法条发下六曹讲论，然后作出取舍：

> 司谏院上疏曰："……《元（六典）》、《续六典》，我祖宗创业垂统之大经、大法，千万世圣子神孙之所当遵守也。伏望殿下，特命六曹，各分六典条件，逐一讲究，见今行者某某条，时与势殊，而不行者，亦某某条，以时具启，凡诸设施，务循旧章，勿立新法，坚如金

---

① 《世宗实录》卷二七，第 2 册，第 650 页。
② 《世宗实录》卷五五，十四年（1432）三月甲子（五日），第 3 册，第 374 页。

石，信如四时，以绍我祖宗之绪，以启我庙社无强之休，不胜幸甚。"……皆从之。①

正祖时期不得不确定涉及五十条之案件为必须纠察之案件。此情况如同秦末法条繁苛，而汉高祖定"约法三章"一样，乃是以简约的禁令废除苛细的法条，后来又命萧何在战国《法经》的基础上扩充为《九章律》。中国历史上法条繁简交替变化的规律也同样适用于朝鲜王朝：

> 传旨司宪府、汉城府曰："禁令太多冗杂，有司不能遍举，民间骚扰，误挂刑宪者多。今后五十条件内，父母不孝·兄弟不和·邻里不睦者、疏薄正妻·惟爱嬖妾者、良贱相婚者、无故弃妻者、牛马宰杀者、自死牛马不申官开剥者、移来移去者及牛马皮肉著标掩胳埋瘗、禁火、旧枰子考察事、丐乞人及遗弃孩儿、无亲族寄食他家者救恤事、诸司奴婢生产物故、守信寡妇适他者、夫丧三年内改嫁者、不立祠堂者、过期不葬者、无标牛马肉放卖者、年壮处女成婚物故人检尸推考事外，虽各年受教之事，并勿举行。"②

于是更须有如萧何者制定九章之律，对法律进行简化和规范。如是观之，繁简交替应该是中华法系在立法领域的一个普遍规律。一般认为，成宗时期，《经济六典》基本确立，并且题名为《经国大典》。其典制总称《经国大典》，今传于世。首尔大学奎章阁藏本《经国大典》③ 前面附有明宪宗成化五年（1469 年）正宪大夫户曹判书兼艺文馆大提学同知经筵事徐居正作序。成宗即位之初，即是《经济六典》基本定型之时。然如前述成宗二年（1491 年）实录反映，《大典》尚有商榷补充之余地。因为新的案例在不断发生。因此，《经国大典》不是也不可能是朝鲜王朝立法的终结。燕山君时期，忠清道都事金驲孙上疏曰：

> 夫《元（六典）》、《续六典》，祖宗之法也。古今论者，必曰："无改祖宗之法。"以祖宗虑患深、更事多，立法，必无不周也。意者，《元》、《续》两典，非创制于太祖，太宗因高丽旧法而损益，如

---

① 《文宗实录》，即位年（1450 年）七月己未（十七日），第 6 册，第 257 页。
② 《世祖实录》卷六，三年（1457 年）元月癸巳（二十八日），第 7 册，第 174 页。
③ 万历四十一年（1613 年）九月太白山实录史库本，亦可见首尔大学奎章阁印行，1997 年12 月。

《明律》之因《唐律》耳。今之《大典》，源出于《元》、《续》两
典，而因时损益，渐失本真，祖宗良法美意，或隐不存。且有司欲判
百年之簿，则莫得而质。臣请印颁《元》、《续六典》于州郡，使得与
《大典》参用。①

对于金驲孙的奏折，燕山君不置可否。其中"《元》、《续》两典，非
创制于太祖，太宗因高丽旧法而损益，如《明律》之因《唐律》耳"的
说法也未必是朝鲜王朝执政者的共识。"颁《元》、《续六典》于州郡，使
得与《大典》参用"的主张则符合朝鲜王朝典制的沿革特色。嗣后有又
《续大典》② 及《六典条例》③ 等之颁行。

《续大典》题序为"乾隆十一年（1746 年，即朝鲜英祖二十二年）四
月十二日内赐侍讲院续大典一件、行都承旨尹"，然后就是主要编纂者徐
宗玉与郑夏彦的题序。其撰述过程可以概括为以《三录》补充《经国大
典》："古往今来，有国有典。《经国大典》，我国典章。金科玉条，开卷
瞭然。如我凉德，何敢增撰！今者续典，只辑《三录》……其要曰何？曰
宽曰厚。其他节文，有司存焉。"④（资宪大夫、户曹判书兼知春秋馆事徐
宗玉序文）考之"三录"者，朝鲜正祖九年（乾隆五十年乙巳，1785 年）
所修《大典通编》⑤ 御制题序中有所揭示："曰《经济六典》，曰《经国大
典》，曰《续录》，曰《后续录》，曰《受教辑录》，曰《续大典》，即我
朝典章也。然其书韶局多门，有司惮其浩穰，乃开局会稡，命名曰《大典
通编》……予践阼九年重阳。"⑥

早在世宗八年（1426 年），于《续六典》同时刊行《续录》一册，
"若一时可行，而非永世之典，则各别撰集，名曰《元典誊录》。其（详）

---

① 《燕山君日记》卷五，元年（1495）五月庚戌（二十八日），第 12 册，第 678 页。

② 首尔大学奎章阁印行，1998 年 12 月。

③ 首尔大学奎章阁印行，1999 年 12 月。

④ 《续大典》序，第 3、4、6、7 页。

⑤ 首尔大学奎章阁印行，1998 年 12 月。

⑥ 《大典通编》，题解第 12 页，序第 11、12 页。可见，《大典通编》为朝鲜王朝诸典章之荟
萃。1746 年，《续大典》完成，并不意味着《经国大典》和《三录》失去了借鉴意义和
应有的法理地位。因此，在近三十年后的 1785 年编纂《大典通编》，其性质乃是"会
稡"："以《经国大典》、《续大典》合部，而增补《续典》后受教及今所见行法例，通为
一编。"其每条法律前都注明"原""续""增"。"原"代表《经国大典》固有之条目，
"续"代表《续大典》固有之条目，"增"代表"教可著为令式"者，"分类编书以便施
行"者，即"《续大典》成于甲子，而先王教令之后于甲子者尚多，其敢专于近而忽于
远乎？"

〔相〕戾重复者，悉皆削去，而所撰《续六典》六册、《续录》一册，谨缮写以进，伏望睿鉴施行。"①

《后续录》编纂于何时，难以知详。但可以推知是中宗时期推行的一些严刑峻法的汇编，当时朝堂之上就非议颇多。中宗九年（1514 年）元月二十四日（戊子）实录：

> 传曰："《后续录》，大臣以为，或有不可用之事，令大臣等会议以定。"②

若有《后续录》用法重于《经国大典》者，中宗以为应该奉行轻刑原则，并重申了所谓"续录"的法律形式是王与大臣议定的结果，并不作为绝对严格的司法规范。如下案：

> 宪府又启曰："《后续录》云：'工商贱人衣紬绡、交绮者，以制书有违律论断。'""《（经国）大典》云：'着纱罗绫段者，杖八十。'用乡物者，其罪反重。类此抵牾者亦多，请勿用。"传曰："《续录》，与大臣议定，但斤正其误处，可也。馀并不允。"③

中宗九年（1514 年）有可能是《后续录》编纂成型的时间。于是，大臣议法之际，仍多称引《经国大典》与《续大典》。由于教旨的权威往往可以凌驾于法典之上，谏官、士大夫的非议和言论又往往可以暂时抵制或拖延法律的执行，因此呈现出如中宗九年（1514 年）十月二十日（己酉）实录所记载的那样"朝鲜之法，三日而已"的夸张式的民谚：

> 传于政院曰："近观，全家入居之罪，比古为多。非如徒流之或还，是亚于死罪。以一人之罪，举家入居，岂不重哉？有荫子弟及功臣、元恶乡吏外，其馀则只启分配定处，而不启其罪名，刑官断罪，不能无暧昧，岂不伤和而召灾乎？《大典》及《续录》内，不得已所

---

① 《世宗实录》卷三四，八年（1426 年）十二壬戌（三日），第 3 册，第 51 页。目前，成宗二十二年（1491 年）李克增等撰《大典续录》、中宗八年（1513 年）尹殷辅等《大典后续录》、明宗十年（1555 年）安玮等撰《经国大典注解》有首尔大学奎章阁 1997 年影印版。
② 《中宗实录》卷一九，第 14 册，第 706 页。
③ 《中宗实录》卷二〇，九年（1514 年）二月丙午（十二日）条，第 15 册，第 3 页。

著之条，今不可改，至于受教，恐有罪轻，而滥蒙入居者，其令议而删定。且虽非有荫子孙及功臣、元恶乡吏，亦令启禀，然后处决，何如？明日，并收议于大臣。"（史臣曰："时所刊行《后续录》，犯微罪者，亦皆全家徙边，法虽重，民多犯之，故有是教也。"）①〔史臣曰："是日亲议，时称盛举，然出于勉强，未见有虚怀乐闻之诚，不足以感动人心。议及（忌晨斋）〔忌辰斋〕，上独难而不革；议及《后续录》，宋轶、光弼、应箕等，皆不言其可否。其法条妨碍，未必不知，以己所建白，故遂非惮改。上下胥失，有亲议之名，无建用之实，时议讥其无益。"〕② 大司谏尹殷辅等上疏曰："臣等按，法者，王者与国公共之器也。法不信于民，民无所措手足，何足为治？国家《大典》之外，又有《续录》，《续录》之外，又有《后续录》，则删削居半，已为黑册，不可行矣。其后六曹、各司，又各自受教以为法，互相抵牾，朝立暮更，彼是此非，莫敢取定，亦莫敢奉行。谚曰：'朝鲜之法，三日而已。'如是而使民信之，不亦难乎？"③

更为关键的是，柳洵、郑光弼、金应箕等二十二臣议："《后续录》所载，可去者去之，馀存者少，而后受教亦多，不可更成续典。依台谏所启，令各该司，称受教行用为当。"④《后续录》之中的"后受教"是否可以编入法典成为问题的关键。也就是王的教旨权是否可以从速或有序地进入国家法典体系的问题。于是，中宗一生对政治和法律比较有影响力的举措之一得以推行——奎章阁的建立。此前，朝鲜王朝有尊经阁，以藏国家典籍，中宗时亦有法典的之收存。

左议政郑光弼、右议政金应箕、左参赞张顺孙、刑曹判书姜浑、校书馆提调李㟧、兵曹判书金诠、户曹判书南衮、礼曹参议朴召荣等议启："尊经阁书册事，四书、五经、《通鉴》、《性理大全》等册，则印藏；《纲目》（笔者按，当指朱熹及其门人赵师渊编纂的《资治通鉴纲目》）及历代史、诸子百家，凡杂册，则以文武楼所藏，移送；他馀所无之册，请贸于中原，何如？且《后续录》，全家徙边律可削

① 《中宗实录》卷二一，第15册，第36页。
② 《中宗实录》卷二一，九年（1514年）十一月癸酉（十五日），第15册，第41页。
③ 《中宗实录》卷二二，十年（1515年）闰四月辛巳（二十四日），第15册，第74页。
④ 《中宗实录》卷二二，十年（1515年）闰六月壬申（十七日），第15册，第86页。

者，凡二十一条，付标以进。"传曰："皆依所启。"①

《受教辑录》编纂于"康熙戊寅"（1698 年，康熙三十七年）。② 肃宗时以《受教辑录》作为大典的解释，发挥着重要作用。如肃宗二十五年（1699 年）三月二十三日（壬辰）实录所反映的对擅自代写诉状者的处罚规定即是如此：

> 礼曹参判宋昌上疏言："……且《大典》曰：'借述、代述者，杖一百流三千里。'《受教辑录》曰：'书写书吏代写者，全家徙边。'而借书之人，则不为举论。然则非书写书吏，而代写者，不可论以此律，而借书之人，亦随而差减耶？此等法令，必有一番定夺，可无窒碍之患。乞命收议大臣，明白定制。"③

及至英祖八年（1732 年），《受教辑录》亦实行三十五年，其陈陈相因之感日甚，不断有重订"受教续录"的动议。刑曹判书李廷济上疏，略曰：

> 我朝专用《明律》，而中朝与我国，道里远近，刑罚轻重，固多不同。前后《续录》，列圣之所创成，而立法既久，条目或有不备。《受教辑录》之书，成于康熙戊寅，今至三十五年之间，前后受教，亦甚数多。或变通于筵中，或有别下判付者，本曹多无誊本。臣以为戊寅以后中外受教，悉加鸠聚，裁酌删削，厘为受教续编，使芸阁刊行，似为得宜也。④

及至 1757 年（丁丑年，清乾隆二十二年，朝鲜正祖即位年）十二月二十五日教旨：

> 建奎章阁于昌庆宫之内苑，英宗御制编印告成，教曰："我朝官方，悉遵宋制，而独未有御制尊阁之所如龙图、天章之制。光庙朝有奎章阁之名，而未及设施，肃庙朝有奎章阁之称，而未及建置。肆予

---

① 《中宗实录》卷二一，九年（1514 年）十二月丁酉（九日），第 15 册，第 47 页。
② 《英祖实录》卷三二，八年（1732 年）二月戊寅（二十四日），第 42 册，第 322 页。
③ 《肃宗实录》卷三三，第 39 册，第 525 页。
④ 《英祖实录》卷三二，八年（1732 年）二月戊寅（二十四日），第 42 册，第 322 页。

继列朝之志事，集列朝之御制，乃建奎章阁于后苑，以奉列圣朝谟训，有宋制阁之意也。予之所制，亦不可无编次之官，先朝编次之人，设有其事，无其官，今为尊阁，命官典守，以实编次人之名，允合其意。我朝提学，即宋之学士，直提学，即宋之直学士，依龙图阁学士直学士例，置奎章阁提学直提学。又置直阁、待教，以仿宋之直阁待制，则设施有据。"①

朝鲜王朝一再强调奎章阁是仿宋代政典而建立，"以奉列圣朝谟训"，实则是强调了历朝教旨的立法参考价值。其追溯宋代政治，乃是强调教旨的汇编，应一如宋之编敕，奎章阁更有皇家秘书——"制阁"的地位。可以说，奎章阁的设立是朝鲜王朝后期的一件重大政治举措。

对于编纂《续大典》的重要意义，其序文言："自有律文，随时低昂。官吏眩于奉行，小民莫能措手，辑《三录》，成《续典》。删其繁，正其要。"关于《续大典》的编纂原则，其一，与《三录》的关系："《三录》即大典之羽翼，而随事载录，科条甚繁。前後受教又无异同。轻重之别，存删折衷，悉禀睿裁。"其二，目录的修纂："目录亦从《大典》，而其增补者，又用《三录》中目录，各附当典。"对于官制问题："外官沿革，一从今制。"对于王的"特教"权力（即以临时的教旨凌驾于法律特权）仍予以保留："各条下勿书受教，亦依《续》、《录》例。而关系大段刑政，特教通变者，则别书年月以识。"对于《续大典》与中国明清法典的关联——借鉴采用："皇朝律与本典、续典，其无可据，然后定律。"（通训大夫行世子侍讲院司书郑夏彦序）②

《六典条例》则是朝鲜王朝晚期以"事类相从"的原则订立的法典。题序有"同治六年（1867年）五月十六日内赐进讲官申应朝《六典条例》一件，命除谢恩。右副承旨臣赵"字样，又曰："《六典》中事例各自不同，分类立条之际，不得无略相参差，其大规式，大本领则无相同异。"③可见《六典条例》的内容与主旨与《经国大典》《续大典》并无二致，只是因事立法，以事类分其纲目而已。这种"事类体"的法条汇编在中国可以追溯到唐玄宗开元二十二年（1734年）的《格式律令事类》四十卷，现已散失，保存比较完好的有南宋出现的《庆元条法事类》。笔者认为

---

①《正祖实录》附录《正祖大王行状》第47册，第294页。

②《续大典》序，第3、4、6、7页。

③《六典条例》序，第8页。

《六典条例》的修纂与朝鲜王朝法制的近代化有一定关系。朝鲜王朝之重视判例的传统，对今天韩国的司法也有很大的影响，在权宁星所编著的《宪法学原论》后附有自1989年1月至2002年12月的《判例索引》，累计有500多条，较其他国家之判例（如美、日、德等）数量为多。① 遇疑难之事，博议于朝廷，而后取其归指，以垂后世。这也是朝鲜王朝法制和政治的一大特点，如是之法律格局非唯近代以来模仿英美法系所创制也。

朝鲜王朝比及高丽王朝更加认同中国的传统礼教，对高丽王朝的佛教礼俗进行了改造，强调了忌日的礼俗和"父母之丧，终身忧戚"等理念。在朝鲜的王室丧礼中，不同于中国的皇室，不行"以日易月"之制，亦反对受满洲之俗而流行于后世的重丧百日而已的习俗，而于官僚缞绖不朝等规定都较为严格。朝鲜第一任王太祖七年（1399年）十二月丁巳实录：

> 礼曹上言：《记》曰："君子有终身之丧"，忌日之谓也。前朝风俗，于忌日不曾齐（斋）戒行祭，唯以饭僧为事，略无报本之道，且违礼典。今后乞令当忌日前一日，不茹荤、不饮酒、不食肉，致斋别寝。至忌日行祭，其奠物一依当曹颁行《时享陈设图》行之。不近声色，不接宾客，以行终身之丧之义。上从之。②

又如其第二任王定宗元年（1399年）正月庚辰实录载：

> 门下府上书曰："三年之丧，天下之通丧。前朝之季，礼制颓坏，人心衰薄，百日即吉，饮酒啖肉，男女昏姻，无所不为。今国家复行三年之丧，明有著令。"……上曰："三年之内，任然即吉者，一皆纠理。"③

太宗元年（1401年）三月辛未实录：

> 命服丧三年，勿令赴试。成均正录所上疏曰："……惟我太上王，立经陈纪，申明丧制，革前朝以日易月之制，诚厚风俗之美意也。"④

---

① 权宁星：《宪法学原论》，首尔法文社2003年版，第1147—1169页。
② 《朝鲜王朝实录分类集》风俗篇一《太祖实录》卷一五，国史编纂委员会、大韩民国教育部1991年版，第9—10页。
③ 《朝鲜王朝实录分类集》风俗篇一《定宗实录》卷一，第13页。
④ 同上书，第24页。

世宗元年（1419 年）九月癸丑（十一日）实录：

　　黄俨欲令郑允厚之之子赴京谢恩（笔者参详文意，当指明朝的北京）。礼曹判书许稠启曰："（郑）允厚惟一子，无他主丧者……"上乃使元肃言于黄俨曰："三年之丧，天下之通丧也。（郑）允厚之子，今在缞绖之中，释服朝见，不合于礼。"（黄）俨曰："殿下所言甚是。不可以细锁之事废大礼。皇帝如问，当以此奏之。"①

　　高丽王朝的末期，礼制或有取法于元朝而多隆于释教之典者；民俗有仿效满洲之旧俗②者，以至于至重之丧，百日从吉，轻于传统礼法者。上述情况说明高丽王朝更多地接受与其邻近的蒙元和满洲的礼俗，及至朝鲜王朝之初，"妇女尚循前朝（指高丽王朝）之弊，皆以百日为限而释服"。③而从朝鲜王朝开始更深入地接受中国的《三礼》、朱熹《家礼》等典章，并借鉴宋朝和明朝的礼俗。丧礼是礼制的重要组成部分，以上征引的定宗实录关于"三年之丧"的规定也说明了朝鲜王朝的立国纲领和礼制取向。朝鲜王朝自太祖时期即制定了《经济六典》，其中对于礼制之规定有经有权。"三年之丧"的力行和不机械地照搬中国自西汉文帝以来丧礼

---

① 《朝鲜王朝实录分类集》风俗篇一《世宗实录》卷五，第 102 页。
② 这种满洲旧俗后来演化为有清一代的国家典制，与汉族士大夫的传统丧礼并行不悖，及至清末，汉人传统丧礼才略显优势："《礼》（笔者按，指《仪礼》）：为天子斩衰。国朝丧仪：王公、百官持服二十七日，孝袍以手边布为之，夏则凉帽去缨，冬则暖帽去缨。届期除服，易玄青布袍，百日而止。……满洲丧礼：斩衰止百日，期服六十日，大功三十五日，小功一月，缌麻二十一日。……然旗员亲丧丁忧之例，最为纷歧糅杂。中外武职各员，皆给百日假，穿孝，假满，服官任事。举人、生员与汉人同，非二十七月服满，不得应试。而部、院、署司官，则于百日孝满后，照常入署当差，惟停止给俸及升转，不得引见，着玄青外套，不许服补褂蟒袍。京堂以上至大学士，则百日孝满以后，改实缺为署任，遇有庆典，免其进内朝贺而已。至外官守孝之制，则更歧出。州、县、佐杂，丁忧守制三年，与旗员无异。府、道之由翰、詹、科、道简放及由州、县升转者，与州、县同；若由六部司员外放，则俟百日孝满，仍回本衙门当差。郎中、员外，各视其简放时班次行走，二十七后，仍由吏部带领引见……"见民国徐珂编《清稗类钞》第二册《礼制类》之《丧仪》《满洲丧礼》《旗员丁忧》（中华书局 1986 年版，第 501—502 页）。及至清末，中央重要官署的旗员丁忧后服丧百日即治事者则谓之"夺情"。如宣统年间，"军机大臣、大学士那桐丁母忧，诏夺情，百日孝满改署任，仍入直"。（《清史稿》卷二五《宣统皇帝本纪》）
③ 《朝鲜王朝实录分类集》风俗篇一《太宗实录》卷五，三年（1403 年）四月庚戌条，第 29 页。

"以日易月"的做法，当为其"经"。"其为关系要务者，夺情起复，宿卫军官，百日除丧，已有著令"，"(《六典》)：军官百日行丧"，尤须依照王的教旨，夺情起复：① "上命服丧未终制者，除特旨外，毋得任叙"，② 此谓其"权"。朝鲜王朝之初（太祖四年、公元 1395 年六月戊辰），即命中枢院事权近"详定冠、婚、丧、祭之礼"，③ 确立了礼制的框架，世宗三年（1421 年）四月甲辰，又定《大臣致祭》及《策赠仪》等官方丧礼典制。④ 即官方按照其自有之"故事"为其仪礼体系的依据，正如世宗时期的大臣柳亭显、李原等言："文公《家礼》，士大夫之礼也。帝王故事，必有涓日⑤之例。"⑥

　　在朝鲜王朝，与推行这种士大夫之礼相辅相成的是比较完备的科举制度。公元 985 年（高丽光宗九年），高丽统治者采纳了后周人双冀的建议，开始实行科举制度，并仿照唐制，以诗、赋、颂等杂文及时务策录取进士。⑦ 从此，科举制度逐渐根植于朝鲜半岛。《经国大典》所规定的科举制度规定生员初试（相当于中国的乡试），汉城试二百人，乡试京畿六十人，忠清道、全罗道各九十人，庆尚道一百人，江原道、平原道各四十五人，黄海道、永平道各三十人，考试内容为《五经》义、《四书》疑二篇。文科殿试三十三人，取甲科三人，乙科七人，丙科二十三人，考试内容为对策、表笺、箴颂、制诏中一篇。其考试内容既有唐代的杂文（策、表笺、箴颂、制诏），又有八股文在宋代的雏形"经疑"（《四书》疑）。朝鲜王朝之科举同时要求"书馆七品以下官及监察讲《经国大典》、《家礼》，临文录名，本曹（笔者，指礼曹）试取"⑧。科举制度的确立又反过来加大

---

① 《朝鲜王朝实录分类集》风俗篇一《世宗实录》卷一〇，二年（1420 年）十月辛亥实录，第 115 页。

② 《朝鲜王朝实录分类集》风俗篇一《世宗实录》卷一一，三年（1421 年）正月丁丑实录，第 121 页。

③ 《朝鲜王朝实录分类集》风俗篇一《太祖实录》卷一一，第 6 页。

④ 同上书，第 121 页。

⑤ 笔者按，涓日亦称为涓吉，即选择吉祥的日子。本为宫廷用语，后见于宋明笔记小说。（晋）左思《魏都赋》："量寸旬，涓吉日，陟中坛，即帝位。"（宋）李心传《建炎以来系年要录·建炎元年九月》："诏有司涓吉巡幸淮甸。"明代陶宗仪《辍耕录·官仓入粟》："今官府收敛秋粮之际，比先涓吉启仓。"苏曼殊《非梦记》："月内我为汝定凤娴为妇，腊月涓吉成礼。"《乐府诗集·宋章庙乐舞歌·登歌之一》："帝容承祀，练时涓日。"（宋）邵伯温《闻见前录》卷二："涓日，以次备法驾羽卫前导赴宫。"《宋史·乐志八》："涓日洁齐，有严厥祀。"

⑥ 《朝鲜王朝实录分类集》风俗篇一《世宗实录》卷一二，第 122 页。

⑦ 韦旭昇：《韩国文学史》，第 75 页。

⑧ （朝鲜王朝）崔恒等编：《经国大典》卷三《礼典·诸科》，第 4、5 页。

了士大夫文人的社会影响力，进一步地推进了"《家礼》热"。

从历史趋势上看，朱熹确定这种"冠、婚、丧、祭"的四礼格局，实乃为礼制之播扬于民间，化礼成俗而设定，乃欲使民间皆取法于士大夫之家礼。朝鲜王朝立国之初的制礼基调决定了官方礼制立足于改良民间风俗的取向，同时帝王故事所保留的"涓日之例"等亦行之不悖。

俞惠善著《韩国人的冠、婚、丧、祭》（首尔弘文馆 1961 年版）、韩重洙《四礼便览——（新·旧）冠、婚、丧、祭礼大典》（首尔明文堂 1981 年版）在韩国社会有较大影响。[①] 二者都提到了司马光和朱熹的家礼。在唐宋时期的朝鲜半岛，正处于新罗和高丽两个统一王朝的统治时期，继之而起的朝鲜王朝基本与明朝和清朝的时间断限相一致。在统一的王朝政令下，制礼作乐必然有相对统一的依据。中国北宋司马光的《书仪》和南宋朱熹的《家礼》尽管是私家礼书，但深刻影响了明清时代的礼典和礼俗。朝鲜半岛的古代礼俗何所择从呢？笔者考察认为，其礼俗有唐代《开元礼》甚至中国先秦《仪礼》的痕迹，基本框架还是依循宋代的司马光和朱熹，也有因其民族特色或对中国礼俗的主动改作。

（二）朝鲜王朝礼典创制及其对中国"礼学"的取舍

礼俗的变容往往是一个在多元因素作用下极其复杂的过程。学者治礼学者，必定始于先秦《礼记》《仪礼》和《周礼》，朝鲜王朝亦概莫能外。但是对于作为上古士阶层行为规范的先秦"六礼"（冠、昏、丧、祭、乡、相见）框架，却早已废而不彰了。就国家典制而言，"五礼"是一个基本框架。《尚书》孔安国传以为："宗伯掌邦礼，治神人和上下。（传）春官卿，宗庙官长，主国礼，治天地神祇、人鬼之事及国之吉、凶、宾、军、嘉五礼，以和上下尊卑等列。"[②] 宋代苏轼附会其说："修五礼、五玉、三帛、二生、一死贽。五礼：吉、凶、军、宾、嘉也。"[③] 虽然次序有所更

---

① 《四礼便览》本为朝鲜后期学者李縡之著作。李縡（1680—1746 年），字熙卿，号陶菴、寒泉，谥号文正。从此，四礼成为朝鲜民间礼书的范式。俞惠善、韩重洙的礼书作品沿袭了这一框架，其中的"书式"多采李縡《四礼便览》，且附录了古礼在现代韩国社会的仪节演变，也附录了很多阴阳历算的内容，此二项为李縡《四礼便览》所无。俞惠善时为弘文馆东洋古典编纂委员长、传统汉文书堂训长。

② 《尚书注疏》卷一七《周书》。

③ （宋）苏轼：《书传》卷二《虞书》。

改，然五礼的内容基本一致。按照唐《开元礼》的传统，吉礼主要包括祭祀之礼；凶礼包括凶年赈抚、劳问疾苦、五服制度与丧葬等内容；宾礼包括皇帝与诸藩国的外事活动，如朝觐、会盟等。军礼包括皇帝亲征、禡、巡守、讲武等内容；嘉礼包括冠、婚、飨宴之礼。

由于"五礼"体系下设定的礼制内容或庞杂，或琐屑，兼之并不对称、对等的结构也不符合东亚传统的美学理念，以之作为政典的范式也难以得到推广。而且韩国学者在论述礼制的时候，也以"冠、婚、丧、祭"为切入点，且此四者对于现代韩国的礼俗亦产生了巨大的影响。故而，笔者着力将探讨属于嘉礼中的冠、婚，凶礼中的五服制度与丧葬（丧礼）、吉礼中祖考和亲眷的祭祀（祭礼）。将礼制分为冠、婚、丧三种，是北宋司马光的《书仪》目录中规定的，而将礼制分为四种——冠、婚、丧、祭则是《朱子家礼》的目录中规定的。祭礼很大程度上是从朱熹时代开始从吉礼中划入士大夫礼学体系的，这部分原来的吉礼反而成了丧礼的附录。朝鲜王朝的学者金长生意识到了这种礼制格局的转变："饮酒、食肉移于禫后，迁主复寝移于吉祭后，实朱子后来议论之定者也。吉祭所以补其阙也，改葬所以备其变也。祠堂之仪、四时之祭、墓祭、忌祭，虽非丧礼，而丧毕则祭，故并附于篇末。"①

在朝鲜王朝时期，亦非没有关于"五礼"的观念。早在世宗大王二十六年（1444 年）十月丙辰（十一日），即命"金知中枢院事卞孝文·郑陟、成均司艺闵瑗、集贤殿校理河纬地、博士徐居正、校书校勘朴元贞、承文院副正字尹恕，详定《五礼仪注》于集贤殿"，②"命集贤殿儒臣详定《五礼仪》，悉仿杜氏《通典》，旁采群书，兼用中朝《诸司执掌》、《洪武礼制》、《东国今古详定礼》等书，参酌损益，裁自圣心"，然"未及施用"，世祖时亦谓此书"条章浩繁，前後乖舛，未敢据以为法"，在修撰《经国大典》时"且依世宗朝所定《五礼仪》考古证今……名曰《五礼仪》，附于（《经国大典》之）《礼典》之末"，当时，姜希孟与吏曹判书成任担任修纂工作。睿宗、成宗时，姜希孟知中枢，继续编修工作，直至成宗五年（明成化十年，公元 1474 年），"特命高灵府院君、臣申叔舟总裁焉"，其五礼目录以吉、嘉、宾、军、凶的次序排列，但姜希孟解读五礼的顺序则是传统的吉、凶、军、宾、嘉："由祭祀有吉之礼；由死丧有

---

① 金长生（即沙溪先生，1548 年—1631 年）《丧礼备要》凡例，太白山实录史库本，第 3 页。

② 《世宗实录》卷一〇六，第 4 册，第 589 页。

凶之礼；由备御有军之礼；由交际、冠、婚之重，有宾与嘉之礼。"次年
颁行。《国朝五礼仪》之成书使得"自朝廷下至士庶，各有定礼，不相逾
越，天经地纬，曲礼小节，粲然不紊"，于是姜希孟感慨"实吾东方万世
之令典也"。关于《国朝五礼仪》成书颁行时间之滞后，姜希孟或许受启
发于《论语》中"绘事后素"的论断："礼乐必待百年而後兴，故周自后
稷肇基，历文、武数百年，迄于成王而大备。"① 成宗之所以谥号为"成
宗"，或许后世在凭吊时，也有赞许其时典章齐备之意味——其在位其间，
先后有《经国大典》（1474 年）及《国朝五礼仪》（1475 年）颁行于世。

在《五礼仪》未备之时，朝鲜王朝对于丧礼仪注尤其重视。如文宗即
位之年（1450 年），许诩启："卞孝文、郑陟等，曾撰定《丧礼仪注》，大
行王（指世宗大王）赐览，下政府勘磨。"政府启曰："《五礼仪注》，先
王时既已撰定，令臣等拟议，此是重事，未即议启。前此敛（殓）殡之
际，皆用此仪注，独赴山陵，仪注未行。然亦有前例，岂有大相差谬乎？
赴山陵之前，先王已定之仪，遽令修改不可。若用此仪，而有不通之处，
则或上裁，或议诸大臣，可矣。"②

朝鲜王朝的君臣对于《五礼仪注》的修撰十分迟缓，但对《五礼仪
注》中的《丧礼仪注》格外关注，苦于《丧礼仪注》之缺山陵制度，更
有"不通之处，则或上裁，或议诸大臣"。及至端宗即位年（1452 年）九
月十三日（壬寅），诸记注官以为，当将卞孝文等编纂的《五礼仪注》编
入实录。于是政府内展开了争论，金宗瑞认为，在徒有世宗之制作，未经
臣下之考量的情况下，是难以形成典制的。究其原因，恐怕也与士大夫群
体对"五礼"体系的抵触有关，也反映出"五礼"体系难以深入人心的
原因：

> 许诩曰："此非国论所定，乃（卞）孝文等数人所撰，世宗命臣
> 诩及郑麟趾，同政府，更加考定，未暇披阅，束之检详司，是乃未成
> 之书，不可编入。"郑麟趾曰："是虽孝文等所撰，实出睿裁，不可不
> 录。其废阁不校，乃政府懒慢之过，岂世宗之意乎？若曰未成之书，
> 则《周礼》亦非成书也，然后世有所考证，则今此《五礼》，不可不
> 录也。"金宗瑞曰："不经政府之考，且事未施行，不可编入。"郑麟

---

① （朝鲜成宗朝）申叔舟编：《国朝五礼仪》序，首尔民昌文化社影印本 1994 年版，第 1、
2 页。
② 《文宗实录》卷一，第 6 册，第 228 页。

趾曰："为国，礼乐最大，一代礼乐，不可不传。"金宗瑞曰："待政
府考定，编入今上实录可也。"麟趾曰："以世宗所定《五礼》，编入
今上实录，则无乃失实乎？"宗瑞无以对，然终不录。记注官申叔舟
扬言曰："凡君上所欲为，虽是美事，苟不先与大臣议之，则事竟不
行。今《五礼》，世宗亲自笔削，取舍损益，断自宸衷，手泽尚存，
吾辈久叨侍从，素所目击，世宗精力所寓，莫加于此，舍是不录，而
反录一礼曹郎官所撰仪注，甚无谓也。许四宰之欲不录者，恶（卞）
孝文等多改许政丞所定仪注，而政府之不欲者，嫌世宗不先与政府议
也。人臣无将，此真所谓将也，为人臣，安可以此事君乎？"诸记注
官，亦皆非之。①

于是，《五礼仪注》勉强被编入了《世宗实录》，并在以后的国家祭礼
和丧礼中发挥了一定作用，但引用时多称"《五礼仪》"或"《五礼仪》
註"，实乃为突出世宗之制作。然而朝鲜王朝没有把《五礼仪注》当作唯
一礼制典章。英祖二十年（1744 年，乾隆九年），通政大夫礼曹参议知制
教尹汲奉教编修《续五礼仪》，"仲春之月"编修，八月某日修成，由
"正宪大夫礼曹判书兼知经筵事同知成均馆事、艺文馆提学世子左副宾客
李宗城等上笺"，其本旨是"复三代之古礼，洗汉唐之谬制"②，然其补充
者，多为王礼之诸仪，皆"时王之制"。同时，朝鲜王朝还借鉴唐明礼，
因时制宜。比如宾礼用《大明集礼》：

问礼官安处良来启曰："臣到碧蹄，告两天使曰：'礼文不可轻
变，况藩国仪，乃祖宗以来遵守之典，今难遽改。'正使曰：'鞠躬迎
诏之礼，不见于藩国仪，而《五礼仪》注有之，是何据耶？'臣答曰：
'诏敕帝命，不可立迎故也。'正使曰：'五拜三叩头，以迎诏敕，乃
《大明集礼》之仪也，尔国行之，无乃可乎？'臣答曰：'《大明集礼》
是中朝总集之文，藩国仪乃取其国所遵守者，参定颁行，故本国世世
遵行。'正使曰：'然则当与礼曹判书议之。'判书对之如臣言，有顷
正使召臣，言曰：'《大明集礼》虽如此，今当从藩国仪，殿下升西
阶，由西门入，诣受诏位受诏，送诏时，殿下止中门，百官送至太平

---

① 《端宗实录》卷三，第 6 册，第 537 页。
② 《国朝续五礼仪》序、《进〈国朝续五礼仪〉笺》，首尔民昌文化社影印本 1994 年版，第
479、481 页。

馆．'又曰：'予颁诏外国非一，有如琉球、交趾等国，亦行五拜礼，尔国礼义之邦，而不行此礼可乎？此必不见《大明集礼》而然耳。予闻殿下聪明好学，若见《大明集礼》，必当行之。'"传曰："迎诏节次，当从天使之言，其以此回报。"处良即承命而行。①

再如后宫的亲蚕礼用唐礼，礼曹启《亲蚕应行节目》：

> 杜氏《通典》皇后亲蚕仪："出宫、还宫升降坛，并乐作。"《宋史》亲蚕仪，无乐作，本朝《五礼仪》："凡王妃受贺·会命妇仪，升降座，并乐作。"今亲蚕亦是盛礼，出宫、还宫升降坛，并乐作何如？一、古制，皇后亲蚕，皆服鞠衣，《礼记》月令："乃荐菊衣于先帝"注："衣色如菊花之黄也。亲桑之服，色如菊尘，象桑叶始生之色也，先代木德之君，荐此衣于神座，以祈蚕事"，则意菊非取黄色为皇后之服，专象桑色而设。且《杜氏通典》皇后六服，菊衣居第四，命妇之服，菊衣居第一，非独皇后之服明矣。今王妃亲蚕时，服菊衣加首饰何如？②

综上，《五礼仪注》不是朝鲜王朝的国家礼典，至少不是唯一的礼典，而仅仅是作为朝鲜王朝礼仪活动的参考之一。即使在成宗六年（1475 年）以后，《国朝五礼仪》成书颁行之后，朝鲜王朝仍然借鉴其他礼典。究其原因，"五礼"的提法固然是中华传统礼制的王朝固定范式，但不是唯一标准。从文化上讲，朱子学之所倡导者为冠、婚、丧、祭之"四礼"，朝鲜崇仰"盛宋"，故推崇朱熹；从政治上讲，朝鲜作为明之藩国，不得不对明朝当时的礼制有所借鉴。最后，就"五礼"本身而言，并不均衡，《国朝五礼仪》中吉礼二卷、嘉礼二卷、宾礼一卷、军礼一卷、凶礼二卷，且军礼条目和内容极少，而吉礼及凶礼占了三分之二强的篇幅。这在重视对称、均衡的东亚美学文化中，似乎亦有失于经典之面目。于是，朝鲜王朝的礼仪细节，则多有《仪轨》传世，各种《仪轨》足以汗牛充栋，是朝鲜王朝礼制多方取法，因时制宜、因事制宜的反映。

朝鲜王朝以"六典"作为王朝的基本政治模式，而《礼典》居其三。英祖二十二年（1746 年）在编纂《续大典》时，于吏、户、礼、兵、刑

---

① 《成宗实录》卷六四，七年（1476 年）二月癸巳（十九日），第 9 册，第 315 页。
② 《成宗实录》卷七七，八年（1477 年）闰二月癸亥（二十五日），第 9 册，第 434 页。

各典之前有"御制御笔"的八个大字，及至朝鲜正祖九年（1785 年）修纂《大典通编》时，依旧沿用。其《吏典》曰："一心乃公，为官择人"；《户典》曰："均贡爱民，节用蓄力"；《礼典》曰："修举五礼，无坠旧典"；《兵典》曰："爱恤武士，以严直卫"；《刑典》曰："大公钦哉，勉守法文"；《工典》曰："勤于职任，饬砺百工"。朝鲜王朝的"五礼"体系如何体现呢？《礼典》作为"六典"之一，与"五礼"体系的关联是什么呢？答案应该是自宣祖（1567—1608 年在位）及至韩帝国高宗（1863—1907 年在位）、纯宗（1907—1910 年在位）期间的 540 余种，2700 余件的各种《仪轨》。今天的韩国学者仍然按照吉、凶、嘉、宾、军的"五礼"分类法则对各色仪轨进行了目录汇编和分类。[①] 当然，这是今天学者对于朝鲜时代仪轨的理解。朝鲜成宗虽然创编了《国朝五礼仪》，但是具体的仪节则是在各种仪轨的规范下完成的。以仪轨形式规定具体的礼节，乃是中国汉代"仪注"的传统。自有唐一代编纂《开元礼》之后，虽为历代取法之成宪，然其中缺《国恤》一篇，因此，帝王的丧葬依旧依靠临时编订的各种仪注来执行，如《元陵仪注》之类，朝鲜王朝之编纂仪轨，意义亦在于此，但朝鲜王朝仪轨却涉及王室生活的各个方面，不只是丧礼而已。因此，朝鲜王朝的学者明显有"五礼"难于详备的感慨：

吉、凶、军、宾、嘉，加意谨尝烝。文祥以六礼，盛宋亦未能。《六典》俱井井，情法互降升。[②]

---

① 韩永愚：《朝鲜时代仪轨编译及现存仪轨调查研究》，载《奎章阁收藏仪轨集成目录》，首尔大学奎章阁，2002 年 12 月印行，第 7—25 页。现存于奎章阁的仪轨中，属于吉礼的有《宗庙仪轨》《亲蚕仪轨》《社稷署仪轨》等，属于凶礼的有《正祖国葬都监仪轨》《英祖四尊号上号都监仪轨》，属于《嘉礼》的有《正祖孝懿后嘉礼都监仪轨》《英祖真纯后嘉礼都监仪轨》，属于宾礼的有《高宗壬寅进宴仪轨》，属于军礼的有《火器都监仪轨》。然而，中国传统的"五礼"把未必能准确地给朝鲜王朝的仪轨进行分类。如《大射礼仪轨》，按照《开元礼》和《通典》，大射、乡射都属于军礼的范畴。盖上古之时以选择武士为主。自宋明以后，包括朝鲜王朝，崇文抑武，射往往指代文科科举，勉强归入军礼，似乎有名实不符之感。再如《中和殿营建都监仪轨》似勉强可归入嘉礼，然《通典》所列嘉礼之内为建帝王之车辂、辇舆、旌旗，于土木之事无涉。可以说，仪轨杂陈是朝鲜王朝官方礼典的特点，而于社会之约束，则多来朱熹之冠、婚、丧、祭的四礼体系。且这种以"四礼"训民的体系自朝鲜王朝之初（太祖四年、公元 1395 年六月戊辰）已然确立："命中枢院事权近详定冠、婚、丧、祭之礼"。另有《英宗大王实录厅仪轨》应该属于史官之职守及工作细则，更不知附于五礼中的哪一类了。

② 尹凤九（1683—1767 年）：《屏溪集》卷三《五礼六典》，《韩国文集丛刊》第 203 册，第 62 页。

以上引文中所开列的"六礼"其实较之"五礼"的范围窄了许多。"六礼"是《礼记》的说法，是《仪礼》的框架："六礼：冠、昏、丧、祭、乡（注：乡饮酒、乡射。）、相见。"① 这也充分说明影响朝鲜半岛礼文化的主要是《礼记》一书以及宋代的朱子礼学，其影响的范围固然不仅仅囿于世俗生活，而对官方礼制的种种《仪轨》，则非在野的学者所能尽知。尹凤九所称"盛宋"一词充分表明了其对宋朝礼文化的尊崇。的确，宋的礼文化不仅影响了朝鲜王朝的王室礼制，而且更多是影响了民间的礼俗。朝鲜王室礼制的源头更加多元，形式也更加多样，兼采先秦古礼、唐宋典章及朱子学。

诗文中的《六典》是指太祖大王李成桂制定的王朝典章，全称应为《经济六典》，其中涉及了政治和社会生活的各个方面。宋神宗元丰年间，曾有意取法于《唐六典》进行官制改革，然行之未久。笔者认为，朝鲜王朝之所以以"六典"作为国家典章的称谓，不唯是将国事分为吏、户、礼、兵、刑、工六部分，便于管理，也存在着取法唐宋并力图有所超越的意味。《经国大典》之卷三《礼典》一章，始述科举，再述官吏之仪章、冠服，再述及诸亲服纪、官员的朝仪、事大之宾礼（针对中国明朝的外交礼）、再述及取才、祭礼、立后、婚嫁、丧葬、京外官相见及会坐、碑式样、牌式、度牒式等文书样式。总之，是以礼曹的事务为线索展开的，虽然事系王朝行政，然亦不按"五礼"的模式展开，大概是以科举为国之枢要，故置于《礼典》最前面。斯亦可见"五礼"体系的式微。

值得注意的是，朝鲜王朝的学者对于宋朝的政治制度采取了有取有舍、不断扬弃的态度，如丁若镛谈及"去馆阁台、谏之官而天下治"，主张更加广泛地开张言路，以咨政于全民。② 以馆阁台谏官之风闻言事是北宋政治的主要特征，而北宋后期及至南宋，馆阁台、谏的文士们大多成为宰相专权下的喉舌和附庸。丁若镛的上述主张则是依循宋代政治发展理论而引申的。丁若镛对于宋代的学术极其推崇，而对于当时清代学者的成果（而今中国学术界推崇为以考据见长的"朴学"）则颇有微词，在高扬宋儒"理"的精神的同时，更加注重礼学。中国语言文化中向来有声训的传统——"礼"和"理"的互训也符合这一规则。程朱理学认为礼的作用在于调整天理和人欲的关系，理是抽象的，礼则是理的具体细则和仪节：

---

① 《礼记注疏》卷一三《王制》。
② 丁若镛：《与犹堂全书》第一集卷一一《职官论一》，《韩国文集丛刊》第281册，第235页。

（万）正淳问："程子曰：'礼即理也。'不是天理，便是人欲。尹氏曰：'礼者理也，去人欲则复天理。'或问不取尹说，以为失程子之意。何也？"（朱子答）曰："某之意，不欲其只说复礼，而不说'礼'字。盖说复礼，即说得着实。若说作理，则悬空是个甚物事。如谢氏曰：'以我视，以我听，以我言，以我动。夫子分明说是非礼勿视、听、言、动……'"①

礼即理也，但谓之理，则疑若未有形迹之可言，制而为礼，则有品节文章之可见矣。人事如五者，固皆可见其大概之所宜。然到礼上，方见其威仪、法则之详也。节文、仪则是日事宜。细考之"忠恕"二字，其本义只是学者众人之事。②

当时朝鲜半岛的学者宋时烈（1607—1689 年）作为沙溪金长生的弟子，首崇程朱理学，次而推及汉儒之学：

朱子一生辛勤，发明理致者，今人一切反戾。……今塘後之称骊曰："立心制行，不泥古人。读书讲义，不拘注说。"而言论见识，实有超诣过人者。其悖于朱子之道者为如何哉？朱子尝曰："汉儒释经有功，虽郑、何诸注，犹不可挥斥。"况镌之所诋讪，实是程、朱注说乎？……（朴）和叔乃以为得牛溪（成浑）之道学，而反以我之攻斥为非。③

可见，宋时烈其人对于理学流脉之熟稔，很可能与中原学者有所交游。在朝鲜王朝后期，其儒学尤其重视礼学之考辨，所谓"一日治礼，天下归仁，终南捷径，儒家之利门大闢"，有近代意识的学者如金三渊者哂笑曰："儒学今日讲礼家，差能考证便相夸""联翩书牍商仪节，便是诚明德业完"。④ 在趋近于近代的朝鲜王朝，体用兼济的学说则把礼学定义在"体"与"用"之间的范畴之内，而过分地对礼制的仪式做注脚则不如全面把握"圣人"之"礼乐兵刑"之治道更为实用：

---

① （宋）黎靖德编：《朱子语类》卷四一《论语二三》，中华书局 1986 年版，第 1065 页。
② 朱熹：《晦庵集》卷六〇《答曾择之祖道》，四库全书本。
③ 宋时烈：《宋子大全》拾遗卷四《与权致道》，《韩国文集丛刊》，韩国民族文化推进会 1981 年版，第 116 册，第 90 页。
④ 洪大容（1731—1783）：《湛轩集》内集卷三《与人书二首》，《韩国文集丛刊》第 248 册，第 70—71 页。

> 正心诚意，固学与行之体也；开物成务，非学与行之用乎？固开
> 物成务之急务，律曆算数、钱穀甲兵，岂非开物成务之大端乎？……
> 二帝、三王之大经大法，孔孟程朱之切要心法，具在《六经》……不
> 然则九畴九经、礼乐兵刑，圣人之能事，何等全备，而执事乃欲了之
> 以升降揖让注脚之注脚乎？①

　　那么，朝鲜王朝的学者对唐宋礼制，尤其是唐以前的制礼做何评论和
取舍呢？

　　约公元前 2 世纪，儒家思想随同汉字开始传入朝鲜半岛。公元 372 年，
高句丽设立太学，教授儒家经典。百济、新罗及统一新罗王朝都非常重视
儒学，并派遣弟子入中国学习中国儒学经典。到高丽王朝后期，朱子学传
入朝鲜半岛，得到最明显发展。到了朝鲜王朝时期，儒学占据了近乎国教
的地位。② 笔者仅以历仕高丽、朝鲜两朝的名臣吉再为例，聊以描摹朱子
学对于朝鲜半岛的文化影响之态势。

　　吉再，字再夫，号冶隐，或称金鳌山人，善山府属县海平人也。吉再
一生之行迹可以反映出其礼学思想大抵取法于朱熹。

　　其一，践行儒家传统的人伦道德。

> 父元进仕于京，再随母金氏在乡，及元进守宝城，母赴之，以俸
> 薄，留再外家，时年八岁。……后元进还京，母归于乡，元进又娶卢
> 氏，疏其母，母怨之。再语母曰："妇之于夫，子之于父，虽有不义，
> 不可少有非之之心。人伦之变，古昔圣贤亦有不免，但处之以正，以
> 待天定而已。"母感之，终不出怨言。……年十八……一日辞于母曰：
> "有父不觐，非人子也。"即随贡赴京，事父至孝。卢氏不慈，再起敬
> 起孝，卢感之，待之如己出，邻里称之。

　　其二，丧礼反对释氏，主张因情而为的"心丧"。

> 母卒，丧葬祭祀，一遵《文公家礼》，不用浮屠法。……闻（其
> 国学之师）权近卒，垂泣曰："民生于三，事之如一。"乃行心丧三

---

①　洪大容（1731—1783）：《湛轩集》内集卷三《与人书二首》，《韩国文集丛刊》第 248
　　册，第 70—71 页。
②　Kim，Jong-Seok：《安东儒学的形成与特征》，见《安东学研究》第 3 集，2004 年版，第
　　238—239 页。

年。（入国学前之授业师）朴贲没，亦如之。……（吉再）每遇忌日，齐（斋）蔬悲泣，一如初丧。……（吉再）疾革，命丧葬一依《文公家礼》，言讫而卒，年六十七。

其三，认为无嫡子，当以庶孽子孙主持祭祀，而奉祀之香火不能断绝。

妻父申勉尝有苍赤十馀口，逃躲有年，约子孙得者，即以与之。再适得之，勉欲如约，再固辞，勉密为书如约。再后阅文书得之，又固辞，勉怒曰："辞爵禄、辞奴婢，不宜处人类也。"再云："子孙即祖考遗体，安可厚薄？嫡子已没，存养虽孽生，义当主祀，不可不重。"遂分与太半。……表兄释雪幢（时已为僧人）以法孙奴婢，与其子师舜，再曰："既云法孙，何传于族？"命（其子）师舜还之。

其四，主张心性之修为，暗合于中国的"阳明心学"及朝鲜"退溪学"的心性主张。

（吉再）常语人曰："人之言行，错于昼者，以夜不存心耳。"夜必静坐，中夜而寝，或拥襟达晓，鸡初鸣，具冠带谒祠堂及先圣。与子弟讲论经书，虽有疾病，手不释卷。

鸿儒权近尝序赠吉再"诗"曰："有高丽五百年培养教化，以励士风之效，萃先生之一身而收之；有朝鲜亿万年扶植纲常，以明臣节之本，自先生之一身而基之，其有功于名教也大矣。"[1] 在实录作者笔下被称为"诗"的这段文字其实并不符合任何中国诗歌的体裁，只可以看作一段对仗的文字而已。从这个细节看，朝鲜王朝初期在文化上并未深度地濡染汉风。然其初期之施政，每每以举驳高丽王朝之失为辞，权近之所言，吉再之所行，足以说明贯穿高丽与朝鲜王朝的朱子学的基本精神没有改变。

南宋朱熹将儒学发展为"朱子学"，且于宋末元初随着朱熹子孙的迁徙来到朝鲜半岛，至于明朝在朝鲜半岛逐渐成为显学，继而成为朝鲜的官方哲学。从12世纪末朱熹去世，到16世纪中后期，约四百年间，朱学发生了很大的分化。这种分化向两个方向进行。一是经由南宋末年的真德秀、魏了翁、元朝的许衡、吴澄，以及明朝的吴与弼、陈献章等人，演变

---

① 《世宗实录》卷三，元年（1419年）四月丙戌（十二日），第2册，第311页。

为王阳明心学（"性理"学），主张"天地万物皆吾心之变化"；一是经过黄震、文天祥、刘因、薛瑄等人，转化为罗钦顺等的"气理"之学，主张"气"是宇宙万物之根本，"理"是"气"运动变化之一定条理秩序，但仍然坚持朱熹的"理一分殊"的基本主张。①

从 15 世纪末到 16 世纪初，朝鲜王朝经历了燕山君发起的两次"士祸"。燕山君不喜欢儒家文化，所以经常与尊崇儒学的百官发生冲突。他在任期间曾发生两次士祸，分别为 1498 年的"戊午士祸"和 1504 年的"甲子士祸"。其中甲子士祸的成因是燕山君听信外戚官员任士洪谗言，追捕与生母尹氏案件相关人士并加以杀害。及至中宗即位之后，朝鲜王廷扶植了师承严密的性理学流脉。柳崇祖（号真一斋，1452—1512 年）师承于权近，曾于 1511 年撰写《性理渊源撮要》《大学箴》十章。金安国（号慕斋，1478—1543 年）和赵光祖（号静庵，1482—1519 年）师承于被流放到熙川的金宏弼，1517 年，时任庆尚道观察使的金安国为振兴乡校学风，刊印和推行《小学》《吕氏乡约》《正俗》等。1519 年，赵光祖殉难以后，栗谷李珥将赵光祖的学说归纳为"格君心""陈王政""开义路""塞利源""崇正学""正人心""法圣贤""兴至治"。② 可见，朝鲜王朝的朱子学是继承了真德秀——王阳明的性理学派，士大夫以此来规劝君主，跻身政坛。而学者们在推广乡规民约的时候则以吕氏乡约和《小学》为核心，着力于以具体的规范去推行社会基层的教化。

退溪先生李滉，字景浩，号退溪，生于朝鲜王朝燕山君七年（1501年），卒于宣祖四年（1570 年），享年七十岁。退溪先生著述丰富，内容广泛而深刻。他的著作包括《退溪先生文集内集》《宋季元明理学通录本集》《朱子书节要》等十余种。尤其突出的是《朱子书节要》，乃是退溪李滉倾注半生精力编纂而成的一部朱熹理学选集。该书刚一问世，朝鲜学者就把它与朱熹选编的《近思录》等量齐观，同视为"四书之阶梯"。③这些著作，有的是用"谚文"写成的，而多数是用古代汉语写成的。李滉创立的"退溪学"，在朝鲜王朝时期的朝鲜居于翘楚地位数百年，并传到日本和其他一些国家，影响极为深远。

"退溪学"是在着力弘扬《孟子》的"四端"和《礼记》的"七情"

---

① 蒙培元：《朱学的演变和李退溪哲学》，《浙江学刊》1986 年第 1 期。

② （韩）琴章泰著：《韩国儒学思想史》，韩梅译，中国社会科学出版社 2011 年版，第 85—88 页。

③ 徐远和：《李退溪与〈朱子书节要〉》，《浙江学刊》1986 年第 1 期；成中英、伍至学：《李退溪的"四端七情"说与孟子、朱熹思想》，《学术月刊》1988 年第 1 期。

说之后，形成自己的独立风格的。退溪李滉通过与高峰奇明彦的"四端七情之辩"，提出的"四端理发而气随之，七情气发而理乘之"的理气互发论的命题。退溪李滉强调理气不杂，主张四端为"理发气随"；栗谷李珥则强调理气不离，认为四端为"气发理乘"。而实学家茶山丁若镛（亦称洌水丁若镛）则与强调性理之学的退溪李滉、栗谷李珥不同，从反性理学的角度提出了"端内德外"，认为"四端"虽内在于人的心性之中，但"仁、义、礼、智"四德却是行为之后出现的结果。① 从哲学上讲，退溪李滉综合宋儒张载《西铭》"天地之塞，吾其体"及王安石主张"性情均一"说之"性者，情之本；情者，性之用"② 等理论，作《圣学十图》，主张"天地之塞，吾其体。天地之帅，吾其性。气为形而理具于其中，合理气为心而为一身之主宰。所谓理具于其中，性也，自性发用者，情也"③。退溪礼学先是从《易经》出发，以《天命新图》阐发"五行一阴阳也，阴阳一太极也，太极本无极"的理念，"天人感应""福善祸淫"，主张以持"敬"来主宰身心，从而达到"从心所欲不逾矩"的化境。④ 而"汉城实学派"则以为道德不是靠心性的修为就可以达到的，而是需要外在的社会训练才能实现的。

退溪李滉在政治上试图论证受命于皇帝，系属于"中华秩序"范畴的朝鲜王权的正统性和绝对性。李滉认为，箕子东来，施行九畴、八政之教，立井田之制。高丽立国五百余年间，世道向隆，文风渐开，士之游历中原者渐多，经籍兴行，革乱为治，慕华变夷。朝鲜则诗书之泽、礼仪之风、箕畴之教渐复，堪称"小中华"⑤，"吾东"乃是"文献之邦，君子之国"。是之谓朝鲜的"中华主义"。⑥

尽管烦琐的考证之功是由后来的汉城实学派完成的，但是退溪"礼

① 金仁权：《退溪与奇明彦"四端七情"之辩及其意义》，《东疆学刊》2007 年第 3 期；邢丽菊：《朝鲜时期儒学者对孟子"四端说"的阐释——以退溪、栗谷与茶山为中心》，《社会科学战线》2006 年第 6 期。
② 蔡元培：《中国伦理学史》，东方出版社 1996 年版，第 83 页。
③ 李瀷：《星湖全集》卷四三《杂著·心统性情解》，《韩国文集丛刊》第 199 册，第 284 页。
④ 刘权钟：《退溪学研究의과제와전망（退溪学研究的挑战与前景）》，《退溪学报》第一〇九辑，首尔：退溪学研究院，2001 年 4 月，第 110—152 页。
⑤ 目前认为"小中华"最初是宋人在高丽文宗时期（1046—1083 年）赠予高丽的称号。（参黄修志《高丽使臣的"小中华馆"与朝鲜"小中华"意识的起源》，《古代文明》2012 年第 4 期）
⑥ 边英浩：《朱子学的比较政治思想史的特质——以李退溪、李栗谷为中心的观察》，日本神户大学博士学位论文，平成十八年（2006 年），第 195—198 页。

学"在思想层面的贡献是不容忽略的。退溪主张礼有因有革，有常有变。礼在践履中从俗、从宜、从权，而逐渐朝鲜民族化，也即创新的过程。退溪李滉与栗谷李珥被后人称为性理学的"双璧"。其礼学思想是以持身明理为要旨，事亲要孝，丧制当依文公（朱熹）《家礼》，祭礼以尽诚敬之情。

　　退溪李滉论礼之要旨和精神的著作颇多，而礼的细节和具体仪节的制定则是由星湖李瀷和洌水丁若镛完成的。其著作乃是朝鲜王朝礼学之大成者，其所渗透的礼学精神值得我们于细微之处品鉴揣摩，有所发覆。尤其是洌水丁若镛的著作，乃是朝鲜王朝礼学仪注之登峰造极者，体系完备，卷帙颇丰，流传至今。

　　退溪之门徒有四大支脉：安东北部以礼安县为中心的赵穆一脉、安东东部以临洞县为中心的金诚一一脉、安东西部以丰山县为中心的柳成龙一脉和南部以星州为中心的郑述一脉。退溪之礼学流脉当首推鹤峰金诚一推扬之功。鹤峰金诚一（1538—1593年），所著《鹤峰集》中有《上退溪先生问目》，其中《奉先诸规》《吉凶庆兆诸规》《丧礼考证》诸篇深得朱熹《家礼》之意蕴及退溪之衣钵，并且倡导刊刻了南宋朱熹嫡传弟子杨复的《仪礼图》和明代屠义永的《乡校礼辑》，[1] 传布于世。[2] 对于朱熹《家礼》的研究，则首推星州人郑述（1543—1620年），二十一岁时师从退溪先生李滉，后于苍平之寒冈精舍撰《家礼辑览补注》，[3] "学者称为寒冈先

---

① 在中国典籍中，可见"《乡校礼辑》一卷，浙江提学副使屠义英教、教谕黄议等编"（明末清初，晋江黄虞稷撰《千顷堂书目》卷二《三礼类》。）其屠义英者，当为与屠义永同辈之人。"浙江提学副使屠义英教、教谕黄议等编"说明清朝初期，《乡校礼辑》是经过了官方整理的明代旧籍。清代曹庭栋《昏礼通考》卷一六（《四库存目丛书》，经部第115册，第559页）曾引《屠氏乡校礼》之《见舅姑》条。可见，《屠氏乡校礼》（《乡校礼辑》）历经明清，传布于朝鲜半岛之前因后果。黄虞稷氏之著作裒汇了元明时期乃至宋、辽、金的主要私人礼学著作（以明为最，凡百余种），其中以朱熹《家礼》为内容的注释、补正为主，其次是对《仪礼》的新注。据《四库全书总目提要》，其宋儒著述唯有车垓《内外服制通释》九卷，车垓字经臣，天台人，车清臣从父弟。（南宋度宗）咸淳（1265—1274年）末，特恩授迪功郎，调浦城尉。丞相王爚荐其有史才，将荐入史馆。宋亡，车垓积于礼乐，是书凡六类，一五服诸图，二五服丧制名义，三五服提要，四五服图说，五三觞以次降服，六深衣疑义，男（车）璿所编次。此亦可见流布于元明民间的宋代礼学著作甚少，且为朱熹以后的作品。元明之民间家礼多基于朱熹《家礼》而改作发覆。

② 김종석著：《退溪言行录검종석 분석을 통해 본及门弟子의受学경향》，《退溪学》第15辑，韩国庆北：安东大学校退溪学研究所2005年版，第8、9页。

③ 申炳周：《朝鲜中期处士型士林的学风研究》，首尔大学国史学科文学博士论文1992年版，第293页。

生，治百梅园，蹈履安贞，以诱掖后学为事。所著书甚多，末年遭火放失，唯《心经发挥》《五服沿革图》《深衣制度》等书，行于世。尤邃礼学，撰《五先生礼说》，至老病革，犹考校不辍"①。

在《退溪学资料丛书》中，亦可见退溪诸弟子继承其衣钵，并把其学术融汇到各自家礼的痕迹。但这些学者都带有隐逸和避世的情结，因此，只能做到独善其身，其家礼、家学亦多有传布之局限。赵是光（1669—1740 年，自戒满，号柱江），深研退溪的《朱子书节要》，于性理说、四端七情说、礼说得益颇多，其所著的《柱江集》有《庭诫》《丧祭礼》和《奉先仪式》诸篇，具体要求有"孝父母""友兄弟""刑室家""敬长老""信朋友""谨祭祀""惇宗族""睦邻里""教子孙""严内外""御婢仆""恤困穷""慎言语""崇礼义""励廉耻""禁奢侈""节喜怒""窒嗜欲""养正直""祛骄吝""勿苦贫贱""勿趋权势""勿言人过""勿是非政法"等内容。②

权德秀（1672—1759 年），安东人，字润哉，号逋轩。其堂号乃取法于北宋杭州西湖孤山的诗人、隐士，以"梅妻鹤子"为志趣的林逋（867—1028 年），潜心礼书，著有《礼仪判书》。③ 应该指出，退溪弟子研究礼学的目的在于治家和保身，更多的是参悟性理之学，并醉心于文学创作。真正使礼学影响波及朝鲜王朝统治中心的要数"汉城实学派"。

1623 年，发生了"仁祖反正"的事件。究其原委，西人党和东人党是朝鲜王朝宣祖时期（1567—1608 年）的两班士林派朋党。以居住在汉城府西方的沈义谦为首，支持者称西人党，他们支持朱子学脉栗谷李珥之主气说。李珥在世时曾任大司宪，两派尚能相安无事，在他死后两派开始争斗不已。起初，东人党掌握政权。1613 年，西人党以郑汝立谋叛为由攻击东人党，挑起了"癸丑狱事"。癸丑狱事发生后，当时的国王（后来追谥为光海君）杀死了对自己王位构成威胁的临海君、永昌大君等人，西人党也因此失势。1617 年，仁穆大妃也被软禁。这遭到许多朝臣的反对，光海君便罢免了众多台谏官员。而在后金与明朝交战期间，光海君奉行中立态度，也引起群臣的不满。1623 年三月十二日，西人党率一千三百人自城东北攻入汉阳，得到训练都监二千人的响应。叛军攻入王宫，将光海君废黜，拥戴光海君之侄绫阳君为王，是为朝鲜仁祖。仁祖将光海君流放江华岛。这

---

① 《光海君日记》卷一四八，十二年（1620 年）元月五日（甲申）条，第 30 册 278 页。
② 参全秀燕整理《柱江集》解题，《退溪学》第一五辑，第 94、96 页，安东大学校退溪学研究所 2005 年版。
③ 同上书，第 102、103 页。

就是"仁祖反正"事件。

汉城的西人党派发动军事政变时，驱逐据守在庆尚道南部的北人党派从而掌握了政权。受政变巨浪的侵袭，原与北人派交好的赵穆一脉遭到沉重的打击，丧失了自立能力，被金诚一一脉和柳成龙一脉吸收。经过以上变迁，在安东地区，柳成龙一脉和金诚一一脉逐渐成为学术主流，他们统合了其他小的支脉，并发展成为西厓学派和鹤峰学派。以安东府为中心，东面的鹤峰学派和西面的西厓学派渐渐形成了各自独立的师承关系，并一直延续到 20 世纪的前半期，但这两派在学术上并没有特别大的差别，因而未形成文化差异。郑逑一脉一分为二：被汉城的许穆和仁同的张显光分别继承学脉，在庆尚道以星州、漆古和仁同等地为中心形成了寒旅学派，汉城的郑逑一脉则发展成为许穆、李瀷、丁若镛相继而成的汉城实学派。①"汉城实学派"重视礼的细节考辨，参互国家政典，应该是我们探析朝鲜王朝国家礼制及其影响的主要研究对象。

另外，栗谷李珥还是一个乡规民约的积极实践者。1577 年，李珥时年四十二岁，膺任黄海道之海州牧，创立《海州乡约》及其他关于社仓的规约并行。朱熹的社仓构想未能普遍推行，栗谷李珥实乃法北宋吕大钧《吕氏乡约仪》及朱熹对《吕氏乡约仪》之所增损，主要是采纳了犯约之过四："一曰德业不相劝；二曰过失不相规；三曰礼俗不相成；四曰患难不相恤"之规定，倡导"德业相劝、过失相规、礼俗相成、患难相恤"为基本约束内容。规定了"会时座次"，并根据朝鲜的实际情况，规定乡约的参加者有士、良人及贱人三个阶层。制定了"社仓法"，略仿朱熹之遗意，春秋敛取二分之息，以为士民艰危时节之救助。《海州乡约》还规定设立"乡所"，乡所将选举人与被选举人登记入簿，成为监督吏、民风俗的地方权力机构。在中央朝廷所派的守令、城主等官员三年一替的行政体制下，"乡所"对基层地方事务起到了实际的管理功能。1486 年，"京在所"的设置使得这种制度得以巩固。② 这种社会基层组织也有一定的文化功能，如今天日本某美术馆藏有《聖迹圖》一卷一册，朝鲜闕名氏编，光武九年乙巳（1905 年）四月京乡约所重刊，木版本。该书收集了有关中国闕里之图，末页第一行有"京鄉約所重刊"，第二至第七行为关联者之姓名，

---

① 权容玉：《韩国安东儒教文化的形成与其社会影响》，《孔子研究》2008 年第 1 期。

② 边英浩：《朝鮮朱子学の比較政治思想史的特質——以李退溪、李栗谷を中心として》，日本神户大学博士论文，平成十八年（2006 年），第 43—46、74—75 页。

第八行有"光武九年四月日"字样。① 可见，《吕氏乡约》及其治世思想在朝鲜王朝有着广泛的社会基础：

　　咸阳布衣金仁范上疏，请以蓝田《吕氏乡约》，化民成俗，启下礼曹。礼曹报政府云："《小学》正俗，已令多数印出，广布中外。《吕氏乡约》，是《小学》② 中一事，不必别令举行，请勿举行"云。政府启目乃曰："《吕氏乡约》，虽载《小学》，若不晓谕，别令举行，则视为寻常，徒为文具，令各道监司，广布何如？"上允之。③

　　韩忠曰："臣见忠清监司，刊印《吕氏乡约》，以教乡中年少之士。以故士皆知是非好恶之所趣。虽蠢蠢之民，皆知为恶之可恶，乃曰：'某也不孝于其父母，某也不弟于其兄'，皆欲斥而不齿。臣问古老（故老）则曰：'向者朝廷虽曰方兴善道，而犹未见其效，今而后知朝廷之所为也。'监司又择其耆老，为一乡之所推者，为都约正、副约正，以兴励一乡。其所以善俗作民之道，无过于此。臣见乡中小儿所读《乡约》，乃金安国所校谚解者也。须广印《乡约》，颁于八道可也。"权橃曰："金守敦，憾慨之士也。在废朝，愤世而因得心证，其疏可取。自上只经一览而下之，甚非求言之意。"④

朱熹的社仓思想也影响了朝鲜王朝的财政制度，世宗六年（1424年）六月八日（辛亥）实录：

---

① ［日］藤本幸夫：《国立ギメ東洋美術館所蔵朝鮮本に就いて》，《朝鮮学報》第二一八辑，平成二十三年（2011年）1月，第15页。

② 《小学集注》三卷，宋朱子撰，明陈选注。……考《汉书·艺文志》以弟子职附《孝经》，而小学家之所列始于史籀，终于杜林，皆训诂文字之书。今案以《幼仪》附之《孝经》，终为不类。而人之《小学》则于古无征。是书所录皆宋儒所谓养正之功，教之本也。改列儒家，庶几协其实焉。（《钦定四库全书总目》卷九二《子部二·儒家类二》）按宋儒小学之学多门，有薛季宣《论语》《小学》二卷；朱熹《小学》之书四卷；程端蒙《小学字训》一卷。（据《宋史》卷二〇二《艺文志一》）明清人以为"《孝经》，孔子之行也；《小学》，朱子之行也"。（清代常熟冯班撰《钝吟杂录》卷一《家戒上》）"先将古人井田、均田、小宗之法及《小学》《朱子家礼》《颜氏家训》《吕氏乡约》《女教》及今《义门郑氏家范》等书类聚考订，刊行天下，长幼习读，有亲族异产者，务要实时同居共爨，如有不遵，迁于化外。"（明代解缙撰《文毅集》卷一《奏疏·太平十策》）于是《小学》成为教化之先，不再只是训诂文字的内容了，而是以明伦立教为核心内容了。《小学》与《吕氏乡约》也成为明代的基本教化之书。

③ 《中宗实录》卷三三，十二年（1517年）七月二十七日（庚子），第15册，第297页。

④ 《中宗实录》卷三三，十三年（1518年）六月十九日（丁亥），第15册，第454页。

户曹启："按《经济文衡》（笔者按，宋马括编，全称《类编标注文公先生经济文衡》，系从朱熹语录、文集中选文分类辑录），朱文公于建宁府开耀乡立社仓一所，逐年敛散，每一石收耗米三升。依此制受教，义仓米麨①每一石，随其本色，加纳三升，以备后日之耗损。愿自今义仓之制，京外各官亏欠米麨，除妄费盗用及雨漏地湿所损者，依式追征外，随其本色，每一石计除耗米三升。"从之。②

而由栗谷李珥等士人阶层引领的 16 世纪的乡约普及运动则是朝鲜王朝阶层社会变革的重大举措。③

栗谷门人金长生（即沙溪先生，1548—1631 年）、金集父子对礼学作了精深研究，使礼学的朝鲜民族化进程趋于完善，而礼义经世说是其思想特色，形成了朝鲜王朝推崇性理学的礼学派，金长生著有《丧礼备要》，行于当世。礼学派实是性理学的践履派、实用派，其思想特点是民族性、创造性、时代性、仁情性。④ 笔者认为，金长生（即沙溪先生）乃是"退溪学"与后来"汉城实学派"的中间环节人物。金长生的礼学以人性论为依据，重视人自身的修养；其礼学以《朱子家礼》为中心，尤其重视丧礼和祭礼；他认为礼的功能就是维护正统秩序。⑤ 星湖李瀷对于朱熹的礼学有所考辨，指出了传入朝鲜的《家礼》实由朱熹弟子或元、明学者之改作：

《家礼图》与本文不合者多，其非朱子所自作，则著矣。愚伏以为杨复所为，此固无考。沙溪因《神主图》有"大德"字，定为元明人所为者，亦未必然。按《神主式》下云：《家礼》旧本皆用"皇"字，大德年间（元成宗年号，公元 1297—1307 年）省部禁止，今用

---

① "麨"并非实录原字，原字左侧偏旁为"米"字，而不是"麦"字。反映了朝鲜半岛多食米粉的传统饮食习俗。另外，《秋官志》等文献中经常看到"畓"字，从文字学的意义上看，就是"水田"二字的合文。早期移民至中国东北的汉族人依然以面食为主，二人转流行剧目如《洪月娥做梦》《梁赛金擀面》等对此有直接的反映。而今，稻米成了东北民众的重要主食，与朝鲜民族对于稻米种植技术的无私推广不无关系。相关研究可以参看金颖《近代满洲水稻的发达与朝鲜移民》（韩国国学资料院出版社 2004 年版）、《近代东北地区水田农业发展史研究》（中国社会科学出版社 2007 年版）。金颖：韩文版《近代满洲水稻的发达与朝鲜移民》，韩国国学资料院出版社，2004 年 7 月。

② 《世宗实录》第 2 册，第 599 页。

③ 李泰镇：《士林派的乡约普及运动》，载《韩国社会史研究——农业技术的发达与社会变动》，首尔知识产业社 1986 年版。

④ 张立文：《礼仪与民族化——论退溪以后礼的民族化进程》，《学术研究》2005 年第 6 期。

⑤ 金顺今等：《试论金长生礼学思想的特点》，《延边大学学报》2005 年第 2 期。

"显"可也。此数句即明胡广辈撰《性理大全》时所题者也。其曰《家礼》旧本，即此《主式图》，则大德以前已有此图，可知。是岂元明人所为乎？臆意恐为潘时举（笔者按，潘时举，字子善，临海［今属浙江］人，朱熹弟子。宁宗嘉定十五年［公元 1222 年］上舍释褐。官终无为军教授。事见《嘉定赤城志》卷三三）所撰，潘即朱门人也。今观《家礼图》凡三十餘，而其引朱说处则必称"朱先生"，疑是朱子门人所撰……

《家礼图》若潘时举所为，则何独于《神主图》著其名？其两窗楗及大殓十五绞之类，分明非朱子本意。其所谓旧本"皇"字者亦不然，其《有事则告》及《题主》章，元无"皇"字也。《祠堂》章下云："主式见丧礼及前图"，此一句亦恐后人添入，并宜参考。①

《星湖全集》卷三九、四〇有《金沙溪〈疑礼问解〉辨疑》上下卷。可见，星湖礼学对于沙溪之学乃是有绍述和创新之处的。

星湖李瀷（1681—1763 年），生于朝鲜肃宗七年（1681），卒于英祖三十九年（1763 年），即中国清康熙二十年至乾隆二十八年。字子新，号星湖，本贯是骊州人。其对礼学和礼制的见解不但表现在与其他人的书信往还中，还有比较集中的著述传世。今可见《韩国文集丛刊》之《星湖全集》卷四五《杂著》有《论服中死者及丧中未卒而其父母又亡，祭用肉当否》《论嫡子闻丧后时者，馈食当否》《论祖未葬而父亡题主》《论宗庙昭穆事》《论汉宣帝追尊悼考事》《论周礼土圭》等六篇，卷四六《杂著》尚有《詹（眉）翁礼论》《孤山礼论》《骊湖礼论》《怀川礼论》四篇，卷四七《杂著》有《记丧变礼》一篇，卷四八《杂著》有《删节冠仪》《娶妇仪》《嫁女仪》《昏书式》《祭式》（分为忌祭、墓祭、墓祭式、参礼、参礼式）等五部分。星湖礼学对洌水丁若镛氏的礼学影响颇多，且基本奠定了冠、婚、丧、祭和以丧为重的"四礼"模式。

丁若镛（1762—1836 年），"二十二以经义为进士，专治俪文。二十八中甲科第二人。大臣选启，隶奎章阁月课文臣，旋入翰林，为艺文馆检阅"。② 其所传世之《与犹堂全书》是由其外孙金诚镇编纂的一部多卷帙的文集，其间第二集卷三三、三四以《春秋考征》为题，探讨了以国家典

---

① 李瀷：《星湖全集》卷三六《书·答秉休别纸》，《韩国文集丛刊》第 119、138 页。
② 丁若镛：《自撰墓志铭》（圹中本），《与犹堂全书》第一集《诗文集》卷一六，《韩国文集丛刊》第 281 册，第 339 页。

制为载体的祭祀制度——吉礼，卷三五、三六则探讨了凶礼和军礼、宾礼、嘉礼和灾异等杂礼，征引了《礼记》《周礼》《左传》之若干篇章以及唐代杜佑的《通典》。其第三集卷一至一六卷以《丧礼四笺》为题，探讨了从始死、诸亲服纪到改葬诸问题，所征引的数目有《通典》《开元礼》《政和五礼新仪》、司马光《书仪》、朱熹《家礼》，甚至包括《晋书》等史部图书。其卷一七至卷一九则以《丧礼外编》为题，从《礼记·檀弓》等篇目对先秦古礼进行了探逸。其卷二〇则结合朝鲜王朝皇室的宗法论争以及明嘉靖朝的"大礼议"之争，探讨了皇帝死后的谥号问题。其卷二一、二二以《丧礼节要》为题，探讨了丧礼的诸多细节，本宗五服、祭礼等，其间鲜见引用中国史籍，乃融会独创之作。卷二三以《嘉礼酌仪》为题，探讨了冠礼和婚礼问题，仍然多取朱熹《家礼》之说。卷二四以《风水集议》为题，裒汇宋明文章，探讨了坟茔选址和风水的问题。这对研究今天东亚民俗有重大参考价值。

朝鲜王朝的学者一直追慕宋学，在政治上则崇明为正统，因此对于满清王朝建立后出现的考据风格的学术成果一时难以接受，且多有质疑之词。在明清鼎革之际，中国的学术界也经历着从宋明理学到以考据为特质的汉学（亦称"朴学"或"乾嘉学派"）的变局之中。朝鲜学者往往不得不高举朱子学的大纛，同时又不自觉地受到清代汉人学术群体的影响，呈现出游走于宋明理学和乾嘉之学的表象。如洌水丁若镛氏指摘了毛奇龄[①]很多考据不确之处。然而，从治学理路上讲，丁若镛氏实乃清代考据学之别派。然而丁若镛在思想上仍然以朱子学为正统，他先是在惊叹于毛奇龄对宋明旧说质疑的同时，仍然是以考据的方式回应毛奇龄，不自觉之间融入了乾嘉之学的流脉。

> 萧山毛奇龄，字大可，所著经说数百卷，一反宋儒之学，辞气暴慢，可惊可恶。然理苟是也，其是者是之已矣。乃其礼学，则一节一文，无不错解，所撰《丧礼吾说篇》、《祭礼通俗谱》，尨杂纰缪，不

----

① 毛奇龄（1623—1716），清初经学家、文学家。原名甡，又名初晴，字大可，又字于一、齐于，号秋晴，又号初晴、晚晴等，萧山城厢镇（今属浙江）人。以郡望西河，学者称"西河先生"。明末诸生，康熙时荐举博学鸿词科，授检讨，充明史馆纂修官。寻假归不复出。治经史及音韵学，著述极富。所著《西河合集》分经集、史集、文集、杂著，共四百余卷，另有《毛诗续传》《古今通韵》《春秋毛氏传》《经集》《竟山乐录》《西河诗话》《词话》《四书改错》《河图洛书原舛编》《太极图说遗议》等数十种。虽生平事迹早于乾嘉，亦可视作乾嘉学派之先河者。

可疏理。其为《易》学，则不知爻变，胶固木强，……无一中理。所
谓《古文尚书冤词》八卷，专欲背驰朱子，曲护梅氏（梅赜）。……
夫梅氏献书之事，漏于《晋书》，亦一疑端，虽孔疏明白，而或系刘
焯、刘炫等道听途说之言……①

丁若镛的礼学论著，涵盖古今，探逸中国五礼（尤其是丧礼着墨尤
多），对朝鲜王朝的礼制建设亦论议颇多。然其著作之问世在于朝鲜王朝
的后期，其社会影响未必十分深广，诚可为憾。

在朝鲜王朝的中期，仍然是单一地传播宋儒礼学的时代。尹宣举
（1610—1669年）将当时朝鲜王朝的牛溪（成浑）与栗谷（李珥）两位学
者对举，且比类于北宋的司马光和二程：

牛、栗二贤，生并一世，志同道合，一动一静，悉以古人为准则
（栗谷出处，似以明道（程颢），而当温公（司马光）之任。（牛溪）
先生（成浑）出处，一仿伊川（程颐），而所遭时义［议］。）②

之后，尹宣举将牛溪成浑与栗谷李珥的行迹乃至生卒与司马光、二程
的年谱对举，颇成谐趣，兹不赘举。尹宣举对朱熹《家礼》也极其推崇，
并可以推论朱熹《家礼》、司马光《书仪》和先秦"三礼"乃是影响朝鲜
王朝的主要中国礼学经典：

礼始于周，终于宋。周文之创也，则贵贱异制，高卑有等矣。宋
儒之辑也，则损益随时，今古杂用矣。……朱夫子本温公（司马光）
《书仪》，而兼取程、张之义，著为《家礼》一部。其间经变节文，实
多参用古之所谓王家之礼者。今若只论士大夫之法而不及于天子、诸
侯之仪，则恶能考异同而卞（辨）上下哉？兹取《家礼》之纲，附以
《周仪》及《戴记》等经而表其源，又就《家礼》之目，附以东方诸
说而分其流，欲明时宜之行废、礼俗之得失。盖依朱门所衷《仪礼经

① 丁若镛：《与犹堂全书》第二集卷二九《冤词一》，《韩国文集丛刊》第283册，第
204页。
② 尹宣举：《鲁西遗稿》卷一四《牛溪先生年谱後说》，《韩国文集丛刊》第120册，第
269页。

传通解》及续之例而节略其定论，以便于翻阅据依之用而已。①

那么唐宋礼制对于朝鲜王朝的学者而言，地位如何呢？丁若镛说："自唐以降，礼术益晦。"② 丁若镛长于训诂，对于唐宋典制的讹误有所指摘。如对丧礼仪节的研究中有"唐宋剪鬣之误"条，修正了唐宋礼俗中的不经之处，不但展示了文字考据之功，并且厘清了儒家传统礼法与释教的分野：

> 断爪揃鬚，《丧大记》作"爪翦"，《士丧礼》作"蚤揃"，《士虞记》作"搔翦"，《曲礼》作"蚤鬋"（大夫、士去国不蚤鬋）。古字皆相通也。孔氏曰：鬋鬚，治鬚也。陈氏曰：鬋，剔治也。万氏曰："揃"、"展"通，展鬚使直也。若吕坤则曰：体受归全，存之奚病？此直以"揃"为剃髮也。及观唐宋礼，直剪除其鬚、鬓与爪髮俱囊。此释氏之流也，为之一笑。③

唐宋时期，丧服制度的变迁之一就是子妇对于舅姑的丧服由期丧逐渐调整为斩衰三年。子妇为舅姑服期丧是《仪礼》的规定，自唐贞观年间，个别世家大族的家礼（书仪）中，已然明确规定："妇为姑翁齐衰三年"，直到宋太祖乾德三年（965 年）十二月规定："始令妇为舅姑三年齐、斩，一从其夫。"④ 对此，朝鲜王朝的学者并未盲从中国，而是有自己的见解，并批评说："唐宋之人，轻改先王之典章，厚则有之，精于义则未也。"其详细文本如下：

> 不杖麻履者，（节）妇为舅姑。《传》曰：何以期也，从服也。（《丧服》）（东汉）马融曰：从夫而为之服也。从夫而降一等，故夫服三年，妻服期。（唐）贾（公彦）曰：本是路人，既得体其子为亲，故重服。王志长曰：妇为舅姑期，非轻舅姑也，重斩也。男子非父不

---

① 尹宣举：《鲁西遗稿》卷一三《书〈家礼〉源流草本》，《韩国文集丛刊》第 120 册，第 268 页。

② 丁若镛：《与犹堂全集》三集卷二〇《丧礼外编·国朝典礼考一》，《韩国文集丛刊》第 284 册，第 422 页。

③ 丁若镛：《与犹堂全书》三集卷二一《丧仪节要》，《韩国文集丛刊》第 284 册，第 465 页。

④ 吴丽娱：《唐礼摭遗——中古书仪研究》，商务印书馆 2002 年版，第 386—393 页；（宋）李焘：《续资治通鉴长编》卷六，乾德三年十一月乙未条，中华书局 2004 年版，第 160 页。

天，父在则母降矣。女子非夫不天，从夫则父母降矣。何也？无二天也。无二天，故无二斩也。或曰：妇体夫，何以期也？曰：妇之尊舅姑也，以舅姑之子为天也，舅姑死而服斩是贰其天，故不敢也。（清）顾炎武曰：服止于期，不贰斩也。然而心丧则未尝不三年矣。故曰：与更三年丧，不去。镛案，王说粹矣。①

丁若镛之对于盛唐制度，亦试图精研。其书引《唐律》："妇为舅斩衰三年，为姑齐衰三年。"唐后期（德宗时期），按照唐代之世俗礼法，为舅姑齐衰三年。五代后唐长兴年间，太常卿刘岳奉敕，删定唐宰相郑馀庆《书仪》，定妇为舅斩衰三年，为姑齐衰三年。（镛案，郑馀庆《书仪》始分斩、齐以服舅、姑也。萧据之时，犹以不二斩之义，两皆齐衰，至是又一变矣。）② 笔者按，郑馀庆，唐德宗年间人，其学说何以影响到唐前期所修纂的《唐律》之疏议。笔者检索《唐律》，也没有见到"妇为舅斩衰三年，为姑齐衰三年"的言语。那么，很可能有一本经过篡改的《唐律》流布于朝鲜半岛，被丁若镛看到了。但丁若镛和当时的半岛民众并没有接受"妇为舅斩衰三年，为姑齐衰三年"的教条，而只是指出了唐代后期的俗礼演化为五代和宋初的官方典礼的过程——唐后期的贵族"书仪"起到了沟通唐宋的桥梁作用——这种认识是十分领先的。必须指出，中国学者主观上认定的唐朝典章机械地流布于朝鲜半岛等周边国家，且影响深广的情况并不完全符合事实，并且其流布过程中的讹变之处也往往被忽略。

朝鲜王朝的学者认为唐宋学者不能精微于古典礼经的钻研，"轻改先王之典章"，随人情而任意厚加服制，同时又以宋代朱子和二程的礼书为纲目，将先秦礼典附录于其后，形成了自己的特色礼学。朝鲜王朝的官方礼学亦是本着以朱子学替代原有经学的做法，戮力推行，尤其是在丧礼方面："今士大夫丧葬之礼，皆用文公《家礼》，然其间制度，古今异宜，难于举行。且人子遭丧之初，哀痛惨怛，茫然不知所措，惟经师之说是从。愿自今礼官，抄其《家礼》节目之宜于今者，以训经师。凡遇丧葬，一依《家礼》行之，则庶合古制矣。"③ 总之，尊奉朱熹礼学，考索古今，结合民俗，有所改作，乃是朝鲜王朝礼制的基本特点。

---

① 丁若镛：《与犹堂全书》第三集卷一三《丧礼四笺》，《韩国文集丛刊》第284册，第282页。
② 同上书，第283页。
③ 《朝鲜王朝实录分类集》风俗篇一《太宗实录》卷五，三年（1403年）四月庚戌条，"司谏院进时务数条疏"，第30—31页。

综观东亚历史的走势，中国的明朝是继蒙元王朝之后，以"驱除鞑虏，恢复中华"为政治口号来重构汉唐礼法精神的时代，明清鼎革之际则又在异族的政治高压下产生了以考据为特质的学术。如此说来，朝鲜王朝的学者们尽管受到地域隔限，其实是与中国的士大夫一同在研究、继承和发展着东亚传统礼文化的。

一　冠礼及其相关诸问题

按照《礼记》等先秦经典的要求，冠礼是指男子的成年礼。相应地，女子的成年礼称为笄礼。广义的冠礼应该包括笄礼。在《大唐开元礼》中，由皇帝到庶民，冠礼仪式有严格的等级特色。皇帝冠礼和皇太子冠礼又称皇帝加元服、皇太子加元服。皇帝加元服，具体礼仪有：有司卜日、告于天地宗庙、临轩行事、谒太后、谒宗庙、亲谒宗庙、会群臣、群臣上礼诸项。元服即是冠，"元"即首，冠是首之所着，所以称"元服"。行冠礼亦称"加元服"。《仪礼·士冠礼》："令月吉日，始加元服。"

冠礼和笄礼乃是家长主动约请宾朋参加的成年仪式。按照《朱子家礼》，故有告于祠堂、戒宾、三加礼、醮、宾字冠者、主人以冠者见于祠堂、冠者见于尊长、礼宾等重要环节。"宾""父之挚友""乡先生"等角色的存在足以说明冠礼的实质是在家族以外确立男子成年后在社交中相对"独立"之身份——尽管这种身份仍然受制于父权和家族势力。在朝鲜半岛的历史中，按照《朱子家礼》所确定的冠礼框架不断播散开去，形成了一个基本的模式。[①]

丁若镛指出："祭礼未易正，以国俗难变也。丧礼未易正，以父兄宗族多议也。昏礼未易正，以两家好尚不同也。唯冠礼，最宜厘正。是在主人，孰能御之。"如是，则冠礼可能是最易传播的一种礼俗了，其争议也最小。因为家长（主人）所持有的家法是子女和卑幼无法置疑的，也是其他家族不能干预的。朝鲜王朝时期，学者虽宗《朱子家礼》以定冠礼，然苦于"冠服异制"。星湖李瀷（1681—1763 年）著《删节冠仪》，丁若镛则"取《仪礼》、《家礼》，多参酌雅俗"，"苟备三加之文"，"贫而好礼

---

① 俞惠善：《韩国人的冠、婚、丧、祭》，首尔弘文馆 1961 年版，第 30 页。

者，庶有取焉"。① 以笔者之所见，朝鲜王朝的冠礼其实多取自《朱子家礼》，唯其宗法意识更显强势而已。宗法意识本来衍生于农本的营生模式。在以行商贩运为营生模式的地区，宗法意识则略显薄弱，宗法制度的经济基础容易受到动摇，例如中国明清徽商即是："徽州乡风，儿大俱各生理"，须远走他乡贩卖营生。② 宗法意识和制度的强势，也从一个侧面反映了朝鲜王朝以农为本的经济状态。

（一）（男子）加冠年龄

关于冠礼的年龄的规定，《仪礼注疏》引《礼记·曲礼》"二十曰弱冠"，但又考证出夏、殷之天子、诸侯十二而冠，天子之子二十而冠。③ 北宋司马光《书仪》直接规定："男子年十二至二十皆可冠。"④ 如是，则《书仪》所规定的冠礼较之《仪礼》更具有可行性，且存其遗意，而简其仪式。从实行年龄上，十二岁至二十岁皆可，留有了充分的变礼之余地，而按照《仪礼》的注疏，冠礼之施行，或在十二岁，或在二十岁，莫衷一是，难以施行。

那么《朱子家礼》为什么规定"男子年十五至二十皆可冠"？并且此规定直接为朝鲜半岛所认同呢？因为在司马光《书仪》卷二《冠礼》中有如下的解说：

> 男子年十二至二十皆可冠。（鲁襄公年十二，晋悼公曰：君可以冠矣。今以世俗之弊，不可猝变。故且狥俗，自十二至二十皆许其冠。若敦厚好古之君子，俟其子年十五已上，能通《孝经》、《论语》，粗知礼义之方，然后冠之，斯具美矣）

司马光《书仪》乃是从俗制礼。司马光的《家范》卷三引《礼记·内则》篇：

---

① 丁若镛：《与犹堂全书》三集卷二三《嘉礼酌仪》，《韩国文集丛刊》第284册，第491页。
② （清）醒世居士编：《八段锦》第五段《儆容娶》，时代文艺出版社2001年版，第287页。
③ （唐）贾公彦：《仪礼注疏》卷一《士冠礼一》，中华书局《十三经注疏》1980年版，第945页。
④ 《书仪》卷二《冠礼》，《四库全书》第142册，第467页。

十年出就外傅居，宿于外，学书计。十有三年，学乐诵诗，舞《勺》，成童舞《象》，学射御。（成童十五以上）。

原来，在《礼记》规范下的家庭教育中，十岁是独立于父母生活的开始，十五岁以后称为"成童"，并在蒙学教育中不断强调诗、礼、乐的演练。关于《礼记》中"二十而冠，始学礼"这个说法司马光没有引用，也没有做出一个合理的解释。朱熹解释说："兴于诗、立于礼、成于乐……这处是《大学》终身之所得。如十岁学幼仪，十三学乐诵《诗》，从小时皆学一番了，做个骨子在这里。到后来方得他力。礼，小时所学只是学事亲事长之节，乃礼之小者。年到二十所学，乃是朝廷、宗庙之礼，乃礼之大者。到立于礼，始得礼之力。乐小时亦学了，到成于乐时，始得乐之力。不是大时方去学《诗》，却是初间便得力，说善说恶却易晓，可以劝，可以戒。《礼》只捉住在这里，乐便难精。……五声十二律，不可谓乐之末，犹揖逊周旋不可谓礼之末。若不揖逊周旋，又如何见得礼在那里？"①朱熹的解释不但道出了二十加冠礼的因由，而且指出了礼、乐的精神和仪节对于成年的双重重要意义，尤其是成年后要学习和国家政治有关的大礼，深层次地去参悟礼的精神。因此，朝鲜王朝世袭贵族的成年标准中很注重是否具备入仕从政的能力，虽然冠礼的年龄被机械地确定为十五岁以上。太宗四年（1404 年）八月甲午实录：

议政府请立勋亲之嗣加冠从仕之法。政府疏曰："……今者膏粱子弟，自居髫稚，已蒙显授。岂识民事之艰难，焉知治体之缓急。愿自今勋亲之嗣，年未逾冠者，并悉停罢，俟其年长，读书成才，然后量才授任。今月二十三日，知申事朴锡命奉传王旨：'古礼二十而冠，三十而有室，四十强（初）仕。大抵人道，古今异宜。後世之人，冠婚从仕，皆于二三十。冠礼，依文公《家礼》，十五岁。从仕，参酌古今，十八岁时许令入仕。其愚懒不学者，待其学问能知礼义，然后方许入仕。'"允之。②

① 《朱子语类》卷三五《兴于诗章》。
② 《朝鲜王朝实录分类集》风俗篇一《太宗实录》卷八，第 34 页。

（二）宗法制下冠礼的主持者——朝鲜的"宗孙"

2011 年 7 月，笔者曾经赴韩国庆尚北道的安东郡进行走访，在朝鲜时期文臣李贤辅（号聋岩，1467—1555 年）的宗宅（今称聋岩宗宅），见到过至今仍居住于宗宅中的"宗孙"和"宗妇"。这位"宗孙"虽然在首尔市的成均馆大学获得了博士学位，但卒业后依旧守在祖先留下的宗宅里，过着远隔喧嚣的乡村生活。据访谈获悉，今日之韩国农村，依然有大批"宗孙"存在，"宗孙"之家称"宗家"，"宗孙"之媳妇称为"宗妇"。宗妇服事于厨膳，侍奉公婆，亦辛勤服事于祭祀之诸项仪节。

"宗孙"原则上应当是始祖的嫡长子的嫡长子，依次传承，经历若干代之后的嫡长子。若就冠礼的诸仪节来分析，宋儒所说的"主人"与朝鲜所言的"宗孙"有异曲同工之处。总体而言，在以"冠、婚、丧、祭"礼为基本框架的朝鲜民族礼法中，其宗族势力的强大也反映了"宗孙"作为传世的嫡子所具有的特殊礼制地位和权力："宗孙"作为族长，一般是"冠礼"的主持者，其权力优先于将被加冠者的父兄；在丧礼和祭礼中，奉祀的主祭者一般都是"父"作为"主人"，父在，则不用其嫡子、嫡孙。反映出丧、祭礼乃是全民义务，不论大宗、小宗。从国家法令的角度讲，违法或拖欠国家捐税的案件中，"家长""户主"要承担更多的法律责任，而"家长""户主"一般都是"宗孙"。在朝鲜时代末期及韩帝国时期，高宗为了选拔人才，励精图治，其科举所选拔者，多为前代贤臣的"宗孙"。"宗孙"也是朝鲜在步入近代以前所倚重的重要社会力量，也反映了朝鲜王朝在以"宗孙"为独特现象的宗法制体系下，其社会阶层的流动相对滞缓，某种程度上说抑制了科举制度所应该起到的调流社会阶层的作用。

在《仪礼》中规定支持冠礼的"主人"是父兄——"主人，将冠者之父兄也"。北宋司马光《书仪》规定"主人谓冠者之祖父、父及诸父、诸兄，凡男子之为家长者皆可也。凡盛服，有官者具公服、靴、笏，无官者具幞头、靴、襕或衫带，各取其平日所服最盛者，后婚祭仪盛服皆准此"①。

《书仪》规定为"男子之为家长者"，《仪礼》只笼统地表述为"父

---

① 《书仪》卷二《冠礼》，四库全书本，第 142 册，第 467 页。

兄"。从祭祀仪式上看，则《书仪》所规定的服饰可隆可杀，适合不同阶层的官民施行。对于行冠礼时"主人告于祠堂"的解说，朝鲜王朝的学者还就一些细则发生过争论。

> 主人告于祠堂（南溪说）
> 《礼》：有事则告。宗子为主人，冠族人之子，而只告高祖，不遍告于曾祖、祖父，可乎？《家礼》："祝，列书四代而称某亲之子某云云。"则三从弟亦包在其中矣。近来诸家礼说甚多，而只取南溪，又逐疑攻破，转成丛杂。此等未可截去，取其最精当者，以补诸说之未备。①

这种争论是对宗法制度的探讨，也是对《朱子家礼》本意的探寻。《朱子家礼》卷二"前期三日，主人告于祠堂"条注释不经意间透露出了当时朱熹对于宗法制的构想：

> 古礼筮日，今不能。然但正月内择一日可也。主人谓冠者之祖父，自为继高祖之宗子者。若非宗子，则必继高祖之宗子。主之有故，则命其次宗子，若其父自主之，告礼见祠堂，章、祝版前同，但云：某之子某，若某之某亲之子，某年渐长成，将以某月某日加冠于其首。谨以后同若族人，以宗子之命，自冠其子。其祝版亦以宗子为主，曰：使介子某。若宗子已孤，而自冠，则亦自为主人。祝版前同，但云某将以某月某日加冠于首。谨以后同。

"主人谓冠者之祖父，自为继高祖之宗子者。若非宗子，则必继高祖之宗子。"这种对宗子的定义说明"宗子"至少是直接继承高祖的，祭祀高、曾、祖、祢四世，但最好是万世不易的真正"宗子"。今天韩国仍然有"宗孙"（종손）这一语汇。但是，在中国的传统文献中，几乎看不到"宗家""宗孙"的字样。一个宗家的长房长孙称为"宗孙"（종손）。而"宗家"一半多是朝鲜王朝时期的"两班阶层"的后代，一般的庶民阶层的长房长孙，虽然也有族谱，也继承血脉，但是一般不称为宗家。另外，这个长房长孙，必须是继承了真正的长房长孙，也就是说，第一个儿子的

---

① 李象靖（1711—1781 年）：《大山集》卷二七《别纸》，《韩国文集丛刊》第 227 册，第 10 页。

第一个儿子的第一个儿子。韩国在传统上重视长子的唯一权威，如在现代韩语中大哥的说法是"큰형"，而其他兄长如二哥、三哥等其他排行的兄长都只称"작은형"（意为"次兄"或"小兄"），而不再如中国人那样有"二哥""三哥"等依据排行确定的称谓。这也就意味着长兄对其诸弟的统领权要更加强大一些，是唯一的、不容其他兄弟分割的。司法实例表明，在朝鲜王朝，嫂、长女等女性尊属也享有这种基于"长幼有序"和"嫡庶有别"理念而衍生出的权威。

> 义州洪道源重打兄嫂，手足折跌。《大明律》：斗殴打跌人肢体者，杖一百，徒三年。若弟妹殴兄之妻，加凡人一等。洪道源加一等，杖一百，流三千里，定配。
> 南平车伊哲无伦败常，殴打长妹，折齿，《大明律》"殴期亲尊长"条云："凡弟妹殴兄姊折伤者，杖一百，流三千里。"①

此案中，车伊哲很可能年龄上比其"长妹"大，但"长妹"的"长"很可能是基于嫡庶有别的宗法基础确定的——即使年龄比车某小，但是从礼法的角度讲，仍然是期亲尊长。这也是朝鲜民族申明嫡庶有别进而尊崇宗孙的表现。

宗孙将宗家的田地租给旁系子孙和佃户、奴婢等人，通过征收土地租税来维持宗家的日常运营。可以想见，在农本社会，这种经济支配权使得宗家获得了显赫的声望和地位。随着农本经济的失势及近代工商业的发展，农业收益日益锐减，很少有人愿意继续租种田地。现今，失去了旁系子孙的经济支援，维持宗家的运营变得越来越困难。宗孙只好自谋职业，向大城市迁移，而宗家人去楼空，家族体系分崩离析，同姓村落再也无法维持其正常功能，像这样的情况在儒学发祥地的安东也屡有发生。其结果是，过去嫁给宗孙成为宗妇是村里所有女孩子梦寐以求的理想，而现如今，谁都不愿意嫁给宗孙，宗家香火的延续也由此开始面临前所未有的威胁。宗孙要举行的祭祀主要包括为父母直至曾祖父母四代先人的忌日举行的忌祭祀，以及在阴历新年、寒食、端午、重阳等四大节日进行的节祭。大部分韩国人只祭祀父母和祖父母两代人，而宗孙则必须祭祀四代人。所谓四代，一般包括四位考位（男性祖先的神主）及7位至8位配位（女性祖先的神主）。这是因为考位丧妻后会再娶，所以一些考位会有2位至3

---

① 《秋官志》第三编《考律部》"殴打兄嫂""殴打长妹"，第831、832页。

位配位。如此一来，宗孙一年通常要举行 12—13 次祭祀。①

"宗孙"（종손）一词不见于中国典籍，看似韩国特有的文化现象，实则也是朝鲜王朝的学者积极地贯彻朱熹主张并在贵族范围内不断强化其影响的结果，也是韩国现存的少数贵族阶层或大姓后代彰表自身出身和血统的一种说法。因为在 15、16 世纪，朝鲜半岛的平民的婚姻还比较盛行"随妇居"，外孙往往同母亲和外婆住在一起。如岭南士林派生活在宗法家族制度尚未确立的 15、16 世纪，当时通行的是子女均分继承制和女婿在妻子家生活的"率婿婚制"。孩子从小在外婆家长大，长成娶妻后到岳父家生活，随着子女渐渐长大，才带着妻子和孩子回到自己父母家生活。因而，在祭祀中子女轮流奉祀和外孙奉祀是一种较为普遍的现象。当时，村落居民的构成也很自然地按亲族关系，以与女婿和外孙共同生活的异姓杂居村为主。直到 17 世纪，随着朱子学的深入，女嫁男娶成为举国的共识，才基本确立了长子继承制和父家长制。②"宗孙"无疑是父家长制强化之后的产物。宗孙现象也最终促成了两班贵族在地方上长期聚族而居的历史现象。被当今韩国习惯地称为"日帝时期"的朝鲜总督府于 1930 年出于殖民统治的需要，调查了朝鲜王朝最著名的 1685 个"两班"同族集落的存续时间，结果表明，有 12.3% 在 500 年以上，有 38.3% 在 500—300 年之间，有 20.8% 在 300—100 年之间，有 1.4% 不到百年，有 27.2% 存续时间不明。③

朝鲜家长制在法律上的反映就是对户主和家长法律地位的保护，同时加重了对家长刑事责任的连坐和追究，使得家长和户主被认定为主犯的概率大为增加。这也符合权利和义务一致的一般原则。以下的案例说明家长既是宗法体系确定的父兄，又是良贱有别、嫡庶有别体系下的家族（家庭）管理者，是维持社会基础秩序的重要机制。对于状告或谩骂尊长的情况，《经国大典》规定："子孙、妻妾、奴婢告父母、家长，除谋叛、逆、反外，绞。奴妻、婢夫告家长者，杖一百，流三千里。[旧奴婢、雇工欧（殴）、骂、告旧家长，各减欧（殴）、骂、告家长二等论]。"④《续大典》补充规定："以亲母或亲兄弟诬罔陈告，为他人奴婢者，依子孙诬告祖父

---

① 朱升泽：《安东文化圈儒教文化的现况与进路摸索》，见《安东学研究》第 3 集，第 389—390 页。

② 权容玉：《韩国安东儒教文化的形成与其社会影响》，《孔子研究》2008 年第 1 期。

③ 根据 [日] 宫嶋博史著 [韩] 卢永久译《两班》，转引自潘畅和、朴晋康《韩国儒教丧礼文化的确立及其生死观》，《延边大学学报》2011 年第 5 期。

④ 《经国大典》卷五《刑典》逃亡条，第 5—6 页。

母、父母之律，不待时绞。凡子孙告诉祖父母、父母者，勿辨曲直，依法论罪，以明彝伦。"① "子孙、妻妾、奴婢告父母、家长，除谋叛、逆、反外，绞"的立法精神显然来自唐、明律。《大明律》卷二一《刑律四》也是将"奴婢骂家长""骂尊长"和"骂祖父母、父母"分为三个法条。对于卑幼告发尊长、奴婢告发家长的情况，《唐律》有明确的处罚规定。《大明律》虽然没有规定，但可以对卑幼告发尊长、奴婢告发家长的情况比照谩骂尊长和家长的法条来加重处理。《经国大典》这样规定，当然不是为了简省篇幅，而是将子女之于父母、奴婢之于家长作为可以类比的同位语使用，说明了朝鲜王朝家长权威及父家长制的意识是十分强烈的。沿将"雇工"视为准奴婢的做法则是宋代法制实践的结果，后来被明代所沿用。值得注意的是，"奴妻、婢夫告家长者，杖一百，流三千里"则反映了当时的奴婢有可能与良人中的市井游民或与非其主人的奴婢结婚，其婚姻的"良贱有别"原则并非十分严峻。而奴婢自身的人身自由也并非受到严厉约束，因此奴婢的"赎良"现象也非常普遍，容待以后章节详论，兹不赘述。但对于违反了法律的卑幼和奴婢，处罚还是比较严厉的，如《秋官志》记载：

> （殴打家长）：京居李召史，身为贱妾，殴打家长，向正妻神主拔剑叱辱。依《大典通编》决杖一百后定配。
> （殴打尊属）：原州金遇光殴打同姓四寸兄，至于头撞面部，折其三齿。《大明律》卑幼殴本宗大功亲，杖七十，徒一年半，折伤以上各加一等。金遇光徒二年，定配。
> 光州朴台镇为人孽子，构诬嫡兄于父，以致放逐之境。《大明律》干名犯义条云：告期亲尊长者，杖一百；若诬告重者，流徒加杖，依律文，杖八十，徒二年。②

父是家长，嫡兄是尊长，告发嫡兄于其父，其父再告官，导致其嫡兄被官府判处了流放之刑。倘若朴台镇直接向官府告发其嫡兄，则要先按照《大明律》干名犯义条"告期亲尊长者，杖一百"来进行处罚，再审问其告发是否属实。父家长其实起到了类似于现代社会的基层司法机构的职

---

① 《大典通编》卷五《刑典》告尊长条（续），第228页。
② （朝鲜正祖五年，1781年）朴一源：《秋官志》第三编《考律部》诬陷"构诬父兄"，"京城府"（今首尔）："朝鲜总督府中枢院"排印本，昭和十四年（1938年），第833页。

能。所不同的是，父家长只要过问了子女的言行，起到了督导的职责，就不会因对自己子女过犯的失察（尤其是高估了过失或犯罪的情节时）而受到处分。

家长的被连坐追究责任，并优先被认定为主犯的原则不但适用于家族的家长，也适用于小家庭的"户主"。《经国大典》规定："徙民逃亡者，妻、子属残（栈）驿奴婢。捕获，则户首斩。自现，则还原徙处，妻子放。"①《大典续录》规定："罗州、锦城山及诸山淫祀处，士族妇女上归留宿者，以失行论，家长以制书有违律论，不能检举，守令亦重论。"②

那么朝鲜王朝的家族范围有多大呢？《续大典》规定：一定品级的高级官员，若不是"同姓六寸、异姓四寸及婚家"而交往者，皆为犯"奔竞"之禁。另外，"牛马私屠者（庶人犯禁者杖一百，徒三年。士大夫则坐其家长，同律［笔者按，指《大明律》］。）"③ 那么是不是意味着朝鲜王朝的所谓家长可以统辖其"同姓六寸"（三从兄弟）范围内之所有小家庭呢？恐怕这只是对于社会上层的两班贵族的理想状态下的治理情况。《经国大典》之"敦宁府"（管理宗王、世系事务的官署名称）一条还尤其规定了王族、宗室的管理统合能力要达到九寸，即使是外亲也各依品秩授爵：

　　　王亲外戚之府，宗姓九寸，异姓六寸以上亲；王妃同姓八寸，异姓五寸以上亲；世子嫔同姓六寸、异姓三寸以上亲。以上寸内姑、姊、妹、姪、女孙、女夫除授（先王、先后亲同）。

　　　大君女婿、公主子初授七品；公子、王子君女婿、翁主子从八品。大君王子、君良妾女婿各降一等，贱妾女婿又降一等。④

　　　京外官本宗大功以上亲及女夫、孙女夫、姊妹夫、外亲缌麻以上妻亲父·祖父·兄弟姊妹夫，并相避。（学官、军官则勿避。议政府、义禁府本曹、兵曹、刑曹、都总府、汉城府、司宪府、五卫将兼司仆将、内禁府将、承政院、掌隶院、司谏院、宗簿寺、部将史官，则并避本宗三寸叔母姪女夫、四寸姊妹夫、外亲三寸叔母夫妻妾亲、同姓

① 《秋官志》第三编《考律部·杂犯·殴伤》，第831页。
② （弘治五年）权健编：《大典续录》卷三《礼典》，首尔大学奎章阁1997年影印，第69页。
③ 《续大典》卷五《刑典》禁制条，第437页。
④ 《经国大典》卷一《吏典》敦宁府条，第6、7、8页。

三寸叔姪、叔母姪女夫、四寸兄弟［听讼同］。)①

上述前两条说明了贵族宗室恩荫体系之庞大。后面一条说明对于外官而言，由于受东亚传统宗法影响和出于本国重视外亲而特定的"系寸法"的双重约束，其仕宦及听讼中的回避禁忌涵盖了族内族外的范围亦较为庞大。当然，这很可能是充分考虑到外官镇抚地方、操纵实权、易于失控于中央的具体情况。因此，相比外官，对于在京官僚的回避任官及听讼的禁忌相对范围小了许多。

对于百姓之小家庭则以"户"为单位进行管理，很少涉及宗法问题和外亲的关联问题。《经国大典》规定的"徙民逃亡者，妻、子属残（栈）驿奴婢。捕获，则户首斩"。已然明确了下层百姓之家庭的随意迁徙是非法行为，"户首"要承担主要的刑事责任。

如果就丧礼中吊唁和慰问状的用语而言，"家门"之丧的范围大于"私门"之丧，系指同宗之尊长（包括女性尊长姑）之丧，"私门"又大于"私家"，是指同宗卑幼之丧，而"私家"之丧则专指妻之丧而言：

> 慰状答式
> 家门凶祸（伯叔父母、姑、兄弟姊妹则"家门不幸"；妻则"私家不幸"；子姪孙则"私门不幸"）②

在朝鲜世宗大王统治时期，正是父家长制和"宗孙"理念得以推广的时代。首先，在婚姻制度上，明确男娶女嫁的礼法。太宗及世宗实录说明了民风变革之端倪：

> 礼曹上《服制式》，启曰："前朝旧俗，婚姻之礼，男归女家，生子及孙，长于外家，故以外亲为恩重。而外祖父母、妻父母之服具给暇三十日。至本朝，仍尚其旧。亲疏无等，实为未便。乞自今外祖父母大功，给暇二十日，妻父母小功十五日。"从之。前此命礼曹议亲迎之礼，礼曹详定以闻，然事竟不行。③
> （礼曹判书申商）又启曰："本国冠婚之礼，皆不行之。冠礼则虽

① 《经国大典》卷一《吏典》相避条，第69页。
② 韩重洙：《四礼便览——（新·旧）冠、婚、丧、祭礼大典》，首尔明文堂1981年版，第214页。
③ 《太宗实录》卷二九，十五年（1415年）元月甲寅（十五日）条，第2册，第49页。

未尽行，犹有其风，若婚礼则男归女家，甚为未便。愿从古制，为亲迎之礼。"上曰："亲迎之礼，法之至美者也。然男归女家，本国行之久矣，未易改也。太宗之时，欲行亲迎之礼，臣僚闻之，多为忌惮，或迎小儿以为婿，其恶之如此，难以行之。惟王室行之，则下之有志者，观而化之，理之必然。今后王子王女行亲迎之礼，何如？磨勘以启。"①

其次是强调了"为人後者"的礼制界定，在国家制度上明确宗法制，反对以"女子之子"等外支子孙为后的行为。世宗十九年（1437）六月辛酉实录：

议政府启："古人无继祀者，以族人之子立后，其法尚矣。稽诸古典，《仪礼》丧服传曰：'何如而可为之後？同宗可也。何如而可以为人后？支子可也。'疏曰：'适子当家，自为小宗，不可后于他，故取支子。支子则第二以下庶子也。'《丧服通礼》：'士之子为大夫无子，为之置后。'疏：'若无嫡子，则以庶子，无庶子则以族人之子当适（通'嫡'）处。其为所后父母及内外亲服，皆如亲子，为所生父母及私亲服，皆降一等。'杜氏《通典》，晋何琦议以为：'卿士之家，别宗无后，以孙若曾孙後之。'贺循曰：'兄弟不相为后，不得以承代为世，礼也。'《性理大全》陈氏曰：'神不歆非类。古人无子，以族人续之，取其一气相感，后世理义不明，多潜养异姓之儿，阳若有继，阴已绝矣。又多有以女子之子为後，气类虽近，姓氏亦异，断不可行。'观此则圣人制为继续之道，诚大公至正，有关于人伦世道为甚大，而历代之制，亦可概见。我朝自来立後之意不明，继嗣不正，世臣旧义，渐就衰微，实为弊法。自今依古制大夫士之家无嗣者，以同宗适（通'嫡'）子外支子，立以为后，诸支子中，许从所欲立者，且于诸族孙中，择而立之亦可。其为人后者，须两家父皆在同命之，然后方可出后。立后之家虽无父，若其母愿之，则许告于国而立之。其有功德及大臣宗室贤者之后，特命立嗣者，虽两家皆无主者，不在此例。凡立後者，一应家事，皆如己子，为后者，亦如亲子。为所後者及为私亲丧制，一从古法。其兄弟及属尊者，虽同宗不得为后，异姓虽有作子者，不得立祠堂。其为所生父母及本宗服，皆无降。以此

① 《世宗实录》卷六四，十六年（1434）四月己未（十二日），第 3 册，第 556 页。

定为永制何如？”从之。①

后来的世宗二十四年（1442 年）七月戊寅日实录说明当时的制度上已然是男系为核心的丧服礼制占据主导地位了，其约束范围应该是囊括了全部的官僚群体：

> 传旨庆尚道都观察使权孟孙：“今欲代服外祖母之丧。予惟代丧之法，乃承重长孙之事，无外孙代丧之例，卿其知之！”②

然而，重视外亲不仅是个别人的倾向而已，外亲之被推崇乃与户籍制度有关，即朝鲜王朝的户籍惯例没有与贵族崇仰的宗法制度同步，据李瀷书札反映，嫡母及其“外党”（外亲）之丧颇受重视，而户籍中往往是“必书外祖”：

> 继后必以昭穆，外此无他可议者。且庶子不可以继后。虽夫之所生妾子为后承重，而依旧是妾子。故嫡母、母之父母·兄弟·姊妹虽从服，而至嫡母殁则不服，不曾视以外党。故《小记》曰：“为君母后者，君母卒则不为君母之党服。”可以见矣，况以他人之庶子为后耶？如国法户籍中，必书己之外祖，则安在乎立后？
>
> 外孙奉祀非礼，岂有易世改题。当初属成傍註，已不合宜，到今仍存，亦似未安，恐当改书以无后之例：某官某神主，如铭旌样，後勿复改也。③

朝鲜王朝建立了以男系为核心的礼法体系之后，规定科考时“必书父祖”，且规定贵族无后必须以同宗的弟兄的儿子过继为后。然而，这种正常的宗法继承原则仍然被学者所疑惑，尤其是这种做法在户籍制度上造成的尴尬，在科举制度体系下，户籍由“必书外祖”向“必书父祖”的制度转变，但在这个过渡过程中，一人有三个乡贯（本乡、外乡、妻乡）也成为司空见惯的现象，后来，朝鲜王朝规定外乡、妻乡纵然久居，亦不可作为参加科考时的法定户籍身份：

---

① 《世宗实录》卷七七，十九年（1437 年）六月辛酉（三日）条，第 4 册，第 79 页。
② 《世宗实录》卷九七，二十四年（1442 年）七月戊寅（二十日）条，第 4 册，第 422 页。
③ 李瀷：《星湖全集》卷三二《书》，《韩国文集丛刊》第 119 册，第 68 页。

肃宗二十四年（1698），礼曹启曰："乡试赴举之人托以三乡寅（夤）缘冒赴者，殊甚滥杂，时居人则虽一二年之内并许录名，不居其地，则虽其外乡、妻乡世代久远者，一切勿许……永为定式，何如？"曰："依为之。"①

近世有宰臣独子为兄后，朝廷以宰臣不可无后，故复以出後子之庶子还继其后。按《通典》魏田琼曰：长子後大宗后，以其後还承其父。又诸葛瑾之子乔为亮後，及瑾子恪被诛，遣乔子举还嗣瑾祀而不及恪。此皆有故事可按。然甲为无子，取弟乙之子丙为后。丙有子丁及戊。以戊还继乙。今户籍及举子封弥，必书父祖：丁父丙而祖甲，戊父丙而祖乙，则丙父甲而又父乙也。此断不可。戊若父丙而祖甲，则更无立后之义，皆不成道理也。昔有数家以此来问，余谓国制所定，但合遵行，其是不是，不暇论。②

纵观整个朝鲜王朝，外亲尊属的礼制和法制地位迥然不同。按照《国朝五礼仪》卷八《凶礼》，"为外祖父母举哀"的仪节被编次于"祔文昭殿仪"之后，"为内命妇及宗戚举哀"之前③，可见其地位之重要，乃是王族丧礼仪式不可或缺的部分。可以说，礼典的体系自觉地吸收了朝鲜当地的民俗。而在按照《大明律》构建的法律体系下，外亲尊属的法律地位则低于本族的尊属，以至于在"五刑"的等级上都有杖刑和徒刑的轻重区别。《秋官志》记载："灵山金世丁因一微事，殴打妻父母，扶曳同生兄。《大明律》殴妻之父母者，杖一百；殴兄、姊者，杖九十，徒二年半。金世丁从重论定配。"④受当地传统民俗的影响，朝鲜的外亲尊属在礼制规格和社会生活中地位略高于中国，然而按照《大明律》的规定，外亲尊属所享有的特权却没有增加，在人身权利受到侵害时，其惩戒力度很难令民众满意，于是往往依据民俗加重处罚。详析前述案例，"扶曳同生兄"中的"扶曳"并不同于推搡、殴打，法官在判决该案件时，可能对金世丁殴打岳父母的行为十分愤慨，但是从重处罚又于法无据，于是只得将其"扶曳同生兄"的行为比附《大明律》"殴兄、姊者，杖九十，徒二年半"的规定从重论处。此处可以看到《大明律》与朝鲜民俗的龃龉之处。

---

① 李瀷《星湖全集》卷三二《书》，《韩国文集丛刊》第119册，第68页。
② 李瀷《星湖全集》卷四二《杂著·独子为人后说》，《韩国文集丛刊》第119册，第261页。
③ 今见首尔：民昌文化社影印本，1994年，第327—329页。
④ 《秋官志》第三编《考律部·杂犯·殴伤》"殴打亲兄及妻父母"，第831页。

（三）朝鲜王朝对"宗孙"的倚重

"宗孙"现象并不意味着朝鲜王朝的文化教育是以家庭或宗族为单位而相对封闭的，而是以科举制度和官僚选拔制度为前提下进行的"国民"教育。如世祖时期，"艺文提学金末，自少肆力于学，搜罗经史，志节清介，操行无疵，自擢第以后为学官，凡三十馀年，孜孜训诵，封植人材。当世名卿巨儒与夫宗子宗孙号为好学者，无非（金）末训迪作成之"①。因此，在高宗时期，当民族危亡不断加剧的时候，高宗通过大兴科举，录用前代贤达之宗孙的方式，力图挽救民族危亡。而在常态之下，宗孙一般是留在田园故里，看守宗宅的家族精神领袖，如英宗时期的事例：

> 太祖、世宗朝重臣崔龙苏曾出使日本（根据文献推测，崔龙苏也很可能出使过明朝，并得到皇帝的接见），又曾抗击倭寇，卒于世宗四年（1422年），追谥齐贞（后文所见，此谥号为明朝皇帝钦定）。②英祖大王谓承旨崔某曰："高皇帝（笔者按，应指明太祖）所称关西夫子，于承旨为几代祖，夫子之称，有所以乎？"崔某回答说："于臣为十三代祖，而奉使皇朝时，帝命监董玉河馆营建，其后因使臣闻其作故，帝震悼曰：'朕不复见东国杨震'，命画工模画其形二件，一则挂置便殿，一则付使臣归，传其子孙。仍赐谥齐贞公，以御笔亲写齐贞公崔龙苏之像，至今奉安于宗孙家矣。"③当时的朝鲜臣僚将明朝皇帝所赐的写真画像传于宗孙之家，而宗孙未必出仕。这与中国不同，非宗子之家居官后，宗孙之家仍然存在，且借助其居官的其他支脉扩展其影响，而不是陵夷不显。又如正祖大王问孝宗大王所赐的御札及貂裘的去向，宋焕亿回答说："筵话御札，在宗孙宋宅圭全义任所，貂裘在臣兄焕九家矣。"正祖乃命将"御札奉来，沿路给马"④。看来，御札的精神价值显然重于貂裘，所以放置在宗孙家（此事例中宗孙是有官爵的），而貂裘放在兄长的家里，也说明了朝鲜王朝尊兄的传统，这也可以看成是宗法意识的延续。

---

① 《世祖实录》卷八，三年（1457年）七月九日庚午，第7册，第209页。
② 《世宗实录》卷一八，四年（1422年）十一月二十七日庚辰，第2册，第513页。
③ 《英祖实录》卷一二二，五十年（1774年）五月十日壬戌，第44册，第747页。
④ 《正祖实录》卷一，即位年（1776年）五月二十四日甲午，第44册，第582页。

另外，在宗脉绝嗣后，优先选择宗孙之家的子弟为后，也客观上保持了宗孙之家的社会影响。此特有别于中国，如：

> （申）晦又曰："幼学韩尚亿上言以为'其宗孙尚愈，即靖国功臣西原君恂之奉祀孙也。其长子（韩）浚早夭无嗣，请以尚愈次子俨立后，用兄亡弟及之例矣'。"上曰："特许立后。"①

上述的这一情况也是朝鲜的宗家势力得以延续和扩展的一个因素。当然，高宗对于宗孙的选任和重用是史籍有明确记载的。首先是高宗试图在宗室的家庙内恢复宗法意识，教旨曰："完昌君以德兴大院君宗孙也，而身殁既久之后，为子连累，神主黜庙，本是不幸之甚者也。子既伸复，父仍黜废，则得无烦冤号泣于冥冥之中乎！完昌祠版，还为入庙。"②

根据韩国学中央研究院对朝鲜王朝时期科举榜名录的综合研究成果，早在朝鲜王朝中期，科举已然被几个大家族垄断，于是产生了朝鲜王专门派人去累世科第的大家族参加祭礼的事情。

> 令曰："庆恩府院君金柱臣内外祠版及忠烈公吴达济、忠肃公李晚成、文忠公闵镇远、文纯公权尚夏家庙，并遣承旨致祭，以其後孙，皆登第也。"③

高宗在提拔的新科及第者中，除了上述科举出身的累世贵胄以外，又"举贤不避亲"，其被擢拔者亦不乏王族宗室。但在提拔这些贵族后裔时，往往强调了他们的"宗孙"身份：

> 新及第尹某，贞显翁主宗孙也。……新及第吴正根，明安公主宗孙也。④

王之女儿必须立宗孙，则"婚礼成于女氏"的遗俗余韵似乎得到了传承。但这里不排除高宗为了加强宗室的影响而故意为之。因为在朝鲜王朝中期，官员守丧时滞留妻乡尚要遭受弹劾。这种猜测有后来的教旨作为佐证：

---

① 《英祖实录》卷一一一，四四年（1768年）十月二十三丁丑，第44册，第304页。
② 《高宗实录》卷一，元年（1864年）八月二十九日丁酉，第1册，第164页。
③ 《纯祖实录》卷二九，二十七年（1827年）十月二十日癸巳，第48册，第304页。
④ 《高宗实录》卷二二，二十二年（1885年）九月十五日庚戌，第2册，第210页。

教曰："广平大君祀孙、淑静公主祀孙、贞淑翁主祀孙、贞安翁主祀孙、恩全君宗孙，闻在解额中云，特付会试榜末。"①

但高宗更多的举措是提拔前代的贤达，同时对宗孙应科举者有过优先考察的教旨：

教曰："新及第郑淳元，先正臣郑汝昌宗孙也，特为赐乐。"② 教曰："武科新及第柳锡观，武愍公柳就章宗孙。参上宣传官，特为加设，单付。"③

教曰："忠贞公郑雷卿宗孙，令该曹问名，初仕作窠检拟。"又教曰："忠烈公黄一皓祀孙令黄浩直，守令待窠，首先检拟。"④

郑雷卿是仁祖时期恩科选拔的及第人之头名："朔丙午，以皇太子诞生之庆，设别试，取郑雷卿等十人。"⑤ 丙子胡乱（1637 年）之后，郑雷卿为国殉难，史称：

（郑）维岳之父（郑）雷卿，从昭显世子入沈阳，遭祸变，为胡人所害，维岳尝于胡差之来，纳马而受其价，人皆唾骂，至有纳马忘父之讥。⑥

郑雷卿为国殉难以后，本该获得旌表，但其儿子郑维岳接受了清人贿赂的行为又应该受到道德的谴责。高宗在特意提拔郑雷卿的宗孙时，必然忽略了郑维岳的行为，而夸大了郑雷卿的功勋。朝鲜半岛自古处于四战之地，高宗又面临着亡国的危机，所以借助提拔前代贤达之宗孙的办法，力图增强民族的凝聚力以应对危机。这也从另一个侧面说明朝鲜的宗孙和宗家继承关系明确，传统绵延，未曾中辍。有些贤达还被朝廷旌表为"不祧之正宗"：

---

① 《高宗实录》卷二五，二十五年（1888 年）二月二十一日癸卯，第 2 册，第 288 页。
② 《高宗实录》卷二六，二十六年（1889 年）十二月十八日己丑，第 2 册，第 337 页。
③ 《高宗实录》卷二七，二十七年（1890 年）十二月十一日丙午，第 2 册，第 378 页。
④ 《高宗实录》卷二一，二十一年（1884 年）三月二十日乙未，第 2 册，第 141 页。
⑤ 《仁祖实录》卷二三，八年（1630 年）十月一日丙午，第 34 册，第 400 页。
⑥ 《显宗实录》卷一八，十一年（1670 年）十二月二十七日庚戌，第 36 册，第 684 页，"史臣曰"。

哲宗大王时期，领议政金左根启言："文纯公权尚夏，施以不祧之典。"从之。①

此时，权尚夏子孙已然有于朝堂位居高官而后归隐田园者："前判府事权敦仁，荡涤叙用，先是甲寅，卒逝于礼山付处所。敦仁，文正公尚夏五世孙，世居湖乡，崛然自树，发轫亨衢。历践馆阁，屡入中书，岁月且富，文学材猷，不易多得。"② 此可见朝鲜宗族势力之所以延续，尤其在于乡村社会，彼处乃是贤达及其后裔的退居和积蓄政治实力的场所。高宗后来干脆提拔了权尚夏的"宗孙"：

教曰："文纯公（权尚夏）宗孙权益相，得参科声，事甚奇稀。其祠版，遣地方官致祭。"③

（四）朝鲜王朝的社会阶层

朝鲜王朝的社会等级殊异，仍然可以用"良贱有别"与"嫡庶有别"的原则加以解说。笔者认为，"良贱有别"的原则有所松动，可以归因于城市经济和市井文化的发展，良贱地位发生了微妙变化；在个别的良贱通婚的可能下，良贱地位亦可改变。这两种因素导致出现了"赎良"的现象。"良贱有别"的原则已然松动，进而，"嫡庶有别"的原则也略有松动。笔者认为，朝鲜王朝的社会阶层应该有如下区分：

（1）宗室：宗室是以大王及其家族确定的特权阶层。其家族内部虽嫡庶良贱各有等差，然其子弟均具备了凌驾于社会其他阶层的荫补、受官的权利。《经国大典》之《吏典》规定为"大君"和"君"的特权阶层：

宗室诸君之府宗亲无定数，良妾之出降一等。承袭职，父殁乃授。亲尽则依文武官子孙例入仕。

大君：王嫡子。君，王庶子（正一品）。君（从一品），大君承袭，嫡长子初授。君（正二品），世子、众子大君承袭；嫡长系王子，

① 《哲宗实录》卷一〇，九年（1858年）十月二日甲辰，第48册，第629页。
② 《哲宗实录》卷一一，十年（1859年）四月十八日戊午，第48册，第633页。
③ 《高宗实录》卷二九，二十九年（1892年）八月三十日乙丑，第2册，第436页。

大君承袭；嫡长子除授。君（从二品），世子众孙、大君众子承袭、
嫡长曾孙、王子君承袭；嫡长孙初授。

（2）两班：属于地位尊贵的统治阶层。一般认为，除了王族之外，要成为
两班贵族，母亲一定要是正夫人。原则上讲，从一而终的正夫人的后代才有资
格参加文科科举（以选择行政官员为目的的考试），妾及再嫁女的后代只能参
加"杂科"的考试。正如《经国大典》规定："赃吏之子、再嫁失行妇女之子
及孙、庶孽子孙，勿许赴文科生员。"① 但是在世宗大王时期甚至曾出现过
"母在恣女之案，而子在参赞之位"② 的情况。这一规定在朝鲜王朝的中后期
有所松动。《续大典》在选官的问题上做了宽松的暗示："宗代未尽之前，元
无嫡庶之异。其子孙文科弘录，武科宣荐，勿为枳碍。"③ 在朝鲜王朝的法律
中，对两班贵族和官僚优容颇多，不类于明廷之严刑峻法，如英宗大王规定
"一品不拿""勋臣不杖""朝士不杖""曾经道帅臣不杖""曾经侍从臣不杖"
"无二品宗臣请刑之例""中庶医、译从二品实职者，依例勿为决杖""内侍赎
杖"等。④ 非但贵族宗室有免杖的法律特权，贱民出身的技术官如医生、翻译
等达到较高品级者亦有豁免杖刑的法律权益。值得指出的是，同是两班贵族，
文官的待遇往往较之武官优厚，如耆老所的设置，目的是安置赋闲致仕的高级
文官："（续）太祖朝、肃宗朝、英宗朝：入耆社（国初，命文臣正二品实职
年七十以上许入荫，武不预焉）。（增）正二品实职中无年七十人则以从二品
一二人，援旧例启禀，许入。"⑤ 两班在京者有"京案"，即"在京两班"的名
簿；在地方者有"乡案"，即"在地两班"的名簿。内外亲族及妻族中没有身
份污点的人，经过"在地两班"的公论审核后入录于乡案中。入录乡案的
"两班"成为乡员，组成乡会。乡会主要讨论决定新入会成员，推荐乡任，控
制乡吏和百姓。为了保证乡案成员的尊严，他们自己制定乡约，进行严格的自
我约束。乡约的四大德目是"德业相劝，过失相规，礼俗相交，患难相恤"。
乡约不但约束"两班"自己，也匡正社会风俗。⑥

（3）平人：在《朝鲜王朝实录》的诸语汇中，"平人"时而与僧人对
举，时而与官僚对举。笔者借用"平人"之说，实则指代朝鲜时代的平民

① 《经国大典》卷三《礼典》，太白山实录史库本，第 1 页。
② 《世祖实录》卷四三，第 8 册，第 106 页。
③ 《续大典》卷一《吏典》京官职条，第 57 册。
④ 《秋官志》第三编《考律部》轻刑条，第 467—472 页。
⑤ 《大典通编》卷一《刑典》耆老所条，第 7—8 页。
⑥ 潘畅和、朴晋康：《韩国儒教丧礼文化的确立及其生死观》，《延边大学学报》2011 年第 5 期。

百姓，又称为"良人"或"庶人""庶民"等从事农、工、商业的阶层。此外，也可以指代那些由士大夫和良妾（笔者按，"良妾"之名，用以称谓庶民之女子身为妾者）所生的庶子后代以及在宫廷和官府中从事医疗（例如宫廷的医官）、翻译（译官）、算命、天文、绘画等技术工作的阶层，这些阶级和职业都是世袭的技术官，除非是犯大错被贬为庶人，然其后代子孙仍可做到将校。这些政府中的"杂职"人员，往往有随班奉事的必要，"若医司、律院、译学，俱是杂职。然皆出于科名受职者，不可不随例随班，若内需司、算士，系贱者亦多，比掌乐院、掌苑署杂职例，除随班何如？"① 科举中的"杂科"和政府中的"杂职"属于政府中的基层工作人员，在野称为"乡吏"，并有"三丁一子"（笔者按，应当理解为三丁以上取一子）的优先选拔原则，"虽多至于六丁以上，只许一子属书吏或赴杂科，其余勿给陈省。"② 其服务于官府，虽有贱民之名，而法律地位上无贱民之实。由于其阶级地位并不高，尤其是在法律特权方面与平人无异，因此也可以视为平人的一部分。

（4）准贱民：随着城市经济和市井文化的发展，朝鲜王朝的法律划定出一些生活在城市边缘的准贱民的群体。《续大典》："花郎、游女及巫女留住城中者，并摘发论罪。（花郎、游女所在摘发，良家子女永属残邑［笔者按，考之他处法典文字，如《经国大典》，'残邑'当为'栈驿'之误］奴婢公私贱，杖一百，流三千里。巫女在城中者，一切刷出。不检举官员罢黜。）"③ 此处的花郎乃是指称居无定所的浮浪之民，与三国时代的"花郎"内涵完全不同。花郎、游女、巫女应当属于良民阶层的分化，而奴婢及公私贱口自有主管机构——栈驿，若沦为花郎、游女、巫女者，自当按照逃亡奴婢的律条处理。因此，花郎、游女、巫女等是介于良民与贱民之间的、遭受法律和政策歧视的准贱民阶层。

贱民：在朝鲜王朝，由国家和贵族个人控制下的没有完全的人身自由的阶层，称为"公私贱口"或奴婢。其来源除了由于经济困窘而卖身者以外，还有受到政治或法律处罚的人。朝鲜王朝的法律规定："（续）纲常罪人（弑父母、夫，奴弑主，官奴弑官长者），结案正法后，妻、子女为奴，破家潴泽，降其邑号，罢其守令。……军服骑马作变官门者，不待时斩，

① 《成宗实录》卷八二，八年（1477年）七月十七日（壬午），第9册，第473页。
② 《经国大典注解》卷一《吏典》之"乡吏"条，首尔大学奎章阁影印1997年版，第260页。
③ 《续大典》卷五《刑典》禁制条，第440页。

妻、子为奴。"① 贱民卑微的法律地位主要是针对贵族而言的："（续）常贱殴打士族，事情明了者，杖一百，徒三年。（伤者杖一百，流二千里。）"② 在明朝的法律体系中，明朝的贱民则是相对于全体良民阶层而言的，贱民的法律地位（尤其体现在生命权）是不完整的。③ 如《大明律》规定："若尊长将已死卑幼及他人身尸图赖人者，杖八十，其告官者，随所告轻重，并依诬告平人律论罪。" 又，"若官吏故将平人顶替他人军役者，以故出入人流罪论，杖一百流、三千里。"④《明会典》卷一三二《事例》："若各官妄拿平人，逼认盗赃，追陪者亦问罪降调。"《大明律》等明代法典字里行间渗透着对"平人"的种种法律保护，同时承袭《唐律》，规定了奴婢的卑贱地位。尽管没有规定佃客、佣工的低下地位，但是在实际的法律实行和社会管理中，佃客、佣工的法律地位（尤其是生命权）一如奴婢。朝鲜王朝规定了"用明律"，但是二者的社会背景和传统不尽相同，因此在社会生活的层面朝鲜王朝却并未借鉴甚或照搬明朝，虽然贱民及其后代不论男女也不能入户籍，终生不能参加以选举行政官员为目的之"文科及第"的科举考试，但是可以参加杂科的考试（诸如医官、译官、观象监［阴阳科］、刑曹［律科］），勉为其难地晋身为中等阶层，这是与明朝那种严苛的"良贱有别"的意识形态下形成的对奴婢、佃客生命权的漠视的情况不尽相同的。应该强调的是，我们这里所说的朝鲜王朝的贱民，同奴隶社会体制下没有人身自由的奴隶有着本质不同，与明朝的官贱民（如乐户等）和佃客也不尽相同。朝鲜王朝的公私贱口不仅可以在一定的条件下跻身于良民甚

---

① 《大典通编》卷五《刑典》，第 205—206 页。

② 同上书，第 207 页。

③ 如《大明律》卷二〇《刑律三·斗殴》（法律出版社 1999 年版，第 164 页）："凡奴婢殴家长者，皆斩；杀者，皆凌迟处死。过失杀者，绞；伤者杖一百、流三千里。若殴家长之其亲及外祖父母者，绞；伤者，皆斩。过失杀者，减殴罪二等。伤者，又减一等。故杀者，皆凌迟处死。殴家长之缌麻亲，杖六十、徒一年……" 又如冯梦龙《警世恒言》卷二九《卢太学诗酒傲王侯》之所反映，嘉靖年间，大名府浚县"好酒任侠，放达不羁"的才子卢楠，对知县汪岑不敬。后因卢楠管家打死佣工，为知县迫害。小说写道：卢楠闻言，微微笑道："我只道有甚天大事情，原来为钮成之事。据你说只不过要我偿他命罢了，何须大惊小怪。但钮成原系我家佣奴，与家人卢才口角而死，却与我干；即使是我打死，亦无死罪之律。……" 汪知县大怒道："你打死平人，昭然耳目，却冒认为奴，污蔑问官，抗拒不跪。公堂之上，尚敢如此狂妄，平日豪横，不问可知矣！况且勿论人命真假，只抗逆父母官，该得何罪？" 知县又"哄卢楠将出钮成佣工文券，只认做假的，尽皆扯碎，严刑拷遍，问成死罪"。可见，在明代的法律体系中，佣工的法律地位亦如"贱民"，而与这些贱民法律地位相对应则是"平人"，即一般意义上的百姓。朝鲜王朝虽然用明朝典制，然其社会阶层的分化原则与明朝不尽相同。

④ 《大明律》卷一九《刑律二·人命》，法律出版社 1999 年版，第 155 页；卷二二《刑律五·诉讼》，第 181 页。

至技术型官吏阶层，而且其本身可以有家有室，有田产。《大典通编》关于"复户"（免除该户的兵役）的规定中有所反映：

（复户）（原）大小人年八十以上率丁十口或田十结以下者复户。（平民及公私贱则率丁五口或田五节以下者，亦免）①

在朝鲜王朝，尽管奴婢（雇工）与主人之间也存在法律层面的不平等，但这种不平等不涉及生命权，而更多地涉及限制诉讼和告发的权利。世宗四年（1422年）实录反映了朝鲜王朝在对唐律和明律中"良贱有别"原则的取舍过程，且处罚重于唐律和明律——根据永乐五年（1407），议政府受教："今奴婢及婢夫奴妻，並以斩论，有违时王之制。然奴主分严，纲常所系。愿自今奴婢告主者勿受，依诬告律处绞，婢夫奴妻告主者勿受，杖一百，流三千里。"

刑曹启："永乐十八年（1420）九月，礼曹受教，节该：'唐太宗曰：比有奴告主反者，夫谋反不能独为，何患不发，使奴告之？自今奴告主者勿受，仍斩之。'愿自今臧获告主，依此区处。又朱文公言于朝曰：'愿陛下，深诏中外司正典狱之官，凡狱讼必先论亲疏长幼之分，然后听其曲直之辞。凡以下犯上、以卑陵尊者，虽直不佑，其不直者，加凡人之坐。'愿自今府史、胥徒告其官吏，品官、吏民告其监司、守令者，所告虽实，非事关宗社及非法杀人，则在上者置而勿论，在下者加凡人之坐论。臣等参详，奴曰臧，婢曰获。一说，婢夫曰臧，奴妻曰获。《大明律》：'奴婢告家长，杖一百，徒三年，但诬告则绞。雇工人减一等。'本朝永乐五年（1407），议政府受教：'各居婢夫，以雇工人论。'今奴婢及婢夫奴妻，並以斩论，有违时王之制，然奴主分严，纲常所系。愿自今奴婢告主者勿受，依诬告律处绞，婢夫奴妻告主者勿受，杖一百，流三千里。且府史、胥徒之告官吏，品官、吏民之告监、司守令者，受而理之，知所告之虚实，然后在上者不论，诉告者加罪未便。请自今非干系宗社及非法杀人者勿受，杖一百，流三千里。"从之。初，许稠为礼曹判书，上此启，上亦以为然，下政府、诸曹议之。柳廷显、朴訔、李原等力非之曰："如此则守令益无所忌，民不堪也。"稠曰："守令所为，暴于千万人

---

① 《大典通编》卷四《兵典》复户条，第64页。

之耳目。虽不使吏民言之，岂得不露？"尝言于太上曰："臣老矣，如得蒙允，死当瞑目矣。"因下泪。太上感其言，即从之。①

必须强调的关键问题是，朝鲜王朝的"良贱有别"是基于宗法制的嫡庶有别而确立的，不存在法律上的绝对身份歧视，于是我们就不难理解当时的学者在吸收《朱子家礼》时没有完全照抄，而是在关于冠礼"主持人"顺序的规定时，强调了所谓"宗孙"（종손）的概念以及宗孙在冠礼主持人选取上的次序问题：

> 在朝鲜半岛传统的冠礼中，主持冠礼的人最好是宗子，宗子有故则由"次子"主持，然后依次是"宗孙"，然后是父祖，如果没有父祖能够出席，被加冠者自己也可以主持冠礼，从择日、告庙、戒宾开始，做自己冠礼的"主人"。②

这里"宗孙"（종손）概念的提出，确实有别于《朱子家礼》的规定。朝鲜人传统的宗法理念历来存在变通和回旋的余地。主张变通的学者，如尹宣举者认为，朱熹的主张固然代表主流的"定义"，但也不妨兼采其他宋儒的主张：

> 大宗绝而别立宗子，则当用次长房，而次长房亦必用长子承之之说，实是朱子定义，不可易也。……然而择贤之说亦自横渠（北宋张载）始。（见《礼说》宗法条）非近世俗礼之所自创也。正义则当以朱子为正，而事有不获，礼有常变。则横渠之论，亦或有当用处耶！③

程、朱虽然并称贤达，然程、朱关于祭祀权次序的学说不尽相同。这点已然为朝鲜王朝的学者所洞察。伊川（程颐）认为"夺嫡"行为乃北宋的"时王之制"——"（北宋）仁宗至和年间之制，凡始得立庙者不祧，以比始封……庙因众子立而嫡长子在，则祭以嫡长子主之，嫡长子死即不传其子而传立庙者之长"，而朱熹则主张"非嫡长则不敢祭其父……谓长子无则长孙承重"：

---

① 《世宗实录》卷一五，四年（1422 年）二月庚寅（三日）条，第 2 册，第 473 页。
② 俞惠善《韩国人的冠、婚、丧、祭》，首尔弘文馆 1961 年版，第 30—31 页。
③ 尹宣举：《鲁西遗稿》卷一〇《问宋明甫》，《韩国文集丛刊》第 120 册，第 185 页。

……侯师圣①云：明道（程颢）先太中（程珦）②而卒，继太中而主祭者伊川（程颐）也。……况立庙自伊川始。……宋之制，嫡子死，无兄弟则嫡孙承重。若有诸子，嫡孙比于庶孙。明道先太中而殇，伊川之主祭无可疑者。又按（宋）仁宗至和之制，凡始得立庙者不祧，以比始封。庙因众子立而嫡长子在，则祭以嫡长子主之，嫡长子死即不传其子而传立庙者之长，然则伊川之事始终一依时王之制而已。若然，则明道而虽在，毕竟传在伊川之子矣，况明道先殇耶？死而传其子，于义亦可。然则朱子所谓未见得是如何者，何也？按《朱子家礼·立丧主》章云：谓长子无则长孙承重。已不用舍子立孙之制矣。《（朱子家礼）·祠堂》章云：非嫡长则不敢祭其父，已不用众子立庙之制矣。圣贤之于时典，其小者遵而无害，而其大者或有不得不变处，此两先生遵经切时之异耳。③

"嫡孙承重"④乃是宋代特意申明的制度，《宋史·礼志》中有专章强

---

① 河东侯师圣，伊川门人。[《两朝纲目备要》卷四，宁宗庆元二年（1196 年）丙戌春正月甲辰条]
② 太中即程珦，二程之父也。四库本《宋名臣言行录》作"大中"。朱晦翁曰：濂溪（周敦颐）在当时，人见其政事精绝，则以为宦业过人，见其有山林之志，则以为襟怀洒脱，有仙风道气，无有知其学者唯程大中知之，宜其生两程夫子也。（宋代李幼武纂集《宋名臣言行录·外集》卷一《周敦颐濂溪先生元公》）
③ 李瀷：《星湖全集》卷四三《杂著·伊川夺嫡辨》，《韩国文集丛刊》第 199 册，第 277—278 页。
④ 北宋之言嫡孙承重者，除了孙承祖后的理念之外，也要求有嫡孙妇为祖母后，其制度著在礼、令。天圣四年（1026 年），大理评事杜杞言："祖母颍川郡君钟殁，并无服重子妇，余孤孙七人，臣最居长，今己服斩衰，即未审解官以否？"礼院言："按《礼·丧服小记》曰：'祖父卒，而后，为祖母后者三年。'《正义》曰：'此论适孙承重之服。祖父卒者，适谓孙无父而为祖后。祖父已卒，今遭祖母丧，故云为祖母后也。若父卒为母，故三年。若祖父卒时，父已先亡，亦为祖父三年。若祖卒时父在，己虽为祖期，今父殁，祖母亡时，己亦为祖母三年也。'又按令文：'为祖后者，祖卒为祖母，祖父殁，嫡孙为祖母承重者，齐衰三年，并解官。'合依《礼》、令。"皇祐元年（1049 年），大理评事石祖仁奏："叔从简为祖父中立服后四十日亡，乞下礼院定承祖父重服。"礼官宋敏求议曰："自《开元礼》以前，嫡孙卒则次孙承重，况从简为中子已卒，而祖仁为嫡孙乎？古者重嫡，正贵所传，其为后者皆服三年……"元丰三年（1080 年），太常丞刘次庄祖母亡，有嫡曾孙，次庄为嫡孙同母弟，在法未有庶孙承重之文。诏下礼官立法："自今承重者，嫡子死无诸子，即嫡孙承重；无嫡孙，嫡孙同母弟承重；无母弟，庶孙长者承重；曾孙以下准此。其传袭封爵，自依礼、令。"（《宋史》卷一二五《礼制二八》）朱熹奏议以为："礼经敕令，子为父，嫡孙承重为祖父，皆斩衰三年；嫡子当为其父后，不能袭位执丧，则嫡孙继续而代之执丧。自汉文短丧，历代因之，天子遂无三年之丧。为父且然，则嫡孙承重可知。"（《宋史》卷四二九《朱熹传》）

调并详细论述。众所周知，《宋史》修纂于元朝后期，虽然有蒙古族宰相脱脱主编，但是负责具体工作的汉人大都深切地认同朱熹的学术，将其奉为正统，进而在编纂《宋史·礼志》时强调"嫡孙承重"，强调"无嫡孙，嫡孙同母弟承重；无母弟，庶孙长者承重"，即言宗法的"主干"原则是有限度的——三代为限，庶孙亦优先于嫡曾孙。在朝鲜王朝，沙溪金长生认为，对于承重为祖后者之妻，如果自己的姑（指婆母）在世，亦当为祖姑承重。星湖李瀷引退溪李滉之说，认为嫡孙妇无须为祖姑承重，因诸子妇尚在。李瀷作《承重者之妻，姑在，服祖说》一文：

> 人有长子先亡，长孙代受重，而其妻以姑在难其服。沙溪金长生《〈丧礼〉备要》书中，推宋仆射魏仁浦①之说，而谓不可不服，或以退溪（李滉）定说为主。甲可乙否，议多不平。愚按《丧服》传曰："有适子则无适孙。孙妇亦如之。"郑氏曰："适妇在，亦为庶孙妇也。"若适子尚在，则不应居适妇。孙既不为适，则又不必言其妻之非适也。此分明是舅没姑在而不得为适者也。身既非适，而制服非所疑也。又曰："宗子母在，不为宗子之妻服也。"是谓有宗妇则无宗子妇也。此其夫虽已受重，姑在则皆以其姑为重，而其祖及众族人不以宗适服之也。……而古礼妇于舅姑，只从服周，则要之圣人之制亦必有义……其服舅姑三年，朱子既从时王之典，著之《家礼》，今不可动。佗馀宋典所不及言者，辄以己意，不究圣制之本旨，而一一改换。……故嫡孙祖在为祖母，如父在为母，而宋制只令杖期，未闻以为母三年推之而及祖母也。……若谓魏氏之说不可不推，则"孙妇亦如之"一句，何得不动得耶？上杀、下杀，而礼无不报，其将虽有适妇而亦服孙妇小功，然后其说始通。《家礼》出于魏氏之后，而实礼家之三尺也。……张子（张载）曰："宗子母在，不为宗子之妻服，非也。宗子之妻，与宗子共事宗庙之祭者，岂可夫妇异服？"张子固尝非之，至于姑在服祖一端，则未见有崖异也。何以明之？盖舅没则姑老者，古礼也；有适妇则无适孙者，亦古礼也……②

---

① 魏仁浦（911—969 年），字道济，卫州汲（今河南卫辉市）人。历官后晋小吏、后周枢密都承旨、中书侍郎、平章事，居高位而不念私怨，宋初，进位右仆射，从征太原途中病死。

② 李瀷：《星湖全集》卷四二《杂著·承重者之妻，姑在，服祖说》，《韩国文集丛刊》第199 册，第 255—256 页。

　　综合上述论述，可知北宋初年的魏仁浦、张载、朝鲜沙溪金长生认为嫡孙之妇应当为祖服丧，以实现"夫妇同服"的原则，实则是基于夫妻一体、妻子从夫的考虑。但是朱熹、朝鲜的退溪李滉则从人情亲疏的角度去诠释礼的精神，认为"未闻以为母三年推之而及祖母也"，也遵循了礼制中的"上杀"原则，即对于情感疏远的前代祖先，丧礼亦当降低规格。如是观之，朱熹及退溪礼学具有鲜明的"因情制礼"的因素。

二 婚礼及其相关诸问题

婚姻礼俗的变革一般都遵循着一个日趋文明的演进过程。从原始的族内群婚、族外群婚到随妇居的对偶婚，再到以夫家为中心的一夫一妻多妾制度，最后发展到现代法律要求的一夫一妻制。朝鲜半岛在接受中国传统婚礼的同时，不得已而保留了很多自己的特色。如《礼记》里讲的"取妻不娶同姓，以厚别也"在朝鲜半岛就很难做到，因为到今天为止，朝鲜族中金、李、朴仍然是人口占绝大多数的大姓。如三国时代的新罗诸王以金姓为主，却曾经两度掺入朴姓王，两度女主执政。几个有姓的贵族通婚是三国时代的原始婚姻制度。同时，《唐书·新罗传》也记载了"兄弟女、姑、姨、从姊妹，皆聘为妻"的现象。说明了三国时代的新罗国没有宗法体系指导下的婚俗。①

"吾东之俗，婚礼成于女氏。汉魏诸史，并有讥贬，读之可愧"② 乃是朝鲜时代后期的学者对其婚姻制度的追溯，其实某种程度上也是对现状的描述，因为"婚礼成于女氏"的旧有礼俗一直在基层社会发挥着影响。

丽末鲜初（14世纪末），由于朝鲜半岛吸收了朱子家礼，促进了朝鲜社会向男系宗法社会的转变，禁止了异辈婚姻。高丽毅宗即位（1146年），"始禁堂姑、从姊妹、堂姪女、兄孙女相婚。"③ 由于朱子家礼的吸收以及与其相关的祭祀继承制度的确立和家族结构的重组，朝鲜半岛社会的显著变化是从男系与女系相对平等的家族转变为男女有别，嫡长子为中心的家族，直至相对完备的家父长制社会的确立。朝鲜半岛的一些传统仍然保持着女系的尊崇地位，如在婚姻的续弦问题上，高丽王朝末期的恭愍王十六年（1367年）五月，监察司请禁"人妻死继娶其妻之姊妹及异姓

---

① 彭林：《中国礼学在古代朝鲜的播迁》，北京大学出版社2005年版，第39—42页。
② 丁若镛：《与犹堂全书》第三集卷二三《嘉礼酌仪》，《韩国文集丛刊》第284册，第493页。
③ 《高丽史》卷八四《刑法志一》，第38页。

再从姊妹"。①

在财产继承制度上，朝鲜王朝的《经国大典》是参照《朱子家礼》和《大明律》制定的，规定了诸子均分制。但是由于佛教和男女平等思想还根深蒂固，《经国大典》规定的嫡长继承制并没有得到很好实行。男女均分继承却一开始就得到了遵循。因为这种财产继承制度"是在尊重高丽以后的习惯的基础上制定的"。②

按照《朱子家礼》所规范的中国传统婚礼，是以男家（夫家）为核心的议婚、六礼（即先秦《仪礼》所规定的纳采、问名、纳吉、纳征、请期、亲迎）、庙见等一系列礼仪，是合二姓之好的过程，夫妇是人伦之始，而这个人伦之始是由婚礼缔结的。朝鲜王朝的学者在酌取《朱子家礼》确定婚礼的时候，也不得不对当时朝鲜半岛的民俗大发感慨，他们认为无"亲迎""合卺在女家"之类的礼俗都是必须改革的地方：

> 婚礼亲迎，阳往阴来之意也。吾东之俗，婚礼成于女氏。汉魏诸史，并有讥贬，读之可愧。近世先辈，因俗为礼，著之为书。余谓两家仪乖，未易归一。则苟且因俗，容或无怪。其比立言，垂後使为成法，大不可也。今京城贵家，一日之内，壻既委禽，妇亦荐贽，谓之"当日新妇"，斯岂非亲迎哉？特合卺在女家耳。若于是稍加厘正，崭崭乎古礼也！今取古礼及《朱子家礼》隐括为文如左。③

丁若镛的此番解说发布于朝鲜王朝后期。类似"吾东之俗，婚礼成于女氏"之说于《朝鲜王朝实录》中也屡次述及。这种礼俗何时遭到动摇乃至被彻底颠覆则着实难以考证，而实际上很可能是余烬难消，影响犹在。因为学者丁若镛的文集是由其外孙整理的。这说明从文化心理上讲，朝鲜时代的人们一直很重视外亲。早在高丽王朝时，"云梯县袛弗驿民车达兄弟三人同养老母，车达谓其妻事姑不谨，即以弃离，二弟亦不婚娶，同心孝养。"④得到政府的褒奖。这其实是一个特殊的个案，所以才得到了政府的褒奖，也是因为符合朝鲜王朝士大夫们对于中国正统礼俗的希冀和向往

① 《高丽史》卷八四《刑法志一》，第 39 页。
② 参郑肯植《宗法制祭祀的继承和家族的变化》，林乾主编《法律史学研究（第 1 辑）》，中国法制出版社 2004 年版，第 43、46 页。
③ 丁若镛：《与犹堂全书》三集卷二三《嘉礼酌仪》，《韩国文集丛刊》第 284 册，第 493 页。
④ 《高丽史》卷三《成宗世家》九年九月丙子条，第 74 页，高丽成宗，981—997 年在位。

之情才被写入《高丽史》。"婚礼成于女氏"的旧俗绝非在 17 世纪"婚班"制度形成后被突然打破的，而是有一个水滴石穿的缓慢淡化过程，以朱子学为核心的儒学东渐乃是这个过程的思想基础和前奏。

关于婚礼中的"六礼"（六个环节包括纳采、问名、纳吉、纳征、请期、亲迎），在宋代已然作出了规范。如《宋史》所载："品官婚礼，纳采、问名、纳吉、纳成、请期、亲迎、同牢、庙见、见舅姑、姑醴妇、盥馈、飨妇送者，并如诸王以下婚。四品以下，不用盥馈、飨妇礼。"① 《朱子家礼》又做了适当的简省，省略了问名、纳吉、请期之仪节。明洪武元年（1368 年）对庶人的婚礼做了规范："《朱子家礼》无问名、纳吉，止纳采、纳币、请期。洪武元年（1368 年）定制用之，下令禁指腹、割衫襟为亲者。"② 据考证，请期一节实为根据朱熹的弟子杨复的主张补充的。③ 朝鲜王朝的学者丁若镛即是以明朝的"庶人昏礼"为主干去丰实关于婚姻礼俗的记述的。

（一）议婚与社会等级之关系

适合议婚的年龄一般是"男子年十六至二十，女子年十四至二十"④，这是遵循了朱熹《家礼》的规定，也是朝堂奏议反复强调的，其目的是强

---

① 《宋史》卷一一五《礼志》，第 2740 页。

② 《明史》卷五五《礼志九》"庶人昏礼"条，第 1403 页。

③ "杨氏复曰：昏礼有纳采、问名、纳吉、纳征、请期、亲迎六礼。《家礼》略去问名、纳吉，止用纳采、纳币，以从简便，但亲迎以前更有请期一节，有不可得而略者。"（清代秦蕙田《五礼通考》卷一五五《昏礼》，四库全书本）

④ 韩重洙：《四礼便览——（新·旧）冠、婚、丧、祭礼大典》，首尔明文堂 1981 年版，第38 页。又据太宗八年、九年（1408 年，1409 年）实录，有选"京外处女于景福宫"的教旨，因此十一月曾"京外处女二十岁以上许嫁……其年十九岁以下依旧禁婚。"九年方许之，且确定选处女的年龄为"年十七以下，十三以上"。（《朝鲜王朝实录分类集》风俗篇一《太宗实录》卷一六、一七，第 42—44 页。）另外，明朝廷有时也对朝鲜下达选女奉进的宣谕（口头命令的形式），朝鲜王朝照例以处女奉进，同时命令禁婚。如世宗八年（1425 年）正月丙午，尹凤亲传宣谕曰："你去朝鲜国对王说，年少的女儿选下者，等明春着人去取。"又亲传宣谕曰："选拣会做茶饭的女仆进献。"上即命京外禁婚，置进献色。（《世宗实录》卷三一，第 3 册，第 13 页。）因此，笔者认为，二十岁应该是女子婚嫁的年龄最后上限，逢父、母丧事还要推延：《（礼记）·内则》：女年二十而嫁，有故二十三而嫁。注云：故谓父母之丧，不止一丧而已，故郑并云父母丧也。（李瀷《星湖全集》卷四二《杂著·父丧中母服说》，《韩国文集丛刊》第 199 册，第 254 页。）即父母双亡的情况才可能成为女子将婚期上限向后推迟三年的理由。

调婚礼，尤其是男子的婚礼，当在冠礼之后。但是在婚龄这种不甚关乎治体的事情上，朝鲜王朝仍然按照实际的民俗习惯，并在法令上允许早婚：世宗令曰："今令文，男年十五，女年十三以上，并听婚嫁。"① 世祖七年（1461 年）四月十六日（丙戌）实录：

> 礼曹启："男年十四岁、女十三岁以上方许婚嫁，其间父母年过五十及有病人愿其子女早婚嫁者，年十岁以上，许告官成婚。"从之。②

世祖十二年（1466 年）元月二十一日（甲子）实录：

> 传于宗簿寺曰："旧例，宗亲男年十四、女年十三以上，方许婚嫁。自今勿拘年限婚嫁。"③

与朝鲜王朝同时代的中国明朝，以媒妁议婚的情况却更加普遍，并且按照户等来决定谢媒钱。明代黄佐《泰泉乡礼》卷一《乡礼纲领》规定："凡媒妁为人议婚，须通达二家之情，待其许诺，毋得饶舌欺诳，但求成事，以贻他日之悔。事发，罪媒妁。谢媒妁之礼，上户银不过一两，中户五钱，下户一钱，其有溺（匿）阴阳年月不肯成昏及论财者，罪其父母。"无独有偶，在朝鲜王朝的宗室中也存在议婚而不迎娶的情况。世宗二十三年（1441 年）十月己卯实录：

> 宗簿寺启："宗亲议婚之家，皆托已许人而不从者，请自今本寺考核虚实，移文宪府。虽已与人媒妁，而过限未婚嫁者，依未约例施行。过限而退填日月，瞒冒不实者，亦宜移文宪府痛惩。"从之。④

虽然很难确定议婚后迎娶的时限，但可以肯定，与明朝一样，通过媒妁议婚、约婚之后不娶是要承担法律责任的，"移文宪府痛惩"的措辞显示这条规定比中国要严厉许多。

但原则上婚礼应当在冠礼之后。只要男女双方家中无期年之丧，皆可

---

① 《世宗实录》卷三七，九年（1427 年）九月十七日（壬寅），第 3 册，第 92 页。
② 《世祖实录》卷二四，第 7 册，第 459 页。
③ 《世祖实录》卷二四，第 8 册，第 5 页。
④ 《世宗实录》卷九四，第 4 册，第 336 页。

通过"面约"的方式议婚。① 就社会范围而言，朝鲜王朝更加重视门当户对，且形成了"婚班"的社会格局：

> 　　仕途受阻的岭南学派的儒生们，从十七世纪后半期开始，他们几乎一生的时间都在自己出生的村落里度过。久而久之，就形成了同一家族世代相传的嫁出女儿、娶进儿媳的婚姻集团，即形成了"婚班"。由于相同的婚班内以称呼为中心的社会方言及礼节、儒教礼仪等都大同小异，所以新娘很容易适应。但如果超越了婚班，因为彼此的生活方式存在很大差异，甚至出现了新娘因不能适应环境而自杀的现象。由于婚班向来重视家族世交，所以大体上按学术上的师承关系或师友关系结交。②

除了贵族和百姓有"婚班"制度外，良贱通婚亦为法令所禁止。其中，贱民奴婢，在身份上有公私之别。朝鲜王朝初期法令规定："本朝奴婢所生，从母、从父之法尚矣。"然"凶暴贱口，多娶良女，所生尽为私贱。以此贱口日增，良民日减，供国役者大减"。于是又令："勿令贱口交通良人，其有良女已为贱口妻者，亦令离异。或有违令，罪及奴主。"③ 太宗五年（1405 年），再禁止"公私贱人娶良女"，"其中犯令者许人陈告，男女及主婚者本主，知情不禁者，照律论罪，徵布二百匹，告人充赏，勒令离异。男女及所生属于公、本主不知情者，勿论"。④

《大典通编》反映了当时官僚私人的奴婢和田产占有状况——由适度限制到完全解除限制："（杂令）（续）守令于本邑有田十结，壮奴婢十口者，改差。（增）有田有奴，不关吏治，勿拘。"⑤

由于私贱民不承担国家的劳役，门当户对在朝鲜王朝不但是社会婚姻制度，乃是关乎国家存亡的大政方针。而"凶暴贱口，多娶良女"的社会现象也表明了朝鲜王朝之初这种贱民制度的松动。另外，有买卖倭人为公、私奴婢者，尤为难治："倭之为人性狠，反复难信，今乃授之以官职，

---

①　俞慧善：《韩国人的冠、婚、丧、祭》，首尔弘文馆 1961 年版，第 78 页。
②　权容玉：《韩国安东儒教文化的形成与其社会影响》，《孔子研究》2008 年第 1 期。
③　《朝鲜王朝实录分类集》风俗篇一《太宗实录》卷二，元年（1401 年）七月甲寅条，第 25 页。
④　《朝鲜王朝实录分类集》风俗篇一〇《太宗实录》卷二，五年（1405 年）七月甲寅条，第 36 页。
⑤　《大典通编》卷一《吏典》，第 186—187 页。

宿卫官廷，买为奴婢，布列州郡，甚为未便。且以庆尚一道观之，其数几至二千，或劫家长之妻，或杀邻里之人，此足为履霜之戒也……若其父兄寇我边鄙，果为我攻其父兄乎？赴战倒戈，未可知也。又托以求卖其子弟，为我奴婢，置我州郡，其心亦未可知也。以前日多杀我民言之，虽尽杀之，可也。愿自今买得倭人以为奴婢，一皆痛禁。"①

另外，朝鲜王朝百姓、私奴婢也有因重罪而籍没为官奴婢的情况。世宗八年（1426）三月己酉（十五日）实录：

> 义禁府启："火贼张元万奴陈乃斤、乃石伊，百姓李永生、金天用、驿子金永奇等同谋欲盗财物，纵火都城内之有财各户，延烧二千馀户，多杀人命罪律应谋叛大逆，皆陵迟处死，其父及子年六十以上皆绞，十五以下母女、妻妾、祖孙、兄弟、姊妹若子之妻给付功臣之家为奴，财产并入官，伯叔父、兄弟之子不限籍之同异，皆流三千里……"命依所启，张元万、李永生、陈乃斤、乃石伊、金永奇等父子除绞刑，没为官贱，其缘坐私贱口并勿举论。②

朝鲜民族称贱口为"棒子"，其来尚矣，然未知其所出。如日语中称无赖为"泥棒"，古代汉语口语中称无赖为"光棍"（见京剧《除三害》），皆贱称辱称无疑。然其中反映了东亚社会一直以来"良贱有别"的社会格局。据史学家罗继祖前辈考证：

> 解放前，闻人呼朝鲜人"高丽棒子"，不解所谓。解放后禁用，知非美称。然其意义为何尚懵然也。及读王一元（清康熙年间无锡人，侨寓盛京）《辽左见闻录》，中有一则云：
>
> 朝鲜贡使从者之外，其奔走服役者，谓之"棒子"。其国妇女有淫行，即没入为官妓，所生之子曰"棒子"，不齿于齐民。鬌髮蓬松，不得裹网巾；徒行万里，不得乘骑；藉草卧地，不得寝处火炕。盖国中之贱而劳者。
>
> 始知其人为私生子，世世相袭，遂自划为一阶层，略如吾浙之堕民。雍正元年（1723 年）曾谕令削除堕民籍而习俗仍相沿未革。清

---

① 《朝鲜王朝实录分类集》风俗篇一《太宗实录》卷一九，十年（1410 年）四月甲辰条，第 46 页。
② 《世宗实录》卷三一，第 3 册，第 14 页。

末，商部有折再请削除，文见杨寿枏《思冲斋文别钞》，谓乃据浙江
绅士、江苏候补同知卢洪昶等呈请，中言浙江堕民散处各郡不下二万
馀人。予妇家萧山，曾闻堕民男女自为婚配，皆执贱役，是民国初年
犹然也。彻底铲除恐在解放后。朝鲜之"棒子"当亦早返为齐民矣。①

看来，按社会等级议婚——门当户对，并非今天人们理解的贫富相
当、财势相侔，而是有着"良贱有别"作为主体社会意识，具有严格等级
分野的国之大体、民之通俗。所谓"良"和"贱"的分野，更多的是所从
事的职业是否受正统观念的尊重（如乐师、百工就是因职业而被划定的贱
民），以及出身是嫡出还是庶出（庶出中还包括妾产和婢产两种），有时也
包含了婚生子对非婚生子的歧视。值得注意的是，我们一直忽略了在"良
贱有别"的朝鲜王朝，其良贱制度不是固化的、僵硬的，而是灵活而富有
弹性和流动性的。这既保证了"良贱有别"这一体系的维持，也使得社会
结构能够相对稳定。总体而言，东亚古代社会的自我改良和缓冲机制经常
被我们忽略，因而学术界往往大力渲染近代以来社会革命的意义，而忽略
了此前改良所起到的水滴石穿的作用。就《经国大典》所见，"赎良"的
法律首先是在贵族的妾及妾生子中展开的，并且其形式是以新的奴、婢代
替己身（后来的《续大典》将此种情况称为"代口赎身"），及至《续大
典》，除了依然保留"代口赎身"以外，还有了关于赎身价钱的规定：

> 贱妾：二品以上有子女公私贱妾，许以自己婢告掌隶院赎身。
> （私贱则从本主情愿。凡赎身需用年岁相准奴婢……）
> 贱妻妾子女：宗亲缌麻以上，外姓小功以上亲，贱妾子女并从
> 良，无赎身立役。（亲功臣贱妾子女同。倡、妓女、医生家畜者，从
> 所生外，勿许为良。大小员人同。）大小员人（文武官、生员、进士、
> 录事有荫子孙，及无嫡子孙者之妾子孙承重者），娶公私婢为妻妾者
> 之子女，其父告掌隶院，核实录案。（无父则嫡母，无嫡母则同生，
> 无同生则祖父母告。自己婢、妻婢所生外，皆赎身。[以无病、年岁
> 相当者，本主若不听者，告官。]）②
> 贱妻妾子女：大王姓孙六代以上无赎身，七代至九代代口赎身，
> 外孙六代以上代口赎身，七代以下勿论……功臣娶公贱所生并许为

---

① 罗继祖：《枫窗脞语》之《杂俎》篇，中华书局1984年版，第198页。
② 《经国大典》卷五《刑典》，第9页。

良。东西班三品正职之子孙（军职佥使之类不在此例）曾经吏、兵曹、司谏院、司宪府、弘文馆都总府、宣传官之子娶公贱所生，许令代口赎身，士族朝官者之子与孙，嫡妻无後当以公贱所生承重者，明查得实，亦许代口赎身，而西北公贱依法勿论。虽是西北公贱，大王姓孙则许赎。……娶妾婢所生子女依《大典》，妻婢所生例无赎身从良。（他人婢作妾所生买为己奴者，依自己婢妾所生，许属补充队）

赎良：公贱代口赎身者，所代奴婢累式年户籍相考，名付的实，然后以年岁相当者计口，以奴代奴，以婢代婢……工匠代给奴赎良价毋过钱文百两，滥徵者以诈不以实律论。（私奴婢赎良价同）……凡贱口虽并子孙永许为良者，嫁娶贱口所生，则勿许免贱。①

（增）大王嫡孙勿限代，庶孙限九代，外孙限七代，勿论公私贱，代口赎身。②

与贵族和官僚的婚姻是改变"贱口"身份的途径之一，尽管缓慢（须经历世代），但却有一定的可行性，尤其是贱民的女子嫁给贵族为妾。在这种情况下，"门当户对"的法则就不再有任何意义了。相反，贱口若嫁了贱口，尽管门当户对，考虑到其子女更加难以免除贱口身份，则必然有非贵族不嫁，宁可独身的贱民之女，而正如前述，国家对于贵族女子晚婚者有所督促，而对贱民之女的婚姻并没有督促。

但是，贱民及其子女要想得到一如贵族、平民一样的平等身份和地位，往往需要经历艰辛的考验。如脍炙人口的传统民间说唱故事《春香传》所展示的那样，成春香是贱妓月梅与前任南原道使道所生之女，尽管按照法律已然是良人身份，但是却仍然要以相对出位的方式赢得别人的注意——端午节在广寒楼下荡秋千，而不是待字闺中，等待媒妁。成春香与两班翰林之子李梦龙的邂逅、恋情也遭遇了挫折。李梦龙随父亲去汉城赴任，在二人分别前约定李梦龙及第之后回来迎娶春香。继任的南原道卞学道欲霸占春香为侧室，春香不从，遂被罗织罪名，蒙冤入狱。朝鲜族的学者甚至将春香入狱的过程比拟为檀君神话里那只为了化身成人形而自己甘愿困囚在山洞里，整日吃大蒜和苦艾的母熊，等待数月蜕变之后能够与天神之子桓雄婚配，进而认为：《春香传》集中反映了朝鲜王朝后期朝鲜民族的道德伦理本位意识以及为提高自身而不懈努力的向上意识。并且，

---

① 《续大典》卷五《刑典》，第443、444、463、464页。

② 《大典通编》卷五《刑典》贱妻妾子女条，第247页。

《春香传》的故事具有一定的典型性，据有关人口的史料统计，从肃宗大王到哲宗大王在位时，在朝鲜王朝后期大约一百七十年间，贵族户大约增加了四倍，良民户则减少了一半，奴婢户也减少了二十六分之一。而《春香传》的故事即设定为肃宗大王执政时期。① 另外，妓女等贱民为国殉难者被承认、颂扬也需要艰难的过程。据朝鲜文人柳梦寅（1559—1623 年）《於于野谈》记载，在壬辰倭乱期间，1593 年晋州沦陷后，有一妓女名论介者，"凝妆服"站立于悬崖边上，招徕倭将，一倭将至，论介抱其投崖。当时，"官妓之遇倭不见辱而死者，不可胜记，非止一论介，而多失其名"。战后，朝鲜政府编纂史书，收集战乱中的忠烈事迹，有很多如论介一样的官妓的事迹没有通过审核。1624 年，柳梦寅以谋叛之罪名被冤杀，直到 1794 年被平反前，《於于野谈》一直被秘密传抄，人们在论介殉难的地方以篆书镌刻上"义岩"二字。1722 年，朝鲜政府给予了论介"给复"的特别恩典。1740 年 6 月 29 日是晋州沦陷纪念日，民众为论介建立了"义妓祠"，后来还有三百名妓女为其举办盛大的"义岩别祭"，后成为惯例，直到日帝时期才被禁止，光复后又恢复如常。②

（二）婚礼中的"六礼"

朝鲜王朝的学者在界定婚礼时也是要求"六礼"具备的。然而其程序有变礼从俗之处，丁若镛亦一一指出：

（1）纳采。纳采之礼权以庚帖代之：古礼纳采用雁，宾主成礼，在于女氏之庙。……《朱子家礼》：壻告家庙，乃遣使者，女氏奉书，亦以告庙。

丁若镛案：古者，纳采之礼行于庙中，朱子易以告庙。古礼使者口传致辞，朱子易以书牍。皆所以顺俗而合情也。今隐括为文曰："伏承嘉命，许以婚姻之好。某有先人之礼，谨献庚帖，庸替纳采之仪。"俞喜善先生还搜罗出了男家的《请婚书》和女家的《许婚书》的摹本。即此时男家先付《请婚书》，女家回复《许婚书》，同时互换庚帖。

庚帖俗谓之"四柱单子"，即壻之生年月日也。今俗并录生时，并无

---

① 李春花著，雷子金译：《〈春香传〉：朝鲜民族深层文化意识的再现》，《延边大学学报》1999 年第 3 期。

② ［韩］崔官著，金锦善、魏大海译：《壬辰倭乱——四百年前的朝鲜战争》，中国社会科学出版社 2013 年版，第 144—146 页。

实际意义。今拟只书年月日。另外，"四柱"也称"四星"，一般要用天干和地支相搭配的法则标示出生辰八字。① 在中国文化中，"四柱"可以作为生辰八字的代称，"四星"的说法恐为朝鲜半岛民俗之独有。我们知道，在中国明清的礼俗中，庚帖的"四柱"叫作生辰八字，出生的时辰也是很重要的。大抵在生辰八字的习俗以前，确实也有只写出生年月的礼俗，俞惠善所言只是对于传统的回向，而用干支表示时辰的办法也确实难以操作，也有失精确。

丁若镛认为："然若非宗子之长子，恐不必告庙。"则反映了朝鲜半岛地区嫡庶森严、长幼有别的传统。但一个"恐"字也说明丁若镛对此并不确定。在俞惠善收录的一则《纳采祠堂告辞》称（原文竖排，今改为横排，以下范例同）：

> ……孝玄孙〇〇敢昭告于
> 显高祖考某官府君
> 显高祖妣某封某氏
> 〇〇之次子〇〇年已长成未有
> 伉俪已议娶〇〇之女今日纳采②

以上说明次子的纳采也要昭告祠堂，且女家在纳采的同时也要昭告于祠堂。

这里不得不进行深入探讨的是在纳采这一仪节中的《请婚书》和《许婚书》中所体现出来的主婚权的问题。这是当时家族和宗法制度在婚姻制度中的一个影射。俞惠善搜罗的《请婚书》与《许婚书》如下：

> 夫惟时下尊体後以时万重仰素区区之
> 至弟家儿（손자면 손아 [孙儿]、조카면 질아 [姪儿]、아우 제 [弟] 로함）
> 年及可冠尚无持合处
> 近闻〇洞〇氏尊家大成闺养
> 淑哲云能其劝诱
> 使结晋秦之谊　如何

① 俞惠善：《韩国人的冠、婚、丧、祭》，首尔弘文馆1961年版，第82页。
② 同上书，第85页。

餘不备礼谨拜上状

〇年〇月〇日〇〇〇拜上

伏惟晚春

尊体动止候万重　仰慰区区之至

弟女儿（손녀는孙女、조카딸은姪女、동생이면妹）

不鄙寒陋女是勤劝敢不廳从

餘不备伏惟

尊照谨拜上状

〇年〇月〇日

弟〇拜上①

在上述文献中，"弟家儿"和"弟女儿"是在婚姻过程中被家长或尊长来安排的家族内的卑幼。"弟家儿"包括了孙儿、侄儿和弟弟。"弟女儿"包括了孙女、侄女和妹妹。另外，星湖李瀷规定的《昏礼复书式》中，在强调父母主婚的同时，也暗含了尊长为同族的卑幼男女主婚的意向：

> 复书之式，参酌《丘氏仪》为之："某启伏承嘉命，择僕之第几女，作配令似。顾唯弱息，教训无素。窃恐不堪，兹蒙顺先典，贶以重礼。辞既不获，敢不惟命。端拜以须，伏惟鉴念。不宣。"（从孙森换按，"令似"据长子立式，若支子则云令子。非己女则弱息改弱质）②

古代宗法制度以嫡长子及继承先祖嫡系之子为宗子，嫡妻的次子以下及妾子都称为支子。因此，以上是女方家长（不一定是父母）给男方父母的回信的模板。这充分说明了女子的主婚权往往不在其父母。而这种趋势在朝鲜王朝的后期更加明显（开始可能机械地模仿明朝的制度，包括对书式的借鉴），即由李瀷的"从孙"李森换在注释中阐明"非己女则弱息改弱质"的情况（即为自己的女儿主婚谦称为"弱息"，为侄女或同族的侄女主婚，谦称为"弱质"），可能更符合朝鲜王朝的社会现实状况。

那么在东亚传统社会的主婚权问题对朝鲜王朝有什么影响呢？我们可

---

① 俞惠善：《韩国人的冠、婚、丧、祭》，首尔弘文馆1961年版，第80—81页。

② 李瀷：《星湖全集》卷四八《杂著》，《韩国文集丛刊》第199册，第376页。

以从《唐律》（其条文俱为《宋刑统》承袭）和明朝的法律中去探逸这个问题。《唐律疏议》卷一三《户婚律上》"父母囚禁嫁娶"条规定：

> 祖父母、父母既被囚禁，固身囹圄，子孙嫁娶，名教不容。若祖父母、父母犯当死罪，嫁娶者徒一年半，流罪徒一年，徒罪杖一百。若娶妾及嫁为妾者，即准上文减三等。若期亲尊长主婚，即以主婚为首，男女为从。若余亲主婚，事由主婚，主婚为首，男女为从。事由男女，即男女为首，主婚为从，其男女俱逼或男年十八以下，在室之女，并主婚独坐。注云：祖父母、父母命者，勿论。谓奉祖父母、父母命为亲，故律不加其罪。

《唐律》"居父母丧主婚"条规定：

> 诸居父母丧与应嫁娶人主婚，杖一百。祖父母、父母命者，勿论。

这种制度沿袭至明代。《明令》：凡嫁娶皆由祖父母、父母主婚。祖父母、父母俱无者、从余亲主婚。若夫亡携女适人者，其女从母主婚。[①] 明朝的法令对主婚权的规定与唐宋律类似，但是没有强调"期亲尊长"，直接谈到了"余亲"。还强调了父死后，其母才有主婚权。这种变化不影响我们对宗法问题的探究，但是没有列举出"期亲尊长"的主婚权则说明了此条明朝法令对宗法意识的有意识削弱。中国的唐宋律法，强调了祖父母、父母主婚权的绝对权威，而期亲尊长的主婚权是相对较弱的。对于居丧时由尊长（叔、伯）主婚的情况，朝鲜王朝也下令禁止，并且作为犯罪处理，官僚家庭也往往因此受到司谏院的弹劾。太宗十一年（1411年）实录记载所谓"强夺丧女成婚"之案，反映了期亲尊长（尤其是叔伯之类长辈，不含兄姊）的主婚权较为强大：

> 初，春州人朴道干之女居母忧，（朴）芳干之婿（赵）慎言私使宦者韩奉，诈传于（朴）道干之弟（朴）仁干曰："上以汝之侄女妻怀安君。"（朴）仁干主婚而妻之。宪府推穷，（赵）慎言："使奴升统启矣。"宪府督纳其奴，（赵）慎言匿而不出……六月甲午，司谏院

---

① 《明会典》卷二二《户部七》引《明令》。

上疏曰："近日宪司，将赵慎言及朴仁幹、李续等所犯，具疏以闻，未蒙俞允。……（赵）慎言亲父、妻父，俱犯不宥之罪……乃使私人往来中外，以成妻父之欲，其罪一也；君命至重，而使人诈传，敢行不义，其罪二也；父母之丧，古今所重，强夺缞绖之女，以干邦宪，其罪三也；婚姻乃人伦之重事，当媒娉以礼，别嫌明微，始欲自娶，反妻其舅，其罪四也；家奴升统，备知事由，故宪府督纳，而恐露事情，匿而不纳，凌慢自恣，其罪五也。（朴）仁幹，以同姓三寸①，既同一郡憸小之徒，往来媒娉，故所之也，而佯若不知，不即告官，其罪一也。当其婚夕，率亲党以饯行，累次劾问，佐证明白，犹匿其实，其罪二也。李续，既为一郡之守，境内平民流亡迁徙尚且知之，况托以内传，强夺丧女以行，莫之察焉，其罪一也；日守韩原，具告其状，不即驰报，且当劾问，不以实报，其罪二也……"不听。

六月戊午，司宪府复请赵慎言诈传之罪。命曰："（赵）慎言欲以朴道幹之女妻其舅，告我请之，予闻而不许，实予所知之事，但不待允许而成之耳。（赵）慎言愚呆已甚，不识事理，尔等所知，何足论罪？"②

在这起违礼案件中，司谏院与司宪府都欲定赵慎言与朴仁幹之罪，而太宗大王的优容态度使得二人得以豁免，但并不代表他们的行为不违背法律。另外，朴仁幹以同姓祖叔的身份为其居丧中的侄女——朴道幹之女议婚、主婚，表明朝鲜王朝时期，父母的主婚权与伯叔父母是同等的，或者是由他们共同商议决定，尤其是在大家族之中。当然，朴仁幹主婚行为与郡守李续的强娶行为也可能是绕过了该女子之亲生父亲朴道幹而擅自进行的，是假借期亲尊长的主婚权，行仗势欺人之实，即虽为朴氏一族，朴道

---

① 朝鲜王朝时期，以"寸"字来表明亲疏之间的亲密程度。夫妻之间亲密无间，关系是"零寸"；自己与父亲或自己与儿子为"一寸"；自己与祖父或孙子的关系是"二寸"，兄弟姐妹的关系也是"二寸"；自己与曾祖父、曾孙、叔伯父、侄子的关系是"三寸"；自己与高祖父、叔祖父、玄孙、堂兄弟的关系是"四寸"；自己与高叔父的兄弟、叔祖父儿子的关系是"五寸"。习惯上，亲戚见面或向外人介绍自己的亲戚时，一般都是用"寸"，"三寸"至"五寸"，顶多到"六寸"，如"这位是我的三寸或五寸"。但远的亲戚，如"七寸"以上就不用"寸"来介绍了。妻系及母系的亲戚关系也以此类推，但要在"寸"前加一个"外"字，即"外三寸""外四寸"等。（参见《中国民族报》2004年5月14日第4版《韩国人亲不亲，要看"寸"》）可见，朴仁幹为朴道幹的亲兄弟，是当事女子的亲伯叔父。

② 《朝鲜王朝实录分类集》风俗篇一《太宗实录》卷二一，十一年（1411年）六月戊戌（九日）条，第51—52页。

幹一家十分贫弱，处在受欺凌的地位，这可能是本案的特殊之处。但同族的伯父、叔父可以主婚则是朝鲜社会的一个特征，可以间接地反映出其宗脉之严密，家族对小家庭事务之频繁干预。

中国关于主婚权的情况唐律可以说明一二。《唐律疏议》卷一四《户婚律下》问答一项：

> 问曰："妻妾擅去，徒二年。因而改嫁者，加二等。其有父母期亲等主婚，若为科断？"答曰："下条嫁娶违律，祖父母、父母主婚者独坐主婚。若期亲尊长主婚者，主婚为首，男女为从。父母知女擅去，理须训以义方，不送夫家。违法改嫁，独坐父母，合徒三年，其妻、妾之身唯得擅去之罪。期亲主婚，自依首从之法。"

可见，祖父母、父母有着绝对的主婚权。其次是期亲尊长主婚，然后是"馀亲"。从法理上讲，"期亲尊长"是指"祖父母、曾高父母亦同，伯叔父母、姑、兄姊、夫之父母"。[①] 当然，在主婚权的问题上，强调"夫之父母"是没有意义的。唐代主婚权的顺序应该是祖父母、父母，然后是曾高父母，然后是伯叔父母、姑，再次是兄、姊。对于已经出嫁的女子，其教戒之权则唯在其父母，是为《唐律疏议》卷一四《户婚律下》之所反映。

朝鲜王朝借鉴朱熹《家礼》，于此条规制稍严。太宗四年（1404 年）八月己丑（二十日）实录：司宪府上疏："……一、文公《家礼》云：身及主婚者无期以上丧，乃可成婚。我朝士大夫之家，身及主婚者虽在衰绖之中，乃或有许嫁成婚，非独违于古礼，风俗浇漓，莫甚于此。愿自今士大夫皆法文公《家礼》，违者痛治。"拟政府议："父母丧三年内及期年丧百日内禁婚嫁。有期以上丧主婚者，勿禁。"[②]

我们可以作如下的猜测和解说。在朝鲜王朝形成了父家长制的大家庭中，祖父母的主婚权也应该是绝对的和权威的。但是朝鲜王朝没有说明父母的主婚权，而是将父母的主婚权次序与地位放置于与伯叔父母同等的地位上，或者是由他们共同商议决定。如上所述，中国唐明律法都规定了兄、姊主婚的情况，而朝鲜王朝兄、姊的主婚权即便有，也是难以实现的。中国兄姊的主婚情况非常多，尤其是兄长对于妹妹。这点从西晋李密的《陈情表》"舅夺母志"之语及南朝乐府诗《孔雀东南飞》中可见，亦

---

① 《唐律疏议》卷一〇《职制律中》"匿父母夫丧"条。
② 《太宗实录》卷八，第 1 册，第 302 页。

见于诸多明清小说。

与朝鲜王朝时代更加接近的《明令》有如下规定：

> 凡嫁娶皆由祖父母、父母主婚。祖父母、父母俱无者，从馀亲主婚。若夫亡携女适人者，其女从母主婚。弘治二年（1489 年）令，有讦告服内成婚者，如亲病已危，从尊长主婚。招婿纳妇，罪止坐主婚，免离异。若亲死虽未成服，辄婚配仍依律断离异。①

对于祖父母、父母具有主婚权一项，唐宋与明代典制无异。但在明代"馀亲"就不再强调是否期亲尊长了，而是任何一个长辈的主婚权都是平级的。这也反映了明代家族意识比唐宋时代要略强。卑幼之所必须依从的长辈已然扩展到整个家族范围内了。同时，明代加重了主婚的尊长的法律责任——"罪止坐主婚，免离异"。另外，明代把女儿的婚事更多地委责于母亲——"若夫亡携女适人者，其女从母主婚"。反映了男女分治的礼俗，此亦有别于唐宋。朝鲜王朝的女子主婚权也更倾向于母亲，但这显然与"婚礼成于女氏"的传统有一定的关联。相似的礼俗表现可能源于不同的社会文化和背景。

另外，贵族官僚与奴婢所生之女，亦具有了准良人的身份，在婚嫁中亦须媒妁。但是当娶奴婢为妾时，也是需要有媒妁的，并需要得到奴婢本人的尊长的许可，否则也要科以"诳诱而娶"之罪。世宗八年（1426 年）三月十日（甲辰）实录：

> 司宪府启："成均司艺郑宗本，欲妾故上护军权继妾妓自天来女子，请媒于继之弟大护军绍，疑自天来恶其老而不许，诈称前少尹郑思祐，减年变名，诳诱而娶，其心回谲。权绍与宗本通同诳诱，通媒使嫁之，按律俱杖八十。"命各减二等。②

在良贱有别的朝鲜王朝，为何娶妾之法要如此严格呢？中国有句俗语"宰相家人七品官"，何况是妾呢！这句话在朝鲜王朝也有一定的实用意义。太宗十四年（1414 年）元月四日（己卯）规定了二品官与婢女、妾所生之子亦享有荫补为官的特权，并且此条规定被编入了《续六典》，以

---

① 《明会典》卷二二《户部七》。
② 《世宗实录》卷三一，第 13 册，第 13 页。

为国之章宪：

> 命曰："二品以上自己婢妾之子，永许为良，限五品。今后公私贱妾，许令以自己婢子赎身，其所生之子，依上项例。"①
>
> 谨稽《续典》，永乐十二年（1414 年）正月日议政府受教："二品以上婢妾之子，永许为良，限五品授职。虽有大功，赏以钱帛田民，毋过其品。"②

另外，二品以上妾的儿子在荫补方面也有一定的权益。世宗十六年（1434 年）六月二十六日（辛未）实录：

> 兵曹启："前此各色补充军，二品以上妾产，则不计仕日，自三品至七八品，妾产则考其仕日多少，并考父之职品，随品叙用。其祖职品无举论之处，故其孙不并叙用。《续六典》称：'去官当次各品，妾产补充军等子孙。'则上项去官补充军等，其父职品，虽不相当，依《六典》承祖品去官。"从之。③

后来的《经国大典》在科举、荫补等权益上对妾之子作了一定的限制，并且着力区分所谓贱妾和良妾，即该女子在出嫁前的身份是良是贱：

> 《经国大典》内："文武官二品以上，良妾子孙，限正三品，贱妾子孙，限正五品；六品以上，良妾子孙，限正四品，贱妾子孙，限正六品；七品以下，至无职人，良妾子孙，限正五品，贱妾子孙及贱人为良者，限正七品。"注云："二品以上妾子，许于司译院、观象监、典医监、内需司、惠民署、图画署、算学、律学，随才叙用。"④

按照权利与义务相一致的一般法则，如果说主婚权是一项家族权力，那么相应地在亲属及同族之间还有"助婚"（尤其是为新娘提供资妆）的义务。世宗十年（1428 年）闰四月十三日（甲午）实录记载：

---

① 《太宗实录》卷二七，第 2 册，第 1 页。
② 《世宗实录》卷四七，十年（1430 年）二月戊子（十七日），第 3 册，第 216 页。
③ 《世宗实录》卷六四，第 3 册，第 575 页。
④ 《成宗实录》卷一〇，二年（1471 年）六月己酉（八日），第 8 册，第 576 页。

礼曹启："宣德元年（1426年）八月十七日受教：'两班之女，父母俱殁，无主婚办事，过时未嫁者，以付会计官物资给。'臣等以为虽有父母兄弟，而贫乏不能资妆，以致失时者，亦或有之。请勿论父母兄弟有无，分其世系高下、贫乏轻重，量给国库陈米，使备资妆，其成婚女数、父职姓名及官给资妆之数，京中汉城府、外方监司，每岁抄录以闻。其内外四寸以上之亲，不共（供）备资妆者及资妆不遵令过侈者，一依《六典》申明考察。"从之。①

笔者按，"四寸亲"是指高祖父、叔祖父、玄孙、堂兄弟的关系。其实较为疏远了。朝鲜王朝对于两班官僚之贫女的资助力度也是有限的，同时号召其四寸亲积极为之提供资妆，履行助婚义务。教旨的文意不难看出，资妆一般是由女子的父母兄弟等小家庭的近亲提供的，而很多实例表明朝鲜时期的主婚权却只可以扩展到同姓三寸的尊长。这种主婚权与助婚义务的不协调也反映出当时以家族为基层社会管理机制，同时小家庭财富又相对独立的现实。此二者之矛盾其实有待调和。但前述世宗十年（1428年）的教旨又把"助婚"义务的范围扩展得过大了，恐怕难以推行。

（2）问名。"是日乃行问名之礼，亦权以庚帖代之。……《家礼》无问名之节。"丁若镛按，"东俗行礼于女氏，故女氏选日。今既亲迎，当自婿家选日。若然，女之庚帖不可不相示。以此当问名之礼，诚合古意。但古者纳采之行，仍以问名。今不可别作层节。然且使者，既是贱人，无以致辞于主人。今拟别作单子（用小牋）。"其文曰："今既受命，敢问女年。"既纳采，使者献之，女氏亦以单子答之（用小牋），曰："备数有命，某不敢辞。"纸末书女之生年月日，以授使者，庶乎其近古也。②

笔者按，朝鲜王朝以女家付庚帖的形式代替问名之礼。纳采和问名其实决定的是两家婚姻的确立。在唐宋时期，女家的婚书（一般是回信）和男方家所下的聘礼被看作是两家婚姻确立的标准。

诸许嫁女已报婚书，及有私约。（约，谓先知夫身老幼、疾残、

---

① 《世宗实录》卷四〇，第3册，第129页。
② 丁若镛：《与犹堂全书》三集卷二三《嘉礼酌仪》，《韩国文集丛刊》第284册，第493页。

养庶之类）而辄悔者，杖六十。（男家自悔者不坐，不追聘财）……
虽无许婚之书，但受聘财亦是。（聘财无多少之限，酒食者非。以财
物为酒食者，亦同聘财）疏义曰：婚礼先以聘财为信，故礼云：聘则
为妻，虽无许婚之书，但受聘财亦是。注云：聘财无多少之限，即受
一尺以上并不得悔，酒食非者为供设亲宾便是。众人同费所送虽多，
不同聘财之限。若以财物为酒食者，谓送钱财以当酒食，不限多少，
亦同聘财。①

　　此种规定为宋、明、清律所承袭，《大明律》与《大清律例》表述略
有不同："凡男女订婚之初，若有疾残、老幼、庶出、过房、乞养者，务
要两家明白通知，各从所愿写立婚书，依礼聘嫁。若许嫁女已报婚书及有
私约而辄悔者，笞五十，虽无婚书，但曾受聘财者亦是。若再许他人，未
成婚者，杖七十，已成婚者，杖八十。后定娶者知情与同罪，财礼入官，
不知者不坐，追还财礼。"朝鲜王朝中期的《经国大典》申明"用明律"，
也应该借鉴此条法律。但既然违背婚约只是笞罪的话，一般官僚阶层都可
以赎款了事，朝鲜王朝的法律沿袭唐宋以来罚俸、赎刑的规定，优容仕
宦："（犯罪准计）（原）《律》称：罚俸前一十日，准笞一十；半月笞二
十；一月笞三十；两月笞五十"。②

　　申明"写立婚书"说明了朝鲜时代的婚书可能是更加具备契约的形式
和特点，另外，"后定娶者知情与同罪，财礼入官"反映了官府对财礼的
硬性规定。由此，《唐律》确定了中国传统的"聘财制"婚姻，甚或曰
"聘财化之买卖婚姻"的说法。③《唐律》规定，凡婚姻"虽无许婚之书，
但受聘财亦是（聘财无多少之限，酒食者非，以财物为酒食者，亦同聘
财）"，"诸许嫁女已报婚书及有私约（约谓先知夫身老幼疾残养庶之类），
而辄悔者杖六十（男家自悔者，不坐，不追聘财）"，《大明律》以及《大
清律例》与唐律的规定基本相同。在中国明清时期的社会生态中，"聘财
制"婚姻已然演化为庸俗的买卖婚姻。据清代小说描述，徽商子弟陈鲁生
别家北上，到京城做药材生意，结识了替人帮闲说媒的男子"马六头"。

————————————

① 《唐律疏议》卷一三《户婚律》。
② 《大典通编》卷五《刑典》犯罪准计条，第 227 页。
③ 陈顾远：《中国婚姻史》，湖南岳麓书社 1998 年版，第 54、66、67 页。《晋书》卷三〇
《刑法志》："文帝（司马昭）为晋王，患前代律令本注烦杂……就汉九章增十一篇……
崇嫁娶之要，一以下娉为正，不理私约。"可见在曹魏律法中，聘财优先而不问私约。唐
律则稍革之，认同了私约、婚书与聘财有同等的法律效力。

陈鲁生先娶娼妓桂哥，"取了五十两银子，并换药材四疋缎子，拿去院中，送与鸨儿，以为初会之礼。那鸨儿连忙定桌席，叫戏子，花攒锦簇，吹弹歌舞，做了三日喜酒。"后又娶邹家长女，虽为再醮女，然"（马）六头帮衬，（陈）鲁生相看，中意了邹大姐，便择日行聘，入赘进门做亲"。后来，媒婆道："这样一个女郎，没有二三百两银子，休想娶她！我见官人少年英俊，知轻识重的人，后来还要靠傍着你，故再三劝减，送这一位美人与你做伴。"① 相比这种庸俗的市井婚俗相比，无论是"婚礼成于女氏"还是矜夸嫁妆所造成的贫女难嫁的现实，也都属于质朴的农本社会的民风民俗了。

另外，朝鲜王朝的男家在接受女方的《许婚书》以后还要写《许婚答书》，派使者送至女家，曰：

> 昌宁成公宅执事下伏承
> 尊慈不鄙寒微曲从媒议许以
> 令爱贶室　仆之长男〇〇
> 慈有先人之礼谨专人纳采伏惟
> 鉴念不宣
> 某年某月某日
> 全州后人〇〇〇拜②

此书信的样式极有可能是男方的家长写给准新娘母亲的答谢信（"尊慈"一语常指对方的母亲），也反映了在对女子的主婚事宜中母亲的特殊作用，此与明清之风俗趋同。但这种相似表象下的实质却不尽相同。明朝是贯彻了司马光和朱熹家礼以后，实行男女分治的结果。朝鲜半岛历来有婚礼成于女家的古朴传统，此现象也很可能是这种传统的延续。如韩语中的사돈댁（汉字形式为"查顿宅"，显然是音读词，而不是训读词，应该是朝鲜语的固有说法）一词既可以指"亲家府上"，也可以指"亲家母"。③ 这反映了女性尊长曾经既主家，又主婚的文化痕迹。另外，《婚书纸》的书式也与上文略同，是男方出具的，有"尊慈许以令爱贶室"④ 之

---

① 《唐律疏议》卷一三《户婚律》。（清）醒世居士编：《八段锦》第五段《傲容娶》，时代文艺出版社2001年版，第287—289页。
② 俞惠善：《韩国人的冠、婚、丧、祭》，首尔弘文馆1961年版，第88页。
③ 参康寔镇等编：《韩中辞典》，首尔进明社1998年版，第814页。
④ 俞惠善：《韩国人的冠、婚、丧、祭》，首尔弘文馆1961年版，第94页。

语。男方的《许婚答书》和《婚书纸》借鉴了明清律法中"各从所愿写立婚书"的原则，虽然较之唐宋婚礼仪式有所繁难，但使婚姻更有所凭据，以男方婚书为最终标准的原则也扭转了丁若镛所说的"东俗（婚礼）行礼于女氏"的旧俗。

对于婚约，朝鲜王朝的法律有明确的保障条款，只有个别的贵族凭借王的宠幸才有可能废除婚约，而且可以免除法律制裁。太宗十二年（1412年）九月癸卯实录：

> 司宪府请前判事权文毅之罪。（权）文毅欲以其女嫁前判清州牧事金渐之子（金）裕孙。既定约，中变而许巡禁司司直河迥之子。订婚，（金）渐知之，及婚夕，率（其子）（金）裕孙前往。（权）文毅闭门不纳，（金）渐厉声而叱，（权）文毅纳之，（河）迥率子随至，曰："以今日观之，则虽行路之人，先至则皆得为甥矣。"（权）文毅惭赧不能对。（河）迥诉于宪司，宪司劾请罪，命下巡禁司，按律科罪。凡刑曹宪府所劾之罪，欲从轻典，则必下巡禁司，盖优之也。上尝曰："巡禁司是予私情之地也。"①

一女许两家，先到者即成功迎娶，这种类似于中国评剧《花为媒》②中的闹剧在朝鲜王朝的贵族中居然真实地上演着。在该事件中，太宗大王也有法不依，优容这种民俗现象。此事件也反映出朝鲜王朝礼制文明的进程过于迅速，而民俗则滞后于国家礼制甚至法令，娶亲争先后，也反映了朝鲜时代民风依旧古朴。

（3）纳吉。后数日，行纳吉之礼。……《家礼》无纳吉。丁若镛案，……今拟纳吉之辞（亦致书）：……今俗，壻家先以衣服尺度录送于女氏，谓之衣样，宜于纳吉之行带去也。

（4）请期。数日后，行请期之礼。……《家礼》无请期之节。（南宋

---

① 《朝鲜王朝实录分类集》风俗篇一《太宗实录》卷二四，第57页。
② 评剧《花为媒》为剧作家成兆才（1874—1929年，河北唐山人）的著名作品。该作品改编自《聊斋志异》故事中的《王桂庵》附《寄生》。《聊斋志异》故事中所引用的民谚"先炊者先餐"乃是媒人怂恿男家先行迎娶的话。王桂庵之妹妹二娘更是申斥自己的丈夫说："何守头巾戒，杀吾娇女！"将婚礼前后的繁缛仪节贬斥为头戴儒巾的人所奉行的迂腐戒律。[（清）蒲松龄：《聊斋志异》卷一二，长春出版社2010年版，第584页] 可见古代百姓的世俗生活对于官方和士大夫礼仪的抵触。

末年）杨信斋①（杨复）云：婚礼有六家，礼略去问名、纳吉，只用纳采、纳币，已从简便，但亲迎以前，要有请期一节，有不可得而略者。……今拟直自婿家致书曰："吾兄有赐，既申受命。敢请吉日。如未蒙许，敢不告期。伏惟鉴念。"纸末书某年月日。（或别用一纸，如俗例亦可）（女家）答曰："某前既受命矣。唯命是听。今又蒙示吉日，敢不敬须。"

请期在朝鲜王朝的礼俗中称为"涓吉"。"涓吉"也是来自中国的说法，在《宋史》中与求子之祭祀有关："亚、终献，《文安》中春涓吉，蕆事祺祠。礼备乐作，笾豆孔时。"②"祺"就是求子之神祠。"涓吉"就是选择吉日的意思。在明代的亲王婚礼中，"涓吉"一词成为"请期"的代名词，也与婚礼直接发生了联系："主婚者曰：奉制赐臣以重礼，臣某谨奉典制，请期词曰：某月日涓吉，制使某告期，主婚者曰：谨奉命。"③可见，宋明礼制对朝鲜王朝的濡染。于是有《涓吉便纸》和《涓吉单子书式》。《涓吉便纸》是由女家书写的答复男家请期要求的寒暄书信：

"弟女儿亲事는，既承柱单하오니，寒门庆事라，涓吉录呈하오니，章製回示하심이，如何오。"

《涓吉单子》则应该是男方选定的亲迎日期：

陵城後人〇〇〇
奠雁〇年〇月〇日〇时
际纳币同日随时
〇年〇月〇日④

笔者按，请期（涓吉）看似书信来往的过程，实则选定了迎娶的日期，是婚礼的关键环节。经过这一步，即使未婚夫妻二人没有谋面，在礼

---

① （清）李清馥撰：《闽中理学渊源考》卷二四《林守一先生守道》："晦庵（朱熹）之门人信斋杨公复以继先志登淳祐丁未进士第。"是书卷二七《杨信斋先生复》："杨复字志仁，福州长溪人，朱子门人，後又受业于黄勉斋。……陈师复称其学问精深，服膺拳拳真西山，知福州，即郡学，创贵德堂以处之，著《祭礼图》十四卷，《仪礼图解》十七卷，又有《家礼杂说附注》二卷，学者称信斋先生。"可见，朝鲜王朝的礼学深得朱子弟子之真传，其上文之补正当出于《家礼杂说附注》。

② 《宋史》卷一三三《乐志》，第3124页。

③ 《明史》卷五五《礼志九·嘉礼三·亲王婚礼条》，第1397页。

④ 俞惠善：《韩国人的冠、婚、丧、祭》，首尔弘文馆1961年版，第89—90页。

制上讲已然是"准夫妻"关系了。笔者之所以用了"准夫妻"这一概念，是因为按照传统礼制"庙见"才算"成妇"的原则，庙见才能最后确定真正意义上的夫妻关系，其相互的丧服也自然较之这种"准夫妻"要重许多。若准夫妻中一人亡故，依照礼制仍需有相应的丧服制度。世宗四年（1422年）五月戊辰实录反映了贵族是遵循"请期"之后准夫妻双方的这一丧服原则的：

> 上护军赵赍谓知申事金益精曰："吾女虽未成礼，已有涓吉入宫之命。亦当成服。"（金）益精以启，命礼官稽《礼经·曾子问》曰："取女有吉日而死，如之何？孔子曰：壻齐衰而吊，既葬而除之。夫死亦如之。"乃命赵氏入康寿宫与诸嫔御成服。其饮膳服御供奉，如宫主之例。①

此事例涉及宫廷王礼，民间未必能检讨《礼记》而为其服制，实行这种时间短（"葬而除之"），但规格却较高（齐衰）的丧服礼仪。朝鲜王朝上层于古礼之遵从可见一斑。

（5）纳徵。前期一日，行纳徵之礼。……朱子曰：比用色缯，贫富随宜。少不过两，多不逾十。

笔者按，纳徵之礼，掺入朝鲜当地风俗者较多：

（朝鲜）星湖（李瀷）曰：《礼》云：皮帛必可制。帛以四十尺为匹，大约准今二十尺。宜用棉布二疋，一玄一纁。（包以禾袱，盛以小漆函。）镛案，……近世，会贤坊郑氏世传鹿皮二领。虽富贵之家，只得用此为币，无敢用缯帛，亦美法也。今俗有所谓徵氏者，必有青衣、黄笠，壻带二人导前，妇家亦出二人往迎……。意者，因纳徵而成俗也。……既以宾礼将之，使人往迎，其意亦至。故亦从俗，只用吉衣冠。②

（6）亲迎。至期，女氏设筵于正堂（即内堂），以待奠雁，设次于门外（中门外），以待下马。古礼：女氏设几筵于庙中，以为神席。《家礼》：女氏告祠堂，今皆略之。《家礼》：壻家醮其子而命之，女氏亦醮其女而命之。然古有醴女，未有醮女，此或传写之误也。③

温公（司马光）曰：古者，同牢之礼，壻在西，东面；妇在东，西

---

① 《朝鲜王朝实录分类集》风俗篇一《世宗实录》卷一六，第128页。
② 丁若镛：《与犹堂全书》第三集卷二三《嘉礼酌仪》，《韩国文集丛刊》第284册，第497页。
③ 同上。

面。（贾疏云）盖古人尚右，故壻在西，尊之也。今人既尚左，且从俗。（朝鲜）星湖（李瀷）曰：古礼、《家礼》两皆有义，今人堂室，未必同制，随便行之。（笔者按：壻尊，位向不变，为宾位）

日既晡，父醮子于正堂。既醮，壻盛服乘马，随便行之。……案，醮子仪节，不载经文，《朱子家礼》但以啐酒为礼。然既有酒，不得无脯、醢。今拟醮子之礼，一依冠礼之醮，无可改也。古礼用初昏，今用日晡者，恐行事窘束也。

女既盛服，父有醮女之礼。此《家礼》所谓醮其女而命之也。父在堂北，酌醴授之，母荐脯、醢（见贾疏），女拜受之，祭之啐之，一如冠礼。吾东之人，误以共牢称之曰醮礼，甚谬也。

壻至门，女氏主人吉服迎于中门之外（古以玄端迎于大门外）。壻下马，主人西面拜，宾东面答拜，主人揖入门，赞者授宾雁。宾执雁，从至于正堂之下。主人揖宾升阶，宾升自西阶，至中堂北面奠雁。再拜稽首降出。妇从降自西阶。（主人不降送）壻至轿前，褰帘以代授绥之礼。（古礼，壻御妇车，授绥东人。《家礼》：壻褰帘以俟妇。东人不用车，无以从古也）

其中，奠雁之礼是"壻"（新郎）在女家所行之礼，"再拜稽首降出"是对这一礼数的简洁概括。有《奠雁礼의笏记文》描述了如下的仪式：

> 新郎下马拱立赞引揖新郎答揖　新郎就奠眧所　新郎跪抱雁置雁于地新郎兴新郎少退新郎再拜新郎兴。[1]

壻出女于堂西，东向立。父坐堂上命之。（《穀梁传》：送女，父不下堂，母不出于祭门）母至西阶送女。……又按《家礼》，壻至门，俟于次。于是主人告庙，醮女而命之，恐多窘滞。《孟子》《穀梁传》皆有送女之文。详味此文，可知命女之辞，在于乘轿之时，而或醮或醴必在乘轿之前矣。壻乘马先回，俟于大门之外，妇至，壻先入至中门。妇下轿，壻揖入导行。升自西阶。

壻既升，乃行共牢之礼。妇升自西阶，就正堂之左，西面立。（从《家礼》）妇升自西阶，遂于正堂之右，东面立。（若姑舅在东者，从《家礼》；姑舅在西者，从古礼。壻在西而妇在东）赞者告拜，妇先再拜，壻答再拜。妇又再拜。（此《家礼》所谓交拜也。温公曰：男子以再拜为礼，

---

[1]　俞惠善：《韩国人的冠、婚、丧、祭》，首尔弘文馆1961年版，第105页。

女子以四拜为礼。古无婿、妇交拜之礼，今从俗）赞者告坐，夫妇皆坐。赞者告进馔。① 今俗合卺，必有红绳两连盏盘，妇女之福佑者理其绳，谓之解红丝，此必由小说家月老事，袭谬不改也。今俗行礼于中堂，婿既入室脱服，引妇至室，对坐移时，然后复出，意者因室中行礼之规而为之也，姑休别处无妨。②

以上提到的婚俗类似于汉族地区的"交杯酒"和"坐帐""撒帐"等婚礼仪节。两宋之际孟元老《东京梦华录·娶妇》记载：新人"用两盏以彩结连之，互饮一盏，谓之'交杯酒'"。需要强调一点，我们今天中国人普遍理解有"交杯酒"应该叫作"交臂酒"；"交臂酒"则是我们今天熟悉的"夫妻各执一杯酒，手臂相交互饮"的仪式。

新婚夫妇拜完天地后，进入洞房。事前先请两位全福人把炕或床铺好，新娘入内便盘膝坐帐中，俗称"坐帐"，又称"坐福"。《东京梦华录·娶妇》云："一人捧镜倒行，引新人跨鞍磨草及秤上过，入门于一室内，当中悬帐，谓之'坐虚帐'。或只径入房中，坐于床上，亦谓之'坐富贵'。"③ 在明宪宗成化年间，洪楩《清平山堂话本·快嘴李翠莲记》中写翠莲结婚时："合家大小俱相见毕。先生念诗赋，请新人入房，坐床撒帐：'新人挪步过高堂，神女仙郎入洞房。花红利市多多赏，五方撒帐盛阴阳。'张狼在前，翠莲在后，先生捧着五谷，随进房中。新人坐床。"④ 大抵成书于明嘉靖至万历年间的《金瓶梅词话》第九十七回述及陈经济结婚时写道："到守备府中，新人轿子落下。戴着大红销金盖袱，添妆含饭，抱着宝瓶，进入大门。阴阳生引入画堂，先参拜家堂，然后归到洞房。春梅安他两口儿坐帐。然后出来。阴阳生撒帐毕，打发喜钱出门。鼓手都散了。经济与这葛翠屏小姐坐了回帐，骑马打灯笼，往岳父家谢亲，吃的大醉而归。晚夕，女貌郎才，未免燕尔新婚，交媾云雨。"按照陶慕宁的解释，含饭是宋代婚俗，新娘入门，媒人持饭到轿前，让新娘含饭于口。撒帐则是坐帐过程中的高潮部分，由礼生撒金钱彩果于床帐四处，新人坐于床上，礼生赞礼。⑤ 清初西周生所著《醒世姻缘传》第四十九回描写了婚

---

① 丁若镛：《与犹堂全书》第三集卷二三《嘉礼酌仪》，《韩国文集丛刊》第284册，第495页。
② 同上书，第497页。
③ （宋）孟元老著，王莹注：《东京梦华录》卷五《娶妇》，上海三联书店2014年版，第133页。
④ 萧欣桥选注：《宋元明话本小说选》，江西人民出版社1980年版，第140页。
⑤ （明）兰陵笑笑生著，陶慕宁校注：《金瓶梅词话》，人民文学出版社2000年版，第1323页。

前娘家人来铺床的情形：“四月十三日，姜宅来铺床，那衣饰器皿，床帐鲜明，不必絮聒。晚间，俗忌铺过的新床不叫空着，量了一布袋绿豆压在床上。十五日娶了姜小姐过门，晁梁听着晁夫人指教，拜天地，吃交巡酒，拜床公、床母，坐帐牵红，一一都依俗礼。”① 这些做法都与朝鲜王朝的“引妇至室，对坐移时，然后复出”的礼俗相近似。

笔者按，丁若镛规制的“亲迎”一节，多从古礼，烦琐于《朱子家礼》。保留并流传下来的朝鲜传统婚礼也是新妇四拜，夫婿答两拜。但次序与丁若镛的说法不同，即每次新妇两拜，夫婿只答一拜，采取“交拜”的方式，而不是新妇最后补充两拜，并且在答拜时新妇要以跪的恭敬姿态受礼。其详见《醮礼의笏记文》：

> 新郎就醮礼厅　新郎东向立　新妇出　新郎正面　新郎新妇跪
> 盥洗执巾　新郎新妇兴　揖妇就席　新妇再拜　新妇跪　新郎一拜
> 新妇兴　新妇再拜　新妇跪　新郎答一拜　新郎新妇跪　行姒杯礼
> 行瓢杯礼　礼毕　新郎新妇归处所。②

明代继承了《朱子家礼》卷三《昏礼》及宋代的风俗，流行女家“铺房”（类似于前述的“铺床”）的礼俗。《东京梦华录》记载：“前一日，女家先来挂帐，铺设房卧，谓之‘铺房’，女家亲人有茶酒利市之类。”③《明史》记载：“亲迎前一日，女氏使人陈设于婿之寝室，俗谓之铺房。至若告词醮戒、奠雁、合卺并如品官仪。”④ 明代铺房之婚俗并非无源之水，无本之木，亦非完全模仿宋代。自唐代后期（主要是德宗以后）以来，厚嫁的风俗在中国就十分盛行，白居易《贫家女》有“绿窗贫家

---

① 《醒世姻缘传》，华夏出版社 2008 年版，第 431 页。
② 俞惠善：《韩国人的冠、婚、丧、祭》，首尔弘文馆 1961 年版，第 106—107 页。俞惠善所释“行姒杯礼”的过程如下：手母举杯让新娘斟满酒，将酒杯递给新郎，新郎接过酒杯，将酒倒在地上一些，自己喝一些之后，再将酒杯递给新娘，新娘将酒喝完。手母再举杯让新郎斟酒，重复同样的对等仪式。“手母”是婚礼中服侍新娘化妆，扶持新娘行走，导引诸般仪式的女性，具有服侍兼赞礼的职能。（此段文字感蒙上海外国语大学金顺吉博士助译。）稍后，新郎先将酒倒在一只瓢里，然后新娘将酒倒在另一只瓢里，按“行姒杯礼”的方式（新郎、新娘先后将部分酒倒在地上），与新娘一起互相劝酒一次，叫作“行瓢杯礼”。笔者按，此仪式类似于中国礼典中的“合卺”，其礼节起初用由一个葫芦剖开的两个瓢，后来改用杯子，演化成了“交杯酒”。今韩国传统模式的婚礼仍然用瓢。
③ （宋）孟元老著，王莹注：《东京梦华录》卷五《娶妇》，上海三联书店 2014 年版，第 132 页。
④ 《明史》卷五五《礼志九》“庶人昏礼”条，第 1403 页。

女，寂寞二十馀"之句，以至于宋代出现了贫女难嫁的现象，甚或其费用高于娶妇。①

在韩语中，查顿（사돈）一词就是"亲家"的意思，是按照当时口语读音的汉字表现形式。按照朝鲜传统婚礼，女家须奉《床需送书》于男家，并以查顿纸（사돈지）的形式列出所需之肉、鱼、酒、果、脯及其他物目。那么是不是意味着女家在婚礼的消费略少于男家呢？首先必须肯定的是，嫁女之家的嫁妆着实不菲。且朝鲜王朝初期，成婚三日，娘家有"设油蜜果床"之俗，实乃"婚姻成于女家"之旧俗遗迹。太宗十八年（1418年）正月癸酉（二十二日）实录：

> 初，上命礼曹曰："婚姻之家，于三日设油蜜果床，实为弊法。又撤其馂馀，送于舅姑之家，甚为非礼……"礼曹上言："谨稽古礼，婚姻正始之道，君子重之。然婚姻之家，亲迎之夕，同牢合卺，三爵而止。及厥明，妇见舅姑。妇家具馔，馈于舅姑而已。今婚姻之家，迎婿之夕，设盛馔，先馈婿之从者。又于三日，设油蜜果床，称为大卓，几至方丈，以燕婿妇，将其馂馀送于舅姑之家，既违礼典，又干邦宪，非婚姻正始之道，乞皆痛禁。其迎婿翼（翌）日，使外人对饭，亲族外贺客填门。酒食燕乐，亦非古礼，并行禁理，以正婚姻之礼。敢有犯者，以教旨其从论罪。"从之。②

可见，女家在婚宴的筹备方面是起到主导作用的。考之朝鲜王朝之礼俗，于初谒舅姑之时，女家一般都有盛大的排场。新妇见舅姑者，于古礼（《仪礼》）及唐以后公主见舅姑之际，多以宾主之礼从事。而自宋以后，甚至于品官及百姓之家，新妇见舅姑亦以卑谒尊之礼从事。这种演变规律似乎可以解释朝鲜王朝婚礼中女氏之家规格略高于男家的原因。当然，朝鲜王朝出现的"初谒舅姑之日，专务夸示，车马仆从"等现象仍然与"婚礼成于女氏"的旧俗有关，也是造成其婚礼靡费的原因之一。而贵族之间，婚礼攀比矜夸，于是也就造成了贫女难嫁的社会现象。世宗九年（1427年）四月四日（丁未）实录：

---

① 方建新：《宋代婚姻论财》，《历史研究》，1986年第3期；李志生：《唐代百姓通婚取向探析》，《河北学刊》2001年第4期；江合友：《婚财风尚与唐代贫女诗》，《宁夏社会科学》2003年第6期。

② 《太宗实录》卷三五，第2册，第202页。

礼曹启："新妇初谒舅姑之日，专务夸示，车马仆从，烂其盈门，盛设酒馔，戴持婢仆，多至三十馀人。夫家亦因支待，糜费甚烦，贫者至于称贷，其弊不小。今后馔品，不过五星二部、饼二楹、三味汤水共计七盘，乳母一名，侍婢二名，奴子不过十名。"①

世宗十一年（1429 年）二月五日（辛巳）实录：

司宪府启："……一，新妇初谒舅姑之日，馔品五星二部、饼二楹、三味汤物，合计七盘。乳母一人，侍婢二人，奴子不过十人，违者禁止。"……从之。②

成宗三年（1472 年）元月二十二日（己未）实录：

礼曹启：《续六典》婚姻条："……新妇初谒舅姑之日，馔品用七器，乳母一、侍婢二、奴子不过十名。"近者婚姻过制，纳彩者必用彩段，婚夕设宴，以待宾客。婚家用彩段、金银器皿，盛之函笼前行，否则人皆笑侮。谒舅姑之日，宴馔几至数十品，夫家多以布帛酬之，竞尚华侈，务欲胜人。以此贫不能办，婚姻失时者有之。今后一依《续六典》旧制禁断，如堂上官女子，侍婢四名、奴子不过十四名。③

为了达到女方在婚礼规格上高出一筹的效果，甚至一度出现于婚礼之际新娘的服色违制的现象。世宗二十六年（1444 年）闰七月二十四日（辛丑）实录：

传旨司宪府：黄色不可僭用，故禁断之法，著在《续典》。今良家妇女及女妓公私贱口，或路上或宴饮，黄染衣服，公然穿着，以至新妇同牢之日及初谒舅姑时，皆用黄色。自今申明痛禁，毋得穿着。④

然而，教旨下达以后，朝鲜王朝贵族嫁女的费用依然很高。因此，因

---

① 《世宗实录》卷三六，第 3 册，第 66 页。
② 《世宗实录》卷四三，第 3 册，第 165 页。
③ 《成宗实录》卷一四，第 8 册，第 627 页。
④ 《世宗实录》卷一〇五，第 4 册，第 578 页。

为嫁女的经济压力而造成的"大龄剩女"现象成为一种社会问题。世宗教旨有"无疾无咎之女，年壮而无人与婚者，岂无阴怨乎?"① 之责问。朝鲜王朝成宗八年（1477 年）四月庚戌实录反映了国家意欲资助士族之家嫁女，而士族碍于情面，不愿向国家申请嫁妆钱的窘态：

> （都承旨）（玄）硕圭又启曰："天久不雨，致殿下忧虑。今刑狱无滥，伤和召灾，未知何事。臣窃思之，婚嫁失时，足伤和气。今士族之女，家贫失时者多。国家虽有量给资财之典，为父母者，耻于发言。请令邻里告之，官给资财，趣成婚礼。敢匿者罪之，如何?"上曰："可。"②

丁若镛认为："凡自妇家来者，其男子则舅飨之，其妇人则姑飨之，皆用一献之礼。其归也，皆酬以束锦，古之道也。今不能然，飨以酒果，酬以尺布，亦可以备文也。富贵之家，仍宜从厚。"③ 这是丁若镛提高"男氏"在婚礼中消费的倡议，目的是全面实现男系为核心的宗法制度，也可以解决社会生活中贫女难嫁的窘事。总体而言，朝鲜王朝的婚礼的消费超出了其社会财富的承受能力，显得有些奢靡了。

最后，男家需要有《成娶告祀祝文》，奉于祠堂（或宗庙），以示婚礼结束：

唯岁次干支某月干支朔某日干支

玄宗某敢昭告于

显高祖考某官府君

显高祖妣某封某贯某氏（曾祖以下列书宗子之子免之告成娶者祖位）

某之几子某年既长成既娶某郡某洞某贯某之女今月某日既毕成娶之礼需来临不胜感怆

谨以酒果用伸虔告谨告④

① 《朝鲜王朝实录分类集》风俗篇一《世宗实录》卷五，第 104 页。
② 《朝鲜王朝实录分类集》风俗篇一《成宗实录》卷七九，第 581 页。
③ 丁若镛：《与犹堂全书》三集卷二三《家礼酌仪》，《韩国文集丛刊》第 284 册，第497 页。
④ 俞慧善：《韩国人的冠、婚、丧、祭》，首尔弘文馆 1961 年版，第 109 页。

（三）婚后礼——见舅姑、拜祠堂（庙见）

丁若镛在论述了婚姻六礼之后，对于婚后诸礼也颇为重视。

见舅姑：夙兴，妇盛服行见舅姑之礼。……赞者设二席于堂东。舅席当阼阶之上（西向坐），姑席在其右（亦西向），各置一卓于前（将以受枣、脯）。按古礼，姑则南面。《家礼》，舅姑东西相向，今且从俗，并坐以受之。应该略作解说的是，阼阶就是东面的台阶。

"并坐以受之"似乎合乎明清风俗，就是舅姑皆南向并坐，以尊临卑之礼接受新妇的拜谒。丁若镛反映的朝鲜婚礼中，舅姑皆西向，则是以主宾之礼受新妇之拜也，这是明代典礼中公主"见舅姑"礼之位向。丁若镛对于明清民俗未尽数悉知。韩重洙《四礼便览——（新·旧）冠、婚、丧、祭礼大典》（首尔明文堂1981年版）取材于朝鲜王朝"中期末"的礼俗，裒汇成篇，反映的情况是"舅姑东西相向坐于堂上"的情况，符合宋代司马光《书仪》和郑居中《政和五礼新仪》的规定。我们可以大胆地猜测，韩重洙《四礼便览》上的做法继承了宋代礼俗，可能在后来成为主流。丁若镛的规定可能是依据上古《三礼》，认为舅姑与子妇应该是主、宾关系，未必为时俗所接受。

具体仪节：妇降自西阶，至中庭立，赞者受笲（枣栗器），妇执笲，升自西阶，进至舅前，坐奠于卓，舅坐抚之（抚枣栗以表嘉悦）。妇小退肃拜（今四拜），舅坐答揖。（古礼则答拜。）妇又退，至西阶上立（东向立。）赞者受笲（腶脩器），妇执笲，进至姑前，姑坐抚之（古礼，姑举以授人），妇小退肃拜（今四拜），姑坐答揖。（古礼，姑亦拜。）妇又退遍拜，诸舅、诸姑皆特拜之（每人各一拜），诸叔、诸妹，皆旅拜之（多人总一拜），妇退入于室（即西房）。女御撤二卓。按古礼，妇拜于堂上，《家礼》妇拜于阶下（温公曰：古者拜于堂上，今拜于下，恭也。可从众。）吾东之俗，却与古合，故今从俗。

乃行醴妇之礼。舅姑坐如旧，设妇席于姑前（宜南向），妇出坐于席（南向坐），乃进馔。醴妇之物，一醴、一脯、一醢而已。赞者以一楪措于桌前，妇取醴祭之（酌三匙，祭于楪），乃啐礼（小口入）。兴，四拜（古礼止一拜），退入于室。按古礼文繁，今皆删之，以从《家礼》（《家礼》云：如父母醮女之仪）

乃行盥馈之礼。赞者设二席于室中（即正室），舅姑坐定，乃进馔也。

盥馈之物，特豚一鼎……星湖（李瀷）曰：古今异宜，不必用其物，只米食麮食（即饼麮），枣栗鱼肉，以具六品。按《经例》，有饭曰馈，无饭曰飧，既曰盥馈，不得无饭，既已有饭，不得无脯、醢。余谓古礼，不可改也。妇盥手，进馔于舅姑，又酳酒，进爵于舅姑，小退肃拜（止一拜），侍立于姑侧。撤馔。妇坐于姑傍，馂姑之余。……《士昏记》云：庶妇则使人醮之，妇不馈。按，古今异宜，今拟庶妇亦行盥馈，其舅姑亦不必使人醮之也。

在唐宋时期的中国传统礼俗中，"庙见"被视为"成妇"的最终也是最重要的环节。这种认识也是朝鲜礼俗认同的。丁若镛将"庙见"分为舅姑健在与舅姑已殁两种情况。

若舅姑既殁，妇来三日，乃见于庙。古礼妇人三月乃奠菜（注疏：谓用堇萱）今人皆三日而庙见，其用枣栗腶脩，亦与本礼同，今且从俗。主人祝曰："某氏来妇，敢奠枣栗于皇舅某公。"妇拜于阶下（今四拜）。又祝曰："某氏来妇，敢奠腶脩于皇姑某氏。"妇拜于阶下（今四拜）。

舅姑虽存，妇来三日，宜见祖庙。《家礼》：三日，主人以妇见于祠堂（朱子曰：三月而庙见，今以其太远，改用三日）按，古礼之三月庙见，即舅姑之庙也。《家礼》之三日庙见，即先祖之庙也。后儒妄加议斥，今拟一遵《家礼》，未为失也。[1]

朝鲜王朝文宗甫即位（1450 年三月丙辰）之实录中曾有过"南景佑女"未经纳采、纳币（只是议婚而已，更无迎娶、庙见）"服潭阳君"之事。工曹判书郑麟趾启奏说：

"考古制、《家礼》，议婚然后纳采，纳采然后纳币，又有请期之节，而后行亲迎之礼。《记》（笔者，应该指《礼记》）所谓有吉日者纳采、纳币以后之事也。今未行纳采、纳币之礼，与《（礼）记》所载有吉日者异矣。……景佑女若服丧，当封爵夫人，後日当入潭阳君之祠堂。《记》：'女未庙见而死，不祖于庙，不祔于姑，葬于妇氏之党。（注：以为未成妇也。）'亲迎之后但未庙见，尚以为未成妇而不祔于姑。今但以预择吉日而未纳采、纳币之女祔于祠堂，则于先王制礼之意，恐未合也。"

（文宗又问）："景佑女不服丧，则许婚乎？"对曰（郑麟趾回

---

[1] 丁若镛《与犹堂全书》第三集卷二三《家礼酌仪》，《韩国文集丛刊》第 284 册，第 496—497 页。

答）："……任从其意可也。"（文宗命政府集议），（群臣）金曰："前日臣等亦疑有违于礼，但以大行大王素定之事，故谓服丧可矣。今麟趾所启，正合礼文，宜从其议。"（文宗）从之。①

笔者以为，郑麟趾奏议中提到了两个"成妇"的标准。第一个是议婚之后确定的吉日。在"先王"（"大行世宗大王"）的遗命中，即根据此项确定了南景佑之女为潭阳君服丧，以示其"成妇"于潭阳君之家。这符合唐宋时期的法律和明清时期的社会风俗，却与奉为经典的古礼《礼记》中"三月庙见"后成妇的原则相违拗。从法理上讲，对丈夫的定义是："夫者，依礼有三月庙见，有未庙见，或就婚等三种之夫，并同夫法。其有克吉日及订婚夫等，惟不得违约改嫁，自馀相犯，并同凡人。"② 即以订婚及择期迎娶作为夫妻关系成立的条件。唐宋时期，人们往往根据古礼，以"庙见"作为"成妇"的必要条件，忽视此条法律的存在，即使在司法中也依照古礼"三月庙见"来断事。然而，这条法律在明清时期得到民俗的广泛认同。于是在朝鲜王朝的贵族中就可能出现诸如"南景佑女"未经纳采、纳币（只是议婚而已）"服潭阳君"之事。前述朝鲜丁若镛所叙述并"采纳"仪节时所引述的朱熹《家礼》是规定"三日庙见"的，尽管要求新妇从速地依附于夫家，但是必将强调了"庙见"是不可或缺之礼。丁若镛是反对"南景佑女"未经纳采、纳币（只是议婚而已）"服潭阳君"的做法的，他援引宋明旧事，以为"伦纪未成，礼当无服。此所以齐衰相吊。既葬而除，其礼至矣，尽矣"。

《宋史·礼制》：祥符八年（1015 年）广平公德彝聘王显孙女，将大归，而德彝卒，疑其礼制。礼官引《曾子问》注云："女服斩衰。"镛案，吾东之俗，凡婚姻不备六礼，朝而纳徵，夕而同牢，故绝无有吉未昏而死者。万一纳徵之后，猝有不祥，宜照此礼。但壻死，女仍守志不嫁者多矣（服止三月宜齐衰）。《辑礼》：诸暨孟氏女名蕴，在洪武初，为同邑蒋文旭所聘。文旭年十七，为监察御史，忤旨赐死。女哭告父，谓文旭既亲迎有吉日，礼应往吊，不许。又请往事舅姑，不许。乃瞷枢过门，跃出随之，俟舅姑亡后，仍归室。筑一

① 《朝鲜王朝实录分类集》风俗篇一《文宗实录》卷一，第 351 页。
② （唐）长孙无忌等撰，刘俊文笺解：《唐律疏议》卷一《名例律》"十恶"条注释，中华书局 1996 年版，第 58 页；（宋）窦仪撰：《宋刑统》卷一《名例律》，法律出版社 1998 年版，第 9 页。

楼以居，名柏楼，比柏舟也。至宣德六年（1431 年），始旌之。

铺案，纳采、请期四礼已行，一死一生，义无相捐。伦纪未成，礼当无服。此所以齐衰相吊。既葬而除，其礼至矣，尽矣。若于是有加，则不中礼也。（明代中期）柏楼之旌，岂所以纳民于轨物者乎？①

按照朱熹《家礼》引领的这种趋势，明清时期出现了"庙见"于"见舅姑"前实行，或与见舅姑同日实行的礼俗，同时，对于子妇对夫家的依附关系从速化、绝对化，丧服也随之加重——由齐衰一年升格为三年齐、斩，一随其夫。② 对于南景佑之女未经纳采、纳币（只是议婚而已）"服潭阳君"之事，朝鲜群臣最后肯定了"庙见"的礼制意义。这里也反映了朝鲜王朝在取舍中国礼制中的困惑——古今异制，无所适从。最终只能是倾向于经典《礼记》所做出的规范。后来，丁若镛也没有遵循明清社会的礼俗，而是折中规定：纳采、纳币，已议婚择吉，女子为其所受聘而未亲迎之婿服齐衰，既葬而后除服。

（四）仿唐礼而制定的贵族妇礼

《经国大典》规定了朝鲜王朝王族、后宫及命妇的地位。不同于《唐六典》《大明律》，朝鲜王朝将王族、后宫及命妇的地位也分别在《经国大典》中加以规定，而不是像唐朝和明朝那样单独撰"令"加以规范。总体而言，通过礼仪规范的整合，确立了内命妇优于外命妇的礼仪，世子正妻（世子嫔）卑于公主、翁主的朝仪制礼格局。

关于朝鲜王的后宫制度，朝鲜王朝之初即有所讨论，"至太宗朝，妙选勋贤之裔，以备三世妇五妻之数，而称号尚未备"。谨依唐制，参以历代沿革，制定内官制度"嫔贵人正一品，掌佐妃论妇礼。昭仪、淑仪各一人正二品，掌赞导妃礼。昭容、淑容各一人正三品，掌修祭祀宾客之事。昭媛、淑媛各一人正四品，掌叙燕寝理丝枲，以岁献功"③。《经国大典》

---

① 丁若镛：《与犹堂全书》第三集卷一六《变礼六》，《韩国文集丛刊》第 284 册，第 352 页。

② 参见拙作《唐宋"见舅姑"礼考论——以"辨方正位"的礼数之变为中心的观察》（《宋史研究论文集 ［2010］》，邓小南、杨果、罗家祥主编，湖北人民出版社 2011 年版，第 353—376 页）

③ 《世宗实录》卷三九，十年（1428 年）三月庚寅（八日），第 3 册，第 119 页。

乃规定，"内命妇：正一品者有嫔，从一品有贵人，正二品有昭仪。"嫔相当于王的正妻。作为藩国，嫔的礼制等级须模仿中国的太子妃。成文成宗时期的《经国大典》规定世子宫无嫔，有从二品之良娣，从三品之良媛。外命妇（如下文所引实录揭示，世宗时称"大君府夫人"）"封爵从夫职（庶孽及再嫁者勿封，改嫁者追夺）"①　而且，世宗时期，世子尚有嫔，称世子嫔。在一次册封王嫔的大礼之后，世宗对郑陟提出了疑义：

> （世宗）又谓陟曰："前日中宫受册后，受命妇贺仪，贵人在殿东，世子嫔在西，公主、翁主、府夫人在嫔之后。详定所提调谓：'世子嫔，尊同世子，位在贵人之上，然贵人乃庶母也，嫔当在西。'初以为然，予更思之，公主、翁主于世子嫔有尊长。又妇人无爵，从夫之爵，则大君府夫人在公主、翁主、族长之上，甚为未便。唐礼何如？"陟启："开元礼皇后受册仪，命妇先贺，次外命妇入贺，大长公主以下在道东，大夫人以下在道西。皇后于正、至，受皇太子妃朝贺。而于皇后受册，则无皇太子妃贺位。臣窃以为皇后初受册矣，安有皇太子及妃乎？今仪注依唐例正、至贺仪，中宫受内外命妇贺讫，世子嫔入贺，则似合古礼。"上曰："尔言合于予意，更议于详定提调以闻。"②

"大长公主以下在道东，大夫人以下在道西"因袭于唐代之礼，反映了在"妇礼"的层面上，王室与两班贵族之间是主宾关系，而不是朝堂之上皇帝（或藩王）和诸臣之间的尊卑关系。

世宗所指的"前日中宫受册"当指实录中的"王妃受册"，"妃"是"配"的古字，所谓"妃"指世宗大王妃（正妻）③：

> 前一日，忠扈卫于王妃正门外道西近南，随便设领议政户曹判书等次，东向北上。又于正门内，设内命妇次如常。尚寝率其属设座于王妃正殿北壁南向，又设王妃受册位于殿庭阶间，北向，司乐展轩悬之乐于殿庭，设麾于殿上西阶之西，东向，并如常。内仆进舆辇于正

---

① 《经国大典》卷一《吏典》，内命妇、外命妇条，第1—2页。

② 《世宗实录》卷五六，十四年（1432年）六月壬辰（五日），第3册，第396页。

③ 根据实录，世宗大王时期，王之正妻称"妃"，世子之正妻称"嫔"；成宗时修撰《经国大典》，规定王之正妻称"嫔"，世子之宫不再设立"嫔"的位置，而以"良娣"代之。《经国大典》在妇礼的层面上确定了朝鲜的藩国地位。

门外道东，西向，以北为上。其日，依时刻，有司列仗于王妃殿正南门之外如常仪，典仪设册使副位于正门外之西，东向北上，设内侍二人位于使副之南，举册案及印案者位差退，俱东向。又设内给事位于北厢，南向，又设内谒者监位于其东南，西向。司赞设内命妇及内官非供奉者位于受册正寝之庭东厢，西向，重行北上。又设命妇等朝位于殿庭左右近南，嫔及贵人以下在道东北向，王世子嫔及公主翁主簿人承徽以下在道西，每等异位，重行北向，以东为上。又设司赞位于东阶东南，典赞二人在南差退，俱西向。尚仪启请中严，命妇等依时刻俱集次，各服其服，内谒者监先置二案于正门外近限。①

对不同身份间适用不同"位向"的规定是整个礼制体系中不可或缺的核心内容之一，形成了所谓"辨方正位"的观念。所谓"辨方正位"，是说通过辨别方向，使各种身份的人适得其所，以正其位，一如"郑司农（东汉郑众［？—83年］）云：别四方，正君臣之位，君南面，臣北面之属"。② 在秦汉时期，位向与尊卑的关系是这样的：以西为上（坐西朝东），北次之（坐北朝南），南又次之（坐南朝北），东为最卑（坐东朝西）。③ 秦汉以后，以南北别尊卑，以东西定宾主。在宾主关系下，通常以西方（坐西朝东，宾客位向）为略尊，东方（坐东朝西，主人位向）为略卑，"席南乡北乡（笔者按，'乡'为'向'的古字），以西方为上"，即以宾为略尊，"主人入门而右，客入门而左。注：……主人就东阶，客就西阶，客若降等，则就主人之阶。注：降，下也。谓大夫于君，士于大夫也，不敢辄由其阶，卑统于尊，不敢自专。主人固辞，然后客复就西阶。"④《开元礼》规定"大长公主以下在道东，大夫人以下在道西"实则是对外命妇的礼敬，确定了主、宾的关系。如前文所引述，世宗大王开始意识到东道和西道的主宾问题："世子嫔，尊同世子，位在贵人之上，然贵人乃庶母也，嫔当在西"，因此质询于郑陟。当然，在中宫受册等妇礼中，谒见的先后顺序则反映了先王族之内，后王族之外，先尊属后卑幼的礼仪顺序。

朝鲜王朝既然承认了正妻（王妃［后称嫔］、世子嫔［后立良娣］

---

① 《世宗实录》卷五六，十四年（1432年）五月戊辰（十一日），第3册，第389页。

② （汉）郑玄注，（唐）陆德明音义，贾公彦疏：《周礼注疏》卷一《天官冢宰第一》，中华书局《十三经注疏》，第639页。

③ 许嘉璐：《古语趣谈》，中华书局2013年版，第2页。

④ 《礼记正义》卷二《曲礼上》，中华书局《十三经注疏》，第1279页。

等）的礼制地位，相应地在家庭的祭祀活动中，以正妻、嫡妇主持家务和祭祀的惯例成为定制，并渗透到社会基层生活中，今天宗孙之家的祭祀活动仍然由"宗妇"主理。星湖李瀷对于主妇的礼仪地位作了如下解说：

> 疾书云："出入必告"条云：主妇谓主人之妻。"时祭"条云：主人有母则特位于妇人之前。然则主人虽母在，已传家事于主妇，而子妇为主妇也。丧则未及传，故亡者有妻则当为主妇，而凡下称"主妇"者皆仿此。……凡主妇谓主人之妻之例者，恐非为丧未及传家事而然也。若然假使亡者在时，或已老而传焉，则亡者之妻虽在不得为主妇，而主丧者之妻反为主妇耶？此殆不然矣。……设或亡者是主人之祖，而祖母先亡，主人之母在则推以有嫡妇，无嫡孙妇之义。主人之母当为主妇也。又以服之轻重例之，孙妇之于嫡妇有间矣。其必以主人之母为主妇矣。此亦何如？
>
> 父老而传于子矣，姑独不传于妇耶？子既承父命，权主其祀，妇独不得为主妇而使姑为亚献之主耶？七十老而传，礼之变也，不可执一看，事死如事生，因生时之称，夫没则姑老。既葬，主妇之名，理宜在妇，不可以服之轻重论。设令承重者之母在，其始死也。其母为主妇，而至葬孙妇为主妇矣。[①]

（五）夫妻、妾的关系与朝鲜王朝的家庭

朝鲜学者研习中国上古礼典，将夫妻和妾的关系定义为拟制的君臣关系，即将夫妻称谓"君"和"女君"："妾为其私亲服与女子子适人者同；（为）君斩衰三年；（为）君之父母，按《仪礼》，妾为君之党服得当与女君同；（为）女君，齐衰不杖期；（为）君之长子，齐衰三年，（为）君之众子，齐衰不杖期；（为）其子，齐衰不杖期。"[②] 妻子为丈夫斩衰三年，宋明以后即是如此。关键是"（为）女君，齐衰不杖期"的服制，其轻重相当于"父在为其母"的服制。而妾为其子皆行"齐衰"，似乎也反映了"夫死从子"之理念。这都是妾的礼制规格低于嫡妻的种种表现。然而，

---

① 李瀷：《星湖先生全集》卷三五《书·答秉休〈家礼〉疾书问目（辛酉）》，《韩国文集丛刊》第 199 册，第 113 页。

② 金长生：《丧礼备要》图说，第 15 页。

社会现状往往与古礼相隔较远。中国的汉唐时代，以妾为妻的违礼现象就屡禁不止。朝鲜王朝初期，立法规范夫妻及妾的关系，也只是规定了妻妾名分不能混淆而已。世宗二年（1419 年）二月十一日辛未实录：

> 永乐十年（1412 年），司宪府启："有夫妇然后有君臣。故夫妇，人伦之本，而嫡妾之分不可乱也。然高丽之季，礼仪之教不行，夫妇之道遂紊。卿士大夫，或有妻娶妻者有之，或以妾为妻者有之。遂为今日妻妾相讼之端，怨讟繁兴，以致伤和致变……臣等谨按，《大明律》曰：凡以妻为妾者，杖一百。妻在以妾为妻者，杖九十，并改正。若有妻娶妻者，亦杖九十，离异。臣等请以媒娉婚礼之备略，定为妻妾，将己身现在以妾为妻者、妻在娶妻者，并皆按律科罪。"①

以上立法既是对于丈夫行为的约束，又是对妻妾名分的确定。所转引的《大明律》中有"妻在以妾为妻者，杖九十，并改正"，即表明明代法律允许妻子死后将妾升格为妻，此有殊于《唐律》。《唐律》卷一三《户婚律》问答有规定："即以妻为媵罪同，以妻为妾若以媵为妻，亦同。以妾为妻，其以媵为妾，律令无文，宜依不应为重，合杖八十，以妾为媵，令既有制，律无罪名，止科违令之罪。"这也是一处《大明律》与《唐律》不同的地方。《唐律》中妻、妾、媵的等级十分严格。当然，《大明律》的立法亦是对唐宋以来妻死将妾升格为妻的社会风俗的认可。朝鲜王朝则有"臣等请以媒娉婚礼之备略定为妻妾"的论调，实则是更加认同《唐律》中"良贱有别"且不可改易的原则。即朝鲜王朝仍然以良贱不可易变的思维来处理妻妾关系（尽管有时候妾的出身也可以是良人），暗合于《唐律》，强调严格的等级秩序，同时对《明律》"妻在以妾为妻者，杖九十，并改正"之条引申出"将己身现在以妾为妻者、妻在娶妻者，并皆按律科罪"，实则是承认了妻亡之后，妾可以升格为妻的社会惯常现象。

对于男子婚外另娶妻的"重婚"行为，法无明文，亦视同为纳妾。宣祖十年（1577 年），刑曹申报了一起书吏杀"别宅妇女"（朝鲜俗语称"花妻"，"别宅妇女"暂时借用唐律，是《唐律》所规定的禁止行为）的案件，请求王及议政裁处：

---

① 《朝鲜王朝实录分类集》风俗篇一《世宗实录》卷一，元年（1398 年）六月甲寅条，第118 页。

《大明律》："杀妻者，绞；杀妾者，徒三年。"书吏卢舜卿今杀花妻丁伊。我国贱人本妻外又娶他女者，谓之花妻，盖不敢称妾也。《大典》乡吏条云："良女及官婢作妾。"而拟律之际，称妻称妾，轻重顿殊，请议大臣。右议政朴淳议："宜以妾例论。"上裁：依允。①

另外，上述所引史料出自《秋官志》，其书同卷中载有丈夫怀疑妻子有奸情，并无实据，雇人沉河杀妻而减死定配的案件，有"子证母奸"之后，丈夫愤怒杀妻而减死定配的情况。这些都反映了夫权在家庭中的地位十分强势，远远超出了法律和传统道德所赋予的夫权的界限。

然而，朝鲜王朝初期，贵族中间亦颇有淫乱之女，法律之禁止亦不如明代严格。如定宗时期，参赞门下府事金仁赞妻李氏与其先夫姜世孙的从侄姜升平、姜大平二人通奸，以"事在宥前"，因宥得原。检校中枢院副使李元景妻权氏，"初嫁安腆，再嫁安沼，又嫁元景，人目为淫妇，僧志敬、尚文等亦通焉。"后来，由宪司审核，移交刑曹，判处"志敬及权氏，各杖九十，志敬充水军"，而僧尚文逃逸。② 可见，朝鲜王朝初期，妇女改嫁不受限制，尽管朝鲜王朝认同《大明律》的相关规定，但是基于传统观念，通奸的处罚也相对较轻（虽为流刑之罪，然遇宥原免）。③ 权氏通奸案若不是涉及两名僧人，其惩处也未必如此之速。另外，实录反映出金仁赞

---

① 《秋官志》卷三《详覆部》，第459页。

② 《朝鲜王朝实录分类集》风俗篇一《定宗实录》卷一，元年（1398年）六月甲寅条，第16—17页。

③ 朝鲜王朝作为独立的藩国，其法律与明朝不尽相同，由于风俗不同，对《大明律》法条的理解上更是有差别的。世宗元年（1418年）十一月庚申实录：上命元肃曰："吉州囚女英珍，与奸夫杀其弟加知。律该免死，然其情可憎。弟有罪则可矣。无罪被杀，而杀之者免死。则似非作律之本意。尔与尹淮详考律文以启。"（《朝鲜王朝实录分类集》风俗篇一《世宗实录》卷六，第103—104页）而依照《大明律》，因妇女通奸而致奸夫杀其夫者，该妇女处死刑："凡妻、妾与人奸通，而于奸所，亲获奸夫奸妇，顿时杀死者，勿论……其妻、妾因奸同谋，杀死亲夫者，凌迟处死，奸夫处斩。若奸妇自杀其夫者，奸夫虽不知情，绞。"万历朝《问刑条例》："本夫拘执奸夫、奸妇而殴杀者，比照夜无故入人家，已拘执而擅杀至死律条科罪。"（《大明律》卷一九《刑律二·人命》，法律出版社校点本，1999年版，第151—152页，第416页）世宗大王所说的"（弟之）无罪被杀，而杀之者免死，则似非作律之本意"，似乎在表明嫂子英珍基于其丈夫作为兄长的礼法优势，对于处于卑幼地位的弟弟有一定的教诫权力，而忽略了英珍有奸夫这一事实。南宋《庆元条法事类》已然规定对于妇女有奸夫的情况下，丈夫的兄弟有当场捕获或在捕获中打杀的权力："即因奸事而杀伤奸人者，听依捕格法，罪至死者奏裁，和奸之人两论如法。诸奸本宗异居缌麻以上亲（本宗缌麻以上亲之母夫妻同），听依同籍捕格法。诸奸犯奸从夫捕。诸违法成婚，其妻为离正，而犯奸者夫及夫同籍之人，因执捕而杀伤奸人，并听依捕格法。"（《庆元条法事类》卷八〇《杂门·捕亡敕》，中国书店影印海王邨古籍本1990年版，第482页）因此，在观念和传统上对于妇女犯通奸之罪的态度是造成朝鲜王朝在适用《大明律》时与中国不同的根本原因。

妻李氏招供出许多贵族妇女的通奸行为，让定宗和法曹感觉到法不责众。"婚礼成于女氏"的旧俗使得妇女的淫乱成为一种较为普遍的社会现象，也使得妇女的再嫁成为一种社会习惯。然《经国大典》规定："赃吏之子、再嫁失行妇女之子及孙、庶孽子孙，勿许赴文科生员。"①《续大典》不存此条，然于嗣后的《大典通编》则规定："罪犯不叙用者、赃吏之子、再嫁失行妇女之子孙及庶孽子孙，勿许赴文科生员。"② 世宗十四年（1432年）三月三日（壬戌）实录记载的孙策科举案反映出《经国大典》中的这一条规定源自朝鲜王朝前期的政治实践：

> 艺文奉教张荗、成均博士权七临、校书郎李从义等上书曰："……今兴海人孙策之母，初嫁私贱李莘之子逢吉，再嫁良人孙兴发，乃生策。策虽非逢吉之子，以一妇而兼嫁良贱，其子之不合于选举审矣。岁在丁酉，成均正录黜孙策，以清选举，策不顾世累，挝鼓申呈，太宗殿下，以乾坤之量，许令赴试，盖亦一时之教，非万世之定法也。策今又偕计而来，欲赴国试，臣等窃恐不可以一时之教，忝盛朝之士林也。……"……从之。③

笔者按，孙策之母再嫁（尚未三嫁，三嫁则入于《恣女案》，则更为世人不齿），而且初嫁贱民，其本人也很可能是贱民出身。而当时的朝鲜贵族以母亲再嫁为耻，甚至有在亲族口角之际，以对方母亲"再嫁"相诋毁者。世宗十四年（1432年）实录记载：

> 内禁卫金孝诚告承政院曰："故署丞赵汝平妻，与其夫弟护军赵吉通，争臧获相诘，吉通曰：'汝母再嫁，亦人乎？'汝平妻曰：'母非失行，再嫁何害？况後夫乃一品金南秀也？'吉通曰：'南秀，庸汉也。一品官职，何足贵乎？我岂特一品？将为王耳。'"下孝诚及甲士赵珪、赵汝平妻等于义禁府，命大提学郑招、左承旨金宗瑞，同三省鞫之。
>
> 义禁府启："护军赵吉通居丧酗酒，与兄汝平妻小比相诘，扬言兄妻之母为再嫁。小比与夫弟吉通同坐寝房饮酒，扶执衣裾，殊无男

---

① 《经国大典》卷三《礼典》，太白山实录史库本，第1页上。
② 《大典通编》卷三《礼典》，首尔大学奎章阁影印本，第285页。
③ 《世宗实录》卷五五，第3册，第373页。

女之分，请并杖八十，小比单衣决罚。"命赎之。①

又世宗二十二年（1440 年）七月三日（癸卯）实录：

> 司宪监察皇甫元之女，适别侍卫柳克敬，恣行淫欲，克敬黜之，又再嫁他人。游侠之徒，暗相私通，元不能正家，并列风宪，为时所讥。②

又世宗三十一年（1449 年）四月二十四日（癸酉）实录：

> 上谓承政院曰："崔浣妾，虽为浣能尽其诚，然为再嫁，无足嘉赏。前者朴伸之妻，伸死自刎，以其再嫁，不加褒赏，亦此类也。其令礼曹知之。"③

如果说再嫁女及其子嗣受到道德上的歧视，那么朝鲜王朝规定的三嫁女入《恣女案》的规定，则是最后的制度底线了。太宗六年（1406 年）六月丁卯实录记载，司宪府上时务条："夫妇，人伦之本。故妇人有三从之义，无更适之理。今士大夫正妻夫殁者、见弃者，或父母夺情，或粧束自媒，至二三其夫，失节无耻，有累风俗。乞大小两班正妻，适三夫者，依前朝之法，录于《恣女案》。"④ 十二年（1412 年）十一月乙未，依司宪府所请，规定"妇人出入，必拥蔽其面，毋得褰笠帽"⑤。同时，国家对夫死后自杀殉节的女子，旌表门闾，如"永宁县民卢贵泽死，妻庄贵恸伤，以家贫不能为礼，绩纺佣力，尽心埋葬，又设山神斋。还家之时，自恨未亡，采食毒草，尚不死，遂自缢，有子四人皆幼"，西北部都巡问使朴某请旌表其门闾，教命从之。⑥ 类似之极端举措，很可能是效法于明朝。

世祖十三年（1467 年）八月五日（戊戌）实录记载：

---

① 《世宗实录》卷五六，十四年（1432）五月八日（乙丑）、十七日（甲申）实录，第 3 册，第 389、392 页。
② 《世宗实录》卷九〇，第 4 册，第 299 页。
③ 《世宗实录》卷一二四，第 5 册，第 128 页。
④ 《朝鲜王朝实录分类集》风俗篇一《太宗实录》卷一一，第 37—38 页。
⑤ 《朝鲜王朝实录分类集》风俗篇一《太宗实录》卷二四，第 59 页。
⑥ 《朝鲜王朝实录分类集》风俗篇一《太宗实录》卷一九，第 47 页。

　　大司宪梁诚之等上疏曰："臣等将金溉，不宜参赞政府事意，或言或疏，累渎天聪。……国家立经陈纪，扶植纲常，凡士族妇女，三夫更适者，许令录案，藏诸宪府。新降《大典》，亦载其法，此祖宗令典，而殿下所丕承者也。此旌别淑慝，振起风教，使人人非但为一身之计，乃为子孙计；非但为一时之法，乃为万世法也。臣等谨稽《恣女案》，溉母王氏，初嫁赵杞生，再嫁张哲，然后又嫁金定卿。溉乃定卿之子也。溉门户之丑，国人所鄙。……殿下崇节义重宰相也，而溉得为之，岂可容一溉，而使节义风颓，群下解体乎？前此恣女子孙，未有得台省、政曹、政府者矣。母在恣女之案，而子在参赞之位，此门一开，后将难防。……"上又不览，下承政院。①

　　参赞政府的高官其母或为三嫁之"恣女"，可见改嫁之风甚炽。究其原因，有官僚集团的政治利益纠葛导致的互相揭发，也有妇女本身及其娘家的生计所迫等多种因素。成宗八年（1477年）七月十七日（壬午），光山府院君金国光、永山府院君金守温、领敦宁卢思慎、判中枢金溉议："……妇人之德，莫大于从一。然年少早寡者不许再嫁，则上无父母，下无所仰，因致失节者多，国家不得已勿禁再嫁，仍旧为便。……是故《大典》之法，更适三夫者子孙不许清要之职，而无禁再嫁之条，臣等妄谓《大典》之法合于情理，若其无父母尊长之命而再嫁者，不在此限。"知中枢府事具寿永、工曹参判洪道常、吏曹参判李坡、参议崔汉祯议："一、士族子女早寡，不幸而父母又逝，计活伶仃，无所依归，穷迫之极，或至于失行，不得已再嫁者，或因父母之命而夺情者势也，故《大典》只限以更适三夫。但既有子女，家不甚贫，而自许再嫁者亦有之，是不胜情欲者也。今后以更适三夫例论，何如？……然其父母无后，袛有女子，而又无子早媚，不得已夺情改嫁者及无扶护而无后早寡者，其一族同议改嫁者外，依《大典》更适三夫例论何如？……故《大典》，'再嫁者，只勿封爵，其三嫁失行者，则录案子孙，不许授显官赴举'，已著为令，此斟酌轻重而为之制，今不可增损矣。……但今《大典》内，'更适三夫者与恣女同案其子孙，不得赴试为台谏、政曹，若再嫁之女则不论'，大抵律设大法，礼缘人清。若有贫贱之家，两无扶护之亲，早年为媚，亦难守节，其父、母亲戚酌情更醮，不至害礼。'舅夺母志'古人所言，若与恣女同科，恐为大过。臣等以为申严《大典》'更适三夫者之子孙不授显官'之

───────────

①　《世祖实录》卷四三，第8册，第106页。

法……。年少早寡，且无子女可托，而父母夺情改嫁则听，若有子女而再嫁者，罪其父母，依《大典》更适三夫例论为便。"① 然而，成宗力排众议，于八年（1477 年）七月十八日（癸未）传旨礼曹曰："……自今再嫁女子孙，不齿士版，以正风俗。"成宗教旨将再嫁女的儿子排摈于科举仕途之外的做法显然不切实际。二十日（乙酉），琼全曰："传旨：'再嫁者子孙，勿齿仕版。'恐有防碍。"上曰："饿死事小，失节事大。国家立法，但当如是。"② 十年（1479 年）十月二十六日（戊申），都承旨金升卿启曰："国家设法，再嫁妇女之子孙，勿叙用，而今夺与他人，则是国家许人再嫁矣。大抵婚姻，家长主之耳，非女子所知也。"上曰："然则罪其家长可也。"升卿曰："家长，律当杖八十。"上曰："此罪亦轻。经世之女，其勿夺与，自后家长之罪，从重坐之。"③ 十一年（1480 年）五月十九日（戊戌），掌令丘致昆启曰："衣食足，而后可以治礼义。国初有守信田，以养节义，今废为职田，夫死无依，或至再嫁。以谓失行，而勿叙子孙，是岂养节义之道乎？请革寺社田，减职田，以复守信田。"上曰："烈女不更二夫，岂待衣食足而后守其节？是欲革寺社田，而为此言也。"仍问左右，同知事李克基对曰："饿死事小，失节事大。贞女岂以衣食之故，失其所守乎？然国家重节义之道，不可无守信田也。"上曰："祖宗朝既革之，不可轻易复立也。"④ 十二年（1481 年）十月二十五日（丙寅），都承旨金升卿启曰："今国家重节义，再嫁者之子孙，不许赴举，故妇女早寡，无父母独居，有虚被恶名者。再嫁之法。宜勿甚严。"上曰："风教为大，安可许令再嫁？欲嫁则当自嫁矣。罪不加身，岂顾其子孙乎？予意谓，烈女则不更二夫，决不可许令再嫁也。"⑤ 成宗对此项政策十分顽固地坚持，十四年（1483 年）九月十一日（辛丑），于经筵昼讲之际讲解朱熹的《近思录》，申明"至孀妇于理不可取（娶）"，且曰："观此语，则妇女再嫁，甚害于义。近有陈言，以再嫁之子，不齿士类为冤闷，何也？"判校李命崇曰："年壮有子之女，虽不再嫁，固当矣。若年幼无子之女，父母强欲改嫁，许听何如？"师睿曰："〔此〕言不可。一许再嫁，则其终谁辨其年幼、年壮、无子、有子、无父母、有父母哉？"⑥ 看来是阿谀之

---

① 《成宗实录》卷八二，八年（1477 年）七月十七日（壬午），第 9 册，第 473 页。

② 《成宗实录》卷八二，第 9 册，第 479 页。

③ 《成宗实录》卷一○九，第 10 册，第 62 页。

④ 《成宗实录》卷一一七，第 10 册，第 127 页。

⑤ 《成宗实录》卷一三四，第 10 册，第 269 页。

⑥ 《成宗实录》卷一五八，第 10 册，第 515 页。

臣，看出了成宗对于朱熹"孀妇于理不可取（娶）"一条的顽固信仰，于是顺水推舟，强硬地推导出了孀妇不宜再嫁的理念。十七年（1486 年）四月二十六日（辛丑），韩明浍等议："再嫁女子孙勿叙东西班，请从《大典》立法后施行。"从明浍等议。① 于是出现了官员对于现任高官为三嫁女之子孙的情况进行抨击的尴尬情况，二十年（1489 年）元月二十一日（庚辰），尹弼商、李崇元、郑兰宗议："金孟钢祖母更适三夫，大亏妇行，载诸国史。今按新制《大典》，再嫁女之所生，勿叙东西班职，至曾孙方许政府、六曹、台谏外用之。今以此法揆之，再嫁尚尔，孟钢等乃以三嫁女之孙，东西凡职尚不得叙。特以事在法前，诸孙布在东西班之职，此亦宽假耳，何更望清要之职乎？"成宗只得传旨曰："姑置之。"② 通过成宗的立法和经筵训诫，虽然恣女如权氏者未必多见，但是在"守信田"问题不能解决的情况下，贵族妇女的守节其实也不切实际。

况且，朝鲜王朝有"婚礼成于女家"的旧俗。当然，这种旧俗也有积极的一面，即有可能强调已嫁女对于其娘家的义务，有效地对抗夫权，保护和支持已嫁女对其娘家父母的奔丧、服丧等义务的履行。如太宗四年（1404 年）五月戊午实录：

> 司谏院上疏："请前知灵光郡事朴益文之罪。"从之。（朴）益文在任，而妻母死，不使妻奔丧。既五六月得代，俟新官至，挈家乃行，请下攸司，收其职牒，窜逐退方，并治其妻不奔丧之罪，以正风俗。③

在不断地以礼、法端俗的进程中，朝鲜王朝试图逐渐革除婚礼成于女家的旧俗，并按照"七出"和"三不去"之法④来规范贵族家内的夫、

---

① 《成宗实录》卷一九〇，第 11 册，第 122 页。
② 《成宗实录》卷二二四，第 11 册，第 437 页。
③ 《朝鲜王朝实录分类集》风俗篇一《太宗实录》卷七，第 32 页。
④ "七出"的内容源自汉代记载于《大戴礼记》的"七去"，又称作"七弃"："妇人七去：不顺父母，为其逆德也；无子，为其绝世也；淫，为其乱族也；妒，为其乱家也；有恶疾，为其不可与共粢盛也；口多言，为其离亲也；窃盗，为其反义也。"这种经典的规范在汉代作为习惯法被沿用，《唐律疏议》援礼入法，并将七出顺序改变为"无子、淫泆、不事舅姑、口舌、盗窃、妒忌、恶疾"，并附加了"三不去"的情况："虽犯七出，有三不去。三不去者（谓一经持舅姑之丧；二娶时贱后贵；三有所取无所归）而出之者，杖一百，并追还。"《大清律例》卷一〇《户律·婚姻》的表述为"无子、淫泆、不事舅姑、多言、盗窃、妒忌、恶疾"。三不去指"与更三年丧，前贫贱后富贵，有所娶无所归"。

妻、妾的关系。世宗二十二年（1440 年）六月丁亥（十七日）、己丑（十
九日）、庚寅（二十日）实录：

> 司宪府启："（左赞成）李孟畛妻李氏因妒枉杀其婢，（李）孟畛
> 欲掩其妻罪恶因妒故杀情状，匿不以闻，乃云有罪杖之欺，妄启达，
> 请论如法。且李氏枉杀夫妾，但按律科罪则不足以惩恶，请离异黜
> 外，以戒後来。"命罢（李）孟畛职，夺李氏爵牒。李氏年垂七十，
> 且无嗣。疾妒无已，为世所笑。
>
> 议政府。使舍人李仁孙启："李孟畛妻李氏，枉杀家婢，殿下闻
> 而骇惊……且妾妇乘其夫，天变所关……况女有'七去'之义，今李
> 氏妒且无子，犯其二去。"上曰："汉光武以妒废皇后，先儒非之，
> 曰：'嫉妒，妇人之常事，且女有三不去，前贫贱，后富贵，不去，
> 与更三年丧，不去。'李氏虽云妒且无子，有此二不去之义，未可遽
> 以此而离异也。且大臣命妇，不可加刑，收爵牒足矣。为夫而不能制
> 妻，（李）孟畛，信有罪矣，即命宪府，贬（李）孟畛于黄海道牛
> 峰县。"

后来，仍然有大臣建议严惩李氏，世宗以"大臣之妻，不可加刑"，
"况妇女有如是之行者，家长不能正家之致"为由[①]，予以否决。世宗大王
的决断都符合传统儒家经典《诗经》中体现的"自家刑国"的治国主
张——"刑于寡妻，至于兄弟，以御于家邦"。虽然没有严惩李氏，但其
实是否定了李氏作为独立的刑事责任人，而是将她归于其丈夫或丈夫之家
长的管辖之下，尚不须力行国法以惩处之。这与中国正统的礼法观念是并
无二致的。在大臣的奏议中，"婢"和"妾"的概念被反复偷换，凡欲加
重处罚李氏者，则说李氏打死了妾，凡欲减轻李氏处罚者，则说李氏打死
了婢。婢和妾的混同也揭示了在朝鲜王朝时期贵族男性在家庭生活中悠游
状态——婢妾皆为其临幸的事实。

"七出"亦称"七弃"，最初是汉代儒生总结的原始习惯法，见于
《大戴礼记》，相应地还有"三不去"，其实对于妻子的保护还是比较有利
的。而宋代的家礼中则有"子甚宜其妻，父母不悦，出；子不宜其妻，父

---

① 《世宗实录》卷八九，第 4 册，第 293—294 页。

母曰：'是善事我。'子行夫妇之礼焉，没身不衰"① 的训诫。宋儒的训诫显然是脱胎于"七出"之"不事舅姑"，在将舅姑的权威绝对化的同时，夫权反而显得淡化了。因此，士大夫家训与"七出"和"三不去"的国家传统法理体系产生了矛盾。在继承了本来就有一定矛盾的法理体系之后，朝鲜王朝并未对二者作出明确的是非取舍，而是针对具体案件做必要的情理分析。世宗八年（1426 年）六月六日（戊辰）实录：

> 司宪府启："前护军金畏，弃糟糠妻尹氏，改娶前府使金稳女，劾其所由，答以有父命与不顺老母去，然其父之以无嗣，命改娶通书，在戊戌年，至辛丑年父殁，与更三年丧而后弃之，其非重违父命，急于继嗣，乃厌贫求富之意明矣。尹氏随畏母而居，畏送弃书，母犹不黜之，至改娶后出之，则又非不顺于母明矣。请追还完聚。"下政府六曹议之，或云完聚，或云否。上曰："畏虽与更三年丧，而其父之命，不可不从也。其不即从父之命则非也，然以独子，年至四十而无子，则情可矜也。"遂不允。②

当然，与中国礼法规定相仿，嫡妻与其丈夫相对平等，尤其是生命权能够得到比较合理的法律保障，嫡妻在其丈夫的诸嬖妾面前有绝对的尊严。世宗八年（1425 年）正月丙辰（廿一日）、二月甲申（二十日）实录：

> 刑曹启："工曹匠人朴龙打杀其妻，"罪律当绞。命减一等，赎其流。
> 司宪府启：前副司直辛叔和昵爱婢妾，养成骄从（纵），使之凌犯嫡妻，毁乱纲常，当杖九十。上以功臣之后，只夺职牒，配于外方。③

"匠人朴龙打杀其妻"一案乃是从王室工役的角度考虑，采取了减等从赎的处罚办法。对于为王室服役人员犯罪的变通处罚原则承袭于《唐律》，并非从轻处罚，而是权宜办法。至于妾及庶子，朝鲜王朝虽然在法

---

① （宋）司马光：《书仪》卷四《居家杂仪》，《四库全书》第 142 册，第 480 页；亦见朱熹《朱子家礼》卷一《司马氏居家杂仪》，《四库全书》第 142 册，第 536 页。
② 《世宗实录》卷三二，第 3 册，第 31 页。
③ 《世宗实录》卷三一，第 3 册，第 4、9 页。

律制度上给予各种歧视待遇，但在现实生活中，如果处理不当，也会导致嫡庶不和，父子不和，而使得贵族的仕途受阻。

太宗十七年（1417 年）六月戊子实录，记载了一个朝鲜王朝宗室内由于嫡庶不和造成父子反目、父亲亡故后儿子与诸母争财竞产的家庭悲剧：

> 命收前同知敦宁府事李宏职牒，囚皇甫元于义禁府。宏，天祐之子也。初，天祐出宏母，娶皇甫氏，封爵以居。及病，欲以土田臧获家财，给皇甫氏，召宏为证。宏以奴婢不分与其母，不署名。又天祐尝以原从功臣受赐奴冬白为妾。宏与冬白预谋曰："父卒，吾当回换受赐。"再伤病父之志，又当病革之时，宏不侍侧奉药，而着棋戏谑，又佩剑率众，劫取属散甲士金乙生之妻为妾。及父卒，于沐浴饭含之时塞鼻而出，大殓入棺之时，称其臭恶，满面涂药，掩鼻退立。继母及妾欲入见之，闭门不纳。又父曾以奴婢与皇甫氏，侵夺其六口。父卒为畿，打伤其父之所亲信奴沙颜吐，以致逃去。又不侍殡，乃托身疾。率妓妾月涓。涓，尝宿于金乙生之家。致赙米豆，不告继母，擅自分用。未葬之前，侵逼继母，遂于其妹分其父之家财文书。及其分财之际，皇甫氏执珊瑚帽珠曰："此本是汝父妾成隐加伊之物也。"遂给之，宏奉殴成隐加伊，使仆于地，因扼其亢而夺之，乃使婢子牵头曳足而逐出之。成隐加伊以诉宪府，宪府论请宏不顺不孝，泪丧人伦，污染风俗，行同禽兽之罪。又论皇甫元与妻兄宏同情，逼其同姓三寸兼妻之继母皇甫氏以分其财之罪，故命收宏职牒，下（皇甫）元于义禁府。其皇甫氏于天祐生前所得家舍财物，并皆决给。黜宏母，使不得居天祐之第。司宪掌令全直请宏之罪曰："只收职牒，罚不称罪。乞亲问科罪，以正邦宪。"上曰："……宏于予为从姪，见其父而优待之。今当父丧，不谨若此。予何爱宏，不置于法？但其父在殡，未满百日。宏虽不仁，缞绖之中，不忍系狱。其继母皇甫氏所得于夫之物，悉推还给。又宏母，虽见弃于夫，夫死在殡，侍侧，礼也。良祐、天祐等以添（忝）设三四品。于壬申年间侍卫太祖，然不获于父元桂，甚为穷乏。厥後天祐成身，弃其有子糟糠之妻，是天祐之过也。天祐未葬之前，毋黜宏母。"宏未几以疾死，（皇甫）元亦保放。……六月丙午，上奉迎上王于广延楼，置酒投壶。世子宗亲侍

宴。上曰："吾为上王插花，诸君毋得插花。"以李宏之死未久也。①

　　在朝鲜王朝，继母作为嫡母的情况下，其对家庭财产和奴婢的支配权是受法律保护的。父妾的财产权及人身权利亦不容侵犯。而李宏本人，由于其母为父所出，因此与其妹婿皇甫元勾连，有种种悖逆行径。皇甫元者，与李宏的继母皇甫氏本是"同姓三寸"（皇甫氏是皇甫元的亲姑姑）。可是，这种两家结成的姻亲关系也没有终止这场家族内的财产纷争。皇甫元更是帮助他的妻子（李宏的妹妹）向其姑姑皇甫氏发难，以分其财。大概由于"婚礼成于女家"的旧俗，朝鲜王朝对女子的继承权并没有歧视和限制。太宗大王深刻地指出了李宏性情畸变的缘由是其父李天祐对李宏母亲不念糟糠之情，无情休弃所致，因此对从侄李宏的过犯表示同情。不幸的是李宏因病早逝。涉案人李宏之父为李天祐，李天祐的父亲李元桂与太祖李成桂是庶兄弟关系："元桂与和，皆桓王婢妾之生也。元桂四子：良祐、天祐、朝、伯温。"② 这一事件也使我们可以清晰地观察到朝鲜王朝初期贵族宗室的婚姻和家庭状态。

---

① 《朝鲜王朝实录分类集》风俗篇一《太宗实录》卷三三，第79—80页。
② 《太宗实录》卷二四，十二年（1412年）十月戊寅（二十六日），第1册，第653页。

三　丧礼及其相关诸问题

丧礼是丁若镛等朝鲜王朝的学者着墨极多的部分。丧礼反映人情变异者颇多，就其实质而言乃是以死示生之道。其丧服制度则反映了现实社会的人际关系。在朝鲜王朝立国之初，即确定由"都监"一职管理勋亲及文武一品以上的葬礼，至世宗时期得以成为定制，成为常设机构。世宗即位年（1418 年）十一月丁巳实录：

> 礼曹判书许稠等启："按《唐书·百官志》：司仪署掌凶礼丧葬之具。今国家凡宗亲勋臣及文武一品以上之卒，设都监以治其葬，诚为令典。然葬毕则罢，丧葬之具，随即弃毁。又有卒者，更设都监以办葬具。财费民劳，其弊不资。乞依古制，常设都监以掌之。"上从之。①

三国和新罗王朝时期，朝鲜半岛的丧葬礼受佛教影响较大，集中体现在诸王及贵族也采取火葬。高丽王朝末期开始禁止火葬、提倡土葬，如恭让王元年（1389 年）宪司上疏禁止火葬。② 在一个尊崇儒学的国家，丧礼是国之大政。那么一品以下文武官员及非贵族的丧礼如何进行呢？世宗元年（1418 年）三月癸丑，赞成致事郑以吾、兵曹判书赵末生、户曹参判金自知、内资寺尹庾顺道、检校司宰监正李阳达等集《葬日通要》，随笺以进，其目的是"质圣贤之旨要，破俗巫之膏肓"，"使民养生之既备，又虑送死之多拘……使民无憾之意，至深至切"。《葬日通要》"首以《礼记》《春秋》所载葬期之说，明王制不可紊也。次之以春秋列国、汉唐诸主葬日者，见古者葬不择日也。次之以（唐）吕才《叙葬》、（北宋）司

①　《朝鲜王朝实录分类集》风俗篇一《世宗实录》卷二，第 90 页。
②　潘畅和、朴晋康：《韩国儒教丧礼文化的确立及其生死观》，《延边大学学报》2011 年第 5 期。

马君实《葬论》者，去世俗之惑也。次之以《青乌子》① 所论及（北宋）王洙所引《葬记》，南宋朱熹所言择日，南宋胡舜申所取诸家葬日者，一则见从俗之意，一则见十全大利皆通葬，而非世俗拘忌也。又次之以《乘凶葬法》、（宋）蔡成禹《辨妄》②、（元）宋鲁珍《尅择通书》③ 者，所以迫压本命，横看亡运诸邪说也。间亦窃付臣等管见。总之曰《葬日通要》。"《葬日通要》的制定和颁行对于朝鲜王朝的礼俗影响深远。因其主旨不但在于吸收中国古代的葬礼和风水之学，而且欲使之拓展到民间的日常生活。其对后世之影响于丁若镛之礼书中可见一斑。尤其是朝鲜学者对唐代贞观年间吕才《续葬书》的认可，丁氏亦然。世宗元年（1418 年）三月癸丑，赞成致事郑以吾等上言，盛称古无择日而葬之说，并斥风水与葬书之荒诞不经：

> 臣等谨按，春秋之时，列国诸侯先期而葬，谓之不怀，后期而不葬，谓之怠礼……吾东方素无著令。上自大夫，下至士庶，未知常式。惑于阴阳拘忌过期不葬、恬不为愧者，庸或有之。

① 青乌子，又名青衣乌公，传说是黄帝时期的人物。"善相地理，帝问之以制经。"东汉应劭《风俗通》称："汉有青乌子善葬术。"《旧唐书·经籍志》记载青乌子是汉代相地家，著有《青乌子》三卷流行于世。此书常被后人引用。如南北朝学者刘孝标注《世说新语》、唐李善等注《文选》、唐欧阳询《艺文类聚》皆曾引《青乌子相冢书》。可见该书在汉代以后流传甚广，然后来即失传。朝鲜王朝所提到的《青乌子》当指金丞相兀钦仄注《青乌先生葬经》，此书流传至今，为民国《丛书集成初编》所收录。四字一句，百余言耳。另外，青乌子者，如扁鹊一样，是传说中的人物，生卒不可考。扁鹊为医家之鼻祖，青乌子为风水师之开基者也。

② 宋人蔡成禹，号北岩居士，著有《明山论》，《辨妄》很可能是其中的一篇。该书为明代《永乐大典》收录，清代尚有手抄及木刻本传世。《相地十一》的内容应以《明山论》为核心。这也许是一本流失并盛行于海外的中国风水古籍。而韩国至今仍然沿用此书，且为房地产建设之参考。如편은범（Pyeon，EunBeom）、최민섭（Choi，MinSeub），《풍수지리에대한 인지도가 부동산선호도 및 가격에 미치는 영향에 관한 연구（风水意识对房地产偏好及价格影响研究）》［载《부동산학연구（房地产学研究）》第 15 期，第 3 号，2009 年 12 月版，第 149—183 页］。该文引用宋蔡成禹所著《明山论》。此外，该文还概述了影响韩国房地产业的其他中国典籍，如《青乌经》（汉代赤松子著）、《葬经笺注附图说》《锦囊经》（前两者俱为晋代郭璞著）、《地理新法》（宋代胡舜申著）、《地理门庭》（宋代蔡成禹著）、《撼龙经》（唐代杨筠松著）、《疑龙经》（唐代杨筠松著）、《捉脉赋》（晋代陶侃著）、《洞林照胆》（五代范越凤著）。以上中国古代风水著作，大概皆是朝鲜王朝初期流传来的。（参李相泰《朝鲜初期의風水地理思想》，《史學研究》第 39 號，韓國史學會 1987 年版，第 216 页）

③ 上海古籍出版社 1995 年版《类编历法通书大全》载有元代宋鲁珍《通书》，影印自《续修四库全书》。

《论古无择日》：（宋）王洙《新书》云：或曰古者有卜日而无择日。……巳与亥日，今为大凶之说，则择日之说无传焉。臣等谨按，两汉竞宗谶记，崇信邪说。……至于唐吕才，删定阴阳，而太宗庚寅葬昭陵，高宗庚寅葬乾陵，睿宗庚午葬桥陵，肃宗庚午葬建陵。乃至大宋，精于术数，如杨惟德等奉诏撰《万年》《具注》《通天》《总圣》《集正》等历，颁布遵用。而太祖乙卯葬永昌陵，已上葬日，皆不是弊通之日。则择日之法，盖出于巫史，明矣！

《论葬书之妄》：《新书》载《唐书》曰："（唐）太宗以阴阳书近代以来渐致讹伪，穿凿既甚，拘忌亦多。遂命太常博士吕才与学者十余人，共加刊正，削其浅俗，存其可用者，勒成五十三卷，并旧书二十七卷。贞观十五年书成，诏颁行之。"（吕）才多以典故质正，理虽为术者所短，然颇合经义。其《叙葬书》曰：《易》云：古之葬者，衣之以薪，不封不树，丧期无数。後世圣人易之以棺椁，盖取诸大过。然《孝经》云：卜其宅兆而安厝之，以其复土事毕，长为感慕之所；窀穸礼终，永作鬼神之宅。朝市变迁，不能豫测于将来，泉石交侵，不可逆知于地下。是以谋及龟筮，庶无後难，乃备慎终之礼，会无吉凶之义。

暨近代以来，加之阴阳葬法，或选年月便利，或量墓田远近，一事失所，则云祸及祸生。巫者利其货财，莫不擅加妨害，遂使葬书一术，乃有百家，各说吉凶，拘而多忌。且天覆地载，乾坤之理备焉；一刚一柔，消息之义详矣。或成于昼夜之道，感于男女之化，三光运于上，一气通于下，斯乃阴阳之大经，不可失之于斯须也。至于丧葬之吉凶，乃附此为妖妄。[①]

另外，佛教对朝鲜王朝影响并未因统治者的反感而杜绝，自太宗大王时，"日新圣学，扶植纲常，一革资荐之法席，不建山陵之斋刹。"相反，在丧礼过程中，朱熹《家礼》与佛家的水陆道场并用成为一时之所尚。世宗六年（1425年）三月八日（甲申）实录：

议者谓："当今家庙之法已设，水陆之制已定，其势已杀，人人自然知所向方，而渐趋于家庙之法矣。然《家礼》之书，自士大夫间，当死丧急遽之际，虽有护丧办事者，犹恍惚茫昧，未能随事区

处，况百姓之无知者乎？……今水陆之设，虽云从简，国家未能顿除，（忌晨）〔忌辰〕之追福，旧习尚存；诞日之祝厘，谀风不断，况卿士大夫乎？卿士大夫犹不能免，况庶民乎？开其为此，而禁其为彼，民不信矣。是以，无贵贱贫富皆曰：'《家礼》之法善矣，然行《家礼》则人将议我曰异于常矣。水陆之法简矣，然行水陆则人将鄙我曰吝财矣。'奔走寺院，饭佛斋僧，召致亲友，竞事奢华，糜费不贳，富者罄竭财产，贫者称贷公私。修七既毕，则葬送力微，葬送纔毕，则公私交征其债矣。是故，典卖田宅，以偿其财，而民不聊生，此殿下之所未及知，而臣等之所痛心也。……申命礼官，仿《文公家礼》，定为卿士、庶民丧祭之礼，使仪品、等级之有差，衣衾、器皿之有数，陈列图式，简易明白，下至愚民，皆得易知而可行，则昔日游手坐食之徒，今尽为持锄缘亩之民；昔日事佛求福之辈，今转为报本追远之人。道无二致，国无异俗，人心既正，道学益明，世道淳如也则亦东周一治之盛也。"[1]

究其原因，佛教在朝鲜半岛有着很深的社会基础，立国之初的《经济六典》作为基本典章，在立法时就给佛教留下了可以继续发展和维持的空间——未禁止水陆道场。文宗元年（1451 年）四月十八日（丙戌）实录反映：

> 命召掌令罗洪绪，以昨日教书草，示之曰："……予考《六典》，别无禁佛事之法，但禁法席而已，水陆斋则不禁，今本府并禁中外设斋者乎？且考察寺社，属汉城府者几，属各官者又几？"……传教承政院曰："《六典》有只设水陆之法，予闻'立此法之后，人人大张佛事'，何为不禁，遂至于此乎？"金曰："此非攸司之过，犯禁者之罪也……"上曰："吾欲下教近处寺社分属各官，令各纠察，何如？"金曰："昨日既下教，今日又如此，则外人必疑。请停之。"从之。[2]

于是当年九月因"交河、原平等处，恶病浸染"，疫病盛行，文宗于《亲札救恶病议》中"密示"都承旨李季甸："今佛法人人耳目深著如醉，水陆之设，其处人心必悦安而依赖矣。天地之和，虽未必应一身之病，或

---

① 《世宗实录》卷二三，第 2 册，第 584 页。
② 《文宗实录》卷七，第 6 册，第 377 页。

有瘳歇之理。且心妄则无用，同于木石，诚则一，一则无所不通。故水陆之法，虽曰异端，致诚则一也，有益之理，亦不可知也。"①

无论是水陆道场还是阴阳之术，其本质上都要求"致诚则一也"，因此丁若镛在反对阴阳择日之说时，也同时指出："礼者，天地之情，本于天，殽于地。……至于丧礼，则曰是可惧也。不诚，将有悔。悔且莫之追也，于是单（殚）其诚，致其慎，为之节文。"于是以符合"人情""反天地之本"为宗旨，著《丧礼四笺》，仍存其繁文缛节以彰显人情孝思："其解释《士丧礼》者，名之曰《丧仪匡》，因而及于衣衾棺椁之制者曰《丧具订》，其论衰冠经带之制者曰《丧服商》，其论五服之别者曰《丧期别》，共六十卷，合而各之曰《丧礼四笺》，藏之巾衍，以俟后世。"② 如果说《丧礼四笺》是丁若镛解读传统礼学的学术专著，实不为过。其著述之意图也是"藏之巾衍，以俟后世"。那么相比而言《丧仪节要》则是希望能够推行与当世的普及的家礼规范，与起到家范作用且力图影响基层社会的《朱子家礼》有异曲同工之感："余笺释丧礼，既有馀年矣，博而不约，览者病之。"但是写作《丧仪节要》对于当时的朝鲜王朝来说也有困难："诚以贵贱异位，贫富疏力，古今异宜，华东殊俗，性好各偏，识趣随别，参酌会通，其事实难也……公诸一世，非余所敢，戒子训孙，又何辞焉。遂录如左，以备一家之用。其有同好者与之修润，议共行之，亦所不辞。"在自注中，丁若镛指出《丧仪节要》的内容在《丧礼四笺》中均有体现，"但标甲、乙、丙、丁"，分别代表《丧仪匡》《丧具订》《丧服商》和《丧期别》四篇，"以资平时考检"。③ 丧礼固然内容庞杂，但可以分为入殓、下葬和丧服三个部分。至于丧服以后的逐年定期祭拜则属于祭礼的范畴了。

（一）丧礼诸仪式及丁若镛之解说

丧礼之诸仪节颇为庞杂，丁若镛《与犹堂全书》第三集卷二一《丧礼节要》列举的丧礼仪节至为详备，且为朝鲜王朝后期礼制和礼学的总结，

---

① 《文宗实录》卷九，元年（1451 年）九月五日庚子（五日），第 6 册，第 430 页。
② 丁若镛：《与犹堂全书》第三集卷一《丧礼四笺序》，《韩国文集丛刊》第 284 册，第 3 页，事在嘉庆四年（甲子年）冬十月癸未。
③ 丁若镛：《与犹堂全书》第三集卷二一《丧仪节要序》，《韩国文集丛刊》第 284 册，第 441 页，事在嘉庆乙亥冬。

其内容包括入殓诸仪式、小敛、大殓及启殡诸仪式，乃至成服。

（1）始死（始卒）

有疾，男子居外寝，妇人居内寝。卑幼宜居于小寝，唯内外宜谨也。

疾革，内外皆扫。收体（今从俗）。古礼扶体，今且从俗，侍者为之。

男女改服。去华采而已，男子着素袍（无者着敝衣），女子着浅色襦裙（即玉色无采饰者）。

立丧者披髪扱上衽，交手哭（披髪，唐礼也。丁若镛按，《开元礼》：问故又哭，改著素服。妻妾子女，俱披髪）亲子女在室中（罹外丧，许妇人出外寝发丧）。亲者在阃外（期大功之亲），小功、缌麻在户外。但于室中粗分男女（未正东西位）。既发哀妇人还内哭（内丧则男子不还于外），亲子啼（从俗叫哀苦）。出后子、出嫁女不披髪。妇为舅批左髪，为姑批右髪（其余妻、子女全披）。凡披髪之法，解髻而中分之，垂之于左右，不蒙面也。扱上衽者，摄上衣之前裙，插之于带也。不去带，据《家礼》也。（孔疏亦有据）。不偏袒，据古礼也（既袭，乃左衽）期、大功以下，既不披髪，尤宜不去冠，不去带，以遵古礼。

笔者按，所谓披髪者，丁若镛力主之礼。披髪者，不仅见于唐之《开元礼》，独不见于北宋司马光《书仪》，北宋郑居中《政和五礼新仪》乃至《明集礼》皆有类似规定。朝鲜王朝的礼典《国朝五礼仪》中唯《大夫、士庶人丧仪》一章涉及"被髪"的仪节：

> 初终……易服不食：妻子、妇、妾皆去冠及上服，被髪，男子扱上衽、徒跣，皆去华饰（为人后者为本生父母及女子已嫁者皆不被髪、徒跣）。[1]

这里正文没有规定男子为父母之丧而披髪（似乎唯独女子为其夫才披髪），但注释中"为人后者为本生父母及女子已嫁者皆不被髪、徒跣"显然暗含了儿子为父母之丧（或斩衰三年，或齐衰期年）须披髪的意思。因此，《国朝五礼仪》的规定往往是含混的。朝鲜王朝的学者星湖李瀷对于披髪开始的时间有所规定：如在外地，则于闻丧奔丧开始；如在家，则从始死开始。但披髪适用于三年之丧的重丧，"被髪一节，无为人后者为本生父母、父在为母，女适人为其父母，承重孙祖在为祖母"，因为以上皆

---

① 《国朝五礼仪》卷八《凶礼》，第337页。

期丧，非三年重丧。① 此亦可见士大夫礼学对于官方礼典的补充和不同解说。《国朝五礼仪》并非唯一的礼仪典范，笔者以为十分有必要指出朝鲜士大夫和学者对《国朝五礼仪》的补充和研究。

如丁若镛坚持披发（披散头发）为必须之礼俗，即闻丧之始、奔丧之际，亦以披髪应之。披髪对于朝鲜的日常髪式而言，改动很大，行旅之中造成很大困难。于是奔丧中的髪式其实更像是中国上古的"括髪"，但必须先去笄及网巾，以绳索括髪后着四脚幞头，始得行路矣。

丁若镛于《奔丧》一节补充说：《书仪》，裂布为四脚……此当有披髪一节，而《家礼》不见，《仪节》（笔者按，指《丧仪节要》）入门再变服条有曰：就东方披髪如初丧。则始闻丧披髪徒跣也，而不可被髪而行，故敛髪，著四脚巾，到家又披髪徒跣也。丁若镛按，唐宋诸礼无奔丧者披髪之文。盖以披髪非行路之容。故须至丧侧乃披髪也。然今人以披髪认之为天经地义，且当从沙溪②之说，始闻丧即披髪，用麻绳撮髻（上无冠则名括髪），著白布头巾（不必生布，又不必四脚），上戴凉笠（避阳子），或方笠布带（虽父丧不宜绳带），草屦以就道。鞍具并用编草绚麻以易之，可也。又按四脚者，幞头之别名，宋人平日原著幞头（即所云织脚纱幞）以行路。故奔丧者，易以白布而已。……我邦之人平日行路原著有簷之帽（漆布笠），故丧者行路亦必戴方笠、凉笠之属，而不得以厌（压）冠、麻绖出其门一步。况此奔丧之人……尤何忍露其面目，顽然出门，以之行于道途之上哉？③ 笔者按，丁若镛所引《开元礼》，并非《开元礼》的原文，而是一种转述，并且将唐代的规定笼统地概括为"妻妾子女，俱披髪"。唐开元二十年颁行之《开元礼》卷一三八《三品以上丧之一》"初终"条及卷一四二《四品五品丧之一》"初终"条："有疾，丈夫、妇人各斋于正寝北墉下东首。养者，男子妇人皆朝服，斋亲饮药，子先尝之，

① 李瀷（1681—1763 年）：《星湖全集》卷三二《书·答人问目（己未）》，《韩国文集丛刊》第 199 册，第 74 页。
② 笔者按，沙溪者，指朝鲜王朝学者金长生，字希元，常从栗谷李珥，受性理之学："日取经传及濂、洛诸书，探赜旨义"，尝就申义庆所辑丧制书，删补折中，名曰《丧礼备要》行于世。朝鲜宣祖初，崇奖儒学，相臣朴淳，以沈潜圣经，笃信古训荐之，遂从仕，累典州郡。"时，上方亲祭私庙，礼官以上以亲孙，承祖统，其于本生亲，无二考之嫌，祝辞当称考、称子。"长生上章累千言，攻破其说，皆本于先儒定论。晚年，以刑曹参判召之，长生辞不至，以病卒于家，年八十四。学者称沙溪先生。讣闻，赐祭及赙，赠吏曹判书。及葬，令本道给造墓军，远近会葬者近千人。（《仁祖实录》卷二五，九年［1631年］八月九日庚戌条，第 34 册，第 440 页）
③ 丁若镛：《与犹堂全书》三集卷五《丧礼四笺》丧仪匡"奔丧一"条，《韩国文集丛刊》第 284 册，第 108 页。

疾困去故衣，加新衣，彻乐清扫内外，分祷所祀，侍者四人坐持手足，遗言则书之属纩以候气（纩，新绵置于口鼻也），气绝废床寝于地，主人啼，馀皆哭。男子易以白布衣，被髪徒跣，妇人青缣衣，被发不徒跣，女子子亦然。（父为长子，为人后者为其本生，父母皆素冠，不徒跣，女子子嫁者髻）"笔者按，"以麻束髪为髻"。《政和五礼新仪》卷二一五《品官丧仪上》及卷二一八《庶人丧仪上》有类似之规定，且表述粗同。《开元礼》卷一四六《六品以下丧之一》"初终"条与前款略同，唯于披髪之处，规定"男女啼踊无数，馀皆哭，内外改着素服，妻妾皆披髪徒跣，女子子不徒跣，出嫁者髻。出后人者为本生父母素服，不徒跣，主人、主妇衣服无改，男子随事设帷帐。"可见，丁若镛所取者为唐六品以下官的"初终"仪节主丧者（一般为男子）及其他男子披髪且徒跣，妻妾及女子（女儿）"以麻束髪为髻"，其规格相当于男子的"披髪"，但不徒跣。

另外，唐代社会风俗而论，逢丧或奔丧披髪之俗多见于女性为其父兄、尊长之丧。"（北周时期，齐王宪为周宣帝诛杀），齐王宪女嫠居，（李）纲厚恤之，及（李纲）卒，女被髪号哭，如丧其亲。"[1]"（刘寂妻夏侯氏）父卒毁瘠，殆不胜丧，被发徒跣"，"（孝女王和子者，徐州人），和子时年十七，闻父兄殁于边上，被髪徒跣缞裳，独往泾州，行丐取父兄之丧，归徐营葬，手植松柏，剪髪坏形，庐于墓所"。[2]尽管《开元礼》有临丧披髪的规定，唐代文献中罕见男子临丧披髪者。男子之被髪，多是做赴沙场绝命之状。文献有之，兹不赘述。然推究被髪（披髪）之本源，似乎是丧礼与搏命的因素兼而有之。唐代有从西域舶来的歌舞戏《钵头》，剧情是一胡人之父为猛兽所噬，其子求兽杀之。《乐府杂录》记载："钵头，昔有人父为虎所伤，遂上山寻其父尸。山有八折，曲有八叠。戏者被髪素衣，面作啼，盖遭丧之状也"。最后杀虎复仇。这出戏传到日本后讹变成了"拔头"，其髪之状一如今戏曲舞台之束髪搏命之状。[3]

尽管"披髪"的含义可能是双重的，临丧披髪、徒跣作为丧礼中哀毁的表现，仍然被宋明礼制所继承。丁若镛尤其认为披髪是宋代恢复古礼的表现，其专论《披髪本于说髦》一文（笔者按，"说"应为"脱"字之假借，以下同），详细探讨了披髪的原委。披髪者实际始于上古的"逢丧髦髪"之说。丁若镛对此学说的阐释提示我们，在上古时代根本就没有诸如

①　《新唐书》卷九九《李纲传》，中华书局标点本 1975 年版，第 3907、3910 页。

②　《旧唐书》卷一九三《列女传》，中华书局标点本 1975 年版，第 5151—5152 页。

③　廖奔：《中国戏剧图史》，人民文学出版社 2012 年版，第 24 页。

成书于汉代的《孝经》所倡导的"身体髪肤，受之父母，不敢毁伤，孝之始也"的训诫。相反，我们东亚远古上世的先民可能是通过髡髪的方式表达哀思的，而后，大致在《仪礼》所描述的时代（一般认为成书于春秋时代，是孔子采辑春秋各国即将失传的礼仪而加以整理记录的），孝子通过脱去垂在左右前额的假髪的方式表达哀思，这在一定程度上反映了原始氏族风俗，是原始礼制的遗存。清末民初的学者徐珂也认为薙髪虽然是满族日常的髪式，"然古者丧而毁容，其时亦必薙髪"①：

> 《丧大记》：既小敛，主人②说髻（与袒、括髪并）。《士丧礼》：
> "既殡说髻。"（疏：士之既殡，诸侯之小敛于死者，俱三日也）此披

---

① 《清稗类钞》第八册《丧祭类》之《居丧不薙髪》，中华书局1986年版，第3540页。

② 在朝鲜王朝的丧礼和祭礼中，经常提到主丧祭的"主人"。一般而言，主丧的主人应该是逝者的嫡长子。朝鲜王朝强调了"父在，则不以其嫡子、嫡孙为主丧"。当对于妇人的丧礼，其夫及子俱备均等的主丧资格，对此，朝鲜王朝按照《礼记》的规定，还是否认了父在子为其母丧的主丧权。弘文馆副提学奇自献、副校理李廷馣、修撰洪遵、洪瑞凤、副修撰尹暄启曰："……妇之丧，虞、卒哭，其夫若子主之言，非但出于《仪礼》，又出于《礼记》丧服小记，又出于《杜氏通典》，又出于《朱子书》答李孝述问目中。以此观之，子亦似有主祭之文矣。但《礼》曰：'凡丧，父在，父为主。'又曰：'父在，子不得主祭。'云。是乃古今通行之经也。《仪礼》所谓妇之丧，虞、卒哭，其夫若子主之之言，似是夫有故，则或其子，亦可以主之之意也。且其经曰：'虞、卒哭，其夫若子主之，祔则舅主之。'注曰：'妇谓凡适妇、庶妇也。虞、卒哭祭妇，非舅事也，祔于祖庙，尊者宜主焉。'《疏》云：'虞、卒哭，其夫若子主之者，虞与卒哭，其在于寝，故其夫或子，则得主之，祔，是祔于祖庙，其重既重，故舅主之。'云。《礼记》注亦曰：'尊卑异，故所主不同。'云。此则以尊卑，所主不同而言者也，似与今日所引之言，有异也。且考诸家朝奠设馔条，问'母丧朔祭，子为主。'"朱子："凡丧，父在，父为主，则父在，子无主丧之礼也。凡妻之丧，夫自为主也。今以子为主丧，似未安。'杨氏复曰：'按初丧立丧主条，凡主人，谓长子。无则长孙承重。今乃谓父在，父为主，父在，子无主丧之礼。'"二说不同，何也？盖长子主丧，以奉馈奠，以子为母丧，恩重服重故也。朔奠则父为主者，朔，殷奠，以尊者为主也。《丧服小记》曰："妇之丧，虞、卒哭，其夫若子之。虞、卒哭，皆是殷祭，故其夫主之，亦谓父在，父为主也。朔祭，父为主，义与虞、卒哭同云，而又去若子二字。此亦父为主之意，与今日所引之言有异也。"（《宣祖实录》卷一三二，三十三年，1600年，十二月丙戌十七日，第24册，第165页。）这里可以看出，朝鲜王朝在确定"主人"的身份时，强调了男性尊长——"父"的优先权，这个"父"同时也是亡者之子。朝鲜王朝规定礼制时没有考虑到"主妇"的情况。清末学者顾广誉《四礼权疑》：主妇，《（礼记）注疏》皆谓"亡者之妻"。温公（司马光）《书仪》于立主妇下云：（唐）孔颖达《檀弓》：啜主人、主妇。《正义》曰：主人，亡者之子；主妇，亡者之妻。若亡者无妻及母之丧，则以主人之妻为主妇。（朱熹）《家礼》亦云："主妇谓死者之妻，无，则主丧者之妻。"（清代平湖顾广誉撰《四礼权疑》卷六，下函第1页，见清光绪吴县朱记荣刻"行素草堂"藏本，1888年。）这说明在男系宗法体系下，妇女的治丧主祭的权利有时不能得到足够的重视。

髪之所本也。髦者，子事父母之仪。《（礼记）·内则》："子女皆拂髦。"盖古者，三月翦髪为鬌，男角女羁（夹囟为角，午达为羁）。及其既长，犹象幼时，垂之两旁，以表双亲。（郑玄云：所以顺父母幼少之心）《诗》所云："髧彼两髦"是也。《玉藻》："亲没不髦，其必三日而脱之"者。孝子亲死，望其复生，三日而不生，亦不生矣。故袒、括皆在既敛三日，说髦亦此义也。《丧大记》注云："父死说左髦，母死说右髦。"此礼流传泛滥而为被髪。故《宋史》云：太宗崩，皇帝、皇后、诸王、公主、县主、诸王夫人，并左被髪（皇太后全被髪）。又温公（司马光）《书仪》注云："世俗为父则被左髪，为母则被右髪，舅则被后左，姑则被后右。皆非礼，宜全被之。"则唐宋之被髪，乃古礼之说髦，而非由蛮俗之渐染也。其或左或右，犹是告朔之羊。而温公使之全被，则于是乎周仪汉俗都不可问矣。（父死说左[髦]是郑注，故知汉俗与周仪不同也）

朝鲜王朝的披髪有自己的特色，于始死开始，学者沙溪金长生根据朝鲜的髪式特点，欲革除"始死即披髪"之俗，但是已经很难做到了：

古者，说髦必待三日，而今被髪已在始死。其恻怛不如古人，然只得从俗。唯不宜被之前面，解髪而垂之两旁，略存古意，斯可矣。
《沙溪欲废被髪》：温公曰："笄纚今人平日所不服。被髪，尤哀毁无容。故从《（唐）开元（礼）》。"今人虽无韬髪之纚，然实用笄以贯髪，网巾与纚相似。今拟除丧却去冠帽，雾（笔者按，疑为"露"字之误）出网巾、骨笄，至括髪时去之，似亦同古意。今国中言礼，皆宗沙溪，而沙溪此论，亦莫之行矣。俗其可变哉？①

主丧者披髪的状态一直要保持到何时呢？有成服说和小敛说两种。由于披髪的原因，客人的吊唁活动往往被安排在启殡、成服以后，于行杖、绖之制时。如中宗十八年（1523年）二月十四日（乙酉）实录记载：

左承旨金希寿启曰："考前例，则成希颜卒翌日，自上欲遣承旨致吊，其时政院启曰：'主人丧服节次颇多，请于丧服后为之。'故后五日，遣承旨吊焉。其于宋轶之卒，乃于十日后，亦遣承旨吊之。且

---

① 丁若镛：《与犹堂全书》第三集卷二一《丧仪节要》，第467页。

成希颜、朴元宗之卒，十日内遣承旨别祭，而于宋轶则无其事，敢启。"传曰："领相家成殡后，右承旨金末文，其往吊焉。且元宗、希颜，必以为元勋，而别祭矣。今于金诠处，虽不别祭，礼曹致祭之日，承旨往焉可也。"右承旨金末文启曰："领相家致吊事，考见礼文则凡丧主承君之吊，当去杖免绖。杖、绖乃成服后事，若于成殡后往吊，则主人当披髮矣，敢禀。"传曰："予初意则欲成服后遣吊，而以为吊丧当速，故令于成殡后为之耳。此不考礼文而言之也。依所启，成服后往吊焉。"①

小敛说与丁若镛引述古礼时谈到的"既殡说（脱）髦"不同。孝宗即位年（1649 年）六月二十四日（壬子）实录：

> 丘氏（笔者按，当指明代立瀋）曰："按，此则首绖之下，必有巾帽以承之，可知矣。委貌、爵弁之类，今世不存，宜用白布巾。"环绖，麻一股而缠。敛讫，去素冠。（《丧小记》注）（《五礼仪》无）（臣按）始死，尸未设饰，故孝子被髮以临，至小敛，尸已设饰，则孝子亦不可无饰，故具环绖、素弁，而国制阙之，恐当以古礼添补。②

临丧披髮、奔丧披髮乃是朝鲜半岛接受中国文化的反映，且此影响可以追溯到唐代，又与明代礼制吻合。《明集礼》卷三七下《凶礼三》"庶人凶礼"条规定："疾病，迁居正寝，清扫内外，分祷所祀，使人坐持手足，遗言则书之属纊，以俟绝气，气绝乃哭，废床寝于地，乃易服，男子扱上衽、被髮徒跣，妇人去冠被髮，不徒跣。"丁若镛之礼，披髮一节接续唐代，而于"扱上衽"这一细节则与明代典礼吻合。

设床第迁尸于牖下，以衾覆之。

复（笔者按，就是让侍者登屋为亡人招魂的仪式）。哭止，侍者为之，内丧用女御。用死者平日之上服，曾经服着者，不必升屋，但于北庭，北向招之。男子曰"某曹某官某公復"，妇人曰"某封某郡某氏復"。左执领，右执腰，招而左，既三招，以其衣服覆尸（在衾上）。

不楔齿，不缀足。（古礼，见上丙四五六）。

（2）设奠（上丙八九）此所谓馂阁之奠也，其物一脯一醢（或用一

醢一菜）、一盏而已（或用酒，或用甘酒），用糅盘（平日所食者），陈于尸右（当其肩）侍者奠之，有哭无拜，主人伏哭如前。

值朝夕则上食。日出有朝奠，辰正有上食，日入有夕奠。（据《朱子家礼》）朝奠用馀阁之品，辰正及夕奠并用上食之品。上食之馔，一盏（酒若醴）、一敦（饭）、一铏（羹）、四豆。卿相之家，宜用六豆。亦用糅盘，奠于尸右，有哭无拜。始卒虽当朔望，是日无殷奠。未小敛，主人伏哭而已，不与奠。

帏堂设布帐于堂，帐小则但设于近尸处。

正男女哭位男子设哭位于户外（今宫室异制，坐向从便）设稿荐枕，主人居前列，众子居其后，期亲居其后。大功、小功、缌又次之。袒免又次之。若母丧，父为主则父子同服齐衰杖期，又父为主人，然仍使其子居前列。（若父丧，母为主妇，期母居前列，子妇居后列）

妇人还内，于其户外设哭位，如男子例（以亲疏为先后）内丧则妇人哭位在室中，男子哭位在户外（内寝之户外）。未小敛，其啼哭恒在室中，唯宾至，出哭位接之。

立护丧，司书、司货。（见《家礼》）

（3）告讣朝官先告于礼曹，亲者（大功以上亲）以讣书授使者，拜送于西阶之上。乃告于亲戚、僚友。

有宾来吊，主人不起、不拜，稽颡哭，不打言。古礼拜宾，今不起不拜者，披髪故也。①

（4）治棺。（见《家礼》）笔者按，治棺之制本是汉代石棺的替代，其意图在于省俭。然世宗六年（1424 年）十二月乙巳（四日）实录：

> 礼曹据礼葬都监呈启："本国松树，近因斫伐相寻，虽深山穷谷，可作广板之材稀少，因此大小礼葬，棺椁实难措办。虽欲连板作棺，世俗恶之，必求广板为棺，故不得已并白边用之，反致速朽，非徒无

① 笔者按，"被髪不可拜宾"是丁若镛根据朝鲜的礼俗所设定的礼节，与《仪礼》、宋司马光《书仪》、明丘濬之家礼不同，但合于东俗，又颇近古礼：《家礼》，亲厚入哭，在袭尸之后。盖以灵床未设，则宾无所致敬也。然皋复（笔者按，"皋复"恐为告讣之误）之初，即有亲宾来哭，岂可使迟待袭尸乎？但古者为敛，亦皆拜宾，而今被髪矣。被髪者，宁得拜宾？《书仪》、丘《仪》并令被髪而拜宾，恐不近情。今俗，主人唯俯伏号哭，宾至并不起。身势所然也。且据古礼，宾不答拜。其于尸柩，亦无拜礼。而《书仪》、丘《仪》"宾拜仆仆"，于古无徵，未敢遽从。（成服之后宜从俗）今俗未瘳，宾亦不拜，自合古礼。（丁若镛：《与犹堂全书》第三集卷二一《丧礼节要》，《韩国文集丛刊》第284册，第469页）

益于送死，抑亦大材渐稀，难以为继。其或力不足者，未办广板，因失葬期，其弊可虑。窃观古制，虽天子诸侯之葬，积材作棺，自今一应礼葬棺材，剪去易朽白边，以黄肠连合为棺；民间私备，亦令依此制作，以革其弊。"从之。①

（5）设铭（与设重）。用布若苎若紬，上缁一尺，下經二尺，其广五寸（古用三寸，今增之），书于其經曰："某曹某官某公之枢"，内丧则曰："某封某郡某氏之枢。"竹杠长三尺有五寸（五寸入于重），上下有横框（无竹者用荆）。古法墨书之，今俗粉书之，宜从其便。设重，用一矩坚重之木，上下四方，皆广五寸，当中凿空彻底，乃以铭杠建于重孔，权置于户外。

笔者按，此设铭、设重之仪式。设铭是以建立"旗识"（古今字，如今之言"旗帜"）的方式追奠亡人，是上古的士礼。《仪礼·士丧礼》注："铭，明旌也。杂帛为物，大夫士之所建也。以死者为不可别，故以其旗识识之爱之，斯录之矣。亡，无也。无旗不命之士也。半幅一尺，终幅二尺，在棺为枢。今文铭皆为名末，为旆也。"② 至于设重，类似于东亚传统祭祀祖考礼中的"神主"，但其实是对宋朝礼学借鉴的产物。此时的朝鲜礼制综合了中国的丧礼和祭礼的一些仪式，形成了设铭、设重合一的仪式。考之设重之事，不见于汉唐的《仪礼注疏》，乃是宋人礼制的首创，其根据可能是《周礼》经文中的"大丧共帷幕帟绶。注：为宾客饰也。帷以帷堂，或与幕张之于庭，帟在枢上""师田则张幕，设重帟重案"。③ 南宋魏了翁《仪礼要义》对"设重"作出了解说：

> 设重谓凿木县物相重累
>
> 重木刊凿之。甸人置重于中庭，参分庭一在南。释曰：自此至于重论。设重之事云，木也县物焉。曰重者，解名木为重之意，以其木有物县于下，相重累，故得重名云。凿之，为县簪孔也者。下云系用靬，用靬内此孔中云簪者。若冠之笄，谓之簪，使冠连属于紒，此簪亦相连属于木之名也。云士重木长三尺者，郑言士重木长三尺，则大夫以上各有等，当约铭旌之杠，又幂用疏布云云。偶失于节录。④

---

① 《世宗实录》卷二六，第 2 册，第 639 页。
② 《仪礼注疏》卷一二《士丧礼》郑玄注。
③ 《周礼注疏》卷六《幕人》。
④ （宋）魏了翁《仪礼要义》卷三六《士丧礼二》。

（6）袭含。掘坎于隐处，设二盆于户外。掘坎者，为弃浴水也，盆宜用新，无则净洗而用之（既用毁之）。

陈袭事于室中。……（详细解说明衣之制度）简而言之，衣服皆用平日之所服，非全阙，勿取于市，又贵淡素。若青红鲜楚之物，只益惨恻也。

陈含具于其次。珠一枚，米三粒，实于箅，置于衣侧（无珠者只用米）。沐巾一，浴巾二，栉一（宜用疏齿者），刀一，陈其次。绿囊四，又次之。……栉以披发，刀以剪爪，绿囊四者，乱发一也，足爪一也。……

乃设明衣，主人入即位。乃袭。

主人出户外，袒，众子皆袒，入即位，乃含。袒者，左袒也。（古者肉袒，今俱以上服之左袂绕胸插之于右掖之下，以带束之。诸亲皆袒。）

主人入，坐于尸左。侍者授珠米，主人受之，以左手先取珠一粒，纳于口中，次取米三粒，纳于左右中。其齿已坚，不可含者，纳于齿之外唇之内。

笔者按，此古礼饭含之仪轨也。然而，此前星湖李瀷对饭含极其反感，作《饭含说》以讽其俗：

> 予壹不知夫丧之含也。将欲含之，不得已先楔。哭擗方始，而举措殆类不忍。既楔之後，口急不可复闭。以此殓葬，何异目之不明乎？且米穀不日朽府，为死者害。圣人之制，虽不可妄议去取，然古者繁缛之仪，今未必皆举。如笣筲之类，其于不忍死亲之意。而先儒或虑其为害，直废之不疑。……虽附于棺者，犹如此周慎，况剥肤切近者乎？《白虎通》则天子以玉，诸侯以珠，大夫以米，士以贝。《通典》则三品以上饭粱含璧，四五品稷与碧，六品以下粱与贝。此又古今之变也。《家礼》则用钱。用钱无所经见，或是当时之制然也。汪克宽曰："天子饭以玉，诸侯以珠，大夫以璧，士以贝，庶人以钱。"其说与《左传》文公五年何氏（晏）注略同，而又添庶人一条。然则，钱非士大夫之用也。（汪）克宽明初人，距《家礼》犹不远，而其言如此。《家礼》之从时，可以旁证矣。然《家礼》皆许用士大夫之礼，独以此限以庶人之例，何也？[1]

① 李瀷：《星湖全集》卷四一《杂著》，《韩国文集丛刊》第199册，第244—245页。

可见，丁若镛规定之饭含不以钱，不同于明代之流俗，饭含用珠、米乃是《白虎通》对诸侯、大夫的定制，综合古礼，将饭含提升成为一种比较高的礼制规格。丁若镛甚至因主张饭含这一古礼，质疑"始死即披髮"这一朝鲜时俗：

> 《被髮不宜饭含》
> 被髮非古礼，于礼极有妨碍。若孝子之饭其亲，岂宜被髮而行之。沙溪答姜博士之问，谓敛髮在小敛之后，饭含时无变异之节……亲始死，去冠徒跣，犹今之被髮也。戴德《丧服变除》云："既袭，服白布深衣，素章。甫冠，白麻屦。"《士礼》："既冯尸，主人括髮，袒则去冠而冠。"冠而复去，固礼之常，被髮，何以异是？方饭宜暂敛髮，饭讫，旋复解之，亦何害之有？[1]

袭者，穿袂也，众子皆袭（诸亲有服者与主人同祖同袭）。亲者坐于尸左，乃瑱乃幎，乃掩乃屦，乃带乃握，还安于床，以衾覆之。亲者，期、大功之亲，无则主人仍为之。瑱者，以纊核充耳也。幎者，掩其目而结于后。

侍者取铭、重置于尸侧。宜于尸首之侧，北面而立之，令受奠食。既设铭、重，不设魂帛。

笔者按，设铭、设重的形制类似于东亚传统宗庙中的神主。神主一般是用木刻成的木主。据《公羊传》：文公二年，作僖公主者。（注：为僖公庙作主也。主状正方，穿中央，达四方。天子长尺二寸，诸侯长一尺）可见，在中国传统的礼制中，宗庙里供奉的神主不是塑像或绘影，而是中央有孔洞的正方木版，"桑主不文，吉主皆刻而谥之"。[2] 据朱熹考证，西晋荀勖将类似神主的祭祀形式引入私人祖考祭祀，"祭版皆正侧长一尺二分，博四寸五分，厚五分，八分大书"（而《通典》《开元礼》作"厚五寸八分"，皆误矣），[3] "大书某祖考某封之神座，夫人某氏之神座"。[4] 所谓铭、

---

① 丁若镛：《与犹堂全书》第三集卷二一《丧仪节要》，第466页。
② 《读礼通考》卷五六《丧仪节十九·神主》，四库全书本第113册，第368—369页，徐乾学引东汉何休之说，且附图为证。
③ （宋）朱熹：《晦庵先生朱文公集》卷四〇《答郭子从（叔云）》，《朱子全书》本，第23册，第3052页。
④ （唐）杜佑：《通典》卷四八《卿大夫、士神主及题板》，中华书局1988年版，第1346页。

重，则是对于死者在没有入殓，其神主尚未进入宗庙以前的吊唁载体。但所谓魂帛者，则属于司马光根据宋代民俗的独创了。司马光《书仪》规定，曾祖考妣之祠版盛放在箱匣中，且与所谓"魂帛"（"魂帛，洁白绢为之"①）放在一处。"魂帛"之说，又实为司马光根据民间礼俗的首创，朱熹说："'三礼'固有画像可考。然且如司马公'魂帛'之说，亦似合时之宜，不必过泥于古也。"②后来朱熹在构想祠堂的祭祀制度时，只以神主为唯一的承载亡人魂灵的载体，以剔除北宋时的俗礼。在此，朝鲜丁若镛遵循了朱熹的主张。

主人以下哭，乃设奠。（见《家礼》）……亲者设奠，主人仍宜伏哭。宵为燎于庭。堂上一烛，堂下一燎。

（7）小敛。厥明（笔者按，死者故去的第二天早晨），陈敛事于室中。

陈奠事于堂东，其物用特豚一鼎。礼用特豚，以为俎实，今宜或用牛肉（东俗不用羊、豕），或用鸡，或用鱼，但用熟肉一器，以为俎实，以其潘（肉汁也）为羹，兼行上食则又有饭。其物一盏（酒若醴）、一敦、一俎、一铏、二豆（菹与醢）、二笾（脯若□一笾，枣若栗一笾）。小敛之奠，古用素器素盘，不备之家，仍用吉器。既馔以巾幂之（无者以油纸覆之）。

陈绖带于堂东。上自斩衰，下至缌麻。既小敛，皆着首绖、要绖（笔者按，"要"通"腰"）、绞带、布带。其括髪免髽之具，亦宜同设。……诸亲所着，宜以序陈列于东方。

（8）大殓。厥明（笔者按，死者故去的第三天早晨），陈敛事于室中。

升棺于堂。

陈奠事于堂东，其物特豚三鼎。三鼎者，熟肉一俎（古用豚，今用牛肉）、熟鸡一俎、熟鱼一俎也。其酒一献，其食二簋（饭一器，饼一器。用米二升以作饼）、一铏、三俎（肉汁杂菜以为羹）、四豆、二笾（醢□菹菜为四豆、□菓为二笾）。兼行上食，故其物颇殷也（古礼只三俎、二簋、二豆、二笾而已）。

执事者铺绞于尸左，举尸安于绞，哭踊无节。

奉尸纳于棺。

乃袒免，男女侠（笔者按，"侠"通"夹"，两侧之意）棺哭，乃盖

---

① 《书仪》卷五《丧仪一·魂帛》，四库全书本，第142册，第487页。
② 清乾隆年间官修《钦定仪礼义疏》卷二七《士丧礼上第十二之二》，四库全书本，第107册，第41页。

乃祖。祖者，左祖也。众、主人皆祖，下至祖免之亲，皆祖。男子于东方，西面南上（主人当尸首，众子依次列坐），妇人于西方，东面南上（主妇当尸首，众妇女依次列坐），平为一列（与哭位不同）。哭讫，妇人还内（内丧则妇人出户）。乃召匠加盖设祖。

乃袭乃奠，主人哭成踊。袭者，穿袄也。奠仪如小敛奠。

彻帷造倚庐。

既殡，主人拜宾当于倚庐。明日将殡，故预为之。

（9）成服。厥明陈衰、杖于户外。大殓之明日，死之第四日也。（生与来日，故经云：三日成服）若四日而大殓者，大殓之日遂成服。丧冠用布……丧衣如祭服之衣……竹杖其大，毋过一楹（大指与第二指相遇），苴其口。

将朝哭，主人以下入，即位哭，乃裳乃衰，乃冠乃绖，带绞垂乃奠。……主人以下哭，再拜。奠毕，主人将就庐，乃杖哭拜宾。

（10）成殡。厥明（死后第五日早晨），掘肂坎于西庭之北。肂坎者，将殡之坎也。其深见祖而止。

既朝哭，亲者启户告由，主人以下哭踊无节。告曰："将适殡所，敢告。"

御者八人入，奉枢适于肂，安于坎侧北首。

设揩，乃奉枢安于坎，乃席乃塗乃屋。

亲者设椅、桌于室中，乃置铭、重。

主人以下哭反位，乃馈亲者、执事，主人哭于庐次。位者，室户外之位也。馈者，辰正之上食也。凡奠，主人不执事。其孤子无亲者，自为之。

（11）既殡，哭，昼夜无时……

朝日有殷奠，月半则否。朔奠用特豚三鼎，其物如大殓奠（既葬用一鼎）。大夫以上有望奠，用特豚一鼎，其物如小敛奠。

若值仲月，有荐礼。春分、秋分行荐礼，用特豚三鼎（其物如朔奠）。夏至、冬至行荐礼，用特豚一鼎（其物如望奠）。其笾豆簋铏之中，宜用新物一种（春用韭，夏用麦，秋用黍，冬用稻类）皆兼行朝上食。

生日无奠，其或行之，勿殷。生辰之祭，非古也。权用特豚三鼎。

笔者按，殡者，为权停尸灵之意。启殡之后，方移于安葬处。起初，于朝鲜半岛殡、葬二者并无异同。高丽成宗九年（989年）时，有南海狼山岛民能宣女咸富者，其父死于毒虺，"殡于寝室凡五月，供膳无异平生"，后来"旌表门闾，免其徭役。"① 这说明高丽王朝对于殡之处所，葬期都没有规定，而徒存"事死若生"的古朴观念。

（12）启殡。既殡之越十日，就兆域营之。乃定日期，必用柔日。

宗子就祖茔，辨昭穆之位，以营新茔。自作太祖，以营新宅。太祖之墓南向（东向、西向无不可）。其子为左昭、西向，其孙为右穆、东向。庶子无后者，在左昭之后（男女殇者皆从葬），曾孙、玄孙皆照此例。

大夫三月而葬，贵族无官而有后者，逾月而葬。庶人及贵族之无官无后者，或二九而葬（十八日），或三五而葬（十五日），或九日而葬。殇与贱者，或七日、五日，无所不可（殇或三日葬）。并不谀风水邪说，不拘阴阳俗忌。凡三月而葬者，以既死之六十一日为葬期（如而期之为三年）。凡逾月而葬者，以既死之三十一日为葬期（若遇小月当各减一日）。假加丧在初五日者，便以来月之初五日为葬期。若其葬期不值柔日，或退一日，或进一日，比以柔日葬（乙、丁、巳、辛、癸日）。

从三日成服到三月启殡、下葬，是丧礼中最核心的环节。启殡是灵柩离开家宅，去往坟茔的过程，是生死离别的开始。星湖李瀷考辨古礼，认为这种行为亦称为"祖"，所以后来汉语中"祖"才引申出"离别"的意思（如北宋晏殊词有"祖席离歌"）：

> 按《既夕礼》"有司请祖期"。註云：将行而饮曰祖。祖，始也。疏云：《诗》，韩侯出祖，是将行饮酒曰祖。此死者将行，亦曰"祖"也。又：商祝御柩，乃祖。註云：还柩向外，为始行也。又布席乃奠。註云：车已祖，可以为之奠，是为祖奠也。②

朝鲜王朝的典制规定，即使是死刑和流刑的服刑罪犯也有权利和义务参加其父母丧礼及承重者之丧礼（比如嫡孙对于其祖父之亡故为承重丧，过继子"为人后者"对于其所承继之父祖为承重丧），尤其是从三日成服到三月启殡、下葬的核心环节。《续大典》规定：

> 死囚外遭亲丧者，限成服启禀保放（定配罪人遭亲丧及承重丧者，给暇归葬，过三月後还发配所）。③

---

① （朝鲜王朝）郑麟趾（于明代宗景泰二年，1451 年）：《高丽史》卷三《成宗世家》，九年九月丙子条，首尔亚细亚文化社 1972 年影印本，第 74 页。

② 李瀷：《星湖全集》卷四四《杂著·祖字义》，《韩国文集丛刊》第 199 册，第 300 页。

③ 《续大典》卷五《刑典》恤囚条，第 423 页。

笔者按，丁若镛之葬用柔日之说，唯考虑天干的阴阳变化，已然比较简略。实则朝鲜王朝初期接受了中国宋代胡舜申和蔡成禹的风水之书，不但讲求葬日的阴阳（用属于阴柔的天干），而是以五行学说为基础（用属于刚阳的地支），演绎出一套吉凶理论。这种理论认为天干与地支应该做到阴阳相匹配。世宗元年（1419 年）三月癸丑实录记载，赞成致事郑以吾等在论述了葬无定期，不择年月日时之后，又说：

古者，葬地葬日皆决于卜筮。今人不晓占法，且从俗择之可也。胡舜申《论诸家葬日法》曰："《广济历》可安葬者，如壬申、癸酉、壬午、甲申、乙酉、丙申、丁酉、壬寅、丙午、己酉、庚申、辛酉十二日，是十全大利之日。（南宋曾慥编）《地理新书》亦取之，《天通》《大明》等历亦多取之。则十二日，诚可用也。……盖以寅、午，火之德，象金之光耀，而谓之金鸡鸣；申、酉，金之德，象玉之光润，而谓之玉犬吠。此等日上不呼父母，下不呼子孙。言其阴阳相应，凶神悉伏，亦可遵用。愿自今依《大明历》例，葬通之日并注于每岁册历。《论承凶葬法》：胡舜申云：葬有吉凶。吉葬，谓卒哭逾年之外及有故改葬者，此择年月日时，必须皆得吉，然后可从事。凶葬，谓未卒哭百日之内，即不问凶年恶月，但择日时之吉，一切神杀，不甚避忌。如年月日时，亦皆得吉尤良，论不用大岁压本命。蔡成禹《地理辨妄》云：世之为说者，以吉凶之无准，遂为钓宫之说，用大岁月建。入中宫，顺飞行九宫，以相克为凶，相生为吉。又以其吉凶之无准，又为替宫之说，再以作方所得之支、干，顺行九宫。又以其吉凶之无准，遂为盖宫之说，再以所得之支、干，取九星以行九宫。又以其吉凶之无准，又用月建，入中宫，顺行九宫者而带神杀焉。又以八卦纳甲之宗庙爻，如八宫而带神杀焉。又增神杀之宫位，为大阳为大阴。福星龙德谓之四利焉。"

"夫月建带神杀，则岁建日建时建独不可带神杀耶？卦之宗庙爻可以带神杀，则其初二、三、四、五独不可以带神杀耶？其八卦有宗庙爻，可以带神杀，则五黄在中，又属何卦？有何者宗庙爻耶？彼其所谓四利星，又何所据耶？故凡为三元之说者，梦也。钓宫、替宫、盖宫四利者，又梦中说梦也。其所谓紫、白、碧、黄、绿、黑者，皆无说之说也。其暗建的杀，皆是类也。其超神接气者，又遁甲之近似然，亦屋上架屋者也。然则世人，但见所用者，纵横十五数，疑其为河图洛书之遗文，未知其谬，望风而尊信之，故不得无言。臣等谨按，大岁压本命之说，盖以所葬之日入中宫，顺飞行九宫，取本年大岁所到之宫，住却以六十甲子偏数之。如其家有本命与大岁同宫者，为大岁压本命，其人宜避之。臣等窃谓，若有人倘犯此，则一岁之内无日无之，故择大岁之不压本命者，难矣。古之人葬期，多不过七月，且汉唐诸君，未有一二年葬者，不用此法明矣。……又古历亡运，共有一十八条，推详吉凶，互有得失，难于全用。今世葬师，或用五音，全于亡命。然人死，安有命也……宋鲁真《尅择通书》内六轮注云：其实人之生死有时，子孙之富贵又分，岂容择日而死，姑存此例以备用耳。"①

对尊长的厚葬久丧乃是儒家传统丧礼的核心特征，但需要按照社会等级和家族内部秩序确定葬期——三月和逾月两个基本等级。朝鲜太祖四年（1396 年）六月庚寅实录：

> 宪司上言："自今勿论时散，许终三年之丧，申明家庙之制。禁三日葬及火葬，一依三月、逾月之制。"下使司，拟议以闻。②

《礼记》规定"天子七日而殡，七月而葬；诸侯五日而殡，五月而葬；大夫，庶人，三日而殡，三月而葬"，唐代人吕才提出"传云：王者七日而殡，七月而葬；诸侯五日而殡，五月而葬；大夫经时而葬；士及庶人逾月而已。此则贵贱不同，礼亦异数。欲使同盟同轨，赴吊有期，量事制宜，遂为常式。法既一定，不得违之。故先期而葬，谓之不怀；后期而不葬，讥之殆礼。此则葬有定期，不择年月，一也"。③ 太宗十七年（1416 年）六月乙酉实录记载，百姓有葬期不一的风俗，讨论以后，决定适当抑制阴阳家的活动，仍遵从三月、逾月的葬制，由礼曹监督实行，是倡导大夫和士等级的葬礼："今或有逾年未葬者，甚乖古制。且称为假葬，置诸原野，以为某年某月某日犯某子某孙生日，于某

① 《朝鲜王朝实录分类集》风俗篇一《世宗实录》卷三，第 97—98 页。
② 《朝鲜王朝实录分类集》风俗篇一《太祖实录》卷一一，第 6 页。
③ 《旧唐书》卷七九《吕才传》，第 2724 页。

为'的呼'①，计其子孙利害，如有子孙众多者，或二年以至三年不葬者，亦多有之。若士逾月，大夫三月，则丧事未备，事亦可虑。然前朝之季，有行三日葬者，安有择其子孙利害乎？"礼曹判书卞季良也试图倡导诸侯与大夫的葬礼等级："三日葬，非古制。请从五月、三月之制。"吏曹判书朴信言："阴阳家集诸家《丧书》，异论蜂起，使人诳惑。悉集《丧书》，令书云观撮其大要，其他怪异之书悉除不用……"礼曹上《葬用三月、逾月之制》："古者大夫三月而葬，士用逾月，此圣人大中至正之制，载在《六典》。今之葬者，率以阴阳拘忌，或至终年，甚为无艺。自今大夫、士既殡，其子孙即以限月内葬日告本曹。其应礼葬赠谥致赙者，曹启闻，移关各司。其逾限月而卜葬日、葬地及不以葬日告本曹者，主丧及择日相地者，皆以教旨不从论之。其有不得已大故者，不在此限。"从之。② 对于逾期不葬者，世宗大王又下教旨，严加处分。如：

> 司宪府启："副司正郑宗实过期不葬其父，按律制书有违，应杖一百。"命如律。③ 传旨："士大夫葬期，我太宗朝，已曾据礼详定。如今不无过期不葬者，惟尔攸司严加考察。"④

笔者按，过期不葬者，虽违背法律，然而同中国一样，官僚的轻微违法行为可以收赎而不受真刑的制裁。法禁不严，于是朝堂之上又有官员对《葬日通要》统一葬期的做法加以质疑：

> 司宪府启："工曹正郎权偲过期不葬其妻，当杖一百。"命收赎。仍谓左右曰："尊卑贵贱，葬期有定，世人惑于阴阳拘忌祸福之说，久不克葬，以致过期。曾命官涓吉，名曰《葬日通要》，颁诸中外，杂凡妖书，悉令火之，然岂无潜藏而用之者？此亦律文所重，犯者以

---

① 据笔者对东北旧时方言语汇的了解，"的呼"应该写作"嫡呼"才更接近本意，是指尊长故去的时间、地点、死亡时的状态，因为某种巧合对直系或宗族内的子孙有妨碍的迷信说法，如果是对外甥、外孙等旁系子孙有妨碍的话，称之为"外呼"。犯"的呼""外呼"的尊长亡故后，子孙因趋利避害之考虑，不敢贸然操持其殡葬。东北旧时方言语汇与朝鲜古代文献之巧合足以说明东亚文化内部的互动关系。更兼诸多民间故事的相似甚至雷同，实冀民俗学者进一步研究。
② 《朝鲜王朝实录分类集》风俗篇一《太宗实录》卷三三，第79页
③ 《世宗实录》卷二〇，五年（1423年）六月己巳（二十日），第2册，第535页。
④ 《世宗实录》卷二九，七年（1425年）九月乙巳（九日），第2册，第691页。

其罪罪之可也。至于针灸涓日之方，亦有多忌，难信之书行于世。若依此方，避忌而灸，则或有经年而不得灸者，是亦何人所作乎？今病深之人，不问拘忌灸之，而得愈者颇多。如此杂书去之，无乃可乎？"①

于是，朝鲜王朝之中后期，法令虽有对于过期不葬的惩戒，然力度不足，尤其是对于一些权贵。中宗十四年（1519 年）十月十三日（癸酉）实录：

> 宪府启曰："今日拜表，乃朝廷大礼。……安瑭位居三公，当留心朝廷之事，而不计家故。亡妻归葬，虽有国典，而非无子弟可以护丧者也。况当大礼临近之时，（谓拜表及文武科殿试也）不念国事，久出在外。且闻其葬妻，备极厚礼，涉于奢僭……"上曰："亡妻归葬，乃有国典，不须推也。治丧奢侈，非大臣率下之道，其推之。他事知道。"（史臣曰："瑭之葬其妻，丧车设雕栏、彩幄，圹中镕松脂为椁。时丧葬靡丽，竞尚浮文，以此或有过期不葬者，已成弊习。其子处谦等，用奢灭戚，瑭身任钧轴，风化之所自出，而以父不能制子，治其下丧，先率以侈，将安取法乎？"）②

丁若镛对朝鲜半岛好尚风水之学的风俗绝非大加赞赏，而是强调依循古礼，破除风水迷信："风水之学，世多崇信。不修德义，求福于葬巫。习俗已锢，无以晓惑。"丁若镛裒汇中国古代关于风水学文章的目的也是"宁适勿信，不以罪我，又幸矣。"其引述唐代吕才《葬书叙》，认为卜宅兆（选择墓地的位置）"永作魂神之宅"，然"朝市变迁，不得预测于将来。"丁若镛指出："所谓宅兆，原系昭穆族葬之地，确然素定，无所移易。今所筮询者，唯崩塌发掘意外之变而已，非问其吉凶祸福也。今人多引乎《孝经》，谓古人亦卜其宅兆，盖未深考乎古礼也。"吕才主张"葬有定期，不择年月"，丁若镛亦深以为然，但强调"古礼，葬用柔日""又用远日（用下旬）""今俗亦以刚日，则初虞行于刚日，而其明旋行再虞，以趁柔日之文"乃是"白黑相驳"的悖谬之法。③ 就风俗而论，朝鲜

---

① 《世宗实录》卷三○，七年（1425 年）十月戊子（二十三日），第 2 册，第 697 页。
② 《中宗实录》卷三七，第 15 册，第 573 页。
③ 丁若镛：《与犹堂全书》第三集《风水集议》，第 519—520 页。

王朝多行迁葬之法，即"权窆"而后"迁葬"："宋俗必求永厝之地，故逾时不葬。吾东虽三月而葬，名之曰'权窆'，更求吉地以求迁葬，比宋俗小胜也。"实则未必如此，朝鲜王朝之大臣于卜宅迁葬之际，迷信风水，同时又受到民俗和国家法令的制约，破费资财，费尽周折者，亦属常态。则知其葬俗以风水为吉凶，贻害不浅，以至于人们公认的"优质"墓地价格不菲，并且，由于购买墓地和迁葬等因素造成了不必要的田宅转卖和人口迁移。英祖二十年（1744 年）十月二十五日（戊辰）实录载：

> 领议政金在鲁上疏，下李彦世之疏曰："……臣之父母，各葬畿、湖，宅兆不利，臣于数十年来，求得吉地，必欲合窆。而臣名位渐高，谨畏愈过，与人相讼之地则不敢用，在法或禁之地则不敢用，以至于今。臣之所居十里，有一士人家篱后，素称可用，臣只取其便近，回抱决意定买，一从家主所言而给价，仍买其相连处三草窝及龙虎内他田数区，皆给倍蓰之价，又许其随力移居。昨年夏始行移葬，而经葬之后，二三草屋又有希高价而愿卖者，酬以倍直，任其久住。今皆移建新家于咫尺步武之地，安居如古，朝夕相见，则四十户失所，流离怨苦诅咒之说，岂非万万诬罔乎？又以此山之入于《舆地胜览》为言，而八道之山，皆《舆览》所载，其有不得入葬于《舆览》所载山下之法乎？又以百馀户人家为言，而臣家用山处，不过一小谷，谷内至窄，撤移六七家外，见在者仅可十馀户。渠所诬已毁四十户，初无可容之地，况百馀户乎？他村之民亦皆曰'梦村一村，因某家移葬，皆得大利'。人人相传，遂作一世话柄。故虽以彦世之恣意捏无，而犹不敢曰轻价勒买。今若暗行廉问，卖田舍者，或有以勒买为怨，而一夫或有失所未定居者，则臣当伏重辟而无辞矣……"上优批慰谕之。①

改葬对于朝鲜王朝而言，亦有烦琐的礼节。如沙溪金长生认为"后世既有墓祭，则改葬虞，亦不可废"，"改葬告庙，酒果只奠本龛"，"或葬祖而告父，葬父而告祖"。② 宋代司马光讲到宋代有职业的"葬师"，逢祖考葬礼，宗族或有督促该逢丧的家庭延请葬师之事。朝鲜王朝称之为"地

---

① 《英祖实录》卷六○，第 43 册，第 159—160 页。
② 李瀷：《星湖全集》卷四○《金沙溪〈疑礼问解〉辨疑》，《韩国文集丛刊》第 119 册，第 209 页。

师"，名异而实同。① "地师"甚或"经师"根据民间流行的各种《葬书》
决定下葬的方式，与官方礼典并行，且判若两途。太宗十八年（1418 年）
三月甲戌"命收葬书"。

> 礼曹启："葬书，京外知会，皆聚书雲观。若藏匿不出者，依收
> 藏禁书律论。"前此命曰："中外经师，各有相错葬书，拘于阴阳禁
> 忌，而经年未葬者颇多……令书雲观择葬书最要者，以葬通日，颁布
> 中外。其餘妖诞不紧之书，悉皆烧毁。"至是收之。②

对于民间荒诞不经的丧礼之书，由烧毁到撮要、收禁，是朝鲜王朝礼
制与民俗磨合适应的结果。

北宋程颐《葬论》认为当择"土色之光润，草木之茂盛"美地为父祖
宅兆，"非阴阳家所谓祸福者也"，"地之美者，则其神灵安"，"父祖子孙
同气，彼安则此安，彼危则此危。亦其理也"。丁若镛则对此说提出了明
确的质疑："若据生时而言之，则父母方居福地、康宁安适，而子孙夭折
者有之。父祖窜逐恶岛，困苦穷愁，而家产孩儿将为卿相大官者有之。况
于身死之后何以保其必然之应。"朱熹《葬说》认为当择"山水环合之
地"，丁若镛认为："山水环合，风气蕴蓄，则居者安稳……此地美而人就
之也，非人就而地发之也……及观其书，则甲乙丙丁、乾坤艮巽，有不可
究诘者。是则人情之外，别是私欲也。朱子既以诸先生所言为正论，则其
下存疑之说不过如参同契注解而已。岂本意哉？"丁若镛又言："朱子本以
蔡季通之故，不弃风水之说，尚赖程子之说可以枝梧。後人（指明代丘濬
等）又欲援而合之，使无异论。过矣！"③丁若镛对风水吉凶、父祖与子孙
灵魂感应之说，甚至《易》学的否定其实并非朝鲜王朝民俗的全貌和主
流。在现代人韩重洙主编的《四禮便覽》中有专章研究婚丧的吉凶运术。
可见，此"学术"于朝鲜半岛未尝中辍。在那个时代，丁若镛这种进步的
理念其实非常难能可贵。

朝鲜王朝之葬礼既取法于宋代，则其葬礼亦可随其家财而为之丰俭。
如司马光《葬论》所言："昔者，吾诸祖之葬也，家甚贫，不能具棺椁。

---

① 丁若镛：《与犹堂全书》第三集《风水集议》，第 520 页。
② 《朝鲜王朝分类实录》风俗篇一《太宗实录》卷三五，第 83 页。
③ 丁若镛：《与犹堂全书》第三集《风水集议》，《韩国文集丛刊》第 284 册，第 521、
526 页。

自太尉公而下，始有棺椁。然金银珠玉之物未尝以锚铢入于圹中。"① 类似的主张也出现在丁若镛的论著当中。至于中国小说中出现的卖身葬父的孝行，大抵有明清时期贫苦之人不得已而为之者，抑或为博得美誉矫情而为之者。

汉代墓葬，多用石室，唐宋乃以木质的棺椁。太宗六年（1406 年）闰七月乙酉实录反映了使用灰隔以替代石室的办法：

> 命大臣葬礼，禁用石室。政府咨前朝之法，大臣葬礼，许用石室。谨按石室之制，礼典所无，只劳生人，无益死者。乞依文公《家礼》，只用灰隔，无用石室。从之。②

笔者按，灰隔之法③在一定程度上使得南方潮湿地区的尸骨不至很快受潮、腐烂。丁若镛之礼书亦遵从之。

总之，朝鲜民族是心理暗示较强的民族，在屋宇建成与乔迁之后都要请巫婆来唱祝，其歌曲谓之"성주풀이"，并且该词语没有对应的汉字形式，④ 可以认定为朝鲜民族特有之语汇。其民间崇尚巫觋亦为其固有之传统，非外力所能尽革，亦非因其学者如丁若镛者之倡导所能尽废。

（13）发引。厥明（启殡后的第二天早晨），陈奠具于中庭之西，奠席东向。中庭，即停辒之处也。……卿相用太牢七鼎，官师以下，仍用特牲三鼎，庶人一鼎。

主人入，即位，袒。掌舆者奉枢车，止于中庭，乃盖乃帷，乃饰乃

---

① 丁若镛：《与犹堂全书》第三集《风水集议》，第 520 页。
② 《朝鲜王朝实录分类集》风俗篇一《太宗实录》卷一二，第 39 页。
③ 汉用石室。唐宋时期，人们主要是采用"高地厚棺深葬"的办法。南宋以后，朱熹对墓葬的构造方法进行了改革，倡导和普及了一种新型的墓葬结构——灰隔之法。《朱子家礼·丧礼》原注对此有如下的记载："穿塘既毕，先布灰末于塘底筑实，厚三寸，然后布石灰、细沙、黄土拌匀者于其上。灰三分，二者各一可也。筑实厚二三寸，别用薄板为灰隔，如椁之状。内以沥青涂之，厚三寸许，中取容棺。墙高于棺四寸许，置于灰上。乃于四旁旋下。四物亦以薄板隔之，炭末居外，三物居内，如底之厚。筑之既实，则旋抽其板，近上复下炭灰等而筑之，及墙之平而止。盖既不用椁，则无以容沥青，故为此制。又炭御木根，辟水蚁。石灰得沙而实，得土而粘，岁久结为金石，蝼蚁盗贼皆不能进也。"这段记录与今天考古发掘的以三合土（石灰、细沙、黄土）浇筑墓塘，以松脂（沥青）灌注棺椁，放置木炭作为防潮材料的南宋、元、明、清之"灰隔"墓葬，完全一致。故清朝学者万斯同认为，真正解决南方墓葬防水问题的，是南宋的学者朱熹。（参见张传勇《因土成俗——明清江南地区的自然地理环境与葬俗》，《中国社会历史评论》2008 年辑）。
④ 康寔镇等编：《韩中辞典》，首尔进明社 1998 年版，第 939 页。

翣，哭踊无算。

乃袭乃奠。

乃启，引铭先行，次功布，次翣，柩车乃行。卿大夫之丧，旜先行（曲柄旗），次丹旐（今俗谓之铭旌），次驾马（今俗谓之魂马），次铭旌（长三尺），次功布，次黻翣，次云翣。儒生、庶人，并无一翣。

不作明器，下帷，不苞牲，不罋、不筲、不茵、不挽词、不幕次，不赠币。下帐，即床帐、茵席、椅桌之类。

主人以下，哭，步从柩。将行，主人袒，既出门，袭。斩衰者在前，期年次之，大功次之，小功次之，缌次之，袒免次之，无服之亲次之，宾客次之。其服同者序其列（叔先而侄后）。其列同者，序其齿。墓在十里之内者，依古礼步从，墓远者，从俗骑马，京城亦宜骑马。

笔者按，朝鲜王朝之典制，要求依循古礼，"居父母之丧者，蔬食水饮，杖而后起。"在这样体力难支的情况下骑马似乎是不可能的，两难之间，于是有违制之事："若遇丧葬不得已之事，非骑马不能行，故乘朴马[1]，布裹鞍辔之文，载于《礼书》。今人往往饮酒食稻，无异平昔，则其气力不须杖矣，乃因乘朴马之文，不因丧事，而乘肥马奔驰朝路者有之。"[2]

（14）窆止哭。柩至圹，主人袒，止哭。止哭，为整理窆事。乃窆，乃堲，乃筑，乃炭，乃土，乃筑，乃袭。

既盈坎，乃奠于墓左，因以立主，以埋铭。盈坎，即平土也，其奠用特豚一鼎，兼行题主奠，不殷奠。既立主，祝告曰："形归窀穸，神不宁处？是凭是依，适于皇祖。"铭埋于墓左，重与翣与功布之等，并烧于墓前。（铭则折叠，裹以白纸埋之，杠则烧之）

乃返哭，既入门，主人袒，升堂，自西阶。妇人下堂，哭，升自东阶，遂适殡宫，哭尽哀，袭。

宾吊如礼。宗子之丧，反哭于庙，自庙而降，适于殡宫。

按星湖李瀷之说，以玄纁奠于灵座，而灵座置于圹中：

> 按《通典》以下帐于柩东，南面，食盘设于下帐前。以玄纁入奠

---

[1] 朴马者，未剪饰髦鬣的马。《左传·哀公十二年》："桐棺三寸，不设属辟，素车朴马，无入于兆。"孔颖达疏："《曲礼》云'大夫去国，为位而哭，乘髦马'，郑玄云'髦马，不鬄落也'。则此朴马亦谓不鬄落，用此以载柩也。"

[2] 《朝鲜王朝实录分类集》风俗篇一《太宗实录》卷五，三年（1403年）四月庚戌条，第29—30页。

于灵座，下帐乃床帐、茵席、椅、桌之类，则所谓灵座，即指下帐也。既设灵座于圹内、柩东，故奠玄纁于柩东。其礼当然也。近世作圹，仅容棺，则币无可奠，遂多铺在棺上，退溪（李滉）讥其非礼。愚按《既夕礼》，公使宰夫赠玄纁束，宾升实币于盖。注云：升柩车，实币于棺盖之柳中。……沙溪（金长生）《辑览》云：《家礼》既曰柩旁，则似当以玄纁分置两旁，而今或置于柩东之旁，似以《开元礼》为据，然则置之当如柩衣之上玄下纁也。

　　愚按《家礼》，主人立于圹东、西向，主妇立于圹西、东向。主人赠玄纁，奉置柩旁，盖主人亲奉以奠也。主人既在东，而不言置于何方，则其置于东可知。盖遵《开元礼》而略其文也……①

　　笔者认为，夫玄、纁之币②，民间未必能具。《仪礼》之《既夕礼》篇亦未言置灵座于圹中而奠玄纁于灵座之东，唯奠于棺而已。盖《仪礼》虽古，然士之礼耳，《开元礼》乃是皇家授意，政府主持修撰之官礼典。所以《开元礼》规定的圹尤其宏大，可以置灵（即下帐，下帐乃包括了床帐、茵席、椅、桌之类）。朱熹《家礼》乃是总汇古礼与官礼的结果，故虽有玄纁之奠，而不言置灵座于圹中。朱熹《家礼》以普世为制礼的目的，故笼统言之，"主人赠玄纁，奉置柩旁"，暂不言位向与规模。故朝鲜学者在借鉴上古《仪礼》与朱熹《家礼》的同时，必然要参互《开元礼》等官方礼典。

　　（15）虞祭。日中而虞，士三虞，卿大夫亦三虞，庶人一虞。

　　执事者布席于室中，设几于席右，陈祭事于室外。席用素席，几用书案。祭馔用特牲三鼎（大夫同），卿相少牢五鼎。学士、官师特豚三鼎，庶人特豚一鼎。

　　主人以下，入就位，哭，再拜。其位以服之精粗为序。

　　执事者荐笾、豆，荐簋，荐铏。主人袭，灌酒于茅，乃释祝哭。

　　乃荐俎以侑食，乃初献，乃亚献，乃三献。俎者，三鼎所升之熟肉三俎也。（其用一鼎者以一鼎侑食）。既荐俎，乃扱匙。初献如祭礼，献炙一串。次子亚献，好礼之家主妇行之，献炙如初。次子三献，好礼之家亲宾

---

① 李瀷：《星湖全集》卷三九《金沙溪〈疑礼问解〉辨疑上·玄纁：〈开元礼〉奠于柩东，未知有意义耶?》，《韩国文集丛刊》第199册，第206页。

② 玄，黑里带微赤的颜色。《周礼·考工记·钟氏》"五入为緅，七入为缁"东汉郑玄注："凡玄色者，在緅缁之间，其六入者与?"纁，浅绛也。从糸，熏声。（《说文》）绛，大赤也。（《说文》）故，纁者，浅红色。玄纁，黑里带微赤和浅红色的织物。

为之，献炙如初。不荐羞，不受胙，不旅酬，不阖门。

执事者进水，主人以下哭。进水者三抄饭，如俗礼。主人及尊长伏而哭。

祝出户，西面利告成。主人以下再拜，执事者彻馔阖牖户，主人以下出。既阖户，遂出，不俯伏，如食顷。

再虞之礼皆如初。

（16）卒哭祔。刚日三虞以卒哭，无二祭也。再虞之后，各二日，以取刚日（丁日葬者，己日再虞，壬日三虞），礼如初，唯祝词改一字，曰："哀荐成事。"其物用特牲三鼎，下大夫用少牢五鼎，卿相之家用太牢七鼎。官师、学士用特牲三鼎。

既进水，哭，兴，祝告祔期，乃出户，告利成。祝西而告曰："来日癸酉，将隮附于曾祖考某官。敢告。"以下礼如初。不受服。

笔者按，卒哭乃是丧礼中的重要环节。卒哭之前，禁忌颇多，卒哭而后，尽管尚未下葬，禁忌亦渐解。世宗四年（1422 年）五月丙寅实录虽记载的是王室丧礼，然亦可说明卒哭之关键：

> 礼曹启："自殡后至卒哭，除社稷外，大中小祀，一皆停之。停朝十日，巷市五日。卒哭前禁嫁娶屠宰，三年不用乐，卒哭后大祀始用乐。"从之。[①]（另，肃宗大王时），仁宣王后丧（笔者按，仁宣王后，孝宗之妃，肃宗之祖母），未及练祥，礼官启议王代服之礼，王从大臣议，卒哭后，因朝奠受服。盖用古人未葬象生之意也。[②]

世宗四年（1422 年）七月己巳实录再次议定王朝丧礼，至于世宗为其君父之服制，民间之婚丧，亦以卒哭为重大界限：

> 议政府参赞许稠上疏曰："臣按（宋）范祖禹曰：先王制礼，以君服同于父，皆斩衰三年……君丧，自汉以后，以日易月。及宋朝，官中实行三年之丧，至于外庭，必君臣一致者……臣伏观大行丧制，卒哭后，殿下权免衰服，以白衣、乌纱帽、黑角带视事，若朔望别祭等凡干丧事，皆用衰服。……乞依文公《家礼》之说，自一月之後许军民（婚姻），三月之后许无职两班子弟（婚姻），卒哭之后许四品以

---

① 《朝鲜王朝实录分类集》风俗篇一《世宗实录》卷一六，第 128 页。
② 《肃宗实录》之《行状》，第 41 册，第 110 页。

下（婚姻），小祥之后，许三品、二品以上（婚姻）。并须禫祭，然后行吉礼焉。则庶合事宜。"上曰："期与再期及凡干丧事，当用衰服。卒哭前禁婚之法已立，不须更论"。①

笔者按，此处世宗大王并未按照朱熹《家礼》行事，而是重申"卒哭前禁婚之法已立，不须更论"。此卒哭之礼，大约相当于百日之后。至重之丧以百日，乃是满洲旧俗。朝鲜王朝当时可能受到这种满洲旧俗的影响，以卒哭为重。按照中国传统丧礼，孝子自父母始死至殡，哭不绝声；殡后思及父母即哭，"无时之哭"。"卒哭"之后，"无时之哭"的祭礼改为朝夕各一次哭奠，称"有时之哭"。按《三礼》，士三月而葬，自葬日开始接连举行三次虞祭，卒哭祭举行在第三次虞祭后的一个刚日（天干纪日法，甲丙戊庚壬日为刚日）。此时距始死约百日。于是，民间的"百日祭"乃与"卒哭"礼混一。《仪礼·既夕礼》："三虞，卒哭。"孔颖达疏："至此为卒哭祭，唯有朝夕哭而已，言其哀杀也。"在这里"杀"就是减弱的意思，也就是说"卒哭"这一仪节的含义就是逐渐减缓悲哀的情愫，降低哀哭的等级。清代人则直接称"百日卒哭"。吴荣光（1773—1843年）《吾学录·丧礼门四》："百日卒哭，仪同虞祭。"又："俟卒哭后，（孝子）易素服，于邻里则亲至其家，稍远者为书致谢，庶于情礼兼备。"

日夕，陈祔事于堂，皆如卒哭。

厥明，主人以下入殡宫，哭。祝曰："将行祔事，敢告。"

出于堂，陈笾、豆，主人以下再拜，乃荐簋荐铏。不奉新主，亦不设皇祖之位，但用空椅一具，合祭之，此之谓祔。唯酒与饭两献之。

主人灌酒于茅，乃释祝哭。祝曰："维年月日，孝子某敢昭告于显考某官。孝子某夙兴夜处，哀慕不宁。谨用清酌庶羞，以适于显曾祖考某官，以隮祔其孙某官尚飨。"宗子庶子皆同，无诣庙出主之法（庶子之祔，亦不以宗子来为主人）。②

然而，朝鲜半岛传统礼制中却有在祔庙时，将神主请出的仪式。据俞

① 《朝鲜王朝实录分类集》风俗篇一《世宗实录》卷一六，第129—130页。
② 此仪节较之明代官方典礼为简约，盖以适合民众之行用也。按宋明之礼典，皆无祔事出主之法，唯清廷典制有之。《明集礼》卷三七下《凶礼三·庶人丧仪》只是说："丧主以下入，哭于灵座前，乃诣祠堂，奉所祔祖考之主置于座内，执事者奉祖、妣之主置于座。"《钦定大清通礼》卷五〇《卒哭、祔》："明日夙兴，执事者诣庙，具馔，陈设如常祭礼。设亡者案于祖考神案东南，西向，祝启室，奉四世神主，以次设于几，如时荐之位。"此丁若镛特与清廷典制相左之处，亦为合于朝鲜民情。

惪善收集的祝文一则如下:

> 孝玄孙某今以隮祔先考有事于
> 显高祖考某官府君敢请
> 显高祖考显高祖妣神主出就于座①

笔者按,按照丁若镛的礼法,"祔事"乃合神主之法,是"考妣合食"的小家庭礼法,所以无须宗子的参与。其以下之礼,亦然,尤其是用妇人献祭、助奠之法。但如果说在朝鲜王朝时期,有些贵族祔庙时使用了请"神主出就于座"之礼,那就是意味着祔庙之礼大费周章,十分隆重,恐怕就必须要宗子参与了。当然,俞惪善也收集了两篇无须请"神主出就于座"之礼的祝文,乃小家庭之礼数,兹不赘引。

乃荐俎以侑食,乃初献,乃亚献,乃三献。其礼皆与虞祭同。唯三献之爵皆献二盏(其炙则三献各只一串),与考妣合食者同。既荐俎,乃扱匙。既三献,乃进水。既进水,主人以下哭。行荐羞礼。主妇盥洗(次妇二人从),献,加豆加笾,次妇二人助奠。荐讫,主妇再拜。不受胙,不旅酬,不分馂。

祝出户,告利成。

以下皆如虞祭之礼。

(17)小祥。(笔者按,小祥之期,以三年之丧为例[实则二十七月或二十五月],第十一个月为小祥之期。)前期一日,陈鼎视涤,陈练服于户外。其物用特牲三鼎,卿大夫小(少)牢五鼎。练冠用八升练布(母丧用九升)。其条属右缝,外缲绳缨(齐衰用布缨)。三辟积之等,皆与成服之冠不殊。……练中衣,稍细于故衣。绳屦,惟杖不易。凡葛皆用白筋。先辈或言用粗葛,非也。

厥明,主人改服,入就位,哭,行事,皆如虞祭。

行荐羞,如祔祭。行致爵礼。荐羞讫,主人献酌于祝(子弟一人祝献之)。祝受爵,卒饮,主人拜,祝答拜(一肃拜)。不祝出户,告利成。

已下皆为虞祭。无朝夕哭。有朔祭,春分、秋分有祭,冬至、夏至,有荐。

既练,哭无时,犹当每日晨起一哭,如朝哭之礼。大夫以上,有月半之祭。凡时祭,皆杀礼。(牲品与既葬同)

---

① 俞惪善:《韩国人的冠、婚、丧、祭》,第248页。

关于小祥练祭之日期，素来有卜筮择日之法，以礼经，首选"远日"（下旬日），以明久丧之义。朝鲜《五礼仪》练祭仪："若内丧在先，则十一月而练，先远日择吉行之。王世子以衰服入哭，出服练服行祭。"① 而官方旧制与代表士大夫阶层礼法观念的朱熹《家礼》略存龃龉，朝鲜世宗大王之教旨的意思是最好按照旧制或《家礼》"各行其是"。世宗三年（1421 年）四月庚戌、戊午实录：

> 礼曹启："谨稽礼经，凡卜筮日，丧事先远。又云：练筮日，自今凡父在为母者，练祭乞依此制，先选日择之。"
>
> 上使宦者李村传旨曰："练祭择日之法，若用《家礼》，当从卜筮。若用帝王故事，必有涓日之例（笔者按，涓日指固定的吉日）。"柳亭显、李原等对曰："文公《家礼》，士大夫之礼也。帝王故事，必有涓日之例，不可别建卜筮。"卞良曰："参用《家礼》筮日亦可。"上从柳亭显等议。②

小祥及练的意义非常重大，它不是丧期的结束，但却是开始除却丧服的标志。星湖李瀷论述了父在为母之期丧应该提前进行小祥，以保持父亲的至尊地位，作为儿子只要保持"心丧"三年就可以了，而夫为妻之服则不必行"小祥"及练除之礼，尽管夫为妻也是期丧，但较之父在子为母的期丧有规制上的差距，这种差距就需要通过是否进行"小祥"及练除来体现，也就是说父在为母的丧礼实质上是"三年之丧"的变异，为了表明父亲犹在，为了不至于有损父亲至尊地位，在"小祥"及练的环节上不得不进行合理的权变，因此星湖李瀷解释说：

> 按父在为母期也，为妻亦期也。期则同，为母练于十一月，而为妻无此义。是则恐不同。何以明之？夫于妻本无三年之义，故不可具三年之体也。是为不练之验一也。
>
> 子为母期者，厌（压）于父也，故不敢伸其私尊，又不可不具三年之体。故十一月本非当练之月而练之者，不得已也。夫于妻，既无所厌（压），而练于不当练之月，似无依据。是为不练之验二也。③

---

① 《肃宗实录》卷一一，六月丁未（二十六日），第 38 册，第 539 页。

② 《朝鲜王朝实录分类集》风俗篇一《世宗实录》卷一二，第 122 页。

③ 李瀷：《星湖全集》卷四二《杂著·为期不练说》，《韩国文集丛刊》第 199 册，第 257 页。

（18）大祥。（笔者按，大祥之期，以三年之丧为例［实则二十七月或二十五月］，第二十五个月为大祥之期。）前期一日，陈鼎视涤，陈祥服于户外。其物用特牲三鼎，卿大夫少牢五鼎。缟冠之制，用素帛为之，不外繂，不厌［压］（谓武在冠外）（笔者按，此处的"武"指冠上的结带，如《礼记·玉藻》："缟冠玄武，子姓之冠也。"），左缝（其辟积向左），五辟积（其广八寸，与丧冠同），有纰（以素帛饰其边），有緌（缨馀之垂者），素缨素武（武之崇四寸），唯缩缝如丧冠。其服用十五升细布（俗谓之直领），其带用细布。其中衣犹用麻衣。……妇人犹素服（子妇或出嫁女或玉色亦可）。

> 厥明，主人改服，入就位，哭，行事皆如小祥。祝词亦同，唯"奄及练期"改之曰"奄及祥期"。
>
> 行荐羞礼。行旅酬礼。旅酬之礼，见祭礼考定时享之仪，唯其末不告嘏，不受胙，不分馂。
>
> 祝出户，告利成，主人以下再拜。已下皆如小祥。礼毕断杖，并绖带烧之于净处。
>
> 祭毕，主人以下诣庙，以脯醢告迁。奉祧主出，诣墓埋之，乃设奠于墓，哭而反。改题旧主如加赠之仪，乃以曾祖迁于右位，祖迁于次位。若墓远者，权以祧主奉于外舍，以明日行。

主人以下诣殡宫，告迁，奉新主入庙，皆再拜出。告曰："将迁于庙，敢告。"后来，心丧之说盛行，乃有"心丧三年"之说。如星湖李瀷以女子出嫁逢父、母先后亡故为例，说明了大祥是丧礼的重要阶段：

> 假令女年二十，二月嫁娶之月，将嫁，正月而遭父丧。至大祥，女年二十二，欲以二月将嫁，又遭母丧。至後年正月，十三月大祥，女年二十三而嫁云云。……据此，则假令母服虽期而除，心丧则犹在，故父尚为子三年然后娶，女安得不终三年而嫁乎？《内则》之说，未知何指，若谓因心丧而嫁则恐大不然。①

① 李瀷：《星湖全集》卷四二《杂著·父丧中母服说》，《韩国文集丛刊》第199册，第254页。

若以心丧论之，依照"因情制礼"的原则，守"心丧"之女也是不宜出嫁的。之所以有"大祥"之后女子乃可以出嫁的说法，乃是认定大祥是丧礼的一个重要阶段，意味着斩衰、齐衰服制的基本结束。

（19）禫祭。中月而禫①。前期一日，陈禫事于堂中。不诹日，惟自大祥之日计至六十一日。祥在初五者，行于初五，祥在十五者，行于十五（若直小月不能满六十一日）。或祥在上旬者，用上丁，祥在中旬者，用中丁，祥在下旬者，用下丁。其物用特牲三鼎，卿相少牢。其冠宜用黑缯，其制如缟冠。婆家权用黑笠亦可。其服青袍，其带黑缯，其屦吉屦。其网巾，饰以缁帛，黑笠缁缨。

厥明，主人改服，入庙告事，奉新主出于堂。行事皆入大祥。告曰："将行禫事。出主于堂，敢告。"祝词亦同，唯祥期曰禫期，祥事曰禫事。

祭毕，奉主还于庙，阖户，降，主人以下出。既禫，无所不佩，饮酒食肉，可以从御。犹于是月，不听乐，不从政。

是月值仲月，祭荐用吉礼，犹不告暇，不受胙，不分馂。若分至（笔者按，指春分、秋分、冬至、夏至）在禫祭之前，仍不得祭荐（或以下丁行事亦可），以待后序之仲月（俗以此祭名之曰吉祭，不知为四时之正祭，非也）。②

关于祥禫，朝鲜王朝《经济六典》规定了假期，即使对于百日除丧的军人，祥禫假期亦有规定，但根据朱熹《家礼》，军人应随近设置祠堂，而不是回乡祭祖坟。世宗三年（1421年）二月己亥实录：

> 礼曹启："侍卫军士百日行丧後请祥禫之暇，欲归其乡者颇多。

---

① "中月而禫"出自《仪礼·士虞礼》："中月而禫。（郑玄）注：中，犹间也。禫，祭名也，与大祥间一月，自丧至此，凡二十七月。禫之言澹澹然。平安意也。古文禫或为导。"有关"中月而禫"的问题，实则是涉及"三年之丧"如何实行的问题。《礼记·三年问》《荀子·礼论》与《公羊传》等将三年之丧定义为"二十五月"，三国时曹魏的经学家王肃也支持二十五月的说法。至东汉，经学家戴德、郑玄又将三年之丧定义为二十七月，认为"二十五月大祥，二十七月而禫"。其争论的焦点是将"中月而禫"中的"中月"解释为"月中"（即"当月"）还是"间月"（间隔一个月）。但由唐迄于清代，按照礼疑从厚、丧疑从重的原则，戴德、郑玄"三年之丧二十七月"的说法占据了主流，甚或有唐代学者王元感、清代学者毛奇龄等人主张完满的"三周年"的整丧。（参丁鼎《"三年之丧"源流考论》，《史学集刊》2001年第1期）根据"不诹日，惟自大祥之日计至六十一日"的说法，朝鲜王朝在大祥和禫的问题上认同的是东汉戴德、郑玄将三年之丧定义为二十七月的主张。

② 以上丧礼的主干部分参照《与犹堂全书》第三集卷二一《丧仪节要》，《韩国文集丛刊》第441—450页。

谨稽朱文公《家礼》，祥禫之祭，皆行于祠堂。《经济六典》：起复人员，大小祥祭，给暇三日，禫祭五日。自今军士祥禫，依《六典》给暇，令祭于祠堂。"从之。①

星湖李瀷引用《仪礼·丧服》篇之唐代贾公彦疏，表明大凡期以上丧，禫后用杖，一般适用于为父母、妻之丧：

> ……父在为母，母之于父，恩爱本同，为父所厌（压），屈而至期，是以虽屈，犹伸禫杖也；为妻亦伸：妻虽义合，妻乃天夫，为夫斩衰，为妻报以禫杖也。②

（二）丧服制度变革及其反映的社会结构

欲了解朝鲜王朝的宗法体系和家庭结构，有必要对父权为核心的家长制下的诸母权利加以分析。唐宋时期对于诸母丧服的讨论其实是无疾而终的。《元典章》勾勒的"三父八母"图试图对家庭内的父权与母权做一个总结，之后的《大明律》也继承了"三父八母"图。朝鲜王朝引进《大明律》作为国家司法和律学的准绳的同时，对"三父八母"图尤其重视，列在《大明律》诸注本的卷首，以示因礼制法之意。因此，对于三父八母与家族秩序关系的解说显得尤其重要。

朝鲜王朝之初因元明之制，确立三父八母的服纪地位。"三父八母"不是指自己的亲生父母，而是基于大家族内的嫡庶关系或者小家庭的婚姻变化状态而设定的服纪制度。"八母"中的养母、嫡母、继母、慈母反映了父权为核心的家族秩序内所形成的母子关系；"三父"（同居继父、不同居继父、从继母嫁）及"八母"中的嫁母、庶母则反映了小家庭的婚姻变化所造成的父子或母子关系。因此，三父八母在礼、法上的确定反映了元、明时期礼法制度对于家族秩序的调控机制。

三父八母图始见于《元典章》，高丽后期与元朝交接甚密，然所谓典章制度，高丽与朝鲜王朝交替之际，仍然以《大明律》为公开认可的法

---

① 《朝鲜王朝实录分类集》风俗篇一《世宗实录》卷一一，第121页。
② 李瀷：《星湖全集》卷四二《杂著·为期不练说》，《韩国文集丛刊》第199册，第257页。

典，且"用《大明律》"成为《经国大典》的明文规定。《大明律》成书
于洪武三十年（1397年），其基本内容是《名例律》及吏、户、礼、兵、
刑、工"六律"，共三十卷。今中国大陆比较通行的《大明律》乃是法律
出版社1999年出版的怀效锋点校本，该次点校是以万历七年（1579年）
张卤校刊《皇明制书》中所收录的《大明律》为工作底本的，其编排上是
将万历十三年（1585）舒化所编的《问刑条例》附于三十卷正文之后，
其诸多附表（包括《三父八母图》）亦附载于其后。而朝鲜王朝万历四十
一年（1613年）太白山实录史库本的《大明律附例》（可见首尔大学奎章
阁影印本，2001年12月版）则将《问刑条例》附于相应的三十卷"正
律"之下，且将诸多附表（包括《三父八母图》）前置。根据《明史·刑
法志》的记载，诸礼图前置更符合《大明律》的初始面貌。两个不同版本
的《大明律》中，《三父八母图》大同小异，唯万历四十一年（1613年）
朝鲜太白山实录史库本将乳母的解释加以有意识的省略："乳母：谓父妾
乳哺者，缌麻。"而中国法律出版社怀效锋点校则有"乳母：谓父妾乳哺
者，即妳母，缌麻"的解说。显然，前述所谓"万历四十一年（1613年）
朝鲜太白山实录史库本"极有可能是天启以后的抄本，唯著录"万历"之
名而已，因为该抄本删除了"即妳母"三个字，乃是鉴于天启年间乳母客
氏与魏忠贤勾结，祸乱朝纲的史事，故意将乳母局限于父之妾了，而同时
排除了民间的所谓"奶妈"。从传统礼制上讲，这符合良贱有别的原则
和父权至上的原则——唯与父有过从者方可为"母"。若从政治和典章编
纂的角度看，鉴于朝鲜王朝对中国政局的一直密切关注的史实（有卷帙浩
繁的《燕行录》传世），朝鲜所藏法典《大明律》的抄本极有可能随着明
廷中央政局的变化而有所调整。天启以后的《大明律》之所以仍然借用万
历之名，则与万历年间，壬辰倭乱时期万历皇帝派兵援朝并取得胜利有
关。朝鲜旋即修建大报坛以追荐明神宗万历皇帝的功业。所以，以假托之
法冠之以"万历"之名的法典更具备权威和正统色彩。

礼制是中华法文化的核心。所谓"国法"与"家法"莫不衍生于此。
并且从后世的实践来考察，随着家族主义的再度萌发，礼制在社会调节机
制中毫无弱化的倾向。如果说唐宋法律的主旨是"一准乎礼"，那么明代
的法律就是"屈法以伸礼"。首先，在立法上体现出因服纪而制法的机械
性。如《明史·刑法志》所载明初的法律：

> 又为丧服之图凡八：族亲有犯，视服等差定刑之轻重。其因礼以
> 起义者，养母、继母、慈母皆服三年。殴杀之，与殴杀嫡母同罪。兄

弟妻皆服小功。互为容隐者，罪得递减。舅姑之服皆斩衰三年，殴杀骂詈之者，与夫殴杀骂詈之律同。姨之子、舅之子、姑之子皆缌麻，是曰表兄弟，不得相为婚姻。

明太祖朱元璋在评价这样的立法时说："此书首列二刑图，次列八礼图者，重礼也。顾愚民无知，若于本条下即注宽恤之令，必易而犯法，故以广大好生之意，总列《名例律》中。善用法者，会其意可也。"① 《大明律》亦因之而成。应该指出的是，明太祖试图恢复汉唐旧法，以彰显其"驱除鞑虏"之功业，但是"表兄弟，不得相为婚姻"则完全是他对唐代法律误读的结果。《唐律》卷一四《户婚律下》规定："其父母之姑舅、两姨姊妹及姨若堂姨，母之姑·堂姑，己之堂姨及再従堂姨、堂外甥女、女婿、姊妹并不得为婚姻，违者各杖一百，并离之。"实际上，《唐律》的主旨是反对异辈婚姻和同姓同族为婚，由于朱元璋对《唐律》的误解，将"表兄弟，不得相为婚姻"的规定写进了《大明律》卷六《户律三》"尊卑为婚"条之末："若娶己之姑舅两姨姊妹者，杖八十，并离异。"明朝是一个经历乱离、礼法重新构建的朝代，相应地，朝鲜王朝也在自己的统御空间内对从先秦到唐宋的礼法制度、典章文物进行着探赜。那些唐宋以来悬而未决、素无定谳的议题仍然有待元、明、清时期加以重新探讨，比如"诸母服纪"的问题就是其中比较重要的一项。

关于"诸母服纪"，魏晋以降，渐受关注。唐贞观年间的贵族书仪将"父在为子出（笔者按，'为子出'似当作'子为出母'）、父卒母嫁、父在为继母、父卒继母嫁、父在继母嫁无服、父在为庶母、为人後为本父母、父在为慈母、庶母出嫁诸项俱列于'齐衰杖期'条下。"② 后来高宗、武则天时期的母服调整即本于此，亦非女主干政时期的凭空创制。唐高宗龙朔二年（662 年），通过对司文正卿萧嗣业是否应该为已经改嫁的生身庶母解官服丧的问题之讨论，最后议定不合解官，只申无服纪之"心丧三年"（不与吉席、乐舞之类）。但这次讨论所触及的"继母""出母"的服纪问题在后来得到了重视。上元元年（674 年），武则天以皇后的身份上表，请求将"父在为母只一期"改为"三年"之服。中宗神龙年间，韦后专权，表请天下士庶为出母终者制服三年。玄宗天宝六年（747 年），申

---

① 《明史》卷九三《刑法志一》，第 2283—2284 页。
② 吴丽娱：《唐礼摭遗——中古书仪研究》，商务印书馆 2002 年版，第 383 页。

行此礼，凡有母名者皆服齐衰三年。① 从国家制度层面基本完成了唐代对"五母"（嫡、继、慈、养、生母，也应包括生母被父出、与父离异者）服纪的调整，其在官方典礼层面上基本奠定了诸母服纪问题的基调，尽管以司马光为代表的士大夫之家礼并不认同这种规定。此外，唐代中后期确立了嫡母与继母"二嫡"的礼制观念，行于皇室与私家。其论之凿凿者如韦公肃：

> 韦公肃，隋仪同观城公约七世孙。元和（806—821 年）初为太常博士兼修撰。……太子少傅判太常卿事郑馀庆庙有二祖妣，疑于祔祭，请诸有司。公肃议："古诸侯一娶九女，故庙无二嫡。自秦以来有再娶，前娶后继，皆嫡也，两祔无嫌。……晋南昌府君庙有苟、薛两氏，景帝庙有夏侯、羊两氏，唐家睿宗室则昭成、肃明二后，故太师颜真卿祖室有殷、柳两氏。二夫人并祔，故事则然。"诸儒不能异。②

可见，唐中后期是综合了南北朝的习俗来解决嫡庶问题的，关键的办法是先人亡故后以奉祀嫡母、继母规制相俟"两祔无嫌"的"二嫡"方式定位嫡、继关系的，且韦公肃所援引之故事皆自晋朝。此亦说明晋朝变礼之剧及对唐室影响之大。

宋人所著史书称，自武则天上表被诏准后，"人间父在为母服，或期而禫，禫而释，心丧三年；或期而禫，终三年；或齐衰三年。"③ 在这一问题上，法对礼的维持作用似乎微乎其微。因为礼制最终执行的动力是情势。宋仁宗天圣五年（1027 年）十月，翰林侍讲学士孙奭上言："见行丧服，外祖卑于姨舅，大功加于嫂叔，其礼颠倒，今录《开宝正礼五服年月》一卷"，请求更改当时通行的《开宝通礼》。学士承旨刘筠等认为："奭所上五服制度皆应礼，然其意简奥，世俗不能尽通……"，其事终无大改易。④ 宋代的为政者（包括皇帝）更改服纪制度的热情远远低于唐代，是认识到了因民俗、民情以制礼的重要性之故。宋代在制度上基本上承袭

---

① 唐代开始的强化母亲服纪等级的制度在后来得到了贯彻。明初，改为斩衰三年，与父亲服纪等同了。参见丁凌华《中国丧服制度史》，上海人民出版社 2000 年版，第 183 页。

② 《新唐书》卷二〇〇《韦公肃传》，中华书局标点本 1975 年版，第 5718 页。

③ 《新唐书》卷二〇〇《卢履冰传》，第 5696—5697 页。

④ 《续资治通鉴长编》卷一〇五天圣五年十月乙酉条，中华书局标点本 2004 年版，第 2453 页。

了唐代调整后的服纪制度，尤其是宋初的《开宝通礼》很可能以典制的形式确立了"五母等服"的原则，即嫡、继、慈、养与生母同服斩衰三年。①司马光在其家训《温公家范》卷五中对沿袭于唐代的"五母服纪"问题提出质疑，并从古礼和人情出发，论证了五母等服斩衰三年，只能是在各自特定的情况下因情而为之，论证了古礼的实质也是"因人情"，而"五母等服"在多数情况下是违逆人情的，只是在"父命"下被迫如此："五母，在《礼》（笔者按：应该指宋初的《开宝通礼》）、律皆同服。凡人事嫡、继、慈、养之情，乌能比于所生？……在《礼》，为人後者，斩衰三年。……《传》曰：慈母者何也？妾之无子者，妾之无母者，父命妾曰：'以为子。'命子曰：'女（汝）以为母'……死则丧之三年如母，贵父命也。况嫡母，子之君也，其尊至矣。……古有丁兰刻木，母早亡，不及养。……孝爱之心，发于天性……况嫡、继、慈、养之存者乎？圣人顺圣者之心而为之礼，岂有圣人而教人为伪者乎？"大概在司马氏的家礼中，"五母等服"的刻板规定已然因人情而改易了。另外，五母等服也不符合家族内的嫡庶秩序，所以唐宋时期的诸母服纪调整是不够完善的（似乎凡沾"母"名者即须三年之丧），有待后世进一步明确。后来，心丧之说盛行，为母虽服期年，而有"心丧三年"之说。南宋的《庆元条法事类》乃是以编敕的形式规范了丧服制度的。其中，对于五母的顺序按照一般情感划分了等差：嫡母、亲母、继母、出母兼慈母、出母兼嫁母，同时规定了为出母和嫁母服丧的前提是必须是亲生母：

> 诸亲母死于室，则不服继母之党；嫡母亡，不服嫡母之党；嫡母在，或为父后者不服所生母之党，其出母、慈母之党亦不服。
>
> 诸丧斩衰、齐衰三年解官，齐衰杖期及祖父母亡，嫡子死或无嫡子而嫡子兄弟未终丧而亡孙应承重者，虽不受服及为人后者为其父母，若庶子为后者为其母，亦解官申其心丧，母出及嫁，为父后者虽不服，亦申心丧（皆为生己者）。②

宋代似乎以"解官心丧"的方式解决了为人后者与诸庶子对诸母的

---

① 因《开宝通礼》已然散佚，故笔者认为此说法实属猜测。清代人慵讷居士顾湄在《咫闻录》中考述："案养母之服不见于经，盖古无异姓相养之理，自宋《开宝礼》始载入齐衰三年章，《元典章》因之。"但宋徽宗的《政和五礼新仪》未载，可能是疏漏所致。（参见丁凌华《中国丧服制度史》，第178页）

② 《庆元条法事类》卷七七《服制门》，第430、438页。

服制问题，其对于诸母次序的排列既照顾到嫡母在宗法上的独尊地位，又着重考虑到了人情的因素。然而，宋代对于诸母的服制问题没有得到根本的解决，其尊卑、亲疏关系依然含混不清，有待于后世学者的解说。

例如朝鲜时代学者星湖李瀷以女子出嫁逢父、母先后亡故为例，力主心丧三年：

> 按《丧服》疏：父卒三年之内母卒，因服期。要（笔者按，"要"当为"更"字之误）父服除後而母死，乃得申三年。《内则》：女年二十而嫁，有故二十三而嫁。……假令女年二十，二月嫁娶之月，将嫁，正月而遭父丧。至大祥女年二十二，欲以二月将嫁，又遭母丧。至后年正月，十三月大祥，女年二十三而嫁云云。又按"父在为母"条，传曰：父必三年然后娶，达子之志也。疏曰：子于母，屈而期，心丧犹三年。故父虽为妻期而除，三年乃娶者，通达子之心丧之志故也。据此，则假令母服虽期而除，心丧则犹在，故父尚为子三年然后娶，女安得不终三年而嫁乎？《内则》之说，未知何指，若谓因心丧而嫁则恐大不然。[1]

若以心丧论之，则"因情制礼"，诸母服纪通为三年的唐代旧说终以"心丧"的形式得以保留其影响。"大祥"之后居丧的女子才可以出嫁，即言大祥乃是一个丧礼的重要阶段。然心丧者，实为保持三年之丧的必要手段了。

笔者参照元刊本《大元圣政国朝典章》（简称《元典章》，中国广播电视出版社影印本，1998 年版，第 1150 页）、太白山实录史库本的《大明律附例》（可见首尔大学奎章阁影印本，2001 年 12 月版，第 39 页），并结合《仪礼》及其诸家注疏（主要采用文渊阁四库全书本），试图纵观先秦至明清的礼法变革，以说明"三父八母"的界定及服纪制度以及诸端变化可能对中国家族和家庭生活的影响。

三父：（1）同居继父：《钦定仪礼义疏》卷二三《丧服第十一之二》：案此继母之后夫，即同居继父也。其终也，或同居或不同居，于继母之服无变焉。继母嫁后，或自有子主其丧，或彼有他子主其丧，或后夫尚在，

---

[1] 李瀷：《星湖全集》卷四二《杂著·父丧中母服说》，《韩国文集丛刊》第 199 册，第254 页。

自主其丧。此子于继母之服亦无变焉。所以酬其抚育之恩，而殊于继母之徒嫁者也。

《元典章》：同居继父：谓子无大功之亲，从母适人，所适者亦无大功之亲，齐衰不杖期。

《大明律附例》：同居继父：两无大功亲，谓继父无子，己身亦无伯叔兄弟之类，期年；两有大功亲，谓继父有子孙，自己亦有伯叔兄弟之类，齐衰三月。

笔者按，此段所引述的《钦定仪礼义疏》乃清人的礼学成果，非先秦《仪礼》之原文，其将同居继父解释为继母改嫁之后夫者，其寓意是反对妇女改嫁，意即生母改嫁，其子不当从母而入后夫之家。这诚然不是《仪礼》的原意。可以初步认定上古《礼仪》没有对"同居继父"情况的规范。而《钦定仪礼义疏》将继母解释为从继母嫁者而形成的继父子关系，是不确切的，不符合现实生活状况的，与《元典章》和《大明律附例》的定义也不同。

就《元典章》与《大明律附例》观之，概念表述方式不同，但意思一致，只是《大明律附例》更详细而已。且《大明律》增加了继父与继子双方均有大功以上亲的情况下，仍须"齐衰三月"。故从元到明，"同居继父"条之礼仪趋向于隆。

（2）不同居继父：《钦定仪礼义疏》卷四七《礼节图三同居》：继父不杖期，不同居继父齐衰三月。

《元典章》：不同居继父：谓先同今异居者，元不同居则无服。

《大明律附例》：不同居继父：先曾与继父同居，今不同居，齐衰三月；自来不曾随母与继父同居，无服。

笔者按，《钦定仪礼义疏》看似是清人的想法，实则承袭于《元典章》与《大明律附例》。

就《元典章》与《大明律附例》观之，概念表述方式不同，但意思一致，《大明律附例》更详细而已。

（3）从继母嫁所认定之继父：《钦定仪礼义疏》卷四七《礼节图三》：但据经，出妻之子为母杖期。从继母嫁报服，亦如之。又同居继父不杖期，不同居继父齐衰三月。其服似不可阙。今补之，至经言出妻而不言嫁，则出而未嫁也，嫁则从者服之，如继母，否则无服。

《元典章》：从继母嫁人夫：继母嫁而子从之育者，齐衰杖期；若不从，或继母出，无服。①

《大明律附例》：从继母嫁：谓父死继母再嫁他人随去者，齐衰杖期。

笔者按，《钦定仪礼义疏》之所规定，随继母嫁而形成的继父子关系，其子为其继父当如继母（笔者按，是为被出之继母，因此时已然改嫁），同居者不杖期，不同居者，齐衰三月。

就《元典章》与《大明律附例》观之，概念表述方式不同，但意思一致，《大明律附例》更详细而已。

对于继父丧服的认定，首先是考虑是否与继父同居的情况（如果没有同居的情况，则完全没有服纪，这是因情制礼的表现），其次是忽略了改嫁的"母"是生母还是继母，只考察其生前的恩义，相反，在期年之丧用杖与否的问题上，随继母改嫁的子女为其继父的期衰是要用杖的，反而显得略重些。用杖当然表示丧服形式的加重，究其原因在于，根据东汉经学家郑玄的解释，如果丧主的父母亲尚健在，那么，长上服丧时就不能用丧杖；反之，就可以用杖。② 因为在"从继母嫁"条下，为人子的亲生父母俱亡，所以临继父之丧时应当用杖。

八母：（1）养母：《仪礼》无养母条。

《元典章》：养母：养同宗及遗弃子，同亲母，齐衰三年。

《大明律附例》：养母：谓自幼过房与人，斩衰三年。

笔者按，概念表述意义近似，但角度不同：前者《元典章》包括了遗弃子的收养，后者《大明律附例》强调宗族内的收养。前者《元典章》的方式可能取自民间遇荒年的权宜办法，后者《大明律附例》符合《唐律》确定的正统的家族秩序。因理念有别，明之服纪稍重于元。然报恩养之义则同。

（2）嫡母：（清）盛世佐撰《仪礼集编》卷首下：又继母齐衰，与因母同。因母者，嫡母也。因嫡而后有继，故继谓嫡曰因，郑训，因，亲也。

《元典章》：嫡母：妾生子唤父正室曰嫡母，齐衰三年。

《大明律附例》：嫡母：谓妾生子称父之正妻，斩衰三年。

笔者按，《仪礼集编》所反映的乃是清人的主张，但附会郑玄之说，也符合元明人的观念，进一步深化了嫡母如亲母的观念。

---

① 此处具朝鲜王朝学者考证，当在"继母"条下，其考证依据是朱熹《家礼》及宋代的五服图，另外还有逻辑推理。详见后文。笔者认为，这里讲的是继母改嫁后的情况，理当归入"继母"条下。

② 彭林：《中国古代礼仪文明》，中华书局2005年版，第213页。

就《元典章》与《大明律附例》观之，概念表述方式近似。从元到明，服纪加重，礼仪趋向于隆。

（3）继母：（汉郑玄注，唐陆德明音义，贾公彦疏）《仪礼注疏》卷一一《丧服第十一》：继母如母（疏，释曰：继母本非骨肉，故次亲母。后谓已母早卒或被出之后，继续已母，丧之，如亲母，故云"如母"。但父卒之后，如母。明父在如母可知。……如母者，欲见生事死事，一皆如已母也）传曰：继母何以如母，继母之配父，与因母同。故孝子不敢殊也。注：因，犹亲也。（传释曰：发问者以继母本是路人，今来配父，辄如已母。故发斯问。答云：继母配父即是胖合之义，既与已母无别，故孝子不敢殊异之也）

《元典章》：继母：父再娶母同亲母，齐衰三年。

《大明律附例》：继母：谓父娶后妻，斩衰三年。

笔者按，《仪礼注疏》之传当指汉孔安国传。故传统礼制观念下，继母乃是根据父权体系确定的："今来配父，辄如已母。"

就《元典章》与《大明律附例》观之，概念表述方式近似，意义相同，但《元典章》从父权的角度出发，强调了"继母如同亲母"的家族秩序。从元到明，服纪加重，礼仪趋向于隆。如明使金湜与朴元亨的问答可证朝鲜对于继母问题也是如此处理，但是朴元亨对明使问及此事，也反映了他本人对这种符合宗法、父权却违逆人情的服纪制度的些许质疑：

> （朴）元亨问曰："长子服继母丧三年，而众子亦服三年乎？"湜曰："众子亦服三年。""长子死而长孙服继母丧三年乎？"湜曰："然，代父服三年。"元亨曰："我国之制亦如是。"①

（4）慈母：（汉郑玄注，唐陆德明音义，贾公彦疏）《仪礼注疏》卷一一《丧服第十一》：慈母如母（疏释曰：慈母，非父胖合，故次后也。云如母者，亦生礼死事，皆如已母）传曰：慈母者，何也？传曰：妾之无子者，妾子之无母者，父命妾曰：女（汝）以为子。命子曰：女（汝）以为母。若是则生养之终，其身如母，死则丧之三年。如母，贵父之命也。注：此谓大夫士之妾也，不命则亦服庶母慈已之服可也。大夫之妾子，父在为母大功，则士之妾子为母期矣。父卒则皆得伸也。

《元典章》：慈母：妾无子，妾子无母，而父命之为齐衰三年。

---

① 《世祖实录》卷三三，十年（1464年）六月丁酉（十五日）条，第7册，第631页。

《大明律附例》：慈母：为所生母死，父令别妾抚育者，斩衰三年。

笔者按，《仪礼注疏》之"孔传"及"郑注"强调了慈母是庶母之中因父命而确定的恩养母子关系。若无父命，尽管与该子感情深厚，"服庶母慈已之服可也"，即本质上还是庶母。反映了汉代传统礼制中父权的强大。

就《元典章》与《大明律附例》观之，概念表述方式近似，意义相同，《元典章》与《大明律》皆从父权的角度出发，强调了慈母的地位，即慈母的父妾的身份。从元到明，服纪加重，礼仪趋向于隆。

（5）嫁母：（宋）李如圭《仪礼集释》卷一七《丧服第十一》：父卒母嫁，其服无文。韦玄成、萧望之、郑玄皆谓当服杖期，为父后者则不服，以嫁母与出母俱是绝族，故约此经为服。谯周、袁准、吴商以为，嫁母非父所绝，为父后者亦当服期，或以为子无绝母之义，为嫁母应服三年。父卒，继母嫁，从为之服报。传曰：何以期也？贵终也。（郑注：尝为母子，贵终其恩）。

《元典章》：嫁母：父亡母改嫁适人者，齐衰杖期，母为子乃齐衰不杖期。

《大明律附例》：嫁母：谓亲母因父死再嫁他人，齐衰杖期，母为子乃齐衰不杖期。

笔者按，《仪礼集释》乃宋人著作，"父卒母嫁，其服无文"乃是上古《礼仪》的旨意，而两汉和魏晋南北朝的学者则认为"子无绝母之义，为嫁母应服三年"。但这里仍然需要仔细区分，即韦玄成、萧望之、郑玄等两汉儒生认为子之非为父后者当为嫁母服杖期，为父后者应该遵从男系为主的宗法原则。谯周、袁准、吴商等三国和魏晋的儒生则认为子无绝于母之道，子之为父后者亦应当为其母服期年之丧，甚至应该服三年之丧。笔者认为，这与魏晋王肃礼学中"因情制礼"的思想有直接的联系。这是中国古代礼学发展的一个趋向。明代以后对再嫁妇女有所歧视，因此于典章规定上严格了"嫁母"的范围，即限定为"亲母改嫁"。《元典章》与《大明律附例》对于嫁母的概念表述方式近似，但意义略有不同，即《大明律》表述更精确，且将"嫁母"界定为亲生母改嫁后称为"嫁母"，可能是择从了南宋《庆元条法事类》的思想（《庆元条法事类》卷七七《服制门·服制格》[第431页]：齐衰杖服：降服：父卒、母嫁及出妻之子为母[谓生己者，若为父后则不服，母犹服之]）。《元典章》与《大明律附例》比较，服纪无变化。当元明之世，对于嫁母"齐衰杖期"，且规定嫁母当为其子"齐衰不杖期"，其服制显然不符合汉代以来的经典注疏，乃是元明社会歧视改嫁妇女的表现。

（6）出母：（汉郑玄注，唐陆德明音义，贾公彦疏）《仪礼注疏》卷一一《丧服第十一》：出妻之子为父后者，则为出母无服。传曰：与尊者为一体，不敢服其私亲也。

（宋）李如圭《仪礼集释》卷一七《丧服第十一》：出妻之子为母（郑注：出犹去也。）释曰："妻有出义，而母无绝道，故不曰出母，而曰出妻之子为母。"传曰：出妻之子为母期，则为外祖父母无服。传曰：绝族无施服，亲者属出妻之子，为父后者则为出母无服。传曰：与尊者为一体，不敢服其私亲也。郑注：在旁而及，曰施亲者，属母子至亲，无绝道。

《元典章》：父在而离弃被出之者，齐衰杖期，母为子乃齐衰不杖期。

《大明律附例》：出母：谓亲母被父出，齐衰杖期。

笔者按，《仪礼注疏》之孔传，强调从父权出发，反对对出母的丧服。宋人李如圭引东汉郑玄之说，主张不为父后的儿子当为出母服丧"属母子至亲，无绝道"，即在保证父权的前提下（为父后者不为出母服丧），强调母子道之不可绝。《元典章》与《大明律附例》遵循了汉之郑玄、宋之李如圭的主张。其实二者并不矛盾，只是强调的角度不同。

就《元典章》与《大明律附例》观之，概念表述方式近似，意义略有不同，即《大明律》表述更精确，且将"出母"界定为亲生母被父亲休弃后称为"出母"。尤其是将出母局限于亲生母乃是沿袭了前述南宋《庆元条法事类》的立法思想。至于《大明律附例》规定丧服用杖，略有加重。从元到明，礼仪趋向于隆。

（7）庶母：（汉郑玄注，唐陆德明音义，贾公彦疏）《仪礼注疏》卷一一《丧服第十一》：君子子为庶母慈己者（当服小功，笔者根据文意补入）。注：君子子者，大夫及公子之适（嫡）妻子。传曰：君子子者，贵人之子也。为庶母何以小功也？以慈己加也。注云：君子子者，则父在也，父没则不服之矣。以慈己加，则君子子亦以士礼，为庶母缌也。《内则》曰：异为孺子，室于宫中择于诸母，与可者必求其宽裕，慈惠温良，恭敬慎而寡言者，使为子师。其次为慈母，其次为保母。皆居子室，他人无事不往。又曰：大夫之子有食母、庶母慈己者，此之谓也，谓傅姆之属也。其不慈己，则缌可矣。不言师、保、慈母，居中服之可知也。国君世子生卜士之妻，大夫之妾，使食子三年，而出见于公宫，则劬非慈母也，士之妻自养其子。

《元典章》：庶母：妾所生子唤曰庶母，缌麻三月。

《大明律附例》：庶母：谓父有子妾，嫡子、众子齐衰杖期，所生子斩衰三年。

笔者按，《仪礼注疏》之郑注以为贵族之子当为其庶母无私恩者服缌麻，如有教养之私恩，可以适当加服，"居中服之可知也"，亦不可大为宣扬其恩德。《仪礼》正文及西汉人之"传"认为当为庶母服小功。东汉郑玄"注"则认为对于贵族的嫡子而言，如果庶母对其有私恩，则如士之礼，为庶母服缌麻；若无私恩，则父殁之后不为之服。《礼仪》及其注疏对于庶母内容的规定其实和后来的《元典章》与《大明律附例》无明显的接轨之处。

就《元典章》与《大明律附例》观之，概念表述不同，意义不同。《元典章》从良贱有别的原则出发，即庶母是庶子对其生母的称呼，且仅对庶子有礼法意义，亦仅仅服缌麻而已。《大明律》则从父权和家族秩序的角度出发，对为父亲养育了子女的妾提升了服制和地位。并从亲情的角度，认为嫡子、众子为其庶母齐衰杖期，庶子本人为该庶母所生者须对其服"斩衰三年"。从元到明，概念殊异，礼仪趋向于隆。

（8）乳母：（汉郑玄注，唐陆德明音义，贾公彦疏）《仪礼注疏》卷一一《丧服第十一》：乳母，（郑玄注）谓养子者。有他故，贱者代之慈己（释曰：案内则云大夫之子有食母。彼注亦引此。云丧服，所谓乳母以天子诸侯，其子有三母，具皆不为之服。士又自养其子，若然自外皆无此法。唯有大夫之子有此食母，为乳母。其子为之缌也。注释曰：云为养子者，有他故者，谓三母之内，慈母有疾病，或死则使此贱者代之养子，故云乳母也）传曰：何以缌也？以名服也。（疏释曰：怪其余人之子，皆无此乳母，独大夫之子有之，故发问也。答：以名服有母名，即为之服缌也）

《元典章》：乳母：小年乳哺己者，缌麻三月。

《大明律附例》：乳母：谓父妾乳哺者，缌麻。

总体来看，有关乳母的礼制定位是，从元到明，概念殊异，服纪不变。

笔者按，《仪礼注疏》之郑注以为贵族之子当为其乳母服缌麻，同时强调了乳母与慈母等不同，乳母乃是出身于贱民阶层。

就《元典章》与《大明律附例》观之，概念表述不同，意义不同。《元典章》把乳母界定为奶妈。《大明律》则从父权和家族秩序的角度出发，唯有父之妾哺乳者方被认定为"乳母"。尤其是朝鲜所藏所谓"万历四十一年（1613年）本"的《大明律附例》将乳母的解释有意识地省略

为："乳母：谓父妾乳哺者，缌麻。"而中国法律出版社怀效锋校点则有
"乳母：谓父妾乳哺者，即妳母，缌麻"的解说。显然，万历本删除"即
妳母"三个字，是非常值得探究的一个情况。

唐宋时期学者议论的"五母"乃是包含了嫡母、继母、慈母、出母、
生母在内的，如司马光所议，良贱的界限可能在"三父八母"中所谓"乳
母"的界定中被适度打破。明代熹宗（天启皇帝）即位后，封乳母客氏为
"奉圣夫人"，一时反奴为主。而客氏党附魏忠贤，把持政局，觊觎皇权，
熹宗崩殂后，崇祯皇帝即位，客氏虽然已然按制度离开皇宫，回民间居
住，但依然被处死，魏忠贤自尽。基于天启年间，乳母客氏与魏忠贤勾
结、祸乱朝纲的史事，朝鲜有可能有意地将乳母局限于父之妾，而排除了
民间的所谓"奶妈"。因此，朝鲜所藏的这个伪托为"万历本"的《大明
律》很可能是天启以后的传抄本或修订本，而仍然冠之以"万历"之名。
那么朝鲜王朝的史官为什么要做这个"假"呢？这很有可能与万历年间明
朝出兵援朝，帮助朝鲜平定了壬辰倭乱有关。这一点可以从万东庙和大报
坛的修建和对万历皇帝的追荐奉祀上窥知一斑，尤其是法典的版本，用万
历作为名头，更显得威望和公信力十足。假托万历本《大明律》删去"即
妳母"三个字也反映出朝鲜王朝对于明朝中央政局的变动十分关注。如果
再从礼制中的服纪制度来考量的话，这种变动也符合良贱有别的原则和父
权至上的原则——唯与父有过从者方可为"母"。

综合来看，就《大明律》而言，除了嫁母、乳母之外，其他"六母"
的服纪都有所加重，而"三父"的服纪变化不大。这在某种程度上也有限
制鳏夫娶再嫁妇女的意图。

从元到明，同居继父、嫡母、继母、慈母、出母服纪都有所提升，而
乳母的概念有所改变，范围缩小了，其实也就意味着良贱有别，纯粹意义
上的乳母、奶妈乃是贱民，不在服纪之列。高丽王朝与朝鲜王朝的交替之
际，乃是半岛礼法路径择从的重要时期。高丽后期诸王多亲蒙元，至有髡
髮而事之者。朝鲜王朝建政之后，常斥"丽、元之政"。明确了《元典
章》和《大明律》的不同礼法路径，在某种程度上说，就如同在朝鲜王朝
的礼法择从问题上找到适当的映像。

就《大明律》中的"三父八母"图而言，朝鲜王朝的学者考订详细，
推理互证，指出了三父八母图内在的逻辑矛盾之处。这种矛盾之处主要在
于"三父"中的第三种："从继母嫁（之夫）。"世宗十二年（1430 年）
十月四日（辛未）实录：

　　集贤殿启："三父，《家礼》以同居继父为一，不同居继父为一，元不同居继父为一，《仪礼》、宋《五服图》①同。今《大明律》三父八母图内：'从继母嫁，齐衰杖期，谓父死，继母再嫁他人随去者。'观其文势，乃祖述《家礼图》内继母条下'父卒，继母嫁而己从之，乃服杖期'者也。故随去二字，释从字也；再嫁他人者，释嫁字也，岂可以嫁之一字，为继母之后夫乎？且古礼三父制律者，必知之矣。今从继母嫁，为继母之後夫，则当云四父八母，不当云三父。又继母之下，不载父卒继母嫁己从之乃服杖期之文，岂于继母尚无服，而于继母之後夫，始有服乎？又同居继父，乃同居亲母之父也，而齐衰不杖期，继母之后夫，则齐衰杖期，是亲母之后夫反轻，继母之后夫反重，尤无伦理也。以此观之，从继母嫁一条，疑当在继母条下，偶致错误图画耳。但启箚《青钱图》内，书从继母嫁父五字，而题云四父八母服图，则传讹承谬之致，恐未为定说也。"命下详定所。②

　　此次臣僚进言主要是探讨了基于继母的礼法地位高于生母兼庶母的前提下，其改嫁后仍然是继母所嫁之夫的礼法规格高于生母兼庶母所嫁之夫的不合理情况。因为继母礼法地位之高是基于父权获得的，其既然已经改嫁，其实脱离了原有的父权及宗法庇护，就没有礼法上的优势了。然而，世宗大王对于上述提议未有决断，最终不了了之。此前，于朝鲜王朝太祖四年（明太祖洪武二十八年，1395 年）刊行的由金祗推讲的《大明律讲解》保存了"三父八母图"，但明显地将"三父"分为"同居继父"与"不同居继父"两类。"同居继父"条与《大明律附例》一致，不再解说。"不同居继父"条："先曾与继父同居，今不同居，齐衰三月，自来不曾随母与继父同居，无服。谓父死，继母再嫁他人随去者，从继母嫁，齐衰杖期。"③ 因此，在世祖十二年（1466 年）至十四年（1468 年）间，风水学者崔灏元、安孝礼在推讲《大明律直解》④ 时可能是有意地删掉了"三父

---

① 笔者按，《仪礼》中本无三父八母之说，此处当指朱熹的弟子杨复所著《祭礼图》十四卷、《仪礼图解》十七卷等。因此，是采撷宋儒之学而质疑《大明律附例》的。

② 《世宗实录》卷五〇，第 3 册，第 264 页。

③ 此《大明律讲解》者，本为"光武七年（1903 年）癸卯八月日法部奉旨印版"（此光武为韩帝国高宗之年号也），今见韩国首尔大学奎章阁影印本（2001 年 12 月印行）之卷首，"三父八母图"见于第 16 页。

④ 此《大明律直解》本成书于洪武二十二年（1389 年），今见韩国首尔大学奎章阁影印本（2001 年 12 月印行），卷首有"乾隆五十二年七月二十九日旧藏大明律一件内赐……惟正司"字样。此版本的《大明律》在语言上为"吏读"形式。

八母"图，认为金祗推讲的版本中"三父八母"仍属不经，此遵世宗十二年（1430年）之遗意也。综上，《大明律》"三父八母"图中的自相矛盾之处为朝鲜王朝学者所洞悉，因此，驳议不断，尤其于诸母服纪这个问题上动议颇多。对《大明律》《元六典》（即国初的《经济六典》）亦多有驳正之动议。首先是世宗三年（1403年）四月庚戌条，"司谏院进时务数条疏"采撷了宋司马光的说法，承认了一般民间意义的奶妈作为乳母，应缌麻三月的礼俗：

> （朱）文公《家礼》，为同母异父之兄弟姊妹，正服小功五月，今此条不载《六典》，此有服明矣。
>
> 今《六典》内释"乳母"曰："父妾之乳母者，则是乳母。"必父妾而后有服，其非父妾者，无服也。司马温公论择乳母曰："令所饲之子，性行亦类之。"以非父妾而忘其乳哺之恩义，可乎？
>
> 愿自今凡女子服父母、舅姑与夫之丧，自宗室至于士大夫之家，不许百日释服，一依礼文，终其三年之丧……同母异父之兄弟姊妹，依文公《家礼》，许服小功。至于乳母，虽非父妾，令服缌麻三月，以厚风俗。如有违者，宪司痛理。①

对于"五母等服"，朝鲜王朝根据"因情制礼"的思想，予以反对，这点与司马光也是一致的。世宗十六年（1434年）四月十二日（己未）实录从情理的角度提出了对"继母等同于嫡母"说法的质疑：

> 礼曹判书申商启曰："凡人为继母服三年之丧，古之制也。况继母长养义子如己子，子亦事继母如亲母，而独于服丧，异于亲母，于风俗似为浇薄。愿从洪武礼制与《文公家礼》，服三年之丧。"上曰："圣人制为丧制，或以情为之，或以义为之。为继母者，自少儿时长养，则母谓义子如己子，子谓继母如亲母，服三年之丧，合于情义。若其父于晚年，得继母而死，其子与继母告官争讼者，比比有之，服三年之丧，于情义甚为不合。圣人为继母制三年之丧者，制为此法，以示其民，则人知继母之重，服其丧矣。此则以义为之者也。然凡其制礼，酌人情为之，然后行之者众矣。为继母服三年之丧，于予心以

---

① 《朝鲜王朝实录分类集》风俗篇一《太宗实录》卷五，第30页。

为不可，但于宴饮婚姻等事，不与焉可也。"[1]

养母为贱民的情况在朝鲜王朝亦不为士大夫认可。成宗十二年（1481年）元月三日（戊寅）实录：

> 礼曹启："顷承传教：'今后士大夫，以贱人为养父母，毋得行丧。'臣等参详《大典》，只载三岁前收而养育者，齐衰三年，不分言贵贱，未便。请自今，士大夫毋得以贱人，称收养父母而行丧。"从之。[2]

另外，这也可能是朝鲜所藏的"万历本"《大明律》删去"即妳母"三个字的原因。"良贱有别"固然是东亚传统社会的一个基本原则，但是《大明律》并没有将其扩张到乳母丧服问题上的意图。估计在朝鲜成宗的时代还没有依据其本民族思想意识去改动《大明律》的意愿，更多的还是借鉴和学习。

从元到明，继母的服纪由齐衰三年提升为斩衰三年，当然，同样斩衰三年的还有嫡母、慈母[3]。慈母是出于恩养之义，而嫡母和继母则是父权体系下的至尊之母。在诸母的袝庙问题上则与服纪问题有所不同。世宗十六年（1434年）七月六日（辛巳）实录：

> 礼曹启丧祭礼未尽条件："一、继母与所生之母不异，《大明律》及《元六典》皆斩衰三年。且卿士之祭礼，二妻以上并袝，则既以继母袝庙，而不服其丧，不可也，依礼制服丧三年。但《文公家礼》，母服齐衰三年，故今服所生母者，皆服齐衰，依《家礼》亦服齐衰。父在者亦许期年，而心丧三年，其有不得已起复者，亦行心丧。其孙之服，与亲祖母同；继母继祖母服子孙丧，亦与所生子孙同。一、二妻以上并袝，则均是母也。其子孙非亲母忌，则不告暇，不可也。其告诸母之忌，一依亲母。一、所生母，或见绝于父、或再嫁，则义不

---

① 《太宗实录》卷六四，第 3 册，第 556 页。
② 《成宗实录》卷一二五，第 10 册，第 182 页。
③ 笔者按，《大明律附例》中嫡母、继母、慈母这"三母"服纪的提升明显。但如果是父亲尚且健在时，则为此"三母"之丧服为齐衰期年，且不杖，余下的丧礼可以用"心丧"的方式进行，以表示父权的至上。但是在袝庙的问题上，坚持嫡、继母两袝，则是在父权的前提下极力主张母权的表现了。

得祔庙，别祭于私室，依《六典》服期年而心丧三年。"从之。①

"士大夫二妻以上并祔"② 是朝鲜王朝的礼制规定。追根溯源，中国南北朝时"江左不讳庶孽，丧室以后，多以妾媵终家事……河北鄙于侧出，不预人流，是以必须重娶，至于三四，母年有少于子者"③。唐代中后期及宋代的皇家祔庙礼就择从了南朝的文化因素，以"二妻"祔庙于先皇。朝鲜王朝在男性主人与其结发妻子及多位续弦妻子的祔庙礼制中，无意识地遵从了南朝和唐中后期的礼法。这种情礼先于古礼的习惯也是中国古代后期礼制的主流趋向。

在东亚传统的家庭现实生活中，一夫一妻多妾是家庭的基本格局，"二妻"并立的现象在现实生活中是不可能的。因此，宗庙或家庙礼制中规定的祔葬或祔祭"二妻"，从宗法意义上讲必定有以妾为妻，以庶侵嫡的嫌疑。对此，星湖李瀷以为"两妻之子各为他母，从其父服齐衰期，可也"（笔者，合于《大明律附例》，较之《元典章》有所加重），于是也使得宗法和现实生活中的服纪制度得到了紧密的接合——所谓继母有可能成为真正的"继嫡之母"，与嫡母的礼法地位无二了。这可以看作是祭礼对现实生活产生影响的一个例证：

> 《疾书》云：《丧服疏》：庶人无庶母服，既是庶人，尊卑无别，安有妻妾嫡庶之等云云。若庶人有两妻，则先娶者之子不可服，后娶者以庶母之服，又不可为其父之妻而无服。则两妻之子互为他母服，恐当如前后室之例，而皆服三年耶？
>
> 此段无所考，尝臆以为说曰：设或一妻之外，更有所配，莫非妻也！生既待之以妻，其死不可不服期。父之所服，子又不可不服也。继父同居者犹服齐衰期，为父之妻而独可降于期乎！疏所谓无庶母者，无服缌之庶母也。愚谓两妻之子各为他母，从其父服齐衰期，可也。……《图式》又云：父在为母，当是降服，而经传注疏无明文。臆以为父在为母正服五升则有明文矣。为人后者为其父母降服四升，亦有明文耶？《丧服》篇目疏云：三年齐衰，惟有正服四升。继母、慈母虽是义以配父，故与因母（笔者按，嫡母之别称也）同，有正而

---

① 《世宗实录》卷六五，第3册，第579页。
② 《经国大典》卷三《礼典》奉祀条，第35页。
③ （北齐）颜之推：《颜氏家训》卷一《后娶第四》，中华书局1993年版，第34页。

已。杖期齐衰有正而已。父在为母为妻同正服齐衰五升。不杖齐衰期章有正有义二等。正则五升、义则六升，此其凡例也。由此观之，齐衰有正、义而无降服。故如杖期齐衰，父在为母之类，疑于降服，不谓之降，而曰"有正"而已。①

　　此即为"先娶后继"皆为嫡妻之礼制。前述《新唐书》卷二〇〇《韦公肃传》所反映的晋、南朝及唐的二妻祔庙制度体现在现实生活中的服纪制度即为"两妻之子各为他母，从其父服齐衰期，可也"。那么如何区别嫡母（因母）、继母、慈母呢？按《大明律附例》皆有齐、斩之重服。二者的区别在于，有"正"有"义"：与正服相比，义服丧服的分量略重而已——如上文中星湖李瀷所言"正则五升、义则六升②，此其凡例也"。丧服的分量越重，意味着丧服的质地越细密，其等级相对越低。上述史料说明，在父亲去世的情况下，继母、慈母与嫡母的丧服等级是相同的——"三年齐衰，惟有正服四升"；但当父亲仍然在世时，对于嫡母、继母、慈母之丧服同为"不杖齐衰期"，但是嫡母为正服，当用五升之丧服，继母、慈母为义服，当用六升之丧服。因此，继母的礼制地位较之嫡母还是有细微差异的。

　　对于妾为"祖姑"的情况，确定祭祀规格显得十分困难。星湖李瀷认为可以比照"小功兄弟身及父是庶人，不合立祖庙，则曾祖嫡孙为之立坛，祔小功兄弟于从祖，立神而祭也"的规定。立坛而祭祀与别庙的性质相似：

　　　　妾当祔于妾祖姑。朱子曰：妾母不世祭，则永无妾祖姑矣。
　　朱子此说不可谕。《（礼记）·杂记》："主妾之丧则自祔，至于练祥，使其子主之，其殡、祭不于正寝。以此推之，妾之祭，其子自主，而不系于嫡子也。適（嫡）子虽易世，而妾所生子存则礼宜祭之。故今嫡孙之妾死，祔于妾祖姑，无可疑者也。设或妾母之祭，只系于嫡子之世，而適（嫡）子生时，適（嫡）孙之妾死，则岂无妾祖姑哉？有设或永无妾祖姑之祭。……不问祭之有无，虽祖妾而不祭，

---

① 李瀷：《星湖全集》卷三五《书·答秉休〈家礼〉疾书问目（辛酉）》，《韩国文集丛刊》第119册，第116页。
② 关于"升"字比较确切的解释为："布八十缕为升，升字当为登。登，成也。今之礼皆以登为升，俗误已行久矣。"（汉郑玄注、唐陆德明音义、贾公彦疏《仪礼注疏》卷一一《丧服第十一》）

而亦且设坛以祔，可矣。"①

（三）朝鲜王朝的服纪制度及丁若镛对丧服制度的总结

朝鲜半岛在高丽王朝时代充分借鉴了唐代的丧服制度，《高丽史》所列的凶礼条目中有国恤、陈慰仪、祔太庙仪、上国使祭奠赙吊慰仪、先王讳辰真殿酌献仪、上国丧、邻国丧、诸臣丧、五服制度、重刑奏对仪。其中的五服制度接纳了《大唐开元礼》中的斩衰、齐衰、大功、小功、缌麻的五等丧服制度，并且规定了正服、义服和加服。在高丽时代，五服制度没有创新，只是就军人父母丧如何给假产生过政策的摇摆，曾经有过五十日归队，百日斩衰的规定，后来又改为三年之丧。② 朝鲜半岛在接受"三年之丧"的传统之后，并没有像中国汉、唐、宋、明一样，施行过"以日易月"的权宜礼仪，并将这种权宜常态化、制度化。后来，朝鲜王朝系寸法的发明，明确了宗族内外的亲疏关系，沿用至今。（见附表）系寸法的特点是将亲疏关系尤其是内外亲的关系，按照一定的距离单位"寸"来具体而形象地解说。这在某种程度上似乎淡化了内亲和外亲的区别，而只是以血缘的距离远近作为标准。同时，夫妻的关系定义为零寸，也反映了核心家庭在朝鲜的社会基层的普遍存在。

洌水丁若镛的诸多丧服图表乃是继承和发展了清代学者徐乾学（号健菴，昆山人）的丧服图而创制的，其义例旨在突出男系为核心的宗法意识，既强调了出嫁女子与高祖母并不是对应的概念（"本宗来妇"方可与高祖母对应），又以"承为直幹"的图示来反映宗法的干支关系——宗子居于"幹"，各小宗亦各有其"幹"。对于《本宗五服图》的改作，其原则有二：

> 窃详《本宗五服之图》，所以见上杀、下杀、旁杀之例，然于义例，或有差舛。何者？
> 左旁之第一行，既自高祖母，下至玄孙妇，则其下四行亦当以本宗来妇配之为对，顾乃以出嫁女子与右为对。其不安一也。

---

① 李瀷：《星湖全集》卷四〇《金沙溪〈疑礼问解〉辨疑》，《韩国文集丛刊》第 119 册，第 211 页。
② 彭林：《中国礼学在古代朝鲜的播迁》，北京大学出版社 2005 年版，第 63—66 页。

又右旁之第一行，既自高祖，下至玄孙，则其族曾祖一支，亦当下至于族昆弟，承为直干，今乃以从祖祖父承族曾祖之下，其不安二也。①

丁若镛于是开列出《为本宗男子表》《为本宗妇人表》和《为本宗女子表》三部分。上述本宗之服纪，丁若镛多取于徐乾学，而且并未指出朝鲜王朝与中国的差异，大抵是凑巧，本宗服纪与中国并无差异，皆尚同于《仪礼》，个别地方依循《唐律疏议》《开元礼》《明会典》，以弥补《仪礼》的不足之处。兹撮其要者，将表格拆解，罗列如下：

《为本宗男子表》（注：凡为女子服，在室与男子同，出嫁皆降一等）

（1）为本宗（女子在室同）

父：《仪礼》斩衰。

祖父：《仪礼》期，父卒，适孙斩衰。

曾祖父：《仪礼》齐衰三月，《开元礼》齐衰五月。

适子：《仪礼》斩衰，庶子不为之斩。《明会典》期。

众子：《仪礼》期。

适孙（父卒者）：《仪礼》期。

众孙：《仪礼》大功。

昆弟：《仪礼》期。

昆弟之子：《仪礼》期。

笔者按，明代以后，出于削弱卑幼服纪、加强父权的考虑，将嫡子的服纪由斩衰降为期。朝鲜王朝国典从明制为期。金长生《丧礼备要》认为当恢复古礼，为嫡长子之丧行斩衰之服。

（2）妇为夫之本宗

父：《仪礼》期，《唐律疏议》斩衰。

祖父：《仪礼》大功。

曾祖父：《唐律疏议》缌麻。

适子：《仪礼》齐衰三年，《明会典》不杖期。

众子：《仪礼》期。（与夫同）

适孙（父卒者）：（与夫同）按照《礼仪》期。国制（朝鲜王朝制度）大功。

---

① 丁若镛：《与犹堂全书》第三集卷二二《礼集·丧仪节要》，《韩国文集丛刊》第284册，第471—475页。

众孙：（与夫同）《仪礼》大功。

昆弟：《唐律》小功，嫂叔也。

昆弟之子：《仪礼》期。

笔者按，按传统的《礼仪》，妇女对其夫家之亲疏皆从杀降。唐宋以后，规定子妇为其舅斩衰三年、为其姑齐衰三年（明制改为斩衰三年，朝鲜王朝从唐宋制度，规定齐衰三年），服纪明显加强。

朝鲜王朝之制，妇人之从夫服丧服乃是一个基本原则，以至有"妻为夫之养母，从夫服无疑"之论，星湖李瀷对此提出了质疑：

> 为养母之夫服三年，然后妻可以从夫服养母矣。或养母夫妇必均有收育之恩，岂可从母而并服其夫耶？慈母虽与因母（笔者按，即嫡母）同，而为慈母之父母无服，可见只服其身，更无施服也，则养母之夫无服，可以推知，而妻不从服养母，亦可以互证。按《通典》，庶祖母服条：庾蔚之①云：先儒所云妇人不服慈姑，此是引《礼》之言，则古有其礼明矣。慈姑犹不服，况养姑乎？②

（3）出后子为本宗

父：《仪礼》期。

祖父：崔凯③云：大功。

曾祖父：《备要》缌麻。（笔者按，指沙溪金长生《丧礼备要》一书）

昆弟：《仪礼》大功。

昆弟之子：《仪礼》大功。

笔者按，出后子（过继给其他宗脉为后嗣的儿子），为其父、祖及曾祖降服，而对于其兄弟仍然为大功，不降。

（4）出嫁女为本宗

父：《仪礼》期。

祖父：《仪礼》期。

曾祖父：《仪礼》齐衰三月，《开元礼》齐衰五月。

---

① 庾蔚之，南朝刘宋经学家。其著《礼记略解》采郑注之外，更兼他说；《礼记略解》的成果不仅为唐修《礼记正义》所吸纳，而且为历代尤其是清代《礼记》研究者所借鉴。（参焦桂美《庾蔚之〈礼记略解〉评述》，《船山学刊》2009 年第 1 期）

② 李瀷：《星湖全集》卷三九《杂著·金沙溪〈疑礼问解〉辨疑》，《韩国文集丛刊》第 199 册，第 188 页。

③ 崔凯者，朝鲜宣祖时人，其他履历不祥；全罗监司书状："长兴居崔凯家北林，乌育两雏，一头白，一全白，尾班白，极为骇愕事。"[《宣祖实录》卷二二，二十一年（1588）闰六月八日己丑条，第 21 册，第 451 页]

昆弟：《仪礼》大功，为父后者期。嫁而无主者，相与期。

昆弟之子：《政和五礼新仪》大功，出后者小功。

笔者按，出嫁女只为其父降服（斩衰降为期），而对其祖父、曾祖父不降服（此特殊于出后子）为其父、祖及曾祖降服，而对于其兄弟仍然为大功，不降。

总体而言，明代国家的服纪制度在中国历史上是与传统礼制相违拗的，明太祖认为为父斩衰、为母齐衰是不对的。洪武七年（1374 年）十一月诏令规定为母服斩衰三年，与为父之服同，相应地为嫡母、继母、慈母、养母、父祖在为祖母、妇为姑等服纪都改为斩衰三年。清沿明制，道光年间始将养母服纪由斩衰三年变为齐衰三年，与宋初《开宝通礼》相侔。[①] 朝鲜王朝虽然是明代的藩国，甚至在清朝时依然保留明代的衣冠服制，但是并未盲目地全盘照搬明廷的丧服制度，而是追溯长时段的中国历代丧服制度的传统，适度地结合其"国俗"，成其国之典章。洌水丁若镛之服纪表，以《仪礼》为根本，兼用唐宋明礼而补之。对于朝鲜王朝本身的成果虽加以罗列，却并未有确凿的采信之意，如只以"崔凯云""《备要》"等称之，妇为夫之本宗之嫡孙改服大功，乃是规格较《礼仪》为低的，然为朝鲜国制，必须列出，与《仪礼》相参互。

对于朝鲜王朝对中国丧礼的改作，丁若镛给出了具体的《五服沿革表》："馀健菴丧期，表繁而寡要，未足以考其沿革。今于五服之中，拣取其屡经沿革者，别为表如左"，在继承徐乾学（号健菴，1631—1694 年）礼学的同时，丁若镛对中国古代的礼学和礼典做出了六断代的分类法：健菴之表九格也。今《唐律》《开元礼》，合为一格。（司马光）《书仪》（朱熹）《家礼》合为一格。《明集礼》《明会典》合为一格。而汉魏先儒之说别为一格。又取国典（笔者按，应该指朝鲜王朝文宗即位之年 [1450 年]，许诩启："卞孝文、郑陟等，曾撰定《丧礼仪注》）及沙溪《备要》（沙溪金长生《丧礼备要》），合为一格。附于末。"[②]

（1）母（继母、嫡母同）

礼经：齐衰三年。

唐礼：因。

---

① 丁凌华：《中国丧服制度史》，第 184、188 页。

② 丁若镛：《与犹堂全书》三集卷二二《礼集·丧仪节要》，《韩国文集丛刊》第 284 册，第 475 页。

宋礼：因。《家礼》：因。

明礼：《明会典》斩衰。

国典：齐衰三年。

笔者按，此处朝鲜依循中国古礼，未依循明制。

（2）出母（嫁母同）

礼经：杖期，为父后者无服。

儒说：（东晋）徐邈说：非所生者无服。

唐礼：杖期，天宝敕三年。

宋礼：杖期。《家礼》：因。

明礼：因。

国典：因。

笔者按，唐天宝敕不能作为万世成宪。东晋徐邈说符合"因情制礼"的思想，所以为后世所接受。因此，朝鲜依循古礼及宋礼。所谓宋礼，应该是指某部官方礼典，是否现今已然散逸的《开宝通礼》，则不得而知。

（3）公子为其母

礼经：练冠，麻经，既葬除之。

儒说：缌麻之经。

明礼：斩衰。

笔者按，此礼乃为上古贵族而设立，"公子"指诸侯王的宗室之子。明代为法古而设"公子"之称谓，盖与其国初的分封体制有关，且蕴含了"五母等服"的理念，故有斩衰之规定。朝鲜对此未置可否，因其不适用于现实的国家和社会情况。

（4）父在为母

礼经：杖期。

唐礼：齐衰三年。

宋礼：齐衰三年。《家礼》：齐衰三年。

明礼：斩衰。

国典：杖期。

笔者按，此处朝鲜依循中国古礼，未依循明制。

（5）庶母

礼经：缌（麻），大夫以上无服，为慈己者小功。

唐礼：因。

宋礼：因。《家礼》：为有子者，缌（麻）。

明礼：杖期（有子者）。

国典：杖期（有子者）。《备》（《丧礼备要》）：缌（麻）。

笔者按，此处朝鲜依循明制，而学者建议依循中国古礼。

（6）妾子承重为生母

礼经：缌（麻）。

儒说：□□请为大功。

唐礼：缌（麻）。

宋礼：缌（麻）。

《家礼》：缌（麻）。

明礼：斩衰。

国典：《备》（《丧礼备要》）：缌（笔者按，此缌麻之简称）。

笔者按，古礼以人情屈从于宗法者。明乃以唐代"五母等服"的理念，故有斩衰之规定。朝鲜对此采取了中国古礼，而不取明制。

（7）父为长子

礼经：斩衰，庶子否。

儒说：戴、马云：承五世者，斩（衰）。郑云：为父后者斩□。

唐礼：因。

宋礼：因。

《家礼》：因。

明礼：期。

国典：期。《备》（《丧礼备要》）：斩衰。

笔者按，此处朝鲜依循明制，而学者建议依循中国古礼。

（8）母为长子

礼经：齐衰三年。

唐礼：因。

宋礼：因。

《家礼》：因。

明礼：期。

国典：期。《备》（《丧礼备要》）：三年。

笔者按，此处朝鲜依循明制，而学者沙溪金长生建议依循中国古礼，但此处的"三年"当指齐衰三年，是母亲为长子的"报服"。

（9）妾为君之长子

礼经：齐衰三年。

唐礼：因。

宋礼：因。

《家礼》：因。

明礼：期。

国典：期。《备》（《丧礼备要》）：三年。

笔者按，此处朝鲜依循明制，而学者建议依循中国古礼，此处的"三年"当指齐衰三年。

（10）妇为舅

礼经：期。

唐礼：期。

宋礼：斩衰。

《家礼》：斩衰。

明礼：斩衰。

国典：斩衰。

笔者按，此处朝鲜依循宋明礼制，通过加重子妇对于舅的丧服，进而加强了舅对于子妇的权威。

（11）妇为姑

礼经：期。

唐礼：期。

宋礼：齐衰三年。

《家礼》：齐衰三年。

明礼：斩衰。

国典：齐衰三年。

笔者按，此处朝鲜依循宋代礼制，通过加重子妇对于姑的丧服，进而加强了姑对于子妇的权威。但是没有依照明制，适用斩衰，依从了《仪礼·丧服》篇唐贾公彦疏"（妇人）无二天也。无二天，故无二斩也"的原则。

（12）嫡妇

礼经：大功。

唐礼：期。

宋礼：期。

《家礼》：期。

明礼：期。

国典：期。

笔者按，此处朝鲜依循唐及宋明礼制，强调了嫡子乃为人后者，礼制上承重，而妇又有从夫之义，故适当提升了舅姑对于嫡子妇的丧服规格。

（13）庶妇

礼经：小功。

唐礼：大功。

宋礼：大功。

《家礼》：大功。

明礼：大功。

国典：大功。

笔者按，此处朝鲜依循唐及宋明礼制，因为对于嫡子妇的丧服规格提升了，庶子妇亦略微提升。这种提升也是将子妇纳入夫族体系的表现。

（14）嫂叔

礼经：无服而袒免。吊服加麻。

儒说：成粲云：大功；蒋济云：小功。（按《三国志》，蒋济三国东吴人也。按《宋书》，成粲为西晋人。）

唐礼：小功。

宋礼：小功。

《家礼》：小功。

明礼：小功。

国典：小功。

笔者按，古礼中叔嫂无服，吊唁时可以略加麻服。魏晋因情制礼以后及至唐代，叔嫂始有服。反映了兄弟之间组建的小家庭在现实生活中互相帮扶，或同属于一个大家族的屋檐之下，关系密切，叔嫂之间的男女之防也因现实生活中互相帮扶的需要而适度松动。

（15）曾祖父母

礼经：齐衰三月。

唐礼：齐衰五月。

宋礼：齐衰五月。

《家礼》：齐衰五月。

明礼：齐衰五月。

国典：齐衰五月。

笔者按，曾祖之服略有加强，反映了唐以后的尊祖观念的深化。朝鲜因之。

（16）外祖父母

礼经：小功。

唐礼：小功。韦縚议大功。

宋礼：小功。

《家礼》：小功。

明礼：小功。

国典：小功。《高丽史》：大功。

笔者按，古今礼制基本一致。唐人重外亲，故议以大功。高丽王朝则根据朝鲜的民俗传统及社会现实，规定为外祖父大功。实则，在朝鲜王朝研习了中国传统丧服制度以后，乃将外祖父母之丧服由大功降为小功。然就民俗而言，朝鲜王朝时，外亲（尤其是外祖父）在现实生活中也颇受重视。所以，丁若镛将唐代韦绍建议将外祖父母之丧服升格为大功的说法罗列于"唐礼"之后，暗示了丁若镛提高外祖父母丧服的礼学思想倾向。

（17）舅（母之昆弟）

礼经：缌（麻）。

唐礼：小功。

宋礼：小功。《家礼》：小功。

明礼：小功。

国典：小功。

（18）甥（姊妹之子）

礼经：缌（麻）。

唐礼：小功。

宋礼：小功。《家礼》：小功。

明礼：小功。

国典：小功。

笔者按，古礼甥舅服轻，唐始加重，与外亲地位提升有关。同时，上古对偶婚中随妇居的原始传统使得甥舅之服轻于姨，唐使等之，即甥为舅亦服小功，宋明及朝鲜因之。

太宗大王时期，对服纪的调整有四方面，都从不同角度反映了朝鲜王朝的社会和家庭关系。兹一一铺陈，并分别解说。

太宗十一年（1411 年）闰十二月己卯：礼曹上《服制式》：《春秋》传曰：服，称情而为之节者也。今《经济六典》无服之制，与文公《家礼》不同，而未称人情者四。

其一，文公《家礼》，姊妹之子曰甥，服小功，其妻缌麻。姊妹之女曰甥女，服小功，适人降一等。今《六典》，异姓四寸兄弟，尚有服，而于异姓三寸侄及侄女无服，轻重失序。愿依《家礼》，异姓三寸姪服小功，其妻缌麻。三寸姪女小功，出嫁则缌麻。

笔者按，所谓"异姓三寸姪及姪女"者，乃是如伯母、婶母之于其夫的姪子及姪女。这种提法反映了朝鲜妇女即使在出嫁后也保留着其原来家族的姓氏。实录记载有通奸案两起，反映出三寸姪其实居住得很近，也反映出朝鲜王朝兄弟娶妻分门立户之后，居住得并不远，并且子姪之间走动频繁。

> 义禁府启："前司仆判官任甫衡诬言：'弃妻梁氏，在南原，因绵花收买，与乡吏相来往，因万福寺点灯，与僧人相来往。'又云：'异姓三寸姪韩欢曾与梁氏婢存非相奸，梁氏独在处常常来往，梁氏欲归南原，欢止之，以此疑之，乘怒诟骂'发告罪，律该杖一百、流三千里。"命杖赎，除流，尽夺告身。①
>
> 左副承旨尹殷老自义禁府还启：德城君妻具氏招云："异姓三寸姪李仁彦尝寓吾家，隔房寝处。一日晓漏后，乘侍婢出外，卒入欲奸。我拒之曰：'汝欲成名，而何犯大罪？'仁彦以衣掩吾面，遂奸焉。自后每于密处相奸，因而怀孕。"问仁彦则初讳之云："予无是也。但具氏三寸姪安继老常出入具氏家，去甲辰十月予见继老执具氏手戏弄，彼实奸具氏者也。"及刑讯，招云："我尝肿腿而卧，具氏来问痛处，因扪肿，似有欲色。日又来扪肿，遂及阴根，我以足踢之。后我病愈，夜间具氏呼我，与蜜果令食之，因挽入寝房，曰：'吾宁为于宇同而死，情不能忍也。'我遂奸焉。后每乘隙辄奸之。一日具氏语我曰：我久无月事，虑恐怀孕。我闻之，遂还家乡。我初云安继老戏弄具氏者，欲免己罪诈言耳。"②

这两桩案件也的确说明伯母、婶母与子姪走动频繁，并无猜嫌。然初始无服，说明了以女系为主的民族传统并不能与中国正统的礼法完全合拍。

其二，"《家礼》，妻父母女婿之服，皆曰缌麻。吾东方婚姻之礼，夫就妇家，异于中国，故前代成宗（笔者按，此指高丽王朝之成宗，981—

---

① 《成宗实录》卷八三，八年（1477年）八月壬子（十八日）条，第9册，第489页。
② 《成宗实录》卷一八七，十七年（1486年）元月己巳（二十二日）条，第11册，第91页。

997 年在位）时，定服于妻父母服期年，女婿小功。今《六典》，婿为妻父母，从其制服期年，妻父母于婿乃从中国之制，止服缌麻，恐未称情。愿自今女婿服，亦依东方之制，准小功，给暇十五日。"①

笔者按，朝鲜王朝比中国更加重视岳父与女婿的关系，在口语中往往称女婿为甥。在一起一女许二夫的争娶事件中，"（河）迥率子随至，曰：'以今日观之，则虽行路之人，先至则皆得为甥矣。'"② 可见，朝鲜王朝习惯称女婿为"甥"，带有一定的血亲色彩，可能有长期的中表婚的现象存在过。③

其三，《家礼》：凡女子在室，则服与男子同。今《六典》，异姓兄弟服缌麻，姊妹则无服。愿自今异姓四寸姊妹，亦服缌麻，出嫁则无服。

笔者按，虽然服纪做出如此调整，然朝鲜民俗，外戚关系较密切，行政法中的回避原则尚适用于这种连襟关系。

弘文馆修撰姜弘立上疏：

> 伏以朝家之政，莫重于铨注，而铨注之际，相避之法，为尤重限，以寸数昭载国典，所以别嫌疑、杜私情，其意非偶然也。……臣窃见，法典内相避条有云："四寸姊妹夫并避。"吏曹正郎臣丁好善，臣同姓四寸妹夫也。在法当避。④

其四，《家礼》，外孙服缌麻，其妻同，今《六典》于外孙服缌麻，而妻则无服，愿自今外孙之妻，亦服缌麻。从之。⑤

笔者按，这是为了申明夫妻伦纪和"夫妻齐体"的古礼，强调妻子为

---

① 《朝鲜王朝实录分类集》风俗篇一《太宗实录》卷二二，第 55—56 页。
② 《朝鲜王朝实录分类集》风俗篇一《太宗实录》卷二四，第 57 页。
③ 中国亦有称女婿为"甥"者，如晋郭璞《尔雅注》："（原文）妻之父为外舅，妻之母为外姑。（郭璞注）谓我舅者吾谓之甥，然则亦宜呼婿为甥。"但在实际生活中，婿之称"甥"者多指赘婿，或在女家明显强势的情况。语本《孟子·万章下》："舜尚见帝。帝馆甥於贰室。"赵岐注："贰室，副宫也……《礼》谓妻父曰外舅，谓我舅者，吾谓之甥。尧以女妻舜，故谓舜'甥'。"后因以指赘婿的住处或女婿家。宋代黄庭坚《奉和王世弼寄上七兄先生用其韵》："念嗟叔母刘，穷年寄甥馆。"清代钱谦益《太祖实录辨证·李善长掌记室》："高皇帝是时居滁阳甥馆，名位在诸将之后。"清代吴趼人《二十年目睹之怪现状》第八十一回："（张百万）把女儿嫁给那樵夫，张灯结彩，邀请亲友，只说是招女婿，就把花园做了甥馆。"
④ 《宣祖实录》卷一八四，三十八年（1605 年）二月乙未（十五日）条，第 25 册，第 33 页。
⑤ 《太宗实录》卷二二，第 1 册，第 167 页。

夫家成员的表现。当然，外孙之妻礼制地位的取得也反映了朝鲜王朝基于传统重视外祖父与外孙的服制关系。

（19）定服纪的政治意义——"诸亲相避"

在朝鲜王朝未能确立父家长制的时期，"诸亲相避"不别内外亲，世宗大王曾说："前朝之季，朝士相避之法甚烦，异姓七八寸亦避，故狱讼淹延，久而不决"，① 以致行政效率低下。后来《大典通编》的规定才趋近明朝典制：

> （原）京外官本宗大功以上亲及女夫、孙女夫、姊妹夫；外亲缌麻以上；妻亲父、祖父、兄弟、姊妹夫并相避。
>
> （学官、军官则勿避。义禁府本曹、兵曹、刑曹、都总府、汉城府、司宪府、五卫将兼司仆将、内禁卫将、承政院、掌隶院、司谏院、宗簿寺、部将、史官则并避本宗三寸叔母、姪女夫、四寸姊妹夫；外亲三寸叔母夫；妻妾亲同姓三寸叔姪、叔母、姪女夫；四寸兄弟［听讼同］）。
>
> （续）出继者②于本生亲一体相避。
> 婚姻家并相避。③

定服纪也确定了法律上的责任和举证义务。《大典通编》规定：

> （续）罪犯纲常、情理深重者，杖一百，流三千里。（……不奔父母丧者，以其父谓之孽三寸，以其母谓之三寸叔母，争讼奴婢者。欲免庶名，嫡母及外祖母谓之他奴婢者。右等罪犯并用此律）
>
> 出嫁姊妹之奴殴其主同生亲者，以本服期亲照断。
>
> 凡狱讼，子之于父，弟之于兄，妻妾之于夫，奴之于主，设有可问事，勿为证质。（祖孙同）④

---

① 《世宗实录》卷四七，十二年（1430 年）二月二十三日（甲午）条，第 3 册，第 223 页。
② 出继为他人之后在明代非常普遍，亦不限于本宗。据明代冯梦龙《醒世恒言》卷二〇《张廷秀逃生救父》，讲张廷秀大难不死，居官显贵之后，为报答岳父及义父之恩，虽生父生母健在，"廷秀生得三子，将次子继了王员外之后（笔者按，其岳父，因无子故），三子继邵爷之后（笔者按，邵爷为其义父，未得官时曾得其助），以表不负昔年父子之恩。（其弟）文秀亦生二子，也将次子绍了褚长者香火（褚长者为张文秀的救命恩人）。"
③ 《大典通编》卷一《吏典》相避条，第 182—183 页。
④ 《大典通编》卷五《刑典》，第 207、208 页。

（20）定服纪与兵役上的优待——确立复户的特权范围

户等不但是一种身份和政治特权的标识，也是一种经济特权的标识。朝鲜王朝仅是规定了宗室的近属免除兵役的特权。世宗大王时期，无论世数远近、内亲、外亲，冒充宗室而规免兵役之人甚众。世宗二十年（1438年）十月二十九日（庚辰）实录：

> 议政府启："今太祖、太宗有服之亲，并皆复户，以厚其生，亲亲之恩至矣。然内外子孙，不限世数，故疏远之人，希望上恩，冒附属籍，诚为未便。愿自今四祖继姓子孙，不限远近，并皆复户；异姓则限八寸复户；其未与限内而已受复户之文者，还收。"从之。①

世宗二十一年（1439年）十月十九日（甲午）实录：

> 议政府据礼曹呈启："宗室内外亲戚等，乃于外方各官告状，求欲复户者颇多。其众所共知则已矣，或有未知世数者，不纳可考文券，虽非恒居农庄，亦欲复户，瞒官告状，官吏眩于真伪，未即施行，公私有弊。请令宗簿寺受告状，考其世数，移文所居各道，各道又阅恒居真伪，移文宗簿寺，置簿后乃令复户。"从之。②

《经国大典》则缩小了这种范围，并对享受"复户"特权的贵族做了财产方面的限制：

> （复户）（原）……宗姓袒免、外姓及王妃同姓缌麻以上亲，田十五结以下，复户。（先王、先后亲同从仕者）③

---

① 《世宗实录》卷八三，第 4 册，第 170 页。
② 《世宗实录》卷八七，第 4 册，第 247 页。
③ 《大典通编》卷四《兵典》复户条，第 163—164 页。

四 祭礼及其相关诸问题

笔者认为，百姓生活中的祭礼主要是指以家庙（祠堂）、坟茔等为载体的祖考祭祀。基于宋代礼学（尤其是《朱子家礼》）对朝鲜半岛的巨大影响而言，本章节所涉及的祭礼不包含国家祭祀的"吉礼"（祭祀昊天上帝等），也不包括基层民间组织对于社神、城隍等地方神祇的祭祀。

朝鲜王朝规定祭祀不以释教礼，这是其祭礼的一条基本官方原则。太宗五年（1405 年）八月乙酉实录：

> 礼曹定丧祭之礼，疏曰："……自今父母追荐之制，有服之亲外，不须诣寺、佛排，依前降判旨，毋敢违越。路祭之设，所以歇神柩也。妄设佛排，亦非祭神之意。自今只设白饼、菓床以奠其神。违者宪司考察。"……议政府议："礼曹所申允当。"①

纵有佛排，依等级行事。这也说明了朝鲜王朝国家规定的丧礼允许适度地掺入佛教因素仅是强调佛教之"平等"原则当逊位于宗法之等级制度。太宗十三年（1413 年）八月辛亥实录：

> 司宪府启曰："父母追荐，佛排之数以尊卑为等差，已有著令。（原前大护军）（权）令继于亲丧佛排逾数，请科罪。"上曰："继方在缞经之中，宜姑宥之。"②

太宗十二年（1412 年）十月庚申实录：

> 司谏院上疏，疏曰："……故人有丧父母、失妻子而哀痛迫切之

---

① 《朝鲜王朝实录分类集》风俗篇一《太宗实录》卷一〇，第 35 页。
② 《朝鲜王朝实录分类集》风俗篇一《太宗实录》卷二六，第 65 页。

间，（释氏）以福田、无常之说，利益之惑，得以行之，得浸浸然入于其中，荡尽家产，心服事之……今我殿下，以英明之资，穷性理之源，晓然知佛事之为妄，禁人为僧，以绝其本，革诸寺舍，以削其居……诚千载之美事也。然为死者供佛斋僧之事，因循未革。而人死则皆欲荐拔，而为七七之斋，间设法席之会。至于殡处，挂佛邀僧，称为道场，无间昼夜，男女混处，妄费天物……夸示人目，其于存亡，有何益哉？……且生死有命，祸福在天，纵有祈祷之切，佛氏安能施惠于其间哉？且于佛经，未有斋晨、七七之说，此必後世僧徒诳人敛财之术也。伏望殿下，特命攸司，丧、祭之仪，一依文公《家礼》，痛禁佛事。"①

在朝鲜王朝，佛教和儒学两种信仰并存，尽管政府在公开的场合宣扬儒学，但是佛寺潜形于山岳，对人们的观念也产生着重大的影响。儒学强调"视死如生"的祭祀观——一如《论语》"祭如在，祭神如神在"；佛教则强调六道轮回、生死转世的思想，因此主张举行荐拔有方的道场。在《三国遗事》及民间文学中，都有金大成（民间文学作品中作"金大城"，因其转世出生时，额头方大，酷似城墙，手持金牌，上书"大城"）舍财转世，托生富贵之家，又继续戒杀礼佛、修寺筑塔的故事。最初，金大成好田猎，宴游无度。一日射杀一熊，夜梦熊灵索命，惊悸之余，立志改恶从善。于是，出生于宰相之家的富贵公子金大成为前世之母修建了石窟庵，为今世之父修建了佛国寺。故事发生于公元 8 世纪的前叶（属于三国时期的新罗王朝），地点是今天的韩国庆州广域市牟梁里。这个故事传颂到今天也反映了佛教信仰与儒学孝道的有机结合。

在以表彰孝女为主题的说话《沈清传》里，梦云寺的化缘僧人预言说，捐供米三百石可以使父亲复明，这个预言起初看似欺骗，但最终还是经过了一番曲折实现了。沈清卖身换米以后被商船扔到海里祭神的时候，也是被海波里突然幻化出的莲花所救，而莲花的佛陀信仰意象也不言自明。② 因此，我们就不难理解朝鲜王朝在丧礼中儒家与释家并用的局面了。司谏院的官僚尽管是朱熹《家礼》的笃信和奉行者，也难以改变朝野丧礼

---

① 《朝鲜王朝实录分类集》风俗篇一《太宗实录》卷二四，第 58 页。

② 新近的研究认为《沈清传》产生的背景是儒家文化在朝鲜半岛的大力推扬，如金顺基《〈沈清传〉的朝鲜民族传统文化解读》（中央民族大学博士论文，2008 年）。也有学者认为《沈清传》是将儒家孝道与佛教信仰有机结合的作品，如徐日权《谈〈沈清传〉的"孝诚"与"灵验"》（《外国文学研究》1983 年第 2 期）。

中儒、释并用的局面。

(一)祖考祭礼及其分类

俞惪善先生所著的《韩国人的冠、婚、丧、祭》一书认为,朝鲜的传统祭礼分为时祭、茶礼、忌日祭、墓祭、奉祀五种。

时祭（시제）,是指按照四季及时令的次序,到宗庙（或家庙）行进的祭祀活动。

茶礼（다례）,韩国民间在阴历的正月初一（朝鲜语汉字词称为“年始祭”）和八月十五举行的祭祀活动。应当指出,就王朝典制而言的茶礼,意义并非如此,后文详论。

忌日祭（기제,朝鲜语的汉字词为“忌祭”,笔者为表述方便,姑且翻译为忌日祭）,每年于亡人去世的当天举行的祭祀活动。此种祭祀一般施于考妣,无论嫡庶皆然。

墓祭（묘제）,在寒食节（清明的后一天）以及十月的指定日子举行的祭祀活动,从始祖祭祀到父亲。

奉祀（봉사）（俞惪善先生认为这种奉祀也属于“忌祭”,即기제,笔者认为这种祭祀叫作奉祀亡灵更为妥帖,故更名为奉祀）,指“祭主”（제주,祭祀的主持者）对于其五代以上祖考妣进行的忌日祭祀。但是按照当代韩国适用的《家庭礼仪准则》 （俞惪善著作中的原文为가정의례준칙,根据韩国 NAVER 网络字典〔http：//hanja. naver. com〕翻译）第十八条第二款规定,同族及族裔中三寸以内的尊属及卑属方可行“忌祭”（기제）。① 俞惪善对祖考祭祀礼的分类比较全面,但按照星湖李瀷的说法,古代朝鲜王朝的民俗是一般不行“四时正祭”,而把祭祀礼分为忌祭、墓祭、参礼三种:

> 古者无田者荐而不祭,故失位有相吊之义。而自公卿以下,庙各

---

① 俞惪善:《韩国人的冠、婚、丧、祭》,首尔弘文馆 1961 年版,第 309—310 页。另外,日帝时期盘踞朝鲜半岛的总督府中枢院依旧推行并简化以儒家思想为基础的婚丧礼俗。20 世纪 60 年代朴正熙任总统时期制定的《家庭礼仪准则》融通了传统的朝鲜王朝与现代礼仪,展示了朝鲜礼文化的演变过程。参丁世絃《近代期の韩国における儒教儀礼の変化—「儀礼準則」を中心に》,《東アジア文化交渉研究》第 7 号,関西大学大学院東アジア文化研究科,2014 年 3 月 31 日,第 355—375 页。

有数，物各有制。……今人依朱子《家礼》，莫不祭及高祖，而有复有祫祭、忌祭、墓祭、节日朔望之类。至于东俗上墓，一岁而至四，虽无位之人与公卿齐等，比古不啻倍蓰，而器数味品，耻不相及，分则逾矣。……故一遵《家礼》成法而更考古制，参以时俗，稍存增损，惟其简而易行也。今俗鲜举四时正祭，故只录忌祭、墓祭、参礼三条如左：

忌祭：前期一日齐（斋）戒，齐（斋）如时祭，至祭日不饮酒食肉。设位，《家礼》只设一位，盖古者无此祭，据祫祭为例……

墓祭：《家礼》惟三月上旬择日行事。然朱子有十月朔朝怀先垄……

参礼：正朝（元旦）①、上元（正月十五）、重三（三月初三）、端午（五月初五）、流头（六月十五）、秋夕（七月初七）、重阳（九月初九）、冬至及朔望，皆有参，节日则有时食。②

按星湖李瀷之说，朝鲜之俗虽不举四时正祭，但墓祭频繁，"一岁而至四"，民间之礼俗是往往以四时墓祭代替时祭。但朝鲜王朝的典制仍然有时祭之礼。故下文依然按照俞惪善对祭礼的分类为依据解说诸如时祭、茶礼、忌日祭、墓祭、奉祀等五种祭礼解说开去。

（1）时祭之礼。

在众多祭祀礼中，时祭见于《礼记·王制》，是中国传统礼俗迁移到朝鲜半岛去的。西汉大儒董仲舒解释时祭的理由是"古者岁四祭。四祭者，因四时之所生孰而祭其先祖父母也。故春曰祠，夏曰礿，秋曰尝，冬曰蒸"③。据考，三国时代新罗国的宗庙祭祀礼中没有四时祭祀的说法，而是规定了"一年六祭五庙"的祭祀礼俗："谓正月二日、五日，五月五日，七月上旬，八月一日、十五日。"国家宗庙没有采取四时祭祀，那么官民的家庙也更无从谈起。④ 时祭主要是指四季的祭祀，朝鲜王朝因循朱熹《家礼》的同时，确立了"四仲朔时祭"的说法，主要是四仲朔（仲春

---

① 唐代张说诗《正朝摘梅》："蜀地寒犹暖，正朝发早梅。偏惊万里客，已复一年来。"可证正朝是元旦的别称。

② 李瀷《星湖全集》卷四八《杂著·祭式》，《韩国文集丛刊》第 199 册，第 376、377、379、381 页。

③ （西汉）董仲舒：《春秋繁露》卷一五《四祭》，上海古籍出版社影印本 1989 年版，第 83 页。

④ 彭林：《中国礼学在古代朝鲜的播迁》，北京大学出版社 2005 年版，第 33 页。

[二月]、仲夏[五月]、仲秋[八月]、仲冬[十一月]之初一日），即四时祭。时祭是对宗庙、家庙或祠堂的较大规模的祭祀，须迁神主于宗庙、家庙或祠堂之外，是比较盛大的祭祀，与每月朔望、俗节（如端午、秋夕）、荐新（新的物产收获时敬献于宗庙或祠堂）相比，则显得十分隆重。退溪礼学早有解说：

> "设位"条所谓夫或父祖拜跪于阶下故也者，其意则然矣。如祠堂参礼时，其妻、子、孙皆祔在祠堂中，而亦拜跪于阶下者，何耶？
> 退溪《答禹景善书》：设酒果时，夫拜跪庭下，而妻祔祖妣龛，有所未安，权藏别室云云。鄙说本有所受之也，来诲所谓子孙皆祔者，亦似然矣。以意推之，参是庙中之事，群主皆不离于其位，则如朔望、俗节、荐新之类，不可每每辄迁也。如时祭，既出庙设于他所而礼之盛者，故设于阶下，所以著尊卑也。①

而按照《朱子家礼》卷五："四时祭：时祭用仲月前旬卜日。"比如孟春之月的下旬以占卜的方式决定仲春月的祭祀日期。时祭日期的选择可以看出朝鲜王朝的移风易俗，世宗三十一年（1449 年）五月二十六日（乙巳）实录不但反映了时祭的时间，还有时祭仿照丧礼仪轨而用冰的倡议：

> 议政府申："《大学》伐冰之家注云：'伐冰之家，卿大夫以上丧祭用冰者也。'《左传》：'古者日在北陆而藏冰。朝之禄位宾食丧祭，于是乎用之。'今宗亲及大臣之丧，许用冰盘，独于时祭，不得用冰，未便。堂上官以上四仲朔时祭内，五月八月热时，则赐冰一丁。"从之。②

按照古礼，三年之丧中本无四时祭祀之礼。随着礼俗之变异，朝鲜王朝遵循朱熹《家礼》，百日卒哭之后即须开始四时祭祀。时祭的时间在仲春（二月）、仲夏（五月）、仲秋（八月）、仲冬（十一月），一年凡四次。太宗八年（1408 年）九月二十四日（己巳）实录：

> 礼曹请行宗庙之祭。启曰：谨按《王制》，丧三年不祭，然《春秋左氏传》："卒哭而祔，祔而作主，特祀于主，蒸尝禘于庙。"杜预

---

① 李瀷：《星湖全集》卷一一，《韩国文集丛刊》第 198 册，第 235 页。
② 《世宗实录》卷一二四，第 5 册，第 130 页。

以为：“新主既特祀于寝，则宗庙四时常祀，自当如旧。”《文公家礼》附注曰：“丧三年不祭，今人居丧，与古人异，卒哭之后，不免墨衰出入。可以略仿杜注之说，遇四时祭日，以行常祀。”①

于时祭之时，本当用酒，但于世宗时期曾一度行禁酒令。

　　礼曹请：“申明禁酒之令，虽时祭上冢，皆用茶，不得用酒。”上命祭祀用酒者勿禁。②

　　礼曹启：“《文公家礼》四时祭初献注云：‘冬月则先暖之。’今文昭殿亲行别祭，用冷酒，当天寒时凝冻，有违像平生之意，况朝夕上食，既用温酒，今后别酒，依此用温酒，饮福亦用温酒。”从之。③

时祭之中，尤其重视“正至”，即夏至与冬至。李瀷《答郑汝逸〈家礼〉问目》以为“正至”规格当高于俗节，而民间的重视程度还不够，非但应该有酒，并且当设肴馔：

　　“正至朔望”条：正至既别于俗节，则其祭品亦当比俗节有加，而只有果盘、茶酒，无佗馔品。至“俗节”条，反有时食及蔬果，何也？炙则此虽不言，而有酒则必有殽，故依佗献礼，设炙何如？④

对于祭祀和酒的关系，朝鲜王朝之所以莫衷一是，或可归因于其对中国传统文化的断代因素和多元因素的斟酌取舍。而朝鲜王朝对此往往贯通地去考察，世宗大王时期，曾有所讨论：

　　传旨礼曹：本朝旧制，凡祭致斋誓戒文，只云：“不纵酒。”故献官诸执事，虽当斋戒，饮酒无异平日，至行祭时，因醉失仪者，比比有之。今闻中朝致斋三日，断五荤与酒，已下礼曹著令，使不得用酒。承政院启：“凡致斋者，必先沐浴。献官，例皆老病大臣，若不服药，恐致伤风，宜仍旧不纵酒。如有群聚崇饮者，痛惩。”乃令集贤殿稽古制，《论语·乡党》：“齐必变食。”注：“不饮酒，茹荤。”辑释：“朱子曰：‘今致斋有酒，非也，但礼中有饮不至醉之说。’”且

---

① 《太宗实录》卷一六，第1册，第453页。
② 《世宗实录》卷一一，三年（1421年）元月丁卯（四日），第2册，第419页。
③ 《世宗实录》卷六七，十七年（1435年）元月己丑（十七日），第3册，第608页。
④ 李瀷：《星湖全集》卷一〇，《韩国文集丛刊》第198册，第221页。

《仪礼经传通解续》斋戒云："《庄子》曰：'不饮酒，不茹荤。'"祭祀之斋，《通典》斋戒仪云："诸祀官致斋之日，给酒食。"《家礼》四时祭："前期三日斋戒。"注："饮酒不得至乱。"或云不饮酒，或云给酒食，或云饮酒不得至乱，古制不一，何如而可？拟议以闻。① 传旨礼曹：凡斋戒，社稷、永宁殿、宗庙大祀三日；文宣王释奠、风云雷雨、雩祀、先农、先蚕等中祀二日，皆亲传香祝。以上各处祈祷及先王先后忌日，斋戒一日。上项斋戒日则阙内及献官诸执事，凡宴乐、田猎、刑罚、屠杀、举哀、问疾、秽恶、茹荤、饮酒等事，一皆禁断。但礼中有饮不至醉之说，《家礼》四时祭前期三日斋戒注，亦有饮酒不至乱之语，今后斋戒时沐浴及晨兴，只服一二盏。且各司拷讯刑杀决罚等事，亦皆禁断。②

关于时祭的地点，于朝廷自有宗庙之享祀，即时祭的地点是宗庙。代表士大夫阶层的《朱子家礼》要求每月朔望祭祀于祠堂，于是主张别庙之神主奉祀于太庙；时祭时则将神主迁出祠堂，祭于寝。可以说，朱熹这种时祭于寝的倡导乃是其推扬士大夫家礼的思想反映。而朝鲜王朝在制定对其王室宗庙的时祭时，也曾议论是否当用此祭于寝之礼。世宗十四年（1432 年）六月十四日（辛丑）实录记载：

上御思政殿，引见郑陟曰："予见尔等所抄古制。"陟启："古礼藏神主于庙，藏衣冠于寝，未见藏主于寝之文。"上曰："《朱子家礼》，藏主于祠堂，遇时祭则奉出正寝。朱子制礼，岂无所据乎？予依《朱子家礼》为定，今但营寝三间，以奉太祖、太宗何如？毕构五间何如？且于前殿太祖、太宗两室，依宗庙以西为上何如？依《家礼》奉主出就正寝，以西为上，除龛室何如？忌日祭依《朱子家礼》，只设一位亦可，其令详定提调会议以闻。"③

世宗十五年（1433 年）三月十五日（戊辰）实录记载，朝鲜王朝规定了朔望祭祀于太庙时，"别庙神主诣太庙，用腰舆"，腰舆是手挽的便舆，可能有绳索系于腰间，故称。正至朔望之祭虽不及禘祫，规格亦相对较高：

---

① 《世宗实录》卷一〇七，二十七年（1445 年）二月辛亥（七日），第 4 册，第 606 页。
② 《世宗实录》卷一〇七，二十七年（1445 年）二月戊辰（二十四日），第 4 册，第 608 页。
③ 《世宗实录》卷五六，第 3 册，第 398 页。

礼曹启："今新建文昭殿，其行祭时节次，曹与详定所同议以启。一、《文公家礼》：'正至朔望，则参于祠堂，至时祭，奉神主出就正寝。'今文昭殿后寝，行朔望祭，若四时大享及俗节别祭、忌日祭，则行于正寝。一、宋制，别庙神主诣太庙时，用腰舆。今位版自后寝出前殿时，亦用腰舆，令内官奉舁。一、文昭殿、广孝殿行祭时，并于户内伏地。今文昭殿前殿，太祖位在北向南，太宗位在东向西，于户内背太宗位伏地未便，依宗庙例，除伏地。"从之。①

此次议礼的结果影响深远。肃宗在祔明圣王后于太庙，行祭讫，还宫受百官贺，颁赦颁教，其文有曰："居然节序之屡改，遽尔祥禫之相仍，见于羹墙，曷伸孺慕。隋于寝庙，肇举宗禋。"② 其"寝庙"并称之语，有可能是《朱子家礼》对朝鲜王朝祭祀典制影响的结果，也可能是基于先秦古礼之修辞。

（2）茶礼及其功用

茶礼者，乃是朝鲜王朝根据明朝典礼改良后创制的礼制。其缘起是明代的学礼（从"五礼"的视角而言属于"嘉礼"），后来应用于接见外邦使臣（从"五礼"的视角而言属于"宾礼"），其共同的意义在于表达皇帝或诸侯以礼敬之态度接见远来之贤达以及外邦使臣。朝鲜王朝将其推广，也适用于祭祀陵寝。而民间"小传统"的俗礼也经常使用"茶礼"之说，这与俞蕙善所讲的茶礼意义接近。

明永乐四年（1406 年），"礼部尚书郑赐引宋制，请服靴袍再拜，帝不从，仍行四拜礼。进讲毕，赐百官茶。礼部请立视学之碑，帝亲制文勒石。"③ 明代皇帝权威加强，宋代学官向皇帝两拜，而明代须四拜。于是明廷规定在四拜之后要行赐茶礼，以体现优容仕宦的传统精神，及至明季，清流依然坚持茶礼："帝（明熹宗天启皇帝）幸太学，（魏）忠贤欲先一日听祭酒讲，议裁诸听讲大臣赐坐赐茶礼，又议减考选员额，汰京堂添注官。（崔）景荣皆力持不行，浸忤忠贤指。"④ 又，明武宗"好习番语"，"乌斯藏使臣绰尔济鄂色尔留豹房百宠，封大德法王，乞令其徒二人还居本土，入番，设茶，礼官刘春等执不可，乃罢绰尔济鄂色尔辈出入豹房。"⑤

①《世宗实录》卷五九，第 3 册，第 459 页。

②《肃宗实录》卷一七，十二年（1686 年）二月甲午（十日），第 39 册，第 59 页。

③《明史》卷五五《礼志九》皇帝视学仪，第 1405 页。

④《明史》卷二五六《崔景荣传》，第 6607 页。

⑤《钦定文献通考》卷二四八《四裔考》，文渊阁四库全书本。

朝鲜王朝的茶礼起初亦是针对功臣和外国使臣的，但并非国礼，而是一种私礼，表明亲厚之意。

> 温全、杨宁诣上王殿，次至大君和、大君芳毅、府院君闵霁第，皆行茶礼以待之。[①]
> 王得名、王迷失帖至阙告辞，次诣太上殿，太上王行茶礼。上饯于迎宾馆，议政府饯于西普通。[②]
> 上诣太平馆宴使臣。宦官俨等举止无礼，上意不惬，促宴而罢。翌日，朱允端、韩帖木儿等诣阙行私礼，上礼接之。……乃行茶礼。[③]
> 命都承旨尹子云、左副承旨李克堪赍宣酝往慰明使。登济川亭，徧观题咏，与诸宰相行茶礼，乘舟泛流。[④]

王在国恤之际及禫后祭拜，拜谒陵寝时所行的茶礼称为"昼茶礼"。"昼茶礼"则见于朱熹《家礼》，乃是编录于祭礼中的。朝鲜王朝的《五礼仪》中虽然没有记载，却作为成例，行之不辍。议政府据礼曹呈启：

> "大行大王下玄宫后，若工役未毕，请依《朱文公家礼》，纸榜、标记，安于假丁字阁，行朝夕上食及昼茶礼，役毕烧之。"从之。[⑤]
> 礼曹启："……请并依《五礼仪》施行，禫后各祭及朝夕上食、昼茶礼，亦依文昭殿例行之，再期间勿用乐。"从之。[⑥]
> （本职长官男爵闵泳绮以）"《五礼仪》只有朝夕上食，而在前国恤时，并行昼茶礼矣，依前例举行"启。[⑦]

以拜谒陵寝为目的的昼茶礼肇始于世宗大王末期，与朝夕上食礼并行。

> 世子诣英陵，行昼茶礼。[⑧] 世子行昼茶礼于英陵。[⑨] 传旨承政院，

---

① 《太宗实录》卷四，二年（1402年）十月丙寅（十六日），第1册，第249页。
② 《太宗实录》卷五，三年（1403年）三月庚寅（十三日），第1册，第259页。
③ 《太宗实录》卷五，三年（1403年）四月丙辰（十日），第1册，第262页。
④ 《世祖实录》卷一六，五年（1459年）四月辛酉（十日），第7册，第320页。
⑤ 《端宗实录》卷二，即位年（1452年）八月丁丑（十七日），第6册，第525页。
⑥ 《成宗实录》卷五六，六年（1475年）六月丙戌日（九日），第9册，第233页。
⑦ 《纯宗实录》卷一七，十九年（1926年）四月二十六日（阳历），第3册，第635页。
⑧ 《世宗实录》卷一一五，二十九年（1447年）元月壬午（十九日），第5册，第2页；三月辛未（九日），第5册，第9页。
⑨ 《世宗实录》卷一一六，二十九年（1447年）闰四月己丑（二十八日），第5册，第19页。

英陵上食及昼茶礼时，令内直别监，捧香。①

睿宗元年（1469 年）闰二月九日（甲子），"明使请停昼茶礼，从之。"②直到燕山君十年（1504 年）才恢复了昼茶礼，此前只行朝夕上食之礼。

> 礼曹启孝思庙亲祭时及朝夕上食应行仪制。一，亲祭除百官陪祭，只以赞礼、近侍、通礼行事。一，亚、终献官一品宗亲、执事官依例。一，祭馔依各殿。一，除昼茶礼，只行朝、夕上食。一，祭素物以文昭殿各道进上用馀，令司饔院掌进。一，朝、夕上食饭酒、杂物，除奉常寺，令各司进排。一，朝、夕上食时奠爵，堂下官三品宗亲轮次入番。一，参奉二员。③尹弼商、柳洵、申用溉、成希颜议："孝思庙祭礼，一依宗庙例，四时大享及朔望祭用粢盛、腥荐，而朝夕水剌、昼茶礼，依文昭殿例行之。且今已上谥，祭时祝文不可仍用慈亲之号，请改神主，以正王后位号，于祝文称臣、称讳何如？"从之。④

在朝鲜王朝的礼制中，昼茶礼是重要环节，其"一日之内五哭临"的祭祀理念决定了昼茶礼的行之不辍，非明使之指摘所能骤然废除。

> 弘文馆副提学罗淑等启曰："……今殿下幼冲嗣位，学问为急，故不得已卒哭前开讲。然方在草土，所当尽诚致哀，期于无憾，此学问之大本。只以年幼气弱，未得日五哭临，以尽丧礼，已为未安，若御经筵而遂废哭临，则是所重在于经筵，而哭临反为馀事，本末颠倒，大乖学问之道。请于哭临馀暇，时御经筵。"答曰："常时予以元气微弱，于初丧大礼，不能一一依礼文为之，固为未安哭临及经筵，依启为之。"（所谓五哭临，朝·夕奠、朝·夕上食、昼茶礼时［是］也）⑤

于是，昼茶礼作为朝鲜王朝的"五临哭"之一，也使得茶礼得以渗透到其他节日的祭祀中。"五临哭"乃是在丧期之中，一日有五次哭奠的仪节。就一般传统而言，五临哭皆当用素馔，显改君曾质疑说："朝夕上食，

---

① 《文宗实录》卷四，即位年（1450 年）闰十一月丙午（六日），第 6 册，第 315 页。
② 《睿宗实录》卷四，第 8 册，第 338 页。
③ 《燕山君日记》卷四五，八年（1502 年）八月丁未（八日）第 13 册，第 507 页。
④ 《燕山君日记》卷五二，十年（1504 年）三月己丑（二十八日）第 13 册，第 601 页。
⑤ 《明宗实录》卷一，即位年（1545 年）八月戊戌（八日）第 19 册，第 286 页。

亦用素馔，而昼茶礼，则象平日，自内备用肉膳矣。"① 实则按照朝鲜王朝的典制，茶礼连酒都不能用，更不用说肉膳了："自徽宁殿今日为始，上（指英祖大王）食依昼茶礼例，以茶代醴。"② 用素馔的昼茶礼乃是取材于朱熹《家礼》的士大夫传统，而按照传统礼制，则须用肉膳，对于这一点朝鲜王朝至为明晰。而且，从节省经费的角度，无酒无肉的素馔似乎更值得提倡，但明朝不行忌日素馔之国礼，乃有朝鲜臣僚对明朝使者就忌日仪节详加解说之事：

> 礼曹佐郎安玿将本曹及议政府议启曰："当国忌日，馆伴馔具勿用肉，使臣若问，当以实对之。使臣亦欲撤肉馔，则进素馔，且于昼奉杯时，馆伴告使臣曰，'先王（忌晨）〔忌辰〕，臣子不忍听乐，请不与焉'，使臣若曰'我辈亦当去乐'，则从之。"③

> 召见都监堂郎、户判于殡宫。教曰："魂宫上食及昼茶礼，以素膳为之，而内厨则别具肉馔，墓所肉馔，亦内厨送设。此盖大小丧通行之例也。今番则祭需务从省减，肉馔比前亦减。且于壬寅，不许别设宫庄内祭肉品之需，不可无略加区划。以今经费，岂必张大？"④

茶礼渗透到民间的礼俗中时，素馔的仪节却往往被打破。尤其是涉及祖先祭礼的时候，纸榜与祭桌（祭桌之上陈设香炉）之间，依次陈列着诸如米饭、米糕、鱼、肉汤、豆腐汤、肉酱等。⑤

在朝鲜王朝，昼茶礼还适用于如下时节：朔望祭祀，及至后期，发展出了端午昼茶礼。

> （哲宗大王）诣孝定殿，行寒食祭昼茶礼。⑥
> （哲宗大王）诣孝定殿，行朔祭昼茶礼。⑦
> （哲宗大王）诣孝正殿，行正朝祭昼茶礼。（哲宗大王）诣孝正

① 《显改君实录》卷一，即位年（1545 年）八月戊戌（八日）第 19 册，第 286 页。
② 《英祖实录》卷九二，三十四年（1758 年）九月己亥（十六日），第 43 册，第 699 页。
③ 《端祖实录》卷一四，三年（1455 年）五月庚戌（六日），第 7 册，第 38 页。
④ 《正祖实录》卷二二，十年（1786 年）七月庚申（十九日），第 45 册，第 582 页。
⑤ 俞惠善：《韩国人的冠、婚、丧、祭》，第 323 页。
⑥ 《哲宗实录》卷二，元年（1850 年）二月丁亥（二十四日），第 48 册，第 555 页。
⑦ 《哲宗实录》卷三，二年（1851 年）三月戊子（一日），第 48 册，第 560 页。

殿，行望祭昼茶礼。①

　　初五日。药院口启："请寝孝慕殿端午祭亲行。"赐批："勉从。"仍命摄行。②

　　初五日。诣殡殿，行端午祭兼朝奠，仍行昼茶礼。③

　　初五日。诣孝慕殿，行端午祭别茶礼。王世子随诣，行礼。④

　　二十三日。诣景孝殿，行端午祭，朝上食、昼茶礼。皇太子随诣，行礼。⑤

　　综上，昼茶礼是指朝鲜王朝在每月朔望日、端午诣宗庙或陵寝实行的祭祀，与朝、夕上食并存。另外，始死及禫后之祭也增加了昼茶礼的仪节。而俞惠善将茶礼归为年始祭祀（正月初一）和秋夕祭祀（八月十五）的日常祭祀，乃是王朝礼制向民间礼俗流变后的产物。在今天的韩国礼俗中，茶礼仍然被归纳为"祭礼"一类，但同忌日祭祀有所区别。

　　忌日祭祀：三次捧杯，并读祝文；行于忌日之夜（子时开始）；着装质朴；以饭和汤汁为祭品；使用蜡烛。

　　茶礼：三次捧杯；行于正旦和秋夕；着装华丽；以正旦及秋夕之食品为祭品；不使用蜡烛。⑥

　　尽管现代韩国人的文化生活因受到西方文化的冲击，在很多方面已经发生了结构性的变化，但正旦和中秋的祖先祭礼仍没有发生根本性的变化，而且保持着传统的基本风貌。⑦ 笔者注意到，在现代韩国民俗中，祭礼之中的茶礼有从吉的意味，忌日祭祀则体现了"终身忧戚"的传统理念。"茶礼"使得祭礼从吉的做法与传统民俗并不矛盾。如中国民间也有将彭寿尊长的病逝称为"喜丧"说法。

---

① 《哲宗实录》卷一〇，九年（1858年）元月戊寅（一日），元月壬寅（十五日），第48册，第624页。

② 《高宗实录》卷二八，二十八年（1891年）五月戊辰（五日），第2册，第390页。

③ 《高宗实录》卷二七，二十七年（1890年）五月庚寅（五日），第2册，第351页。

④ 《高宗实录》卷二九，二十九年（1892年）五月壬戌（五日），第2册，第414页。

⑤ 《高宗实录》卷三七，三十五年（1898年）六月二十三日（阳历），第3册，第44页。

⑥ 韩国女性与家庭部编：《外国居住者生活信息指南》，2000年版，第63页。

⑦ 潘畅和、朴晋康：《韩国儒教丧礼文化的确立及其生死观》，《延边大学学报》2011年第5期。笔者认为，该文将八月十五的祭祀定义为儒家丧礼的说法，仍然有待商榷。

（3）忌日祭

关于忌日的祭祀，朝鲜王朝于立国伊始就有所定制，忌日的祭祀是不诣宗庙的寝祭。太祖大王七年（1398 年）十二月十五日（丁巳）实录：

> 礼曹上言："《记》曰：'君子有终身之丧'，忌日之谓也。前朝风俗，于忌日，不曾斋戒行祭，唯以饭僧为事，略无报本之道，且违礼典。今后乞令当忌日前一日，不茹荤，不饮酒，不食肉，致斋别寝，至忌日行祭。其奠物，一依当曹颁行《时享陈设图》行之，不近声色，不接宾客，以行终身之丧之义。"上从之。①

太宗大王十二年（1412 年）六月六日（己未）实录：

> 定（忌晨）〔忌辰〕斋行香使冠服之制。初，上命礼曹曰："凡忌斋行香使服红袍，未可也，宜详定以闻。"至是，礼曹上言："按《文公家礼》，忌日不饮酒食肉，不听乐，黪巾素服素带以居，夕寝于外。自今忌日之服，一遵《家礼》，乞于先王先后之忌行香使之服，亦用白布衣纱帽角带。"从之。②

国忌之日，禁刀兵刑戮、茹素是朝鲜王朝的礼制传统：

> 上（世宗大王）召许稠曰："明日穆王（笔者按，太祖李成桂之四代祖李安社）忌日也，而开文武科会试。文科则可矣，武科则兵刃之事，当国忌之日可乎？"稠曰："此臣等不详察之罪。"乃命改择他日。③
> 亲传太宗小祥（忌晨）〔忌辰〕斋香、疏文。自是日至忌日，停朝市，去刑戮，禁屠杀。④
> 王于三皇忌辰，辄御素膳，曰："近古以上，公坐会食，不食牛肉，国忌，朝臣皆茹素两日。先朝初年犹如此，今则不然矣。"⑤

对于私人而言，忌日祭体现了"父母之丧，终身忧戚"的思想。

---

① 《太祖实录》卷一五，第 1 册，第 141 页。
② 《太祖实录》卷二三，第 1 册，第 638 页。
③ 《世宗实录》卷三，元年（1419 年）三月壬子（八日），第 2 册，第 305 页。
④ 《世宗实录》卷二〇，五年（1425 年）五月丁亥（八日），第 2 册，第 540 页。
⑤ 《纯祖实录》卷二四，二十一年（1821 年）八月甲申（七日），第 48 册，第 182 页。

礼曹启："临江住前成均直讲金泮少孤，事母至孝，母没治丧，一依《文公家礼》，不作佛事，卜宅兆不用阴阳拘忌，哀毁得疾，几至灭性，举邑劝酒肉，终不听。庐墓三年，治任还家，不忍辞去，号泣三日。且立祠堂，出入必告，每遇忌日，不食二日。一邑称孝，请加褒奖。"命旌门、复户。① 抚山人记官乙奉母，年三十三夫死。丧三年毕，母与亲族欲夺志，不从。母年八十九，奉养益虔。夫死二十年，每遇忌日，辄被发痛哭。②

对于忘却忌日、枉顾"终身忧戚"的大臣，朝鲜王朝一般会依法处理，刑责加身，且追夺告身，清除出官僚队伍。成宗六年（1475 年）十月三日（己卯）实录：

司宪府启："艺文馆检阅曹伟冒酒禁宰牛，设油蜜果，动乐，待教表沿沫、李礼坚、奉教安晋生、检阅郑淮，新属人侵虐，群聚会饮，司艺崔汉良、司果俞造、正郎朴叔达、修撰朴处纶、监察辨〔卞〕哲山，以先生随参，监察郑以侨忌日参宴，听乐饮酒罪，（曹）伟依《大典续录》，杖一百、徒三年、告身尽行追夺，汉良、叔达、处纶、哲山、沿沫、礼坚、晋生、淮，依律各杖七十、夺告身二等，以侨杖八十、夺告身三等。"命伟只收告身，外方付处，参宴者并笞五十，功臣则解见任别叙，新属人侵虐者，除杖夺告身二等。③

忌日祭既是国家的祭祀典礼，更是民间祭祀的一部分。其祭祀的主要对象是父系的祖考妣及亡妻，一般不涉及对高、曾祖的祭祀（这与奉祀的情况不同）。而朝鲜王朝重视外亲（外祖父母及妻之父母）的传统决定了对于无后的外祖考妣也要实行忌日祭祀。世宗大王曾召集僚属商议过对于外祖父母及妻之父母的忌日祭祀以及对官僚祭祀诸亲过程中告假的规定，同时否定了为亡妻行忌日祭的做法：

召黄喜、孟思诚、权轸、许稠、申商、郑招等议事……其六曰：

① 《世宗实录》卷二二，五年（1425 年）十二月壬戌（五日），第 2 册，第 568 页。
② 《世宗实录》卷四二，十年（1428 年）十月丙午（二十八日），第 3 册，第 152 页。
③ 《成宗实录》卷六〇，第 9 册，第 276 页。

"外祖考妣祭文内，称致祭于某事，前日卿等已议定。"然郑招曰：
"昔汉文帝谓周亚父曰：'敬问将军。'于大臣尚尔，况外祖乎？宜称
敬祭于外祖考妣，又于日月用印。'何如？"（黄）喜等皆以为可，即
命礼曹，具祭文规式以启。①

礼曹启："京外大小朝士以亡妻忌日告暇者颇多，故参详古今忌
式，杜氏《通典》忌日议祭义云：'君子有终身之丧，忌日之谓也。'
注：'忌日，亲亡日。谓之忌者，不用举他事。'《文公家礼》注云：
'私忌在职非在职，祖父母、父母，并一日，逮事高曾同。'元礼典
（笔者按，《元六典》之《礼典》的简称）时享祭仪式内：'如祖考忌
日，止祭祖考及祖妣，祖妣忌日，止祭祖妣，不必偏（遍）举。仍请
神主出中堂享祭。馀位忌日同。外祖父母及妻父母无主祭者，当于正
朝端午中秋及各忌日，用俗仪祭之。'谨以上项忌式，究其本意，盖
忌者，终身之丧，故为尊者告暇，事理之当然，而无为卑者告暇之
文。乞自今亡妻忌，勿令告暇。"②

参详礼曹的原意，应该指出的是对于外亲用"俗仪祭"，则自己父系
的祖妣祭祀毋庸置疑地乃是忌日之"正祭"了。

（4）墓祭——墓制与庐墓

朝鲜民族对于墓祭是十分重视的。在朝鲜古代社会，科举制度和良贱
制度为社会流动预留了很大的空间，很多的家族不能保持累世的富贵，也
就不能保证其墓地祭祀的延续。但是一旦有了机会，后世子孙往往以占卜、
求神等方式筮寻其先人坟茔的处所，甚至有寒士骤然显达，其先祖坟域难
考或本就无祖坟的情况，亦以卜筮求坟茔之所在的情况。俞薏善收录有
《失墓追寻土地神祝》《无徵古境慰安祝》的文章模板，先系干支日月，而
后言"幼学○○敢昭告于"，后哀告曰"古塚之神某之○代祖某官之墓，久
失其处，古来相传在于○○墓地，既无俾表，莫何指的"，"敢昭告于古墓
之灵，竟失先茔，将寻幽誌，敢毁封域。爰兹误启，仍筑改莎，依旧新封。
谨告以酒果，休咎是宁"。另外，在迁葬和营缮坟茔时，也要有祝文，如
《改葬破墓祝》《迁墓告辞》《改葬后山神祝》《改装后成坟祝》《改葬后反

---

① 《世宗实录》卷五四，十三年（1413年）十二月乙卯（二十四日），第3册，第364页。
笔者按，"周亚父"应为"周亚夫"之误，周亚夫之兄周胜之尚汉文帝之女，故周亚夫为
皇帝外亲，故朝鲜文献作此类比。这种类比从中国传统礼俗来看其实是失当的，周亚夫
于文帝为晚辈，称"将军"者，非以其为驸马之弟，以其将略之才耳。

② 《世宗实录》卷七七，十九年（1437年）六月丙戌（二十八日），第4册，第84页。

虞祝》《改莎草山神祭》《改莎草告辞》《改莎草後慰安祝》等。①

从官方礼制上讲，朝鲜王朝依照品级申明墓制。太宗实录四年（1404年）三月庚午：

> 命礼曹详定各品及庶人坟墓禁限步数：一品墓地方九十步，四面各四十五步，二品方八十步，三品方七十步，四品方六十步，五品方五十步，六品方四十步，七品至九品方三十步，庶人方五步。已上步数，并用周尺，标内田柴火焚，一皆禁止，用前朝三十七年定制也。②

另外，墓室用石室是高丽时代王和大臣的制度。朝鲜王朝规定大臣墓室减少熟石的用度，以节约民力。世宗六年（1425年）十二月癸丑（十二日）实录：

> 礼曹启："本朝于各等礼葬，皆用熟石造墓，工役为难，弊及于民，其中可革事件，条列于左。一，本朝承前朝之制，既于山陵设石案，而于人臣坟墓，亦或设焉。非徒有僭拟之失，当祈寒暑雨，虽有石处，炼石之功最难，若无石处，则转输之弊尤难，请革除。一，前朝于大臣之葬，始置长明灯，本朝因循不革，作此虚器，徒为观美，而无益于送死，请自今勿设。一，古者帝王宫室，尚用土阶，况人臣坟墓，其可用熟石作三阶乎？请自今勿用熟石，而用杂石。一，古者因丘陵为坟，不封不树，送终之制，其俭如此。请自今坟墓四方周回，唯莎台用熟石，其高勿过一尺；（营造尺）其地台入土者，勿用熟石而用杂石，其高亦勿过一尺。（后）〔从〕之。"③

庐墓乃是建草庐于坟墓附近，进行守丧和祭祀的活动。与中国不同者，朝鲜王朝初无庐墓守坟之制。远在高丽王朝时代，出于视死如生之义，"全州求礼县民孙顺兴，其母病死，画像奉祀，三日一诣坟墓，飨之如生"，就得到了政府褒奖。④ 世宗二年（1420年）正月庚寅，"下教中外，求孝子、节妇、义夫、顺孙所在，开始得百馀人"，后经过甄选，"以礼曹所上记行实状，议于左右议政，凡得四十一人以闻。"对于守丧三年

---

① 俞惠善：《韩国人的冠、婚、丧、祭》，首尔弘文馆1961年版，第284—295页。
② 《朝鲜王朝实录分类集》风俗篇一《太宗实录》卷七，第32页。
③ 《世宗实录》卷二六，第2册，第639页。
④ 《高丽史》卷三《成宗世家》九年九月丙子条，第74页。

或庐墓的孝子贞妇予"旌表门闾","复其家",对于官僚家庭之孝子权景等十五人"量宜注授"。此举的重大意义恐怕在于对济州旧俗的革除：

> 济州前注簿文邦贡："州俗不行三年丧。岁丙戌，父没，守坟三年。丧制悉遵《家礼》，以树孝风，乡人劝之。守坟者三人，行丧三年者十馀人。"①

然而，此举在于世宗甫即位之时，未必是经常的举措。于是以妇女抛头露面不宜和男子庐墓非圣人中制等理由，臣僚对丧葬中的过哀过礼行为不甚赞成。世宗十三年（1431 年）六月戊午实录：

> 济州都安抚使尹临启："孝子节妇，可褒赏者。一、前直长文邦贵，提控梁深。生员高得宗等丁亲丧，庐墓侧，始行三年之制，一州感慕。"启下政府。②

政府商议之结果就不得而知了。世宗十三年（1431 年）五月庚辰实录：

> 礼曹据庆尚道监司关启，庆州任内慈仁县住架阁库录事李爱死于京，妻张氏年二十八，携枢归葬其乡，庐于墓侧，官禁之，张不从，不离墓侧，常自泣血。……礼曹判书申商以为："除旋门复户，亦勿禁庐墓。"吏曹判书权轸赞成许稠，以为："近妇女守坟者颇多，而此不禁，后将相继。男子守坟，亦非圣人中制，况是妇人，固宜禁之。但取其诚，量赐米豆。"右议政孟思诚以为："张氏之行，其与失节者远矣。许从其志，终制后复户。"从（权）轸等议，赐米十石。③

同时，朝鲜王朝也存在与此说相左的官方旌表事件，并得到普遍认可：（世宗大王时）"中部人幼学李成蹊，司直（李）元之独子也……二亲连逝，居忧六年，一依《家礼》。及返魂，成影帧，朝夕奉献不息，荐新物以时，诚孝至今如一。"④ 明宗时，有"徵士"成守琛者，母卒，成

---

① 《朝鲜王朝实录分类集》风俗篇一《世宗实录》卷七，第104—107 页。
② 《朝鲜王朝实录分类集》风俗篇一《世宗实录》卷二五，第65 页。
③ 《朝鲜王朝实录分类集》风俗篇一《世宗实录》卷五二，第215 页。
④ 《世宗实录》卷四二，十年（1428 年）十月丙午（二十八日），第 3 册，第151 页。

守琛时年六十。"哀毁致疾，发必气绝，而犹居墓三年。"且谓"国俗墓祭之规，不若祠堂宗法之制。节时，子孙轮办奠具，或不精洁，至于浸远，则驯致废祀。"乃于先茔，优置田民，构屋墓下，藏器有室，收穀有库，设厅具馔，立房致斋，凡百器用，亲加规画，以立墓祭之法。或言其过厚，恐将废弛，答曰："为之自我者，当如是。"① 从世宗至于明宗的百余年间，朝鲜王朝对于墓祭的旌表似乎没有形成长效机制，也没有明确的官方的墓祭规格的限制，墓祭之丰俭一视孝子之诚心与财力之大小了。星湖李瀷解释"庐墓"时尤其强调了男子庐墓的必要："返魂固正礼，但人还家，妻子同处，礼防大坏。……则当依礼返魂。如或未然，则当依旧俗庐墓可也。"② 可见，在庐墓和墓祭的发展过程中，士大夫的礼俗规范起到了一定的先导作用。庐墓和墓祭由民俗的自觉发展到带有社会强制色彩的礼俗规制需要一个相对漫长的过程。

推原墓祭之起始，乃在于秦汉。后来的皇室礼制中称谒陵寝。而朝鲜诸王对于外祖父母仍然采取墓祭的形式，以彰显礼重外家的传统。成宗于经筵之际与臣僚有如下对话：

> 讲《（资治通鉴）纲目》，至显宗朝原陵，知事卢思慎启曰："墓藏体魄，故以死者之礼事之，庙安精魂，故以生者之礼事之，古不墓祭，至秦始皇起寝庙于墓侧，汉因之不改，非古制也。今园陵之祭，以淡服行事，是亦用死者之礼也……"上谓左右曰： "此言当矣……"③

朝鲜民俗："在昔国俗，庐墓者多有合祭两亲朝夕上食者"，而退溪李滉则认为："合祭，非但无文可据，凡于祭，只祭当忌之主，则当丧而岂可合祭乎？"④ 可见，在民间礼俗之中，墓祭也是忌日祭祀的一部分，或者一种表现形式。但考妣合葬之后，墓祭只能是合祭了，当然难以做到"凡于祭，只祭当忌之主。"所以，墓祭的时间是寒食和秋夕等俗节，而不是在亡人各自的忌日举行。

---

① 《明宗实录》卷二九，十八年（1563 年）十二月庚午（二十六日），第 20 册，第 682 页。
② 李瀷：《星湖全集》卷四〇《金沙溪〈疑礼问解〉辨疑》，《韩国文集丛刊》第 119 册，第 209 页。
③ 《成宗实录》卷四六，五年（1474 年）八月辛丑（十九日），第 9 册，第 139 页。
④ 《孝宗实录》卷一，即位年（1649 年）七月乙丑（二十八日），第 35 册，第 383 页。

（世宗）教旨：永兴伯朝鲜国大夫人李氏、安川府院君三韩国大夫人申氏、骊兴府院君三韩国大夫人宋氏墓祭，每年寒食秋夕，官备奠物，其官守令致祭，以为恒式。①

骊兴府院君闵氏、三韩国大夫人宋氏是世宗大王的外祖父母，后世的朝鲜诸王仍然对其行墓祭之礼。这也反映出朝鲜王朝礼尊外家的传统。文宗大王即位年（1450 年）八月十日（辛巳）实录：

议政府据礼曹呈启："世宗大王外祖考骊兴府院君闵氏、妣三韩国大夫人宋氏，俗节墓祭，依太祖、太宗外亲墓祭例，令所在官行之，凡修治先告事由，祭除降香，亦令所在官行之。"从之。②

正因为墓祭不在东亚传统丧礼开列之内，所以为因情因俗而为礼的行为提供了很大的空间。民间的墓祭很可能受到王室及官方影响，亦多选俗节。民间的庐墓出于至情，也常为官方旌表。朱熹《家礼》规定士大夫皆应立祠堂而敬祀祖先。中国百姓的风俗是清明扫墓。清明与唐代的寒食节日期接近。如清乾隆年间的学者毛奇龄《辨定祭礼通俗谱》卷二《定春秋墓祭具体时日》云："清明日、霜降日，行墓祭礼。"其中十月初一（朔日）与霜降日的说法是基本吻合的。宋谢维新《古今合璧事类备要·前集》卷十四《拜坟》条云："月朔，都城士庶皆出城飨坟，禁中车马朝陵，如寒食节。"（《梦华录》）"拜坟，则十月一日拜之，感霜露也。寒食则又从常礼，祭之饮食，则称家有无。"（《程氏遗书》）③ 庶人除了传统礼制规定的寝祭之外，作为一种风俗，墓祭乃是一种必要的祭祀活动，也是民间追荐祖考的一般形式。

"东俗上墓，一岁而至四"④ 乃是朝鲜学者星湖李瀷对朝鲜民间墓祭状况的总括。这里的"四"大概可以理解为"多次"的意思，是不定期的频繁祭扫活动。

另外，朝鲜重视墓祭的缘由还与官僚祭祀世数有关。朝鲜的"时王之制"，唯六品以上祭祀三世，"既过三世，即祧而瘗之（寝主于墓前），唯墓祭是举。……晦斋曰（李文元公彦迪）：高祖（之祭祀）以不可全废，其祭春秋俗

---

① 《世宗实录》卷三四，十一月丙午（十七日），第 3 册第 49 页。
② 《文宗实录》卷三，第 6、270 页。
③ 王政：《元明戏曲中的墓祭古俗考》，《艺术探索》2009 年第 3 期。
④ 李瀷：《星湖全集》卷四八《杂著·祭式》，《韩国文集丛刊》第 199 册，第 376 页。

节，诣墓祭之。(宋□庵寅曰：时祭止于曾祖，墓祭并及高祖，可也)"①

对于朝鲜百姓而言，墓祭的功能之一乃是为了彰显"孝思维则"的质朴情愫，亦适度地延展了家庙祭祀规定以外的祭祀世数。

> 安岳郡人朴忠佑有二子，长美年十五，次善年十三。忠佑殁，善谓美曰："兄其在家养母，我则居庐。"乃亲负石，筑墙于坟之三面，朝夕上食，朔望致奠，终丧三年。新恩县人前副司直边达，年二十五补甲士，以父老，已且独子，辞职归养，朝夕躬亲甘旨，岁时伏腊，必设酌献寿。父殁，庐墓三年，因家于墓侧，出入必告，每朔望则参谒致奠。以所耕田十一结，分与远居妹三人，以为俗节上坟祭奠之需，田赋差役，已独当之。
>
> 江阴人俞善家贫母殁，托其妻子于叔父，庐于墓侧，捆屦以供朝夕之奠，终三年。监司录闻，命皆旌门复户，且令叙用，赐番(其)妻米十石。②

朝鲜王朝民间追荐祖考一般包括奉祀外亲，以至于有追荐及外高曾祖。世宗规定"愿自今外亲之墓，只祭祖考祖妣"。

> 议政府据礼曹呈启："国初，建宗庙，追王止四代，而外亲墓祭，亦及高曾，殊无轻重。按前汉《外戚传》，文帝追尊太后父为灵文侯，置园邑二百家，长丞奉守。以此观之，历代外亲墓祭，止于外祖考妣，而无及于高曾。愿自今外亲之墓，只祭祖考祖妣，太祖外亲高曾之墓，除致祭，曾(增)置守护二户，并仍其旧，只令继姓子孙及其邑守令考察。"从之。③
>
> 左议政许稠卒……遗命丧事一依《文公家礼》，且外家无嗣，墓祭慎勿废。讣闻，上悼甚，率百官举哀，撤膳，停朝三日，遣使吊赙，官它葬事。④

---

① 丁若镛：《与犹堂全书》第三集卷二二，《礼集·丧仪节要》，《韩国文集丛刊》第284册，第477页。
② 《世宗实录》卷三八，九年(1427年)十二月甲戌(二十一日)，第3册，第105页。
③ 《世宗实录》卷八三，二十年(1438年)十一月甲午(十四日)，第4册，第172页。
④ 《世宗实录》卷八七，二十一年(1439年)十二月壬寅(二十八日)，第4册，第259页。

墓祭的功能之二乃是王及贵族的墓祭是确定族属、"敬宗收族"的契机，并且规定祭祀世数可以超过曾高祖及上溯若干世代。

> 礼曹据咸吉道监司关启："前此外家坟墓奉祭，使其子孙主之，一年内正朝、寒食、端午、中秋、冬至、腊享六名日祭之，亲尽五六代孙奉祭，或非直孙，而族孙奉祭未便。乞依时俗例，一年内正朝寒食端午中秋四名日，令其直孙祭之，曾祖高祖以上，一依德、安陵例，每年只行寒食祭。"从之。①

> 咸吉道监司启："永兴伯崔氏墓祭，族属疏远者，谋欲避役，称为子孙，托言自备奠物，不纳贡赋，既为不当，况非子孙而奉祀，尤为未便。请于子孙内直孙，复户奉祭，其非子孙者，论罪定役。"命下礼曹，直孙及非子孙，而称为子孙者，分拣启闻。②

（二）奉祀与宗庙制度

如果从历史源头上来追溯宗庙的性质，春秋战国时代的"家国同构"使得宗庙成为天子和诸侯进行赏罚和礼仪祭祀的场所，某些语境下还是国家政权的象征和代称，诚然是国之"公器"。自汉代以后"家天下"政治实践不断强化，宗庙蜕变为皇帝的私人祭祀，尽管遗留下了国家礼制的意蕴，但是其作为皇帝或王的"私礼"的属性已然固化于国家法典当中。朝鲜王朝之家庙制度受朱熹《家礼》影响极大，同时，朝鲜王朝也遵从中国传统礼学的基本精神，宗庙制度仿于中国"天子七庙""诸侯五庙"③之

---

① 《世宗实录》卷二五，六年（1424 年）九月己丑（十七日），第 2 册，第 622 页。
② 《世宗实录》卷三三，八年（1426 年）八月丁丑（十六日），第 3 册，第 39 页。
③ 所谓"天子七庙""诸侯五庙""庶人祭于寝"见于《礼记》、"天子七庙，诸侯五、大夫三，士二"见于《春秋榖梁传》，似为不疑之正典。西汉元帝及韦玄成认为周代的天子七庙是指太祖后稷、受命的文王、武王以及在位天子的四世祖先，所谓"天子七庙"，实际上只有太祖庙及四亲庙，一共五庙。哀帝时，刘歆认为"天子七庙"应该是太祖庙加上三昭三穆的六亲庙，如果太祖之外还有其他功勋特别卓著、亲尽不毁的祖先，则作为变数而存在，不在"七"这个常数之内。东汉郑玄、曹魏王肃分别绍述了韦玄成与刘歆的学说。后来还是刘歆、王肃不拘常数的理念发挥了作用，使得北宋徽宗时期出现了包括翼祖、宣祖在内的"九世十室"的庙制格局。（参朱溢《事邦国之神祇：唐至北宋吉礼变迁研究》，上海古籍出版社 2014 年版，第 167、181、261 页）

等级规定，设立昭穆制度，以功臣和七祀①陪祀。分为大享、俗节朔望祭祀、四时祭祀。

世宗大王时期，礼曹议礼，对于昭穆制度似乎非常明确，几乎确定了太祖（始祖，肃宗时代的朝鲜宗庙仍然以太祖神主代替始祖，为对传统礼制做概述，故加入始祖二字，下同）"坐北朝南"的格局，并且实行祧迁和四孟月祫祭的制度：

> 礼曹启："今与详定所同议原庙之制，营后寝五间，使后世不得加造。每间作壁龛为室，设扇盖，小其体制。前殿不为龛室，通三间，太祖在北向南，昭二位在东向西，穆二位在西向东。别作仪仗，藏之别处，至祭日，设扇盖。各二于太祖座前近南，昭穆各位仪仗，压尊不敢别设。若忌日则设仪仗于本位前，奉太祖及昭穆神位，出就前殿，及忌日，奉一神主出就前殿。祭享时，前后殿间甚近，不用仪仗。后寝前殿间，营月廊以备神道。"从之。②
>
> 明使金湜问朴元亨曰："贵国宗庙位次何如？"元亨曰："太祖南向，其余诸室，各以昭穆分左右。"湜曰："祭祀何如？"元亨曰："每月行朔望祭，四孟月又行大祭。"湜曰："亲尽则如何？"元亨曰："奉毁主归于别室。"湜曰："亦祭乎？"答曰："四孟月大祭而已。"湜曰："是祫祭也。"③

应该说这种宗庙礼制的位向是与明代的制度相吻合的。由于朝鲜王朝草创之际，没有闲暇对中国历代的宗庙礼制加以探讨，而仿效明制则是最便捷的方式。

然而，太祖（始祖）东向的主张符合东汉初年张纯等所谓"父为昭，南面；子为穆，北面。父子不并坐而孙从王父"以及唐代杜佑太祖（始

---

① 七祀：曰司命，曰中霤，曰国行，曰国门，曰泰厉，曰户，曰灶。（《周礼注疏》卷三《宫正》之贾公彦疏）乃是殿堂屋宇之神祇也。朝鲜王朝尤其重视中霤之祭祀："别祭中霤设香炉。"（《宗庙仪轨》上册，第20页）七祀（每位）六烛二柄（每柄重一两二钱，法油一合）；配享（每位）六烛二柄（每柄重一两二钱，法油一合）；中霤祭（季夏土王用事，日设行莫物，仝七祀），大炬无柄，明火木三十斤，六烛二柄。（《宗庙仪轨》下册《牺牲馔品》，第298页）
② 《世宗实录》，十四年（1432年）八月壬寅（十六日），第3册，第410页。
③ 《世祖实录》卷三三，十年（1464年）六月丁酉（十五日）条，第7册，第631页。

祖）"东面"的传统庙制规范。① 这种传统沿袭到宋金时期，并且强调在禘袷等大祭祀时尤其要遵守这样的位向规定。《宋史》卷三九四《林栗传》记载："太庙袷享之制：始祖东向，昭南向，穆北向"。《金史》卷三〇《礼志三》记载："祭日出主于北牖下，南向。禘袷则并出主，始祖东向，群主依昭穆南北相向，东西序列。"这两条史料隐含的意味是宋金时代平日神主之陈设已然改变了这种"始祖东向"的传统位向制度，而仅在禘袷之祭时适用"始祖东向"。宋金时代可以看作是一个由"始祖东向"到"始祖南向"的一个过渡时期。

世宗大王时期，朝鲜于宗庙奉祀之礼已然有颇多争议。出于对朱熹《家礼》和中国历代古礼的考辨，世宗提到了"太祖南向"，则"压尊"于太宗的问题，世宗大王饱读经典，或许是出于对《孔子家语·庙制》中"古者祖有功而宗有德，谓之祖宗者，其庙皆不毁"的敬畏，认为太宗的礼制地位不宜比低于太祖甚多。于是提出了所谓"以西为上"的理念，试图改变现有的"太祖坐北向南"的位向。世宗尝谓副提学偰循、少尹郑陟曰："予谓构寝于後，奉安太祖、太宗，以供朝夕之膳；营殿于前，请出两室神主以祭。四时忌日，太祖坐北向南，太宗坐东向西何如？太祖自寝出殿，仪仗何以导之？太宗压尊，可无仪仗也……"后来，世宗大王御思政殿，引见郑陟曰："予见尔等所抄古制。"郑陟启："古礼藏神主于庙，藏衣冠于寝，未见藏主于寝之文。"世宗曰："《朱子家礼》，藏主于祠堂，遇时祭则奉出正寝。朱子制礼，岂无所据乎？予依《朱子家礼》为定，今但营一位亦可，其令详定提调会议以闻。"② 后来，肃宗大寝三间，以奉太祖、太宗何如？毕构五间何如？且于前殿太祖、太宗两室，依宗庙以西为上何如？依《家礼》奉主出就正寝，以西为上，除亮室何如？忌日祭依《朱子家礼》，肃宗王（1674—1720 年在位）时期制作的《宗庙仪轨》之规定遵循了"以西为上"的主张，即"凡七间（同堂异室），每室右壁作陷室，并东向，右上"，后来改作为"各室北壁设亮，南向""各于室内南向"。这是一种独特的布局：无论是前期的东向还是后期的南向，都是太祖居中，各个昭穆的神主亦与太祖保持同一位向，不再两两相对，失去了昭穆的本意了。肃宗时的庙制也是朝鲜王朝宗庙位向的重大转变，意味着朝鲜王朝宗庙的自成体系。

---

① （清）毛奇龄：《庙制折衷》卷二，齐鲁书社影印本《四库存目丛书》，1996 年版，经部第 108 册，第 543 页。
② 《世宗实录》卷五六，十四年（1432 年）六月壬辰（五日）条，第 3 册，第 396 页。

首先，可以肯定的东亚传统的宗庙神主位向是这样的：太祖（始祖）东向，左昭右穆，昭穆相向对立。就是汉儒张纯等所谓"父为昭，南面；子为穆，北面。父子不并坐而孙从王父"以及唐代杜佑太祖（始祖）"东面"的传统庙制规范。① 昭穆是传统宗庙制度的核心：父曰昭，子曰穆；昭居左，穆居右。推原昭穆之本意，昭很可能有面向太阳，南向之意；穆则有背向太阳，北向之意。笔者认为，从文字的原始意义上讲，上述学说比较合理，保留了昭穆制度的原初意味。朝鲜学者也指出："同堂异室，以西为上，汉明帝所由始也。盖明帝遗诏，勿起寝庙，但藏其主于世祖，先王宗庙之礼自此始废，而历代因之，终莫能改。……宋儒朱熹以为明帝不知礼义之正，务为抑损之私，其弊至使太祖之位下同子孙而僻处一隅，群庙之神上压祖考……"② 唐宋的学者（尤其朝鲜士大夫倍加尊崇的朱熹）否定了汉代以来的这种"坐西朝东"的位向传统，而"坐北朝南"的主张则逐渐被朝鲜王朝所认同。对于"以西为上"，朝鲜王朝并未理解为"始祖东向"，而是理解为各室的龛位皆东向，后来改为皆南向。这两种做法都是对昭穆制度的本意不甚了解的表现。据考古学界的观点，东向与"玄鸟"（一般认为即是乌鸦，即后来演化到汉代墓葬中的"三足乌"）和太阳神崇拜有关，是符合东夷诸部落的原始信仰的。③ 朝鲜王朝宗庙的神主曾一度全然东向，不能说没有这种原始位向观念的影响。然而，这种

---

① （清）毛奇龄：《庙制折衷》卷二，齐鲁书社影印本《四库存目丛书》，1996年版，经部第108册，第543页。

② 《世宗实录》，十四年（1432年）八月壬寅（十六日），第3册，第410页。

③ 有关玄鸟的解释，除了乌鸦以外，还有鸱鸮（猫头鹰）、燕子等解说。比较新锐的观点认为，殷商人观念中的玄鸟是鸱鸮，到周代异化为燕子。参见叶舒宪、祖晓伟《红山文化"勾云形玉器"为"鸮形玉牌"说——玄鸟原型的图像学探源续编》（《民族艺术》2009年第3期）、逯宏《玄鸟神话在周代的接受》（《长江大学学报》2011年第12期）等。传统的观点则是基于《礼记》《山海经》《拾遗记》《广雅》等文献中出现的"黑鸟""黑鸟""玄，天也"等文字，认为玄鸟就是乌鸦。可参见李启良《玄鸟生商与太阳神崇拜》（《东南文化》1995年第1期）、姜革文《〈诗经〉"玄鸟"新探》（《民族艺术》2006年第1期）等。笔者姑且采信玄鸟即乌鸦的说法，仅以《说文解字》为证。东汉许慎《说文解字》卷一二上（江苏古籍出版社2001年版，第246页）乚部解说："乚，玄鸟也，齐鲁之乚取其鸣自呼，象形。……乌辖切。"即言在汉代的齐鲁地区这种鸟的名字是以其鸣叫的"哇哇"声来命名的，今天东北方言仍然称乌鸦为"老哇子"。乚（玄鸟）很可能是指乌鸦。乚部下有"乳"字，许慎解释说："乳，人及鸟生子曰乳；兽曰产。从孚从乚。乚者，玄鸟也。《明堂·月令》：玄鸟至之日祠于高禖，以请子。故乳从乚。请子必以乚至之日者，乚春分来秋分去，开生之候鸟，帝少昊司分之官也。"燕子是典型的候鸟，但是也有个别一些品种的乌鸦属于营迁徙生活的候鸟。且民谚"惊蛰乌鸦叫"的说法也说明春天的时候乌鸦的活动开始频繁起来。因此，乌鸦作为原始的图腾崇拜，与人类始祖观念及繁衍愿望息息相关。且这种影响延续至汉代。

原始位向却逐渐让位于世俗生活的"坐北朝南"，并进入宗庙的位向系统。世宗时代还是在心存疑虑的过程中施行了传统礼制的昭穆制度的，而随着神主世数不断增加，如前文所述的"太宗不可压尊"的理念则是朝鲜王朝并不青睐昭穆制度的政治原因。反过来说，如果朝鲜的宗庙供奉了始祖，那么太祖与太宗各自列于昭穆，则不存在这种昭穆制度下太宗被"压尊"的现象，朝鲜宗庙祭祀就不会放弃昭穆制度。不过这只是一种假设。

其次，我们必须看到朝鲜宗庙方位观念的一次转变，即肃宗三十二年（1706 年）确立的《宗庙仪轨》规定"各室北壁设龛，南向"。这种位向的转变颇有以宗庙君临天下的意味，即臣僚诣庙祭拜须北向宗庙：宗庙在都城内东（今按在昌德宫城南即东部莲花坊地）。大室居中，南向，凡七间（同堂异室，每室右壁作陷室，并东向，右上。今按，各室北壁设龛，南向，右上）。《五礼仪》成于成化十年（1474 年），即我（指朝鲜王朝）成宗朝。今按宗庙大室凡十一间，其后重建时加造）。前有三阶，东西各有夹室二间，夹室之南各有廊（今按，左右廊各五间）庭东西又各有庙三间，西藏七祀神主，东藏配享功臣神主。神座太祖一位，昭穆各二位（其中兄弟同昭穆，共一位）各于室内南向，西上。① 如前述朱熹《家礼》"奉主出就正寝，以西为上"的主张其实也是东向为尊的传统礼制反映，即将宗庙（家庙）祭祀的东西位向（东向为尊）改变为南北位向（南向为尊）的时候，神主在移动的过程中仍然"以西为上"（东向为尊），即东西位向（东向为尊）的理念并未完全消弭。按照朱熹的学说，"每室右壁作陷室，并东向"乃是祔庙和时祭之位向，并非平时之奉祀位向。朝鲜学者星湖李瀷作了如下考辨，提出祔庙以南北位向，时祭以东西位向的设想：

> 《家礼·祠堂》章班祔条云：伯叔祖父母祔于高祖，伯叔父母祔于曾祖，妻若兄弟若兄弟之妻祔于祖，子侄祔于父，皆西向。此言祔位各以昭穆安于每龛之东边也。《时祭》章设位条云：祔位皆于东序、西向、北上。此言祔位不从昭穆，滚同并设于东序，而但以北为上也。据此，时祭合设之礼，与祠堂班祔之礼分明不同。而《家礼·祠堂图》祔位各在东序，与《时祭图》无别，殊违《家礼》之本旨。

---

① （朝鲜肃宗三十二年，1706 年）宗庙署都提调徐文重、提调刑曹判书金宇杭、直长柳搏、济用监直长洪九采等编《宗庙仪轨》，首尔大学奎章阁印行，1997 年 12 月版，上册，第 121 页。

是必作图者考之未精，或以己意杜撰也。今按《丧威日录·祥祝》云：权安神主于庙中东壁下。东壁之祔虽合于《祠堂图》，得无与《家礼》本意不同欤？胡氏曰：朱子内子之丧，主只祔在祖妣之傍。朱子《答万人杰妻丧问目》亦曰："祔祖母室，岁时祭之东厢。"据此数条可见朱子平日所处与其议论亦如此。庙中之祔必以其班，而时祭则并祭东厢，此其例也。未知如何？①

于是，汉儒张纯等所谓"父为昭，南面；子为穆，北面。父子不并坐而孙从王父"以及唐代杜佑太祖（始祖）"东面"的中国传统庙制②被改变了。在秦汉时期，位向与尊卑的关系是这样的：以西为上（坐西朝东），北次之（坐北朝南），南又次之（坐南朝北），东为最卑（坐东朝西）。③秦汉以后，以南北别尊卑。朝鲜王朝采用了"各室北壁设龛，南向"的礼仪规范，不再远绍秦汉，亦未尝对类似问题做过研讨。

笔者所据《宗庙仪轨》之《大祭设馔图说》《朔望祭设馔图说》《七

---

① 李瀷：《星湖全书》卷三六《书·答秉休别纸（丁卯）》，《韩国文集丛刊》第119册，第139页。

② （清）毛奇龄：《庙制折衷》卷二，齐鲁书社影印本《四库存目丛书》，1996年版，经部第108册，第543页。据笔者考证，中国传统的宗庙位向于隋唐之际有了重大的转变——唐贾公彦、宋朱熹对汉儒学说的质疑。《仪礼》原文："公揖入每门、每曲揖。"（正义）（元）敖氏继公曰：诸侯三门库，雉路则库门，为大门。左宗庙，右社稷，入大门东行而至庙。此每门指阁门，与庙门而言也。……（存疑）贾氏公彦曰：……左宗庙，右社稷。入大门东行，即至庙门，其间得有每门者。诸侯有五庙，太祖之庙居中，二昭居东，二穆居西。庙皆别门，门外两边皆有南北隔墙，中央通门。若然祖庙以西，隔墙有三，则阁门亦有三，东行经三门，乃至太祖庙门中，则相逼，入门则相远。是以每门皆有曲，有曲即相揖，故每曲揖也。（辨正）：朱子曰：案《江都集礼》，古者宗庙之制，外为都宫，内各有寝，庙别有门垣。太祖在北，左昭右穆，以次而南。与此疏之说不同。（清《钦定仪礼义疏》卷一六《聘礼第八之二》）又：古人庙制面位，先儒说者不同。朱子初作《中庸或问》谓"庙皆南乡，太祖在北，左昭、右穆，以次而南"。其作《周七庙图》亦如之。又谓《江都集礼》孙毓议亦是。如此晚年修《仪礼经传通解》至聘礼，公迎宾于大门内，每门、每曲揖。贾疏云：诸侯五庙，太祖庙居中，二昭居东，二穆居西。……故曰每门。因此知庙皆横列，非"昭穆以次而南"之谓。而阳信斋复（笔者按，即杨复）亦依此作图，庙制昭穆既如此，则祫祭庙位亦当如之。堂上则七尸皆南乡，始祖居尸牖之间，左昭以西为上，右穆以东为上也（清代婺源江永撰：《群经补义》卷三）可见，唐贾公彦疏与朱熹及其弟子的礼学以为始祖居于北而南面，东为昭，西为穆。这与汉儒始祖东向，居北而南向为昭，居南北向为穆的庙制不同。贾公彦疏与朱熹的礼学虽然影响深远，但朝鲜王朝的士大夫在吸收中华礼文化时做了折中的处理，即李瀷所提议的，祔庙用唐宋之制（始祖南向，地点为祠堂或家庙、宗庙内），时祭用汉代旧制（始祖东向，地点为正寝）。

③ 许嘉璐：《古语趣谈》，中华书局2013年版，第2页。

祭设馔图说》反映，大享最为隆重，荤素杂陈，并设醴齐（通"斋"字，下同），并有类似于太牢之礼——如果主持祭祀者面朝神主，依次从左到右设豕腥、羊腥、牛腥；俗节及朔望祭祀第一排（最接近神主的一排）从左右分别设鹿醢，第二排左右分别设菁菹、栗黄，中间则以簋簠盛稻、粱、黍、稷，分两排陈设，第三排设豕腥。第四排设香炉于居中处，两侧设尊、爵。四时祭祀则最为简洁，秋冬、春夏之祭祀，第一排陈设明水、醴齐，第二排设玄酒、清酒。[1] 大祭祀之际，议政府及六曹、汉城府轮流差官充任献官，"宗庙大祭，献官以议政府六曹、汉城府堂上差定。若皆有故，则他宰相择差。凡献官别祭及无衙门堂上，则本曹录事告课，其馀祭及有衙门堂上，则预先移文其司传告。"[2] 宗庙的大祭祀要求政府部门的重要在职人员充任献官，显然对政府的公务造成了一定的影响，这也是"王"作为国家首脑以其"私家"祭祀（宗庙）影响国家公务的表现。

那么，朝鲜王朝的宗庙为什么要打破古礼中"天子七庙，诸侯五庙"的定制，而以明廷之藩国（属于诸侯的等级）的身份建立十一室呢？燕山君曾与臣僚讨论过这一问题，盖远者有西周，近者有宋，皆行此不毁庙之制。并且兄弟算作一世，因此"诸侯五庙"就被解释成立诸侯可以奉祀其五代的祖先，凑成五代十一室。祧迁制度已然存在，表明其在有意识地限制宗庙内所奉祀的神主的世数。后来，在奉祀祧迁之祖的永宁殿也奉行宗庙的十一室之规格和制度。燕山君是朝鲜时代被废黜的一位君主，但在他执政期间也对宗庙问题进行了综汇古今的研讨。燕山君主持的这次祧迁之议基本得到了后来君主的认可，尤其是将宗庙神主数目扩展为"十一室"的主张得到沿袭和保持。燕山君倡议的将被祧迁之神主埋瘗于陵寝的做法在朝鲜时代却没有实行过，而是以另建立王族家庙的模式处理被祧迁神主问题的。

礼曹判书成俔、参判申从濩撰宗庙祧迁仪以启曰："臣等谨按本朝世庙，大室七间，左右翼室各一间，而太祖在第一间为一室，太宗在第二间为二室，世宗在第三间为三室，文宗在第四间为四室，世祖在第五间为五室，德宗在第六间为六室，睿宗在第七间为七室，恭靖出寓左翼。《礼》，天子七庙，诸侯五庙。父子异昭穆，兄弟同昭穆，故兄弟为一室。今宗庙太祖为一世，恭靖、太宗为一世，世宗为一

---

[1] 《宗庙仪轨》上册，第17—20页。
[2] 《大典续录》卷一《吏典》，首尔大学奎章阁影印本1997年版，第22页。

世，文宗、世祖为一世，德宗、睿宗为一世，位次已满五世。若（附）〔祔〕成宗则是为六世，庙数已过，不得已递出之矣。太祖以创业始祖，为百代不迁之主，世宗以下则以四亲不可出，惟太宗亲尽当出，而论以功德，则不可出也。先儒云：'父昭子穆，有常数者，礼也；祖功、宗德，而无定法者，义也。'故周于三昭、三穆之外，而有文、武之庙；鲁于二昭、二穆之外，而有鲁公之世室。苟有功德，则不拘于世数，尚矣。且宋至光宗之世，太宗、神宗、哲宗、徽宗、钦宗、高宗、孝宗庙数已过七世，而宣祖、太宗、真宗、仁宗、英宗亲尽当毁，其时朝议难之。朱熹以谓：'太祖、太宗、仁宗功德茂盛，宜准周之文、武，百世不迁，号为世室。高宗受命中兴，别为世室，亦百世不迁。僖祖为始祖，神宗、哲宗、徽宗、钦宗、高宗、孝宗为亲庙，通为十室，而太祖、太宗、仁宗、高宗。以世室之主，在三昭三穆之外，而不计室数。'① 以朱熹之议观之，有功德之主，则虽过十馀世，亦当不毁矣。我太祖、太宗，即周之父〔文〕、武，宋之太祖、太宗，而世宗即宋之仁宗，世祖亦中兴之主，以功以德皆百世不迁之主，太宗决不可迁也。恭靖王②不上庙号，丧制亦止二十七日而除。且于寝陵只行节祭，其礼与各室不同。当初递出之时，议者谓：'权迁左翼室祭之，亲尽则止。'今已亲尽，当藏于祧庙，而今无祧庙之制，处之实难。昔汉韦玄成等议云：'毁主瘗于园。'元帝以太上庙主瘗于寝园。今依此例，恭靖王、定安王后③庙主瘗于厚陵为便。且宋祧迁僖祖、翼祖，而准礼不讳。忌日亦依此例，除国忌，其陵祭则依

① 此段出于朱熹《晦庵集》卷六九《别定庙议图说》，四库全书本。此段引文与原文文意粗同。

② 恭靖王即朝鲜定宗大王，"恭靖王，讳芳果，及即位，更名曔。太祖之第二子，母神懿王后。天资温仁恭谨，勇略过人。仕高丽，累官至将相，常从太祖出征立功。岁戊寅秋八月，太祖不豫，受册封为王世子九月，受内禅即位。"（《定宗实录·总序》）恭靖王应当为明廷所赠之谥号。

③ 恭靖王、定安王后者，即为定宗考妣，"永乐十七年（1419年）岁在己亥秋九月二十六日戊辰，温仁恭勇顺孝大王宫车晏驾……上（指世宗大王）率群臣，奉上尊号，越明年庚子正月初三日壬寅，以礼合葬于松京海丰郡定安王后之陵，遗命也。大王我太祖康献大王之第二子……妃金氏，赠门下左侍中讳天瑞之女，性不妬忌，礼遇妾侍。我上王进尊号为顺德王大妃，追赠定安王后，无子。"（《世宗实录》卷七，二年〔1420年〕元月壬寅〔三日〕条，第2册，第361页）虽德行可旌，然享国祚短，亦有祧迁后瘗神主于厚陵（其所葬之陵寝）之动议。关于朝鲜时代祧迁之神主既不是埋瘗于陵寝，也不是藏于宗庙之夹室，而是奉祀于永宁殿。因为，前者的作法虽然有西汉元帝时期的成例，但出于燕山君时代的礼法议论，故不宜视为可取法之道。按照朱熹《家礼》，祠堂无夹室，加之财力有限不能另建庙宇，故士大夫家庙祧迁之神主有埋瘗于墓园的可能性。

旧施行。文宗神主奉安于左翼室，其仪物、祭享一依恭靖王之例。世祖以下次次而升祔，成宗神位于第七室，于礼为当。又按《实录》，世宗十四年定文昭殿原庙之制，营后寝五间，前殿通三间。太祖在北，昭二位在东，穆二位在西，以为定制，使后世不得加造。今五位已盈，若祔成宗五位之中，亦当递出。世宗以下则当代四亲，决不当出，太宗亲尽则在四亲之外，例当递出，其依文宗例，瘗于寝园为宜。然太宗在宗庙，则为不迁之主，百世享之，独于原庙不受其享，其于情礼有所未安。夫原庙始于汉世，宋之景灵官仿汉之制，各立神殿。今依此例，别构一殿，以安太宗为便。後世若不依此例，永欲立殿，则将不胜其烦。太宗赞成大业，非他有功德之主之比，后世不可援以为例也。宗庙祧迁之制，乃国家重事，非臣等浅见所可轻论，广收群议何如？"传曰："可。"①

　　朝鲜王朝之《宗庙仪轨》有夹室之制，然夹室所藏者乃"七祀"神主及诸配享之功臣，并非为祧迁之先王神主所预留。此于中国礼制不同之处："前有三阶，东西各有夹室二间，夹室之南各有廊（今按，左右廊各五间）庭东西又各有庙三间，西藏七祀神主，东藏配享功臣神主。"②

　　虽有祧迁之法，而"太宗与世宗，以功以德，为百世不迁之主"，但是史臣并不认同这种"同堂异室之制"的后汉遗制。

　　　礼曹判书尹㴐、参判洪暹，以庙制书启曰："窃考我朝宗庙之制，《五礼图说》虽云太祖一位，昭、穆各二位，而见立大室七间，东西各有夹室二间，太祖居第一间为一室，太宗居第二间为二室，世宗居第三间为三室，文宗居西夹室为四室，世祖居第四间为五室，德宗居第五间为六室，睿宗居第六间为七室，成宗居第七间为八室。世数已过于五，而太宗与世宗，以功以德，为百世不迁之主。文宗与世祖为一世，而世祖亦为百世不迁之主，德宗与睿宗为一世，成宗为一世。今祔中宗大王合四世为四亲之庙，四世六王，乃为二昭、二穆之位，上无祧迁之主，而下无新祔之室。增建之举，在所不已者也。谨按成宗大王祔庙仪轨，其时已有修广增室之议，而竟迁文宗神主于夹室，

①　《燕山君日记》，元年（1495 年）十月辛亥（二日），第 13 册，第 39 页。
②　（朝鲜肃宗三十二年，1706 年）宗庙署都提调徐文重、提调刑曹判书金宇杭、直长柳搏、济用监直长洪九采等编《宗庙仪轨》，首尔大学奎章阁印行，1997 年 12 月版，上册，第 121 页。

世宗以下，以次升祔，成宗大王于太室第七间，当持议者多，以为未安。中宗新祔，仁宗又将祔焉，必增建三间乃可。且文昭殿则世宗当迁，世祖、睿宗、成宗，以次而升，中宗祔焉。仁宗之祔，当别议处之。"仍启曰："宗庙三间加造事，议政府、六曹二品已上，同议已定矣。但此国之大事，当初参议者，固知其不得已也，如其未参者，则虽在朝之士，必不知其意，故今以庙制书启。若以此书诸仪轨，则当时与后世，皆得以洞知矣。且成宗祔庙时，亦已广议庙制既定，今不更议。文昭殿则太祖外，以次当迁也。"（史臣曰："同堂异室之制，自后汉以来，循而行之，莫之能革。国家世数浸多，架成长屋，虽四时大祭，亦不得合享于一堂，庙制之苟且，莫甚于此"）①

于是有《宗庙仪轨》的规定。据《宗庙仪轨》记载，朝鲜王朝虽奉祀世数众多，但祭祀之资费往往捉襟见肘。及至明后期，朝鲜王朝曾一度废止了朔望祭祀。

> 天启五年（1625 年）乙丑正月二十七日，礼曹启曰："今正月二十五日昼讲时事，李廷龟所启，前年贼适变后，祭享多所减定，故宗庙只行四享祭，朔望则废之。私家尚行朔望祭，而国家朔望之废极为未安。况朔望所入，不至大段，祗用脯醢而已。请宗庙朔望自今复行，何如？"……传曰："依启。"②

政府在遭逢变乱、财政拮据的时候，首先想到的是废止朔望祭祀。说明朔望祭祀之缘起并非国家祭祀体系。而对于官民的家庙和祠堂祭祀而言，朔望祭祀则必不可少。总体而言，朝鲜王朝例行节俭，于国力贫窭之时，太牢之礼难以齐备，至有失于礼义者。

> 鳌城府君李恒福献议云云："……太宗朝祭荐，太庙始用特牛，乃至后嗣。太宗祔庙之后，礼官不考礼意，仍将特牛分为折俎，後世因之，莫有辨之者。惜乎！当时掌礼者独不考《洛诰》成王烝祭之日，'文王骍牛一，武王骍牛一'之文也。今国储荡竭，政当暴祭之

---

① 《明宗实录》，元年（1546 年）四月八日（甲午），第 19 册，第 407 页。
② 《宗庙仪轨》下册《朔望俗节，附仪注》，第 193 页。

时。臣之愚意，古昔特牲醴荐之大礼，虽难卒变，当豫讲而略变之。"①

如若依循《尚书》古意，则十一室之宗庙大享祭祀，须屠牛十一头，其靡费太甚矣。太宗大王时期的领议政何崙以为："唐宋仪有'酌献其室，退立，稍西，再拜，少东，再拜'之文。前朝仍之，五室之外，又有功德不迁之主，并十一室，拜数极多，历代之君，惮于行礼，或一岁一入，或终世不入，至令以入庙为旷世圣典。"② 朝鲜王朝依照明朝故事，羊豕之用于祭祀者，"乞依中朝之制，大小祭享羊豕，并皆作骟预养，其骟割之馀"，"（羊、豕）雄牲有腥不肥大，故凡圆丘、宗社之祭，牛牲外皆用骟"。又依《文公家礼》杨复附注："凡祭肉裔割之馀、皮毛之气，勿令残秽亵慢"之制，须即埋瘗。③ 如此，则是靡费更甚。

根据肃宗时期的《宗庙仪轨》，朝鲜王朝对于有功勋的先王祖妣奉祀于十一室内，下列先王、先妣奉祀于宗庙内没有祧迁的主要原因是为保证父子的血脉相承，并维持十一室的既有格局：

各室位版题式（附题位版仪註）

宗庙

第一室：

有明赠谥康献太祖至仁启运圣文神武大王（笔者按，庙号太祖，名讳李成桂）

承仁顺圣神懿王后

顺元显敬神德王后

第二室：

有明赠谥恭定太宗圣德神功文武光孝大王（笔者按，庙号太宗，名讳李芳远，太祖嫡五子）

彰德昭烈元敬王后

第三室：

有明赠谥庄宪世宗英文睿武仁圣明孝大王（笔者按，庙号世宗，名讳李祹，太宗嫡四子）

昭宪王后

---

① 《宗庙仪轨》下册《牺牲馔品》，第299—300页。
② 《宗庙仪轨》下册《祭享，附祭礼》，第157页。
③ 《世宗实录》卷二五，六年（1424）八月癸丑（十一日），第2册，第617页。

第四室：

有明赠谥惠庄世祖承天体道烈文英武至德隆功圣神明睿亲肃仁孝大王（笔者按，庙号世祖，名讳李瑈，世宗嫡次子，端宗之叔父）

慈圣钦仁景德宣烈明顺元淑徽慎惠懿神宪贞熹王后

第五室：

有明赠谥康靖成宗仁文献武钦圣恭孝大王（笔者按，庙号成宗，名讳李娎，世祖之嫡长子德宗李暲嫡次子）

恭惠王后

昭懿钦淑贞显王后

第六室：

有明赠谥恭僖中宗徽文昭武钦仁诚孝大王（笔者按，庙号中宗，名讳李怿，成宗嫡长子）

章敬王后

圣烈仁明文定王后

第七室：

有明赠谥昭敬宣祖正伦立极盛德至诚洪烈至诚大义格天熙运显文武圣睿达孝大王（笔者按，庙号宣祖，名讳李昖，中宗之庶七子德兴大院君李岹之第三子，明宗庶侄）

章圣徽烈贞宪懿仁王后

昭圣贞懿明烈光淑庄定仁穆王后

第八室：

有明赠谥恭良元宗敬德仁宪靖穆章孝大王（笔者按，生前未即位，庙号元宗，名讳李琈，封号定远大君，仁祖生父）

敬懿贞靖仁献王后

第九室：

仁祖宪文烈武明肃纯孝大王（笔者按，庙号仁祖，名讳李倧，宣祖庶五子元宗李琈之长子）

慈懿恭慎徽献康仁贞肃温惠庄烈王后

第十室：

孝宗宣文章武神圣显仁大王（笔者按，庙号孝宗，名讳李淏，仁祖嫡次子）

孝肃敬烈明献仁宣王后

第十一室：

显宗纯文肃武敬仁彰孝大王（笔者按，庙号显宗，名讳李棩，孝

宗嫡子)①

无论燕山君的政治命运如何，朝鲜后来的宗庙祭祀也在没有越过燕山君议礼时制定的宗庙奉祀十一室这条红线了——肃宗时的朝鲜宗庙仍然是以太祖的神主代替始祖的，奉祀了共计十二代十一室，也就是说肃宗时代的宗庙不再是所谓兄弟同昭穆算作一代（这确实是燕山君违背古礼的独创之说）的问题了，而是为了强调血统的连续，尤其是父子相继的纵贯联系。但是，德宗虽然为成宗之父，由于世代渐趋久远，为了保证十一室的格局不被增加，只得将其神主迁至永宁殿供奉。德宗被祧迁以后，形成了"十二代十一王"宗庙格局。虽然在世祖和成宗之间的血统联系上有断裂，但是保证了太祖神主居中以后，其两厢神主数目的对称，使得宗庙肃穆的礼制氛围得以彰显。

（三）祔庙制度

祔庙是指皇帝崩殂或王薨逝之后，神主已然奉祀于宗庙，其后妃薨逝之后，如何将神主迁入宗庙及如何以姈的形式祔于祖位的情况。关于先姈、祖姈的祔庙制度，朝鲜王朝考察了中国历代的情况，得出了神主题字与祭祀祝文及忌日停朝启本文书俱应去"太"字的结论，并且对唐宋时期太后祔庙与别庙的情况进行了考察。

> 礼曹启："宣德五年（1430年）二月二十六日教旨：'神懿王太后、元敬王太后尊谥太字，考古制以闻。'今与仪（例）〔礼〕详定所谨按《新唐书·皇后列传》，顺宗庄宪皇后，宪宗之母也。崩，初称谥云庄宪皇太后。议礼使郑絪奏议：'秦、汉以来，天子之后称皇后，母称皇太后，祖母称太皇太后，崩亦如之，所以别尊称也。'国朝典礼，皆因古制。开元六年（718年）正月，太常奏昭成皇太后谥号，以牒礼部，礼部非之，太常报曰：'入庙称后，义系于夫；在朝称太后，义系于子。'此载于史册，垂之不刊。今有司移牒及奏状，参详典故，恐不合，除太字，如谥册入陵、神主入庙，即当去之。又按《文献通考》，唐昭宗时，将行祫祭有司请以恭僖、正献、孝明三

---

① 《宗庙仪轨》，第177—180页。

太后神主，祔享于太庙。"太常博士殷盈·孙献等议曰："《曲台礼》云：'别庙皇后，禘祫于太庙，祔于祖考之下。'此乃皇后先崩，已造神主，夫在帝位，于太庙未有本室，故创别庙，当为太庙合食之主，故禘祫乃奉以入飨。又其神主，但题云：'某谥皇后。'明其后太庙有本室，即当迁祔，帝方在位，故皇后暂别立庙耳。今恭僖、正献二太后，皆穆宗之后。恭僖，会昌四年（844 年）造神主，合祔穆宗庙。时穆宗庙，已祔武宗母宣懿皇后神主，故为恭僖，别立庙，其神主直题云：'皇太后。'明其终安别置，不入太庙故也。正献太后，大中元年作神主，别立庙，其神主亦题为太后，并与恭僖义同。孝明，咸通五年作神主，合祔宪宗庙室。宪宗庙，已祔穆宗之母懿安皇后，故孝明亦别立庙。是懿宗祖母，故题其主为太皇太后，与恭僖同。谨以是说考于历代，西汉诸后无谥，东汉始建后谥。配食庙室者，光武后阴氏、明帝后马氏、章帝后窦氏、和帝后邓氏、安帝后阎氏、顺帝后梁氏、桓帝后窦氏，平生皆崇以太后之号，及崩，册谥祔庙，则皆无太字。唐高祖后窦氏，而下配食之后册谥，皆无太字。又自代宗以下，讫于唐终，未尝立后，其配食之后，皆继世之君，追尊所生之母耳，然亦无有太后之号系之谥者。至于宋世，庙室既有配食之后，继世之君，追尊所生之母，祠之别庙者，亦不加太而别之。真宗时，礼官上议：'请升祔懿德皇后，其淑德皇后，加太字，仍旧别庙。'诏恭依，其淑德皇后，不加太字，别庙祭享，盖从子加太者，有非嫡之嫌故耳。今神懿王太后、元敬王太后尊谥，皆有太字，有违古制，然神主已题太字，不可改之。今后但凡祭祀祝文及忌日停朝启本文书，称神懿王后、元敬王后何如？"敬依。①

但据实录记载，世宗对于其母元敬王后仍然称"元敬太后"。这是祔庙与史书行文中的差异："秋七月，元敬王太后薨，以我殿下哀毁过礼，命从易月之制，殿下（笔者按，当指世宗）涕泣固辞，乃命葬後释服，白衣终制。九月壬午，葬太后于广州治之大母山，陵曰献。辛丑秋九月，我殿下奉册宝，献太上王之号。十月，禀太宗，命册封元子珦为世子。"②另外，上文所提及的以二后祔庙的制度在朝鲜王朝已然非常普遍，据后文《宗庙仪轨》之所著录，肃宗大王时，宗庙内奉祀的从太祖到显宗的

---

① 《世宗实录》卷四八，十二年（1430 年）四月乙亥（六日），第 3 册，第 228 页。
② 《太宗实录》卷三六，十八年（1418 年）十一月甲寅（八日），第 2 册，第 249 页。

十一室诸王神主中，有二后祔庙的先王神主有太祖、成宗、中宗、宣祖，另有显宗暂无太后祔庙，因为肃宗在位订立家庙时，显宗之妃很可能并未薨逝。如此看来，以二后祔庙的情况几乎占据了宗庙祔庙情况的一半。

（四）家庙制度

家庙制度乃是祭祀所依托的主要物质载体。高丽王朝盛行佛教，于设典立制之际，常忽略家庙的建置，唯于其末期，恭让王二年（1390 年），按照《朱子家礼》制定并颁发了有关大夫、士、庶人立庙祭祀的法令，如《高丽史·郑梦周传》中就说："始令士庶，仿《朱子家礼》，立家庙，奉先祀"。① 朝鲜王朝于太宗时期确立了家庙制度，太宗元年（1401 年）十二月己未实录：

> 司宪府大司宪李至等……曰："一、家庙之法，不可不严也。古之事亲者，生则致其孝，殁则当厚于生养，事之如存，终身不怠，此不死其亲之义也。自浮屠速化之说行，而为人子者，惑于邪说，亲殁则荐之于佛，以为得生天堂，除丧之后，付之空虚，不复庙而事之，故国家虑风俗之日薄，每下旨，比先家庙之令……令士大夫之家先行之而后及其馀，则何所不行乎？且都城之内，屋宇逼侧，难以置庙，别为一楹，以藏神主，置于净室，以从简便。外方则各于州府郡县公衙之东假设祠堂。受命出守者，为嫡长则奉神主而之任，非嫡长则亦于州县祠堂用纸牌行礼。其在朝在外，主祠堂之祭者，每日晨起，焚香再拜，出入必告。凡祭仪，一依（朱）文公《家礼》，以示于下。……虽素不立者，比自此而兴起矣。京中则明年正月，外方则二月为始，使之举行。其不从者，宪司纠理罢职，然后启闻。"②

太宗六年（1406 年）六月丁卯实录载司宪府时务条：

> "《经济六典》一款，公卿大夫以至庶人立家庙，以时致祀，违者

---

① 卢仁淑：《朱子家礼与韩国之礼学》，人民文学出版社 2000 年版，第 119、183 页。
② 《朝鲜王朝实录分类集》风俗篇一《太宗实录》卷二，第 25—26 页。

论以不孝。然今立庙之家，百无一二……乞令中外，合立家庙者，限今年督立。如有不从者，京中本府、外方监司，体察论罪。"

政府议得："第六条论家庙事，若限以今岁，则犯法者必多，乞以来丁亥年十二月为限，然其间三品以下家贫地隘不能立庙者，许从《六典》，择净室一间，以时致祭……"从之。①

家庙的祭祀原则是"祭从生者之禄，仪遵《家礼》之文"。朱熹《家礼》规定"先立祠堂于正寝之东，为四龛以奉先世神主"。而朝鲜王朝在立国之初，则规定了家庙追荐三代的做法：玉川府院君刘敞上书请求在遵行荫补制度的同时行追赠三世之法："窃惟追赠三代，子孙荫职，于传有之，又于录卷俱载此法。荫则已蒙，追赠之法则未尽行也。"② 这种体制在《经国大典》中被细化为"文武官六品以上祭三代，七品以下祭二代，庶人则只祭考妣。（宗子秩卑，支子秩高，则代数从支子）。"③ 那么，朝鲜王朝在规定家庙的祭祀世数时为什么没有择从其一贯标榜的朱熹《家礼》，规定无论品秩通祭四代呢？究其原因，朝鲜立国之初仍然把与明朝的宗藩关系视为立国之基础，因为春秋《谷梁传》"天子七庙，诸侯五，大夫三，士二"。朝鲜王朝之王则为诸侯，其臣僚自然地位品级不能高于诸侯，其王以下之臣僚依次对应的等级为大夫和士。但是朝鲜诸王并不十分清楚家庙祭祀体系在中原王朝那里已然不与国家宗庙祭祀体系接轨了，司马光《书仪》卷七规定："如时祭设曾祖考妣坐于影堂"，范纯仁于行将去官之际，仍然私下追荐四世考妣，朱熹《家礼》卷一规定"先立祠堂于正寝之东，为四龛以奉先世神主"，明清时期则规定不论官品高低，私祭通祭四世考妣。④

为了适应官僚体制下可能出现的支子品级高，宗子品级低，于是有立庙于支子之家的情况。朝鲜王朝的学者总结了宋儒张载、吕大钧、朱熹等的礼学思想，认为"皆以诸父与祭，无献酬之礼"，其祭祀献酬之权仍然归于宗子，尤其强调神主旁题之主祀之名必须为宗子之名。这就意味着否定了北宋吕大钧"庶子主祭"的说法。从这一点也可以看出宋学、理学对于宗法意识问题上的一个归结。如朝鲜王朝规定的总体原则就是：宗法意

---

① 《朝鲜王朝实录分类集》风俗篇一《太宗实录》卷一一，第38页。
② 《朝鲜王朝实录分类集》风俗篇一《太宗实录》卷三一，十六年（1415年）正月戊午条，第74—75页。
③ 《经国大典》卷三《礼典》奉祀条，第35页。
④ 参拙作《唐宋时期私家祖考祭祀礼制考论》，《中国史研究》2008年第3期。

识和宗子观念得到了强化，但在强化的同时也有权变之处——若支子官爵高则以支子的官爵尽可能多地提高祭祀世数，但在主持祭祀礼时一定是要由宗子来主持的，即使宗子的官爵可能低于支子。世宗十九年（1437年）五月十四日（癸卯）实录：

> 集贤殿更议。议曰："臣等窃观《性理大全》，张子曰：'宗子为士，立二庙，支子为大夫，立三庙。是曾祖之庙，为大夫立，不为宗子立，然不可二宗别统，故其庙亦立于宗子之家。'刘氏曰：'今议宗庙，虽因支子而立，亦宗子主其祭而用支子命数。'又《礼记·曾子问》曰：'宗子为士，庶子为大夫以上，牲祭于宗子之家。祝曰：'孝子某为介子某，荐其常事。'以此观之，宗子为士，支子为大夫，则礼当立其三庙，而宗子以支子之命数，主其祭矣。既曰主祭，则安有旁题支子之理乎？而况祝曰：'孝子某为介子某，荐其常事。'是支子于庙，虽用己之命数，然必因宗子而行其礼矣，是不当题支子之名矣。且《性理大全》注，高氏曰：'观木主之制，旁题主祀之名，而知宗子之法不可废。宗子承家主祭，有君之道，故诸子不得而抗焉。'然则岂可以一时职秩之高下，夺宗而旁题支子之名，以乱万世宗支之分哉？请依河演等议，令长生主祭。"或曰："（李）师厚神主，宜若于（李）长生家庙祭之。然（李）师元、师纯，皆师厚之弟，于（李）咸宁叔父也。酌献之际，于（李）师厚则以弟献兄可也，于（李）咸宁则以叔献侄不可也。《曾子问》：'宗子死，称名不言孝，身殁而已。'吕大钧注曰：'宗子死，庶子尚在。若有宗子之嫡子，未得主祭，故庶子主之。'"遂谓（李）稷之神主，（李）师元主之；师厚神主，正宁主之，定议以闻。令礼曹立法。权蹈代（河）演为判书，议曰："或者所引《曾子问》之辞，宗子去在他国而死者，其祭如是，非谓其经常之法也。公仪仲子舍其孙而立其子，子游问诸孔子，子曰：否。立孙。此经常不易之礼也。孔子辨明之礼如是，而不复考，惑于吕氏之说，欲立万世经常之法，不亦谬乎？又按文公《家礼》祠堂图，诸父诸兄，位皆在主人之前。又于四时祭云：'初献，主人；亚献，主妇；终献，兄弟之长或长男或亲朋为之。'无伯叔诸父献酌之文。不此之顾，乃有此论。请依集贤殿及河演议，仁敏神主依礼就李穗祭之，其稷以下三代，令长生立庙，而书长生奉祀，师元

以下，皆以诸父与祭，无献酌之礼，乞以此为制。"从之。①

另外，为远房的旁支亲疏另立坛祭祀，相当于别庙而祭，这也是朝鲜王朝礼制的特点。星湖李瀷倡导说："《礼记·（杂记）》云：'尚功衰而祔兄弟之殇。疏云：已是曾祖之適（嫡），其小功兄弟同曾祖。'今小功兄弟当祔于从祖之庙。小功兄弟身及父是庶人，不合立祖庙，则曾祖嫡孙为之立坛，祔小功兄弟于从祖，立神而祭也。"沙溪金长生倡议仿照朱熹《家礼》："立祠堂于正寝之东（祠堂所在之宅，宗子世守之，不得分析），为四龛以奉先世神主，旁亲之无後者以其班祔。"上述要求与朱熹完全一致。基于朝鲜半岛特殊的气候和自然条件，沙溪金长生倡议："凡屋之制，不问何向背，但以前为南，後为北，左为东，右为西。"基于朝鲜王朝的社会和经济条件，沙溪金长生因循朱熹"置祭田（计见田取其二十之一，以为祭田）"，为了保证祭田和家族共同祭祀先祖的需要，沙溪金长生倡议"亲尽则以（祭田）为墓田（岁一祭之）"。② 于是，祭田和墓田就成了"宗孙"得以延续的物质保证，祠堂则是宗孙及其所居处的宗宅的精神载体。祠堂内旁亲之无后者"祔庙"（士大夫之未及第者及下层百姓应该说"祔于祠堂"）的情况非常普遍。

世宗大王时期，申明家庙祭祀的世数。规定家庙祭祀达于曾、高祖，取程子、朱子之说，规定"皆以通祭四代为礼"，然而"父没子继，则父之曾祖，于子为高祖，其神主当埋于墓侧"的做法，使得后来的《经国大典》规定了"文武官六品以上祭三代"。朱熹主张的士大夫祠堂（家庙的变异形式）祭祀没有规定"夹室"（设立夹室是横渠张载的学说）："问祧主。先生曰：'天子、诸侯有太庙夹室，祧主藏于其中。今士人家无此祧主，无可置处，不得已只埋于墓所。'先生曰：'横渠说三年後祫祭于太庙，因其祭毕还主之时，遂奉祧主归于夹室。'迁主、新主皆归于其庙。此似为得礼郑氏《周礼注·大宗伯·享先王》处似亦有此意。"③ 这种降格不是因为朝鲜王朝的自卑，认为礼仪规格应当低于中国，而是将高祖神主"埋于墓侧"的习惯做法取自朱熹《家礼》的学说，将士大夫的家庙的规制与王的宗庙做出了主要的区别，即家庙无夹室，宗庙则有之。

---

① 《世宗实录》卷七七，第 4 册，第 73 页。
② 金长生（即沙溪先生，1548—1631 年）：《丧礼备要》卷下《祠堂之仪》，太白山实录史库本，第 43 页。
③ 朱熹：《家礼·附录》，四库全书本。

府院君李稷、判府事许稠、参判郑招等以为："父殁子继，职秩不及，撤其神主，以待后日之得官者，不过二道，曰瘗埋也、袭藏也。既埋复作，于礼无文，事理亦碍。袭而藏之，与天子诸侯迁庙之主，藏于夹室似矣。然而士大夫家庙，则无夹室矣。若建别庙，则卿大夫合三代为一祠堂，士于曾祖尚不得祭，安得建庙以奉之？若藏于庙，则一祭一否，诚为未便，若藏于厅事，则接对宾客之所，若藏于寝房，则夫妇所居之处。或廊或库，卑下不敬，皆非所宜。且天子诸侯夹室所藏之主，虽无四时之祭，至三年则有祫祭矣。今此袭藏之主，致祭无期，如或未得官，则终当如何？孝孙之心，视死如生，埋之则已矣，藏而不祭，于心何如？程子、朱子，皆以通祭四代为礼，朝廷亦许品官之家，祭及高祖。虽不明言其故，岂不以此也哉？臣等初议，欲从朝廷之制，与夫程、朱之说，则《元典》，六品以上，亦祭止三代，故乞令品官通祭三代者，盖用《元典》世代限数，而取法通祭之义也。议上，令臣等更议，又乞依朝廷之制，乃下礼曹，令文臣四品以上，议其可否，议者以世数加于《元典》，为更改成宪。然臣等窃谓前日之议，乃补《元典》之未备耳，非改也。乞取臣等前日所进两议裁择。"左议政黄喜、判府事卞季良、判书申商、参判金孝孙等以为："父没子继，则父之曾祖，于子为高祖，其神主当埋于墓侧。若子职不相等者，将其不应祭之神主，重袭以藏，以待加职，出而祭之何如？"从喜等议。①

《经国大典》规定：

> 始为功臣者，代虽尽不迁，别立一室。曾祖代尽当出，则就伯叔位，服未尽者祭之。士大夫二妻以上并祔。②

对于家庙祭祀的代数，如果宗子官爵高的话，从支子之官爵。这本身就是对宗子、宗孙意识的动摇。功臣之为家庙之始封祖者，代尽则别立庙，以示尊崇。别立之庙，虽无有服之亲祭祀，亦可以别立祠堂，成为朝廷祭奠、瞻仰的场所。这比起曾祖祧迁之后就祔于伯叔之位而言，是制度的创新。

---

① 《世宗实录》卷四三，十一年（1429 年）三月庚申（十四日）第 3 册，第 170 页。
② 《经国大典》卷三《礼典》奉祀条，第 35 页。

对于朝鲜王朝的祭祀世数，丁若镛以传统爵位制度的理念加以解读，并认同朝鲜王朝的"时王之制"，要求朝鲜的士大夫只祭祀三世而已，至于朝鲜王的祭祀规格，自当比拟于诸侯，祭及四世（祭祀到高祖）：

> 董越《朝鲜赋》曰："卿大夫祭三世，士庶只祭考妣。"（弘治戊申作）镛案，我邦礼制，多遵（宋）温公（司马光）《书仪》、朱子《家礼》、（明）丘氏（丘濬）《仪节》。然是三贤，皆天子之臣也，或身为上相，或追封国公，其位秩皆古诸侯也，故其著之礼而传之家者，多用侯礼。我邦之人，忘其本分，动欲模拟，则犯于僭者多矣。宜谨守《国典》。故先正名儒之论，皆以祭三代为正。文公（朱熹）《家礼》"祭及高祖"，盖本程氏之礼。然《礼》大夫三庙、士二庙，无祭及高祖之文，故朱子亦以祭高祖为僭。
>
> 退溪曰（李文纯公滉）：祭四代，古礼非然。朱子因程子之说，而立为四代之礼。今人祭三代，时王之制也。①

按照传统的礼制常识，祭祀的世数越多说明主祭者的爵位即社会地位越高。然丁若镛之礼学在强调依礼法及爵级限定祭祀世数的同时，首崇祖祢二庙的祭祀。这是因为祖祢世代较近，因情制礼，情感更切，从而更有利于调动全社会（尤其是基层民众）对祖考祭祀的积极态度。丁若镛论证了在既夕启殡以后，如小敛奠之仪式祭祀祖祢二庙的重要意义，此沿袭朱熹弟子潘时举对隋代礼法的考辨：

> 一庙者得祭祖、祢，《古今祭礼》中《江都集礼》内有说（潘时举录《祭法》）②：
> 其二庙则馈于祢庙，如小敛奠者，乃启。（《记》文）祢，父庙也。如小敛奠者，谓特豚、一鼎、一豆、一笾也。朝庙之礼，主于朝祖。故祢庙之奠，降于祖也。

---

① 丁若镛：《与犹堂全书》三集卷二二，《礼集·丧仪节要》，《韩国文集丛刊》第 284 册，第 476—477 页。
② （清）钱塘程川撰：《朱子五经语类》卷七七《礼十八》，四库全书本。另据《朱子语类》卷八七，"祭法"二字似为衍文，疑似为清人传抄之误。况且，《祭法》为《礼记》之一篇，与正文无涉。

敖①曰：是日二庙，皆馈。镛案，虽天子七庙，唯祖祢二庙当有此奠，亦一日再奠也。（徐健菴［清徐乾学］亦以敖说为长）……镛案，将往而祖于祖，既返而祔于祖（三虞，亦所以祔祖）……若夫朝祢之礼，不过情理之所不忍不然也。……祖祢尊卑，何异与于是？《檀弓》有殡祖之文（云设朝而殡于祖），可见终夜之殡不在考庙，注疏之分为两日，不亦谬矣。虽七庙、五庙，但当历祢庙而至祖庙而已。其皇考庙已上，不当遍朝也。又按二庙之士，是日凡有三奠：一曰朝祢奠，二曰朝祖奠，三曰祖奠。意此三奠，分行于朝、午、夕三辰，而朝夕恒奠，不复设也。②

关于奉祀的资格。虽然嫡庶有别，但嫡长子的妾生庶子亦可能因其父的嫡子地位而得到奉祀。即以父系血统确立的"嫡庶有别"的原则高于以母系血统确立的"良贱有别"的原则。《经国大典》规定：

> 若嫡长子无后，则众子，众子无后，则妾子奉祀（嫡长子只有妾子，愿以弟之子为后者，听；欲自与妾子别为一支，则亦听。良妾子无后，则贱妾子承重。凡贱妾子承重者，祭其母于私室，止其身）
>
> 旁亲之无后者，祔祭。（士大夫无子女，欲以奴婢墓直主祭者，从财主之意，署文记使奉其祀。大夫六口，士以下四口）③

为保证奉祀者的独一性及独尊的宗法地位，尤其是保证祭田得以代代传续，且供祭祀粢盛之用，主祭者就是嫡长子（宗子），不论其在取得宗子地位之前是嫡子还是庶子，而宗子之妻在礼法上也得以成为"冢妇"，（韩国今天多称"宗孙""宗妇"）。《续大典》规定："长子死，无后，更立他子奉祀，则长子之妇勿得以冢妇论。（田民依众子例分给。立庙家舍传给于主祭子孙，而擅卖者禁断）"④

---

① 此"敖曰"指元代学者敖继公的学说。敖继公，元代著名《仪礼》学家，为驳郑玄《仪礼注》而著《仪礼集说》。《仪礼集说》成书于元大德五年（1301 年）。其学说虽源于驳郑玄《仪礼注》，而在宋儒激发起来的疑经风气之下，其《仪礼集说》曾一度动摇郑玄的学界宗主地位，此后几百年间，《仪礼》学界多宗敖氏《仪礼集说》，直至乾嘉汉学兴学界再次宗郑。（参魏凯《从经学史角度探寻敖继公学统》，《黑龙江史志》2009 年第 16 期）
② 丁若镛：《与犹堂全书》第三集卷二《丧礼四笺·丧仪匡》，《韩国文集丛刊》第 284 册，第 50 页。
③ 《经国大典》卷三《礼典》奉祀条，第 36 页。
④ 《续大典》卷三《礼典》奉祀条，第 240 页。

朝鲜王朝自宣祖至于肃宗，由庶子即位的态势逐渐过渡到嫡子即位，光海君之被废，原因众多，但与其为"宣祖庶次子"的弱势宗法地位不无关联。显宗大王初年（公元1659年，顺治十六年，己亥），宋时烈（后拜为左议政，后世称"宋相"，又因其居怀德，人号之怀川）作有《怀川礼论》，并有《己亥服制》传世，专门探讨了嫡子与庶子、长子等的统序问题：

> 《己亥服制》"为国大论（笔者按，论同伦），次长为庶"之说。宋相以"无二统不二斩"为要，礼疏分明，说为第二长子服斩，而犹疑夫第一子之殇死不服斩。[笔者按，嫡子服斩衰，《仪礼》旧章，非中国历代之主流制度。朝鲜王朝实则法古而为嫡子服斩（衰）。可见朝鲜王朝统序观念较重] 故方为第二子斩也。若非"无二统不二斩"为断，则彼亦何必强以疏说所不曾言之殇死为疑乎？……夫"无二不贰"（"无二统不二斩"之简说）云者，盖为主于此则又不可主于彼也。舅为嫡妇大功，假令嫡子再娶、三娶，亦皆为大功。祖为嫡孙妻，假令孙亡而为曾孙，曾孙亡而为玄孙，皆期。为母齐衰三年，而假令父再娶、三娶亦皆三年，是皆可谓二统乎？又及既为父斩，而出後则斩于所後也。君薨服斩，而嗣君薨又服斩，是可谓"贰斩"乎？何独于父为子不然？若果如彼说，其殇死与否，实为宗旨。注疏何独漏此不著乎？……且长子通上下之称，不言嫡子者，不通于天子、诸侯故也。若大夫而云嫡子，则岂复与庶名相挽（笔者按，"挽"通"搀"，混同之意也）？经文只云"长子"，故犹疑夫长子中容有庶子。郑惧人之或疑于非嫡，故申释之曰"立嫡以长。"贾氏（唐贾公彦）发明之曰："郑之意，欲见嫡妻所生皆名嫡子，立之亦名长子。"长之立嫡，若是申明，更何处讨长子之必为庶子看乎？彼说不过据传文"庶子不为长子三年"之文为证。又以第二长者与不为长子三年之庶子打成一片。第二长子既继祖祢，则何可以不为其子三年乎？其所谓第二长子之非传文之"庶子"，判可知也。①

长子地位的确立原则是优先考虑嫡子的，所谓"立嫡以长"，即言长子即嫡子，并且这个嫡长子可以先死后继，即如果嫡长子夭亡，而后来立的嫡子要继承其统序，统称"长子"，所谓"无二统不二斩"说的就是这

---

① 李瀷：《星湖全集》卷四六《杂著·怀川礼论》，《韩国文集丛刊》第199册，第350页。

个意思，并非说嫡长子的位置只能由一个人继承，而是嫡长子先夭折或过世，其他嫡子甚或庶子也有机会成为嫡长子，以保证统序不绝，故于丧服之际，可以为多个曾经取得继统的"长子"服斩衰，以明示其正统地位。但是在实践中，诸嫡子（嫡妻所出之子）因夭亡或严重失德而不得嗣位的时候，所立之"长子"也可以取自庶子，这是一种必要的权变。

（五）王族家庙与其私人祭祀空间——景灵殿、辉德殿与永宁殿

中国传统的国家祭祀（如郊丘、宗庙）为了突出皇帝私人的利益和礼制空间，往往掺入道教的因素：如郊丘之际，将儒家的昊天上帝和道教的"天"太清一同祭祀；祭祀宗庙之际，将祖先与道教的"祖"太一一同祭祀。① 如北宋大中祥符五年（1012 年），所创立之景灵宫就是借助道教中"圣祖降临"的信仰而修建的。天圣元年（1023 年）开始于各殿供奉先帝、太后，"奉安御容"，皇帝"亲行酌献，命大臣分诣诸神御，代行礼"。神御殿则是以图像的形式供奉先朝帝、后御容于禁中道观和宗室邸第的皇家祖考祭祀模式。元丰五年（1082 年），"作景灵宫十一殿，而在京宫观寺院神御皆迎入禁中，所存惟万寿观延圣、广爱、宁华三殿而已"。②

由于朝鲜半岛没有受到道家文化的影响，因而在建立王的私人祭祀体系时，无须将其私人祭祀建立在宗教名义之下。如果说宗庙的祭祀在表面上具有某种"公"的意义，那么皇帝或王建立景灵殿的做法则是为了给作为国家元首的皇帝一个私人的祭祀空间，其祭祀世数如朱熹《家礼》，上溯四代而已（"先立祠堂于正寝之东，为四龛以奉先世神主"）。这是皇家私人的祖考祭祀与士大夫家的祖考祭祀礼的融汇与契合。世宗十三年（1431 年）十二月二十四日（乙卯）实录：

> 召黄喜、孟思诚、权轸、许稠、申商、郑招等议事。……其三曰："原庙之制，终不可废，则其世数，更议以启。"（郑）招以为：

① 吴丽娱：《皇帝"私"礼与国家公制："开元后礼"的分期及流变》，《中国社会科学》2014 年第 4 期。

② 《宋史》卷一〇九《礼志一二·景灵宫、神御殿》，第 2621、2626 页。

"朱子曰：'宗庙享祀有时，不可烦黩，臣子之心，欲其随获随荐，特设原庙以祀之。原庙虽是古人之所非，不可禁遏。'殿下今虽立法以禁，继世之君，当复丗立，势不可禁。宜依前朝古事，特设景灵殿于禁内，同堂四室，第一室安太祖之神，第二室安太宗之神，第三室安祖考之神，第四室安其祢神。继世之君嗣立，则于文昭、广孝殿中，别作一殿，三年之内，则安其祢而祭之，及祔太庙之后，迁景灵殿所安曾祖神位，递移祖考于第三室，又移祢神于第四室。其太祖、太宗、祢庙，则随意享祀为便。"喜等议皆同。安崇善曰："若然则亲祢之庙，远在禁外，祖考之庙，近在禁内。初设原庙之意，取其近便，而无时享荐也，无乃不可乎？且一殿内，舍其祢庙，而独祭三室，又为未便。"稠曰："亲祢之神，三年之后，则移入禁内，何嫌于远乎？"上曰："此条，卿其掌之，更考《皇明抄白》以启。"①

与景灵宫类似，朝鲜王朝的君主还为招魂和虞祭设立了辉德殿，为祭祀有功业的不祧诸先王设立了宗庙，为祧迁之后的诸先王设立了永宁殿。比起景灵宫，辉德殿与宗庙、永宁殿有了更多"公"的色彩，尽管宗庙祭祀和王的祖考祭祀本质上属于"私"的祭祀。如文宗大王即位时，"告即位于宗庙、社稷、辉德殿、永宁殿"。②辉德殿俗称"魂宫"，始建于世宗大王时期，其基础是"昌德宫报平厅"。当时，召山陵都监提调曰："今欲以文昭殿御室为魂宫，然此与本殿逼近，每当朔望，两处致祭，一为奏乐，一为哭临，甚为不可。欲于御室之南，新作魂宫，何如？"郑苯曰："上教允当。"郑麟趾曰："若新作，则力役重大，以昌德宫报平厅为定。"上欲从苯议，既而曰："今年凶歉太甚，加以山陵役重，若又新作魂宫，则两处工役，势必难当。其修葺报平厅，号曰辉德殿。"③议政府据礼曹呈启："辉德殿朝夕上食，依文昭殿例，宗亲驸马轮日入直。"世宗教准。④辉德殿更多是发挥了"魂宫"作用，即在先王亡故之初，行招魂仪式的地方，如世宗薨逝以后，"葬英陵，世子奉虞主还京都，入安于辉德殿，行初虞祭。"其"返虞仪"具体仪节为："殡殿都监设灵座于辉德殿当中，南向；设册宝案于灵座前稍东。留都文武官出城外，候虞主车，将至，班立道左。虞主车至，通赞唱四拜，文武官四拜讫乘马，文左武右前导。虞

---

① 《世宗实录》卷五四，第3册，第364页。
② 《文宗实录》卷一，即位年（1450年）二月戊戌（二十四日）条，第6册，第216页。
③ 《世宗实录》卷一一一，二十八年（1446年）三月丁酉（三十日）条，第4册，第662页。
④ 《世宗实录》卷一一三，二十八年（1446年）七月庚午（四日）条，第4册，第686页。

主车将至辉德殿门外，前导文武官，皆下马序立。"①

　　永宁殿的建设初衷就是建立祧迁之庙。世宗大王当政时，朝鲜王朝已立三世四王，在礼典上又有太祖追尊四代的做法，于是祧迁的问题就进入了世宗大王的考虑范畴。于是世宗大王仿照宋朝为太祖之四代先王别立庙的做法，建立了永宁殿，实则与当时朝鲜朝野对于朱熹礼学的认同有关。

> 　　礼曹启："历代追崇之祖奉祀之制，本曹与仪礼详定所谨稽古制，集侍从、台谏、文武二品以上议，金谓：'穆祖当迁，依宋朝追崇僖、顺、翼、宣四祖别庙奉祀例，令有司别建祧庙奉祀。'"从之。时，总制金月下，女真人也。性本纯直，不解一字，亦以一品，与会议之列。郎官问："宗庙谁可为不迁之尊？"曰："太祖。"问："追崇四祖祀否？"曰："不可不祀。"时人服其无知而议与古人合。是，廷又议建庙之地，左议政朴訔以为："四祖殿，若在太室之西，则宗庙太祖以下皆子孙也。夫卑者在侧，而四时大享，尊者不与，于人情未安。长生殿在国之西，与宗庙隔，请以为四祖殿。"参赞卞季良亦请于宗庙隔远地建庙。时，上王在丰壤宫，礼官具启，上王曰："祖宗在天之灵，岂容地之远近，有闻不闻耶？且为祖宗，难于土木役而用古殿，非礼也。宜遵古制，建庙太室之西，号则宜曰永宁殿。"盖祖宗子孙，有俱安之意云。②

　　据实录记载，当年十月九日永宁殿告成，十一月七日奉迁穆祖神主于彼处。③ 可见，当时的永宁殿比较简陋，并未大费周章，工期仅为三个月。因为太祖以上四代先王的尊号是太祖元年（1392 年）十一月癸未就确定了的——"册上四代尊号"，并得到了明廷的诏准。因此，世宗大王知道了四代先祖应当别立庙祭祀的时候，就积极主动地迎合这种宗庙礼制，颇有闻道若渴的意味，而此前，太祖以上四代先王应该祭祀于宗庙之内，当时迁移的盛况于实录可见一斑：

> 　　礼曹启永宁殿移安仪曰：其日，宗室以下文武群官，（各司一员）各具朝服，诣宗庙门外，序立于道左，候宗庙告迁讫，大祝、宫闱令

---

① 《世宗实录》卷一一三，二十八年（1446 年）七月乙酉（十九日）条，第 4 册，第 690 页。

② 《世宗实录》卷一二，三年（1421 年）七月戊寅（十八日）条，第 2 册，第 443 页。

③ 《世宗实录》卷一二，三年（1421 年），第 2 册，第 456、461 页。

先匮穆祖室神主，安于腰舆，（二主各一腰舆。伞在腰舆前，扇在腰舆后）奉引而出，群臣鞠躬，过则平身，随至永宁殿。神舆入自正门，（群臣止于门外，候神主匮入安讫退）大祝、宫闱令奉神主匮安于龛室，（其本室旧幄帐等物，并移于迁所）腰舆等退。宗庙令典祀官设馔，献官行安神祭，其具馔行礼，并如朔望仪。①

永宁殿建立以后，朝鲜王朝的宗庙礼制与中国有了一个重要分野，即宗庙祧迁之神主既不被安置于夹室，亦不将神主埋瘗于陵寝，而是奉迁于永宁殿。当时，在议定祧迁礼的时候，有人提出了夹室的问题，但世宗未置可否，以后的宗庙祭祀实践说明，朝鲜王朝的宗庙没有将祧迁之神主安置于夹室的做法，并且世宗大王要求永宁殿的祭祀规格应该不低于宗庙，这也是与所谓"宋制"不同的地方。

当时，世宗命议永宁殿祭享疏数、馔品丰杀及乐悬、仪仗之数。朴訔议："……窃谓，文宣王异代追崇之圣，尚且庙食万世，我四祖盛朝始庙之主，当享百世。其祭期、祭器、乐悬之数，并依已定文宣王祭礼施行，（谓）朔望仍旧，大享止于春秋行之，祭品、乐悬，皆如释奠例。移安时仪仗，依唐代宗附庙时，迁毁庙之制，用本室旧仗移安。"卞季良议："高丽诸陵署，尚备朔望，况别立庙于宗庙之西，以安四祖崇奉之至也。然祭之疏数则不可与宗庙无别，朔望仍旧，大享止于春秋，行之如社稷例，其祭品、乐悬皆与宗庙差减。朱子论四祖殿曰：'栋宇仪物，亦必不能如宗庙之盛。'盖别庙不可与宗庙等，故朱子酌事理之轻重，而言之也，非谓别庙仪物，当如宗庙之盛，而宋朝不能为之也……"许稠、李之刚议："宋制别建僖、顺、翼、宣四祖殿于太祖之西隅，岁令礼官荐献，三年一祫，先诣四祖殿行礼，次诣太祖庙，逐幄行礼。乞依宋制，每岁一次行祭，三年一次祫享于别庙。朱文公论僖祖不当迁曰：'别立一庙，以奉四祖，则别庙栋宇仪物，亦必不能如太庙之盛，是乃名为尊祖而实卑之。'然则别庙奠物，不可减于宗庙。且宋制，别庙在大殿西隅，相踞甚迩，无别立神厨，而每当祫享，先诣四祖殿行礼，次诣太庙，逐幄行礼，则太庙、别庙牲牢必无别备。今别庙奠物内，牺牛共享于两庙，祭时乐悬，只设堂上乐。"朴訔、卞季良、李之刚等又献议："唐玄宗天宝二年，追尊咎繇为德明皇帝，凉武昭王为兴圣皇帝，各立庙，四孟月祭享。肃宗宝应时，礼仪使杜鸿渐请停四时享献，献、懿二祖袝于德明、兴圣庙后，祭礼

---

① 《世宗实录》卷一四，三年（1421年）十二月己亥（十日）条，第2册，第467页。

未有所考。太祖之后祧迁之主，依历代之制，藏诸西夹室，只于祫祭与享，不可与别立四祖殿同。"许稠又议："宋别立四祖殿，以奉追崇之祖，岁令礼官荐献，三年一祫，先诣四祖殿行礼。太祖以下祧迁之主，藏诸西夹室，每遇祫享，合食于太祖之前。今既依宋制，别立永宁殿，以奉追崇之祖，其永宁殿及太祖之后祧迁之主，祭享疏数、奠物丰杀，一依宋制。"上命："迁庙，只于春秋大享，其牲牢祭品，视宗庙。"①

　　及至肃宗大王时期，有诸多先王神主被奉迁到永宁殿，可以说各自有各自的原因，但总体来看，在位时间的长短，功业的大小是考量的主要因素，而是否是嫡长子则不在考量的范畴之内。以下就是肃宗时期，永宁殿奉祀的诸王祖妣的神主。

　　　　各室位版题式（附题位版仪注）
　　　　永宁殿
　　　　第一室：
　　　　穆王
　　　　孝妃
　　　　第二室：
　　　　翼王
　　　　贞妃
　　　　第三室：
　　　　度王
　　　　敬妃
　　　　第四室：
　　　　桓王
　　　　懿妃（笔者按，世宗大王时期，申明家庙祭祀的世数，规定家庙祭祀达于曾、高祖，取程子、朱子之说，"皆以通祭四代为礼"，这是对宋儒学说的继承，即以太祖李成桂的名义，用士大夫礼追尊其四代祖考妣。实则在宋儒以前，唐宋君主宗庙之旧制也）
　　　　第五室：
　　　　有明赠谥恭靖定宗懿文庄武温仁顺孝大王（笔者按，庙号定宗，名讳李芳果，在位期间1398—1400年，太祖嫡次子。以享国日短，功业不彰，故祧迁于永宁殿）

　　　　　　　　　　　　　　　　　　　　　　

① 《世宗实录》卷一四，三年（1421年）十二月壬寅（十三日）条，第2册，第467页。

顺德温明庄懿安定王后

第六室：

有明赠谥恭顺文宗钦明仁肃光文圣孝大王（笔者按，庙号文宗，名讳李珦1414—1452年，在位期间1450—1452年，世宗嫡长子。以享国日短，功业不彰，故祧迁于永宁殿）

仁孝顺惠显德王后

第七室：

端宗恭懿温文纯定安庄景顺敦孝大王（笔者按，庙号端宗，名讳李弘暐在位期间1452—1455年，文宗嫡子。以享国日短，功业不彰，故祧迁于永宁殿）

懿德端良齐敬定顺王后

第八室：

有明赠谥怀简德宗宣肃恭显温文懿敬大王（笔者按，庙号德宗，追封而未尝在位，世祖之嫡长子，成宗之父。封号为懿靖世子。因世数稍远［不同于后来的元宗］，兼之其子成宗出继给睿宗，所以肃宗时已然祧迁于永宁殿。正祖年间，德宗与睿宗作为兄弟，是祭祀中的一世，尚奉祀于宗庙。奇大升进奏："宗庙祧迁之事，亦于《五礼仪》之文，一位递迁，则明宗当以入祔。……仁宗、明宗为考，中宗为祖，成宗为曾祖，德宗、睿宗为高祖，此其四亲。四亲之外，礼当递迁，而或有功德之主，则自为不迁之位。所谓不迁之主，当论于亲尽临祧之后，不可预议于四亲之内也。"① 因此，德宗的祧迁符合"亲尽则祧"的原则）

徽淑明昭惠王后

第九室：

有明赠谥襄悼睿宗钦文圣武懿仁昭孝大王（庙号睿宗，名讳李晄，在位期间1468—1469年，世祖嫡次子，享国日短，功业不彰，兼"亲尽则祧"，故奉祀于永宁殿）

徽仁昭德章顺王后

昭徽齐淑安顺王后

第十室：

有明赠谥荣靖仁宗献文懿武章肃钦孝大王（笔者按，庙号仁宗，名讳李峼，在位期间1544—1545年，中宗嫡长子以享国日短，功业

---

① 《宣祖实录》卷三，二年（1569）四月五日（戊寅）条，第21册，第203页。

不彰，故祧迁于永宁殿）

　　孝顺恭懿仁圣王后

　　第十一室：

　　有明赠谥恭宪明宗献毅昭文光肃敬孝大王（笔者按，庙号明宗，名讳李峘，在位期间 1545—1567 年，中宗嫡次子，因享国日短，功业不彰，故祧迁于永宁殿。仁宗、明宗皆因其父中宗有反正之功，故奉祀于宗庙，世数虽稍远，然不宜祧迁，仍宜奉祀于宗庙）

　　宣烈懿圣仁顺王后。①

　　辉德殿反映了朝鲜王朝官方礼制对《仪礼》原则的遵从。永宁殿规制之宏大不亚于宗庙，其祭祀的初衷也是平衡贵族和宗室的关系，而不是借祧迁的礼制互相打压。因为比及宗庙，其王族私人祭祀的性质更加明显，加之，埋瘞神主的倡议在燕山君以后的时期被否定，永宁殿则应该是奉祀祧迁神主的主要场所了。

---

①　以上据《宗庙仪轨》，第180—182 页。

五　朝鲜王朝国家祭礼的概况

国家祭祀之礼特别庞杂，从广义上说，前述的王族和官僚的家庙，尤其是王室的宗庙也是可以纳入国家礼制体系的。但是，由于家庙和宗庙毕竟与尊祖敬宗的私人诉求相联系，因此，本章所指的国家祭礼主要是指国家出于其权力合法性、民族独立性及公共信仰的认同等角度而进行的"公"的祭祀，与王族私下的祭祀不同。从典制的意义上讲，对神祇的祭祀需要"国家的在场"，而某些情况下却存在着另一种现象，即在许多国家祭祀仪式上"民众的在场"。在地方政府举行的许多祭祀活动中，都有民众的参与，代表特定地域文化和信仰传统的众多民间神祠，在某些朝代也开始被纳入国家礼典，从而被赋予合法地位。① 在研究古代神祠祭祀的时候，往往要厘清国家法定祭祀与民间自发祭祀的关系，并洞察二者之间的互动。

关于国家祭祀（公祭）与宗庙祭祀（私祭）的分野，在唐代有了比较明确的相关礼法讨论。《唐律疏议·职制律》："庙享有丧遣充执事"条规定"诸庙享，知有缌麻以上丧，遣充执事者，笞五十；陪从者，笞三十。主司不知，勿论。有丧不自言者，罪亦如之。其祭天地社稷则不禁。"《唐律》之"疏议"对禁和不禁作了解释："庙享为吉事，《左传》曰：'吉禘于庄公。'其有缌麻以上惨，不得预其事。若知有缌麻以上丧，遣充执事者，主司笞五十。虽不执事，遣陪从者，主司笞三十。若主司不知前人有丧者，勿论。即有丧不自言，而冒充执事及陪从者，亦如之。其祭天地社稷不禁者，《礼》云'唯祭天地社稷，为越绋而行事'，不避有惨，故云'则不禁'。"如果是庙享之事，则不得有服丧之人遣充执事，但如果是祭天地、社稷则不需要这条禁忌。这也就是说祭祀天地、社稷是公祭，纵然是有私人的丧事，执事者也必须匿服参加。但如果祭祀的是宗庙，则有私

---

① 雷闻：《礼制、宗教与民间社会》，《中国社会科学院院报》，2007 年 5 月 10 日出版，第2 页。

人丧事者必须回避，因为《论语·为政》里讲得很清楚："非其鬼而祭之，谄也"，就是说即使是皇家的宗庙祭祀的是皇家的祖先，而臣僚如果自己有丧在身，就不能参与皇家宗庙的祭祀，否则就是祭祀别家之鬼了，尽管那个"别家"是至尊无上的皇家。归根结底，宗庙祭祀是皇家内部的祭祀，尽管是雍雍穆穆，在公开的场合举行的，但并不代表国家的在场，而只是皇家的在场。因此，尽管朝鲜王朝制定的《宗庙仪轨》带有某种"公"的意味，但无论就其本质而言，还是从东亚传统祭礼的分类上仍然属于"私祭"的范畴。将宗庙视为"公器"（如《尚书·甘誓》"用命赏于祖，弗用命戮于社"，"祖"就是指天子和诸侯的宗庙）乃是先秦儒家（也应该包括法家）"官天下"思想的反映；自汉代以后，宗庙"私"意味不断加强，从某种程度上说是"家天下"的政治实践的产物。

"国家在场"的公祭范围也自有其规范，除了上文提到的祭祀天地、社稷等彰显国家统治理念的祭祀，还应该包括民间自发敬畏的同时又得到官府认同或默许的神祇祭祀，如岳镇海渎、城隍土地之类。

（一）万东庙与大报坛

万东庙和大报坛之所以被笔者列入国家祭祀的范畴，是因为朝鲜王朝建立和供奉万东庙、大报坛是一种国家行为，既彰显了对明朝"事大以诚"的邦交理念，同时也蕴含了朝鲜民族独立精神的雏形，而因此区别于祭祀朝鲜王室祖考的宗庙。

万东庙，又称皇庙、万东祠，是朝鲜王朝时期的一座祠庙，位于朝鲜忠清道清州华阳洞。万东庙始建于朝鲜肃宗（1674—1720 年在位）三十年（1704 年），是权尚夏等儒生遵照朝鲜名儒宋时烈的遗愿建立的，用来祭祀明神宗（万历帝）和明思宗（即明思宗崇祯帝）两位明朝皇帝，庙名取自朝鲜宣祖的手书"万折必东"四个字。宋时烈等学者倡导"尊周"之义和"万折必东"的思想。"尊周"之义自然是仰慕中华正统，"万折必东"则突出了朝鲜特殊的地理畛域和独立的民族意识。万东庙是朝鲜王朝后期尊周思想的象征之一，同时逐渐成为朝鲜儒林瞩目的中心。朝鲜高宗初年，万东庙一度被执政者兴宣大院君①裁撤，引起轩然大波；兴宣大院君失位后恢复。

---

① 兴宣大院君（1820 年—1898 年 2 月），讳昰应，为韩高宗之生父。因为亲清而毁万东庙。

宋时烈、权尚夏等借追荐明神宗为契机，申明了慕华攘夷的正统思想，并暗含了民族祖先神灵崇拜为祭祀之必要，且躬身实行。如尹凤九（1683—1767 年）《代掌令宋思胤请赐万东祠祭田、特谥宋公甲祚疏》：

> 窃惟先正臣宋时烈……一生以尊周大义为其家计，常以为环东土数千里，一草一木莫非神皇帝再造之恩也。第日月骎久，义理渐晦，世不复知有尊周之义。（宋）时烈于晚年，寻常呃痛，欲就书室之傍营立祠宇而祭之，庸以寓含忍恻怛之意，亦以明万折必东之义。盖其义则实仿楚人茅屋祭昭王之故事。而朱子亦尝为其友张栻作南岳庙迎享送神之辞。南岳庙者，虞帝庙也。宗国云亡，血祀既绝，则以编户而祀帝王，可以义起，此先贤所以不以为僭而行之者……至甲申春，始用笾、豆之礼……第祠在华阳山中，居民甚鲜，物力未敷……若自朝家题给若干田结、奴婢，助供粢盛，且蠲近居烟户之役，俾专守护，则实合于重其事、尊其义之道矣。①

万东庙名义上是为感念明神宗的驱倭援朝之义战，于万东庙之后又设立大报坛，祭祀神宗万历与崇祯皇帝。大报坛，俗称皇坛，是朝鲜王朝后期王室修建的一处祭祀中国明朝皇帝的祭坛，位于朝鲜首府汉城（今韩国首尔）昌德宫的后苑。朝鲜肃宗大王为了报答壬辰倭乱时派大军援助朝鲜的明神宗的"再造之恩"，遂于 1704 年（即明朝灭亡六十周年之际）下旨修建大报坛，以祭祀明朝神宗皇帝。朝鲜英祖时大报坛的祭祀对象又增加了明太祖和崇祯帝。大报坛祭祀每年进行一次，肃宗以后朝鲜历代国王几乎都曾亲自参与，是朝鲜王朝后期最隆重的祭祀典礼。1908 年，在日本人的压力下关闭了大报坛，此处亦沦为废墟。

关于大报坛的建成始末，也反映出朝鲜王朝的独立意识。"始，（宋）时烈尝欲依张栻虞帝祠之义，立大明神宗祠，未及就。（权）尚夏始建于清州之华阳洞，名之曰万东庙，以四笾、四豆，祀（明）神宗、（明）毅宗二皇帝。及甲申，肃庙以太岁涒滩，感皇朝旧恩，欲设坛壝以祭之，密访于（权）尚夏，（权）尚夏力赞之，遂筑大报坛。"② 当时，明朝灭亡已然六十年了，这种政治上与清廷的抗礼也可以看作是朝鲜半岛民族独立意

---

① 尹凤九：《屏溪集》卷七《代掌令宋思胤请赐万东祠祭田、特谥宋公甲祚疏》，《韩国文集丛刊》第 203 册，第 169—170 页。

② 《朝鲜王朝实录分类集》之《景修君实录》卷二，元年（1721 年）九月庚寅（二日），第 41 册，第 350 页。

识之蕴积。

当然，大报坛的祭祀得以延续，不但与朝鲜诸王、贵族及士大夫的尊周思明情结有关，也与朝鲜英祖、正祖时期对"华人"的优待政策，导致"华人"乐于迁居朝鲜，并主动要求承担祭祀大报坛的职责有关。实录反映，"皇朝人"根据其"家乘""账籍"，都世代免役，"永勿徵布"。所谓"皇朝人"是指自万历援朝战争及明清鼎革之际来朝鲜寓居的中国人。其他较早来朝鲜居住，已然生息若干世代的中国人称为"归化人""向化人"，对于"归化人""向化人"虽然也有优待，但是并不免除兵役，入伍后统一编入"汉牙兵"。例如1754年（清乾隆十九年，朝鲜英祖三十年），即有"楚海昌、田时泰、潘自逢三姓，世世免役，永勿徵布之恩教"，"（英祖大王）教曰："皇朝人楚、田、潘三姓世世免役，楚海昌孙特为免贱，李萱令军门调用。向化人成册，不可不一番厘正，令礼曹、汉城府考账籍，卞（辨）真伪，精抄成案，名曰《华人录》，一件藏礼曹，一件藏本道，永勿徵布"。朝鲜时代有"汉牙兵"的军队番号，专门由"归化人""向化人"充任军职。而"华人"则是"皇朝人"的同义语，记载于《华人录》，是不在服兵役之限的。如英祖教旨："其祖（指安五昌之曾祖安起秋，本为朝鲜之'向化人'，幼年误登中国航船，遂长于中国）既长于皇朝，则虽拔于汉牙兵，一依汉人例除役。"正祖时期依然尊奉上述教旨。这样一来，思明的一些"华人"就主动申请祭祀大报坛的职守，如正祖时"北道人楚钰，即中朝人楚海昌之孙，向来上言，愿参皇坛享班"[1]。仁祖十五年（1637年）与清订立南汉山城盟约之后，朝鲜承诺尊奉清朝正朔，并对上书言事不尊用清室正朔的官员进行了薄惩。宋时烈作为孝宗即位之前的师傅（孝宗即位之前称凤林大君，曾与其兄昭显世子为质于沈阳），上书言事之际公然反对尊用清朝正朔，孝宗亦优容之。可以说，朝鲜当地的儒生骨鲠如宋时烈而坚定反清思明者大有人在，其表现为1684年朝鲜"三处士"在朝宗岩上镌刻了崇祯御笔"非礼不动"以及宣祖大王的御笔"万折必东""再造藩邦"。而跟随朝鲜昭显世子寓居朝鲜的明朝"九义士"到达朝鲜后，先是主张北伐清朝，后来见大势已去，隐忍寓居于朝鲜。1831年，"九义士"后裔之一的大报坛守职官王德一与其弟王德九移居朝宗岩（位于今韩国京畿道加平郡），并建立大统庙，奉祀明太祖及"九义士"。另外，万历援朝战争及明清鼎革之际，大批滞留或投奔朝鲜的明朝将领及其后代也构成了

---

① 《英祖实录》卷八一，三十年（1754年）六月庚申（十二日），第43册，第530页；《正祖实录》卷四六，二十一年（1797年）三月己未（十九日），第47册，第13页。

朝鲜社会尊周思明的社会群体基础。①

　　我们一般对大报坛的理解就是朝鲜诸王尊周思明加感恩的祭祀场所，实则不然，朝鲜诸王在祭祀大报坛（皇坛）的前后也先对自己的先王加以祭祀，在祭祀大报坛（皇坛）的同时，也不忘记对朝鲜民族英烈的追荐，同时也是朝鲜诸王通过祭祀达到虔诚敬意、养德斋心的一种礼文化境界的途径。如纯祖大王（1800—1834年在位）在祭祀前即是如此，他追述说：

　　　　世祖（1455—1468年在位）命大提学申叔舟，撰太祖、太宗、世宗、文宗四朝《宝鉴》，而其后只有李端夏所编《宣庙宝鉴》，李德寿所编《肃庙宝鉴》。及《英宗实录》成，王命仍纂《宝鉴》，又以十二朝，尚未有《宝鉴》，并为编辑，凡六十有八卷。教曰："列朝玉册金宝，仿周庙之陈宝器，必皆奉安于入庙之时，而《宝鉴》，所以揄扬功德，垂裕来嗣，实与《西序》《大训》同其规模，虽琬琰之表徽，玺章之昭度，犹不足以喻其重。"乃亲上于宗庙永宁殿，分藏各室，尊英宗为世室。……尝旷感于端庙（1452—1455年在位，即朝鲜端宗大王）时事，亲制文致酹六臣，博考殉义，诸臣凡得二百三十人，设坛于庄陵侧，春秋配食侑祀，有《庄陵配食录》。每望拜皇坛，辄遣官审宣武祠，命李提督（笔者按，考之实录其他记载，当指援朝著名将领李如松）世祀不祧，宣额于龙湾之显忠、纪忠两祠，并腏七义士林寅观等九十五人坛而酹之，以慰汉冠之独葆秉义。斥和诸臣，并皆表奖存录，建忠臣义士坛，撰旌忠尚武碑，有《尊周录》。②

　　《朝鲜王朝实录》虽然卷帙浩繁，但毕竟是以王朝、贵族和官僚为焦点写成的史书，其间关于民间的神祠和信仰往往有失记录。笔者在首尔市中心东大门市场附近找到了在万历援朝战争之后，明廷敕令朝鲜王朝修建的关王庙。笔者几天之后就在博客中记述了如下见闻：

　　首尔的关帝庙在兴仁之门以东，简称"东庙"，是明朝廷在帮助朝鲜平定壬辰倭乱之后敕造的，其风格也属于明代的，也和中国内地见到的关帝庙（主要是清代及以后修建的）风格迥异。这种明代风格的关帝庙在中国很少见。在清代，可能是小说《三国演义》已然普世流传了，关公金甲

　　① 孙卫国：《大明旗号与小中华意识——朝鲜王朝尊周思明问题研究［1637—1800］》，商务印书馆2007年版，第147—199页。

　　② 《纯祖实录》卷二四，二十一年（1821年）八月甲申（七日），第48册，第182页。

绿袍的装束已然定型，并且不是读《春秋》，就是手提青龙偃月刀的。明代的关公则是帝王装束，黄袍加身，正襟危坐，赤手空拳的，面庞是金色的，头偏大，很富态，像一尊佛。

最初，关羽死后是按照凶神，被当阳当地的百姓列于"厉祭"之类的。根据罗贯中《三国演义》的描写，关羽死后阴魂不散。他从空中飘至当阳玉泉山，玉泉寺的普寂法师是关羽的同乡。关羽的英魂恳求普寂法师帮自己找回头颅，普寂开导关羽说：昔非今日，一切休论。后果前因，彼此不爽。今将军为人所害，大呼还我头来。然则颜良文丑、五关六将之头又向谁索要？普寂一番话说得关羽茅塞顿开，他再一次求法师开示。普寂说，你放下屠刀去寺院守殿护法方可解脱。关羽从此皈依了佛门。这个故事被后世称为"玉泉显圣"。事实上，这个故事是佛教天台宗的创始人智者大师杜撰出来的。他所创造的这个神话故事让关羽由一个历史人物变成了佛教的伽蓝天尊。曹操在接到东吴送来的关羽头颅之后，打比方说，孙权是在用火烤自己，使得蜀汉归怨于曹魏，于是就给关羽塑造了金身，以示对关羽的敬重，并表明自己并非杀害关羽的元凶。

据笔者了解，关公崇拜在日本更加普遍，以至于东京的街头会偶尔看见"關羽酒店"之类的汉字招牌。笔者没有采访到韩国民众对关帝的认识如何，但是从庙宇保存和修缮的情况看，关帝崇拜在韩国也是有一定文化基础的。据考，笔者上文提到的关帝庙（今称东庙）乃是在1598年由陈寅所建，当时称"汉城东关王庙"，在兴仁门外；1601年由万世德所建"汉城南关王庙"，在崇礼门外；1643年仁祖大王在北门外建有"北关王庙"；1906年建有汉城奖忠洞关王庙。还有建成与存废均不详的成均馆关王庙、汉城宋洞"显灵昭德义烈武安关帝庙"。①

如果说万东庙与大报坛是朝鲜王朝官方对明朝的皇帝的追荐，是政府间同盟协作、睦邻友好的象征，那么关帝庙则是两国民间文化渗透交融、睦邻友好的历史见证。同时，东庙的保存也让我们从影像上看到明朝的关帝是如何一副尊神容样。

---

① 据孙卫国考证，除汉城外，在古今岛、安东、星州、南原府、平壤也建有关王庙，加上汉城的六处关王庙，共计十一处。（参孙卫国《大明旗号与小中华意识——朝鲜王朝尊周思明问题研究［1637—1800］》，商务印书馆2007年版，第108—109页。）前揭孙卫国君之记依赖于清代文献，将兴仁门外的关王庙说成是南关王庙。据笔者实地踏查，兴仁门外的关王庙确实称"东关王庙"，而不是南关王庙，故笔者在正文叙述时姑且按照实地踏查为准。很可能是清人文献之记载或有讹误之处。关帝崇拜在海外的情况也还有研究的余地。

（二）檀君与箕子庙

自武王兴周灭纣之后，有将佯狂为奴的殷商旧臣箕子封于辽东地区的说法。但箕子是否被封在朝鲜半岛尚有待考证。对于朝鲜半岛而言，箕子信仰与檀君信仰一样，都是解说民族传统和祖先问题的大事。箕子信仰成就了"小中华"的理念，而檀君信仰则最终使得朝鲜民族找到了独立的精神依据。

据笔者考察，朝鲜王朝的前期是檀君信仰与箕子信仰并存并祀，后期则是以箕子信仰为主。韩帝国与清朝脱离宗藩关系后，檀君信仰乃至檀君纪年又成为主流价值观。1906 年，大韩帝国决定以檀君纪年取代帝王年号。而后各种独立运动文件多署以"檀纪某年"，如 1919 年"三一运动"的许多文告便记为"檀纪四二五二年"（传说檀君立国在中国尧帝即位 50 年戊辰，这一年相当于公元前 2333 年）。复观檀君神话的原始文献，不难发现，箕子东封说最初曾一度是与檀君神话并行不悖的。檀君神话最早见于《三国遗事》，是高丽僧人一然于 13 世纪 80 年代撰写的。《三国遗事·纪异》曰："古记云：昔有（天神）桓因，庶子桓雄，数意天下，贪求人世，父知子意，下视三危太伯可以弘益人间。乃授天符印三个遣往理之。雄率徒三千，降于太伯山顶（今平安北道妙香山）檀树下，谓之'神市'，是谓'桓雄天王'也。将风伯、雨师、云师，而主谷、主命、主病、主刑、主善恶，凡主人间三百六十余事，在世理化。""时有一熊一虎同穴而居，常祈于桓雄，愿化为人。时神遗灵艾一柱，蒜二十枚曰：尔辈食之，不见日光百日，便得人形。熊虎得而食之，忌三七日，熊得女身，虎不能忌，而不得人身。""熊女者无与为婚，故每于檀树下，咒愿有孕；雄乃假化而婚之。孕生子，号曰檀君王俭，以唐高（尧）即位五十年，都平壤，始称朝鲜。""又移都于白岳山阿斯达，御国一千五百年。周虎（武）王即位己卯，封箕子于朝鲜，檀君乃移于藏唐京，后还隐于阿斯达为山神。寿一千九百八十岁。"如果遵从文献记载，檀君朝鲜与箕子朝鲜并不矛盾，只是檀君朝鲜产生和存在于箕子朝鲜之前而已。而今天的韩国历史教科书把檀君朝鲜与箕子朝鲜看作不能调和的主张，甚至隐去箕子朝鲜的提法，这是很不客观的。

朝鲜王朝前期，在肯定"箕子之风"的前提下，在追荐民族始祖的问题上有独特的想法，就是认同多元始祖的办法解决这种信仰问题。太宗大王时期，平壤府尹尹穆进便宜数条：一、吾东方礼乐文物摹拟中国者，以有箕子之风，是以九畴明，八条行……而其坟墓在于草莽之中，朝廷使臣过此者，比问而礼焉……臣等以为扫墓加土，置石羊、石兽，命攸司颂德立碑，委定守冢民户。[①] 世宗大王曾传旨礼曹曰："檀君、箕子庙制更议。新罗、高句丽、百济始祖立庙致祭，并考古制，详定以闻。"[②] 后来在朝鲜臣僚与明朝使者的对话中可知，高句丽的始祖东明王朱蒙之神主很可能被配享于檀君神像之侧。如果世宗大王的政策得到了贯彻的话，我们可以猜测新罗、百济的始祖也有可能配享于檀君神庙之内。实际上，高丽王朝时期的史书如金富轼《三国史记》（成书于高丽仁宗二十三年，公元 1145 年）等是秉承了"高句丽继承意识"的，把高丽开国君主王建所推翻的由弓裔建立的"泰封"国论证为后高句丽，写在高句丽的史事之后。[③] 实则，当时朝鲜半岛的原新罗王朝（已经衰败）、王氏高丽和甄萱所建的后百济三股势力都源自新罗人，已不再具有"前三国"时代的明显民族界限了。高丽僧人一然撰述《三国遗事》的时候也必然深受这种"高句丽继承意识"的影响而对檀君神话不惜笔墨，大加渲染，同时大大淡化了新罗、百济的始祖传说故事中的天人交感情节，将檀君视为朝鲜民族的唯一缘起。后来，一位明朝使者的言论也讲述了朝鲜半岛民族和政权更迭的复杂性。

> ……且天使到平壤，观察使成俔及宣慰使李克墩迎诏设彩棚呈杂戏，两使注目视之。宣慰使以下行拜诏礼如仪，又行宣慰礼。……正使曰："箕子之坟与庙在乎？吾等欲拜焉。"答曰："坟则远在城外，今不可到，庙则在城内矣。"曰："然则当谒庙矣。"即诣箕子庙，行拜礼。出庙门，指檀君庙曰："此何庙乎？"曰："檀君庙也。"曰："檀君者何？"曰："东国世传，唐尧即位之年甲辰岁，有神人降于檀木下，众推以为君。其后入阿斯达山，不知所终。"曰："我固知矣。"遂步至庙，行拜礼。入庙中，见东明神主曰："此又何也？"曰："此高句丽始祖高朱蒙也。"曰："檀君之后，何人代立？"曰："檀君之后，即箕子也。传至箕准，当汉之时，燕人卫满逐准代立。箕准亡入马韩之地，更立国，所都之基，今犹在焉。檀君、箕子、卫满，谓之三朝鲜。'

---

① 《太宗实录》卷一五，八年（1408 年）五月丁巳（九日），第 1 册，第 438 页。

② 《世宗实录》卷三七，九年（1427 年）八月丙子（二十一日）条，第 3 册，第 88 页。

③ 参［韩］朴云龙《高丽时期人们的高句丽继承：高句丽意识》，载韩国东北亚历史财团编，中国延边大学译《东北工程相关韩国学者论文选》，2007 年于首尔付梓，第 240—241 页。

曰：'卫满之後，则汉武帝遣将灭之，在汉史矣。'即还馆。"①

当时，檀君信仰与箕子东封的说法并行，朝鲜的儒生们从理论和经典的角度论证了箕子东封说的可信，又从实地考察的角度质疑了檀君传说，但是世宗大王仍然建议留存有关檀君神话的物证，如古树等物：

判右军府事卞季良，制箕子庙碑以进。其文曰："宣德三年（1428年）岁在戊申夏四月甲子，国王殿下，传旨若曰：'昔周武王克殷，封殷太师于我邦，遂其不臣之志也。吾东方文物礼乐，摹拟中国，迨今二千馀祀，惟箕子之教是赖，顾其祠宇隘陋，不称瞻式。我父王尝命重营，予承厥志而督之，今告成矣。……'臣窃惟孔子，以文王、箕子，并列于《易》象，又称为三仁，则箕子之德，不可得而赞也。……箕子者，武王之师也。武王不以封于他方，而于我朝鲜，朝鲜之人，朝夕亲炙，君子得闻大道之要，小人得蒙至治之保……井田之制，八条之法，炳如日星。……缉熙圣学，其于《洪范》九畴之道，盖有神会而心融者矣。……於戏盛哉！凡为屋若干，置田以供粢盛，复户以应洒扫，命府尹以谨享祀，庙宫之事，盖无憾矣。臣季良不胜感激，谨拜手稽首而献铭。"②

右议政仍令致仕柳宽上书曰："黄海道文化县，是臣本乡，自为幼学，下去多年，闻诸父老之言，乃知事迹久矣。九月山是县之主山，在檀君朝鲜时名阿斯达山，至新罗改称阙山，其时文化始名阙口县，至前朝升为儒州监务，至高宗代，又升为文化县令，山名阙字，缓声呼为九月山。山之东岭，高大而长，至一息安岳郡而止。岭之腰有神堂焉，不知创于何代，北壁檀雄天王，东壁檀因天王，西壁檀君天王，文化之人常称三圣堂，其山下居人，亦称曰圣堂里。堂之内外，鸟雀不栖，麋鹿不入。当旱暵之时祈雨，稍有得焉。或云檀君入阿斯达山，化为神，则檀君之都，意在此山之下。三圣堂至今犹存，其迹可见。以今地望考之，文化之东，有地名藏壮者，父老传以为檀君之都，今只有东、西卯山，为可验耳。或者以为檀君，都于王俭城，今合在箕子庙。臣按檀君与尧并立，至于箕子千有余年，岂宜下合于箕子之庙？又或以为檀君降于树边而生，今之三圣，固不可信，

---

① 《成宗实录》卷二一四，十九年（1448年）三月丁卯（三日）条，第11册，第313页。
② 《世宗实录》卷四〇，十年（1428年）四月辛巳（二十九日）条，第3册，第126页。

然臣又按遂古之初，混沌既开，先有天而后有地。既有天地，则气化而人生焉。自后人之生也，皆以形相禅，岂得数十万年之后至尧时，复有气化而生之理？其树边之生，固为荒怪。伏惟圣鉴裁择，命攸司讲求所都，以祛其疑。"命留之。①

嗣后，关于箕子庙的名号问题，世宗大王建议去"箕子"之名，而突出朝鲜之名的办法，且尊为"后朝鲜始祖箕子"，即言"前朝鲜始祖"应为檀君。

> 详定所议书箕子碑篆额以启。左议政黄喜、右议政孟思诚、赞成许稠等以为："宜书曰箕子庙碑。"总制郑招以为："宜书曰朝鲜国箕子庙之碑。"从喜等议。② 山川坛巡审别监郑陟启："平壤箕子庙神位，书曰：'朝鲜侯箕子。'请削箕子二字。"上曰："然。箕，国名；子，爵也，不可以为号。然泛称朝鲜，亦似未安，称'后朝鲜始祖箕子'若何？令详定所议启。"左议政黄喜、右议政孟思诚、赞成许稠等以为："宜称後朝鲜始祖箕子。"总制郑招以为："宜称朝鲜始祖箕子。"从喜等议。③

左议政黄喜、右议政孟思诚、赞成许稠等人"後朝鲜始祖箕子"的提法之所以被采纳，是因为这种提法的潜台词就是檀君应该是朝鲜民族的前始祖。郑招的提议没有被采纳，就是因为少了一个"后"字。在祭祀过程中，檀君、箕子得以与奉祀孔子的文庙并立，但是在拜谒檀君、箕子之前，由于路经孔庙，所以必先拜谒孔子。实录就记载了明朝使者拜谒上述三庙的情况：

> 远接使许琮驰启天使动止，又曰："天使到平壤，谒箕子庙，行四拜礼，又谒檀君庙，行再拜礼。又诣文庙，行四拜礼，入殿上，见先圣及四圣十哲塑像，语臣曰：'此与中国塑像稍异。'臣曰：'塑像同于道佛，故王京文庙，不设像，唯木主也。'正使曰：'是合于礼。'臣又曰：'此亦当改为木主，然其来已久，故不改耳。'正使曰：'元

---

① 《世宗实录》卷四〇，十年（1428年）六月乙未（十四日）条，第3册，第134页。
② 《世宗实录》卷四〇，十二年（1430年）四月丙戌（十七日）条，第3册，第230页。
③ 《世宗实录》卷四八，十二年（1430年）四月戊寅（九日）条，第3册，第228页。

有则不妨矣。"① 平壤延慰使苏世让复命，引见于思政殿。世让曰：
"天使二十九日入平壤，欲见箕子庙、檀君庙，臣等曰：'路由文庙
前，若过行则须谒圣也。'天使乘轿至文庙前，儒生祗迎。天使入而
谒圣，见夫子塑像，称叹曰：'真文献之邦也。'至箕子庙、檀君庙，
行揖礼，因往练光亭，喜叹曰：'天下绝胜也。'……"②

值得注意的是，明朝使臣之来访朝鲜者，或对于孔子和箕子庙四拜，
而对于檀君庙只二拜，或者对箕子和檀君俱行揖礼。这种礼制规格虽然没
有定数，但基本的原则是彰显"高人一等"的天朝优越感。由于箕子庙和
檀君庙俱设于平壤府，也使得拜谒檀君庙和箕子庙成为明朝使臣进入王京
汉城之前的必须仪式。后来，有儒生建议在王京汉城修建箕子庙，但是没
有获得批准。这个事件也反映出箕子信仰在当时的朝鲜儒生和士大夫中间
的认同感要高于檀君及其他的始祖崇拜。

> 京畿、忠清、全罗、咸镜、平安、黄海六道儒生等上书，请于京
> 城立箕子庙，诸道各建一庙，以为永世崇奉之地，王世子以不可遽然
> 轻议为答。③

据说今天的平壤依然保存有箕子庙，而在今天的首尔，笔者并没有看
到檀君庙和箕子庙，在市中心的明显位置只有世宗大王和忠武公李舜臣的
雕塑。这大概是因为，无论是檀君神话还是箕子东封，其发生地都在半岛
的北部，而韩国目前很难对檀君和箕子文化进行实地研究。《韩非子·显
学》引应劭注则曰："《地理志》：辽东险渎县，朝鲜王旧都。"那么檀君
王俭的故城也有可能在辽东，而不在朝鲜半岛了。关于"辽东"和朝鲜半
岛的关系，目前主流的说法是："燕辽东郡东界达朝鲜半岛大同江以北地
区，由郡名演化的地域名辽东，最初即包括大同江以北。魏晋至唐，辽东
作为地域名内涵在逐渐扩大，包括整个大同江流域，甚至是高句丽政权的
所有辖区。高句丽人也称自己的国家所在地为辽东。"④ 对于这些历史谜题
的深入探讨恐怕要等到朝鲜半岛统一之后，并且在和平开放的政治条件下
才可以继续探索了。

---

① 《成宗实录》卷二一四，十九年（1448 年）三月癸酉（九日）条，第 11 册，第 315 页。
② 《中宗实录》卷八四，三十二年（1537 年）三月癸未（四日）条，第 18 册，第 36 页。
③ 《英祖实录》卷八七，三十二年（1756 年）三月乙酉（十七日）条，第 43 册，第 616 页。
④ 杨军：《朝鲜半岛与"辽东"内涵的关系》，《辽宁师范大学学报》2004 年第 2 期。

（三）大王不祭祀天，礼杀于中国

早在百济（公元前 18 年—公元 660 年）、高句丽（公元前 37 年—公元 668 年）、新罗（公元前 57—公元 935 年）三国鼎立的时代，朝鲜半岛普遍在原始宗教与本土信仰的基础上，进一步发展出了天神崇拜和祭天礼，如高句丽每年三月三日会猎于乐浪，祭天及山川；十月祭天，名曰"东盟"。高丽王朝之初，以佛、道二家为国家礼仪制度的基础思想，祭天——逐渐从神本主义的自然宗教仪式过渡到国家对皇权政治文化的阐释与展示。同时，儒家思想渐浸以后，高丽王朝仿效唐宋国家礼典，圜丘祀亦依此礼，确立了祭祀上帝和五方帝的祭天礼仪，笔者认为实则是兼采郑玄与王肃礼学中的祭天主张的。其所用玉币"上帝以苍璧，四圭有邸，币以苍；青帝以青圭；赤帝以赤璋；黄帝以黄琮；白帝以白琥；黑帝以玄璜；币如其玉。凡币之制，皆长一丈八尺"。牲牢亦仿唐制，"上帝及配主用苍犊各一，方帝各用方色犊一"。另据从《高丽史·世家》《高丽史·五行志》有确切记录的记载来看，举行次数非常之少，仅十二次，且大都是因旱情所迫而行的祈雨雩祀。除前述提到的成宗圜丘礼外，主要有：睿宗十五年（1120 年）七月庚戌、十六年（1121 年）五月辛巳，仁宗二十二年（1144 年）一月辛酉，元宗二年（1261 年）四月辛丑，忠烈王十五年（1289 年）五月甲午、三十四年（1308 年）五月甲申，忠宣王元年（1309 年）四月丁丑、五年（1313 年）五月辛卯，忠肃王八年（1321 年）三月癸巳，恭愍王十九年（1370 年）一月丙辰，辛祸王五年（1379 年）五月乙酉。[①] 由于宋、辽、夏的对峙，高丽成宗也没有把中原王朝视为天下共主的观念，因此自行祭天，[②] 但就祭天的

---

① 金禹彤：《高丽朝圜丘祭天礼考述》，《东岳论丛》2013 年第 6 期。

② 认为高丽举行了天子专为的圜丘祀，其即为"天子礼"。持此类观点的有韩国学者赵骏河《对韩国祭天仪礼的研究》（《孔子研究》1994 年第 2 期）。也有学者认为高丽王朝的祭天依然属于藩属之国的封贡礼仪：宋太祖建隆三年（962 年），高丽首次遣使入宋，开始了两国交往。翌年，高丽开始行宋朝年号，正式为宋之册封国，但二十一年后，高丽成宗却举行了圜丘祀天礼。圜丘祀不是单纯的祭天仪式，而是天子专礼，作为朝贡国的高丽实行圜丘祀，却不能简单地看作是僭礼之举，依然要视为一种变通的藩属礼，而非天子礼。且高丽朝不仅以道教醮祭"遍祭天地"于阙庭，甚至还醮祭昊天上帝和五方帝，将儒、道仪式混融，体现了多元文化兼奉的时代特征和国家礼典观念从本土形态向儒家礼制化迈进的阶段特点。高丽王朝中后期始，高丽先后处于百年武臣执政期和元朝政治干涉期，高丽圜丘祀的发展未能适逢有利的政治与社会环境而走向衰靡。（参金禹彤《高丽朝圜丘祭天礼考述》，《东岳论丛》2013 年第 6 期）

频次而言，并非形成常态的祭祀制度。总体而言，朝鲜王朝以前的祭天之礼是非常不完善的。

毋庸讳言，在旧有的宗藩①国际体系下，朝鲜王朝属于明朝的藩国，清军入关后仍一度奉明朝正朔——朝鲜仁祖（1623—1649 年在位）保持明崇祯年号，其末年始用清崇德之年号。自孝宗（1649—1659 年在位）以后，自行干支纪年，而在同清朝交聘之际仍然奉清正朔，用清朝年号。同时，其王朝之法典诸如《元六典》《续六典》《大典通编》等刻印、颁布之际仍然用明清当时皇帝的年号。如前文多条史料之所反映，在国内的奏对中，朝鲜诸臣也尊称其大王曰"殿下"，而不是"陛下"。自 1896 年高宗称帝，不再使用干支纪年，建立了韩帝国，韩纯宗以隆熙为年号。从世界历史的角度看，这是旧有的宗藩国际体系向平等的契约式的国际体系

---

① 关于古代中国与周边关系的提法，总计有"中国的世界秩序"（以美国学者费正清为代表）、"华夷秩序"（以日本学者信夫清三郎为代表）、"册封体制"（以日本学者西嶋定生为代表）、"封贡体制（体系）"（以日本学者地堀敏一为代表）、"天朝礼治体系"（以中国学者黄枝连为代表）、"中华朝贡贸易体系"（以日本学者滨下武志为代表），新近的研究认为"羁縻"不是笼络，而是尽力控制，藩国则相对独立。以上参见程尼娜《羁縻与外交：中国古代王朝内外两种朝贡体系——以古代东北亚为中心》、李大龙《关于中国古代治边政策的几点思考——以"羁縻"为中心》（均见《史学集刊》2014 年第 4 期）。笔者倾向于"天朝礼治体系"的说法。因为各羁縻府州也好，各相对独立的朝贡国也好，其朝贡、交聘都是经济和外交行为，是时断时续的；"礼治体系"或者说笔者在正文中使用的"宗藩关系"才是普遍的政治观念和文化上的认同意识，是一以贯之的。另外，羁縻建置与朝贡国也并非如同"内圈"与"外圈"一样，"两种朝贡成员身份的区别"越来越显著，而是随着历史演变，中央朝廷对于各地区的控制程度和经济、外交等频繁程度都会有不断变化的。如安史之乱爆发之后，吐蕃和回鹘甚至都曾向唐朝中央政权发难；明朝经略东北，边疆十分稳固，所控制的东北地区的疆界也超过了前代；蒙古则对明廷时战时附；对于原属汉唐的西域"羁縻"地区，明朝几乎没有控制能力。总之，不能以简单的几何学模式——同心圆——来勾勒中国古代的以礼治为核心构建的王朝宗藩体系。宗就是类似于礼制中的嫡子、宗子，其他则是属于屏藩之邦，如同宗法制下的支子，这实则是西周初年分封理念在更大范围内的国际关系领域的延续。朝鲜王朝作为明清的藩国，以至于在行状中称"故朝鲜国王姓（讳某）往膺世爵，藩守东方，职贡恪修，粤逾三纪"。（《明宗实录》所载《仁宗大王行状》第 19 册，第 279 页）即在皇帝面前，将藩王定位为有一定职守的臣下地位。直到 1905 年大韩帝国与清朝缔结平等的勘分边界条约为止。之后，大韩帝国的高宗、纯宗在行状中皆称"皇帝"，不再称"大王"。另外，中国自唐代后期以来，就确立了"一君万臣"的皇权体系，"普天之下，莫非王土；率土之滨，莫非王臣"的理念也必然深入到宗藩的国际体系当中，尽管其实际的控制力不能到达这种理想状态。秦汉时期，君臣是一般的尊卑关系，如樊哙在韩信面前自称臣，以示尊重，而唐后期，皇室宗子亦皆于君主前称臣，公主上书亦曾一度称"妾李某某"，后来李德裕以妇人于君主可以适用私礼，且"妾"乃对贱民之辱称，不够典雅，方才作罢。（参［日］尾形勇著，张鹤泉译《中国古代的"家"与国家》，吉林文史出版社 1992 年版）。"一君万臣"的宗藩体系也可以解释明清时期近代前夜的东亚世界格局。

认同的一个重要事件。如果仔细分析中国传统史家的"笔法",高丽与朝鲜之王在史书上均称"世家",而不是"本纪"。就东亚正统史学的笔法而言,十分明确地反映了其藩国的政治地位。若从国家的祭祀礼制而言,圜丘祀天之礼则一直为朝鲜半岛之统治者所沿袭,尽管从传统的政治秩序而言,这是一种僭越,其《国朝五礼仪》中对于王的祭天也没有明确的规定,当然也没有明确禁止的规定。天子有天下,故可以祭天,诸侯有国,无祭天之礼,唯祭祀社稷、宗庙而已。而朝鲜儒生对半岛上各个政权的祭天之礼有如下解说之词:

> 礼曹启曰:"吾东方自三国以来,祀天于圜丘,祈穀祈雨,行之已久,不可轻废。请载祀典,以复其旧,改号圆坛。"上(太祖大王)从之。[①]
>
> 礼曹进圆坛制度。上曰:"诸侯而祭天地,非礼也。此是特沿袭前朝之僭,未之改耳。宜详考历代礼文以启。予每押祭文时,中心有疑,岂有感应?又或旱干,雩祀祷雨,未尝得雨。"[②]
>
> 成均馆生员鱼泳河等上疏曰:……一者,道之正也;二者,道之贼也。夫昭格之设,果何为哉?原其意,则不过乎祈命星辰;邀福鬼神,而帝王祈天永命之道,固当如是乎?诸侯而祭天地,则《春秋》非其僭也;非其鬼而祭之,则孔子讥其谄也。今夫星辰者,天之悬也,是亦谓之天,可也。……三代盛际,哲王继作,祭天地则思所以诚之;祭宗庙则思所以敬之,皆能享眉寿之多福;致天禄之永久,诚以上帝之降监,在乎德之厚薄如何耳。[③]

关于郊天与圜丘祭天之礼,历来聚讼不已。以郑玄之六天说与王肃之一天说为主要争辩焦点。《礼记·郊特牲》疏有一个极简要的概括:"先儒说郊,其义有二。案(王肃)《圣证论》以天体无二,郊即圜丘,圜丘即郊。郑氏以为天有六天,郊、丘各异。"注:《隋书·经籍志一》:"《圣证论》十二卷,王肃撰。"按《三国志》:"(王)肃集《圣证论》以讥短(郑)玄",其书今佚。郑玄门人乐安孙叔然"驳而释之"。[④] 这里所引

---

① 《太祖实录》卷六,三年(1394年)八月戊子(二十一日),第1册,第69页。
② 《太宗实录》卷二四,十二年(1412年)八月丁丑(二十五日),第1册,第647页。
③ 《中宗实录》卷四七,十二年(1412年)八月丁丑(二十五日),第1册,第647页。
④ 《三国志·魏书》卷一三《王朗传附子王肃传》,中华书局标点本1982年版,第419—420页。

《圣证论》的观点，即王肃的观点，而所谓郑氏，即指郑玄。笔者认为，随着中国君主集权体制的强化，王肃的一天说略占上风，即圜丘祀昊天上帝与郊天一也。昊天上帝作为唯一的权威天神，在人间的反映就是天下共主的皇帝。成均馆生员鱼泳河等人上书的建言中说，朝鲜历代诸王祭祀的是星辰，而不是"天"，并非要僭越中国，显然有偷换概念之嫌。朝鲜之坚持圜丘祀天礼，实为其特立独行之表现，其实际地位就是"海外天子"，亦为其后来由明之藩国逐渐发展为独立国家奠定了基础。然而，在世宗大王时开始修撰，成宗五年、六年（明成化十年、十一年，公元 1474 年、1475 年）颁行的《国朝五礼仪》中并没有将圜丘祀昊天上帝等仪式列入朝鲜王朝的典制。大抵在朝鲜王朝的吉礼中，对于是否祭天的问题也存在二元的标准。即是在典制上依然坚持中国皇帝是有天下的共主，而朝鲜国作为藩王，礼制规格如同诸侯，其王的命令亦称"教"（笔者按，"教旨"二字为博物馆所见实物上明确标示的官方说法，而文献中一般只称"教"，偶尔出现"教命"二字，"命"似乎可以理解为动词，诠释"教"的内容），而不称"制"。在实践层面上，朝鲜士大夫们倡导的"吾东方自三国以来，祀天于圆丘"则是另一套标准了，并且其祭天的思想也是远绍曹魏王肃《圣证论》的"天体无二"的主旨的。当然，三国时代的祭天可能是延续了原始宗教的仪轨，未必是取法中国，但是当高丽王朝和朝鲜王朝时期在讨论祭天礼的时候，势必要顾及其与中原王朝的宗藩关系问题。

由于朝鲜王以诸侯的礼制地位界定了自己的国家祭祀礼仪，因此，朝鲜得以祭祀山川，如果民间也祭祀山川，就成了在礼制规格上的僭越，故朝鲜王朝禁止民间祭祀山川。太宗十二年（1412 年）十月庚申实录：

> 司谏院上疏，疏曰："……是谓神不享非礼，故祭非其鬼，无益之甚也。我殿下灼知此义，停罢圆坛，只祭山川之神。夫山川之神，非我士大夫、庶人之所当祭也。彼虽谄祀，神岂享之？今国人不识鬼神之不可欺，山川之不可祀，泯泯棼棼，靡然成习。自国之镇山，以至郡县名山大川，罔不渎祀，其越礼逾分甚矣。且男女相挈，往来络绎，媚神费榖，弊亦不小。望自今中外大小人臣，不得擅祀山川，以明尊卑之分。如有违者，痛绳以法。至于人鬼淫祀，亦皆痛禁。"①

十三年（1413 年）六月乙卯实录：

---

① 《朝鲜王朝实录分类集》风俗篇一《太宗实录》卷二四，第 58—59 页。

改正祀典。礼曹启曰："谨按《文献通考》，山川封爵，肇自武后。至宋真宗朝，五岳皆封帝，又各封后。陈武曰：'帝只一上帝而已。'安有山而谓之帝，又立后殿于其后。不知何山可以当其配而为夫妇耶？《洪武礼制》：祀岳、镇、海、渎，皆称某岳某海之神，而未有封爵之号。前朝于境内山川各加封爵，或设妻、妾、子、女、甥、姪之像，皆与于祭，诚为未便。及我太祖即位之初，本曹建议，各官城隍之神，革去爵号，但称某州城隍之神。即蒙俞允，已为著令。"①

太宗十二年（1412 年）十一月乙巳，太宗又曰："天子祭天地，诸侯祭山川。今大臣或以祀松岳、绀岳请暇，是何礼也？"太宗大王明确把自己定义为诸侯的礼制地位，是鉴于当时的国际秩序是以宗法制引申出来的宗藩体系为框架的。那么，朝鲜王朝民间信仰是什么呢？星山君李稷曰："禁佛一节，令攸司参酌古今，详定施行。禁神一节，外有乡社、里社，士庶人皆有祭处，国中未有定制。城隍虽在高山，既称祭城隍，则与所谓祭山川似不同，亦令攸司参考古典施行。"然于政府集议之时，有武官五六人曰："神佛之事已久，不可遽革。"其事遂寝。② 可见，社神和城隍祭祀是民间合法的祭祀。

（四）祭祀无家庙的鬼神、亡灵——厉祭

除了民族祖先和山川而外，对于涉及社会生活的其他方面以及百姓福祉的祭祀也在朝鲜王朝的礼典范畴之内。厉祭是官方为了达到稳定社会的目的而设立的祭祀形式。清代学者秦蕙田《五礼通考》卷一二七《吉礼》将"厉祭"阐释为上古经典就有的制度："厉祭，列于七祀，见于《祭法》，圣人知鬼神之情状而神道设教于无穷也。《记》曰：人死归复于土，其气发扬于上，为昭明焄蒿凄怆，此百物之精也。子产曰：鬼有所归，乃不为厉，人生始化曰魄，既生魄阳曰魂。用物精多，则魂魄强，匹夫匹妇强死，其魂魄犹能依于人，以为淫厉。帝王治天下、建宗伯、秩三礼，俾神人上下无一不治且和，虽鬼之不得其所者，亦恻然有所不忍而思以慰

① 《朝鲜王朝实录分类集》风俗篇一《太宗实录》卷二五，第64页。
② 《朝鲜王朝实录分类集》风俗篇一《太宗实录》卷二四，第60页。

之，俾有血食以安其类。"关于"七祀"，前文注释已然揭示，周代设立的
七种祭祀，曰司命，曰中霤，曰国行，曰国门，曰泰厉，曰户，曰灶，见
于《礼记·祭法》、《周礼·宫正》诸篇。其中泰厉就是后世厉祭的源头。
唐代孔颖达《礼记》疏曰："曰泰厉者，谓古帝王无后者也，此鬼无所依
归，好为民作祸，故祀之也。"明代在继承了前代的鬼神观念的同时，将
厉祭上升为国家典礼。《明会典》卷八七《洪武礼制》载："凡各府州县，
每岁春清明日、秋七月十五日、冬十月一日，祭无祀鬼神，其坛设于城北
郊间，府州名郡、厉县名邑，厉祭物牲用羊三、豕三、饭米三石、香烛酒
纸随用。"在中国南方的一些地区，厉祭又与城隍神的崇祀结合起来。如
在杭州地区即是如此：

> 《成化杭州府志》：在城北霍山坊内，每岁春清明日、秋七月十五
> 日、冬十月一日，奉城隍神以主厉祭，设无祀鬼神之位于坛下。钱
> 塘、仁和以附府不置县厉，《仁和县志》：其坊隅乡都一体置立乡厉。①

朝鲜王朝自太宗大王时开始就专门设立了厉祭之坛，并且也很快将其
与城隍神的祭祀联系起来。

> 太宗四年（1403 年）六月戊寅，礼曹详定厉祭文以闻："京中及
> 外方各官，每岁春清明日，秋七月十五日，冬十月初一日，祭无祀鬼
> 神，其坛设于城北郊间。祭物：京中牲用羊三豕三，饭米四十五斗。
> 外方知官以上视京中减三分之一。县令监物，视知官减半，羊或以獐
> 鹿代用。主祭官：京中开城留後司堂上官、汉城府堂上，外方各其
> 官。"② 另外，太宗十年（1410 年）四月甲辰实录记载："城中之死
> 人，或弃之街路，或置之沟巷，诚不可忍见也。汉城府令五部随即埋
> 置，肃清王都。《六典》所载，圣朝之良法，今徒为具文……若别立
> 一官，名之曰埋置院……周行城中，如有死而弃者，限相距十家，推
> 其所从，得之则徵主家钱，以供埋置之资。不得，则出十家人以埋其
> 尸，或家贫人死不能葬者，诉令陈告而埋之，以厚风俗，以请王
> 都。"③ 礼曹启厉祭发告祭法："前三日城隍发告祭，自今就风云雷雨

---

① （清）嵇曾筠等：《浙江通志》卷二一七《祠祀·郡厉坛》，四库全书本。
② 《朝鲜王朝实录分类集》风俗篇一《太宗实录》卷七，第 33 页。
③ 《朝鲜王朝实录分类集》风俗篇一《太宗实录》卷一九，第 46 页。

坛致祭。"从之。①

因为城市往往是人口集中的地区，而且是政治核心地带，虽然在农本社会尚且不在经济生活中居于主导地位，但也是商贾云集、人口稠密的贸易场所。因此，厉祭就很自然地放置于城隍神的职责范围之内了。

从厉祭举行的时间上看，春清明日、秋七月十五日，冬十月初一日也与中国传统的民间祭祀礼俗相呼应。

清明是一个跟农时有关的节气。《淮南子·天文训》云："春分后十五日，斗指乙，则清明风至。"中国幅员辽阔，南北气候不一，所以清明节也因地而异，有二月初二、三月初三等说法。

七月十五日是中元节，也叫作盂兰盆节。在民间道家和佛教对此都有解说，并与儒家倡导的孝道暗合。道教的说法是，以一、七、十月之十五日分称上元、中元、下元：上元是天官赐福日，中元为地官赦罪日，下元为水官解厄日。从佛教的经变故事目连救母衍生出了中元节的信仰，最早见于东汉初由印度传入我国的《佛说盂兰盆经》。故事叙述佛陀弟子目连拯救亡母出地狱的故事。目连的母亲青提夫人，家中甚富，然而吝啬贪婪，儿子却极有道心且孝顺。其母趁儿子外出时，天天宰杀牲畜，大肆烹嚼，无念子心，更从不修善。母死后被打入阴曹地府，受尽苦刑的惩处。目连为了救母亲而出家修行，得了神通，到地狱中见到了受苦的母亲。目连心中不忍，但以他母亲生前的罪孽，终不能走出饿鬼道，给她吃的东西没到她口中，便化成火炭。目连无计可施，十分悲哀，又祈求于佛。佛陀教目连于七月十五日建盂兰盆会，借十方僧众之力让其母饱食。目连乃依佛嘱，于是有了七月十五设盂兰供养十方僧众以超度亡人的佛教典故。目连母亲得以吃饱转入人世，生变为狗。目连又诵了七天七夜的经，使他母亲脱离狗身，进入天堂。这样一个佛教故事能从西晋流传到现在，而且是口口相传，关键在于故事劝人向善，劝子行孝，更有"天下无不是之父母"的隐喻。所以民俗有中元时普度孤魂野鬼。节日这天，人们带上祭品，到坟上去祭奠祖先，与清明节上坟相似。地方官府还命令寺庙的和尚道士设孤魂道场，以祭奠阵亡的军士，中元节时，人们要焚烧大量的纸钱。宋人叶庭珪撰《海录碎事》卷二《天部下》记载："盂兰盆，天竺为盂兰，此云倒悬救器，谓目连救母饥厄，如解倒悬之具也。今人遂饰食味于盆，误矣。"《东京梦华录》卷八记载："七月十五日，中元节。先数日，市井卖冥器、靴鞋、幞头、帽子、金犀假带、五彩衣服，以纸糊架子盘游出卖。潘楼并

---

① 《太宗实录》卷三二，十六年（1416年）八月甲子（五日）条，第2册，第131页。

州东西瓦子，亦如七夕，要闹处亦卖果食、种生、花果之类，及印卖《尊胜目连经》。又以竹竿斫成三脚，高三五尺，上织灯窝之状，谓之盂兰盆，挂搭衣服、冥钱在上焚之。勾肆乐人，自过七夕，便搬'目连救母'杂剧，直至十五日止，观者增倍。"① 值得指出的是，盂兰盆节在朝鲜半岛的影响并不是很大，只有在太祖大王时期，曾有过"丁亥，设盂兰盆斋于兴天寺"的记载②以后，并未记述盂兰盆节的情况。可能是因为朝鲜王朝的寺庙都集中在山林之中，与民间的风俗难以形成互动。《朝鲜王朝实录》中也只见过燕山君在提到"中元节"时赏赐后妃和宴乐的场景。可以看出，七月十五日恐怕不是朝鲜王朝的官民依照旧有风俗祭祀祖先同时也举行厉祭的日子，而是为进行厉祭官方单独设定的日子。

但是从其他史料来看，朝鲜王朝并非不重视厉祭，而是举行厉祭的日子与中国不尽相同而已。世宗大王时期曾经对厉祭作过一些探讨和补充规定：

> 仁顺府尹朴堧启："厉祭鬼神内，难产而死者，不之及焉，请添入。"下礼曹。
>
> 传旨礼曹："掩骼埋胔及过限未葬论罪之法，载在《六典》，各官守令视为馀事，莫能检举。人有死者，非徒不葬，委诸草野，曝露骸骨，不仁甚矣。咸吉、平安两道尤甚，特降谕书以晓之，并诸道申明举行。且厉祭，外方各官，恐或不行，亦并申明。"③

（五）祭祀社神，以祈禳丰年

在先秦古史的研究领域，对"社"的崇拜有两种解说，一是自然力中的丛林崇拜，二是祖、社同源一体的男性生殖崇拜（"以根或牡器为神"），因此，其神主可以是树木、石头或者土坛。④ 笔者所谓"社"者，

---

① （宋）孟元老：《东京梦华录》卷八《中元节》，上海三联书店校点本 2014 年版，第 228 页。
② 《太祖实录》卷一四，七年（1398 年）七月丁亥（十四日）条，第 1 册，第 129 页。
③ 《世宗实录》卷一〇六，二十六年（1444 年）十月丙午（一日）条，第 4 册，第 587 页；卷一二二，三十年（1448 年）十一月庚子（十八日）条，第 5 册，第 104 页。
④ ［日］守屋美都雄著，钱杭等译：《中国古代的家族与国家》第八章"社的研究"，上海古籍出版社 2010 年版，第 182—197 页。

可以指社神（后土），也指因社神崇拜而结成的官府组织或民间自发的社会组织。另有一说，社神起源于原始民居中的"中霤"祭祀，汉儒在编订"三礼"的过程中则把它定义为土地神。社在广义上可以代表地神。对天子而言，社就是地，与天对应。对于诸侯与大夫而言，社只是代表他所管辖的"国"或"家"的那部分土地。《礼记·郊特牲》："社，所以神地之道也""社祭主土而主阴气"。《礼记·运礼》："天子祭天地，诸侯祭社稷。"社与稷往往同时祭祀。关于社稷，唐贾公彦因循《左传》的观点，以为："共工氏有子曰句龙，为后土；……后土为社；稷，田正也，有烈山氏之子，曰柱，为稷。"① 社者，土地之主。土地广博不可徧敬，封五土以为社。《春秋》称公社，汉代人谓社神为社公，有别于"地祇"。② 南北朝时，即有"然则社自祀句龙，非土之祭也"③。即对土地的祭祀具体化为对句龙的祭祀，从规格上讲，有别于天子（或皇帝）对地祇的祭祀。这种分野一直延续到宋代。二程说："古人祭社之外，更无所在有祭后土之礼。"④ 如果从缘起上讲，社神与地祇更是有区别的。

　　和中国的基层社会一样，朝鲜古代的社既是基层行政组织，又是自发祭祀，祈禳丰年的合法地方神祠。且特点也是社稷合一。社是主位的祭祀对象，设有神主，稷则没有神主，处于配享的位置。朱熹说："旧法：惟社有主而稷无主，不晓其意。恐不可以己意增添。"⑤ 朝鲜王朝在立国之初，充分借鉴了从先秦到唐宋及明初的社神祭祀礼仪。

　　　　黄喜、孟思诚、许稠等议社稷神牌所书称号，以为："谨按《周礼·小司徒》：'凡建邦国，立其社稷。'疏曰：'邦国立其社稷者，诸侯亦有三社三稷，谓国社、侯社、胜国之社，皆有稷配之。'《祭法》：'王为群姓立社曰太社，王自为立社曰王社，诸侯为百姓立社曰国社，诸侯自为立社曰侯社。'唐《开元礼》诸州祭社稷仪：'社神以后土句龙氏配之，稷神以后稷弃配之。'宋淳熙四年祀社稷仪注：'祀日，掌事者设神位版于坛上，席以莞。'《洪武礼制》府州县祭社稷仪式：

---

① 《周礼注疏》之《周礼正义序》，唐朝贾公彦等奉敕撰，中华书局影印《十三经注疏》1980 年版，第 633 页。
② （汉）郑玄注，（唐）陆德明音义，孔颖达疏：《礼记注疏》卷二五《郊特牲》注释，《十三经注疏》，第 1449 页。
③ 《世说新语》卷中之上《方正第五》注释，《四库全书》第 1035 册，第 91 页。
④ （宋）程颢、程颐：《二程遗书》卷一《二先生语一》，上海古籍出版社 2000 年版，第 57 页。
⑤ （宋）朱熹：《晦庵集》卷六八《杂著·社主》，四库全书本。

'石主长二尺五寸、方一尺，埋于坛南正中，去坛二尺五寸，只露圆尖，馀埋土中。神号，府称府社之神、府稷之神，州称州社之神、州稷之神，县称县社之神、县稷之神。神牌二，以木为之，朱漆青字，身高二尺二寸、阔四寸五分、厚九分，坐高四寸五分、阔八寸五分、厚四寸五分。临祭设于坛上，以矮卓盛顿，祭毕藏之。'国初，社稷石主及神牌，依洪武制礼及前朝之制制造，而神牌书曰太社之神、太稷之神。乞依宋制、《洪武礼制》及国初旧制，造神位版，但神号书曰太社之神、太稷之神，似违古制。伏望依《祭法》，书曰国社之神、国稷之神，其后土氏、后稷氏，仍旧配祭。"郑招以为："谨按古制，社主以石为之，以受霜露风雨，以达天地之气。是故丧国之社，屋之，不受天阳也。朱子曰：'社有主而稷无主，不晓其意，恐不可以为己意增添。'唐《开元礼》祭社稷仪，只设神座，无神位版。《洪武礼制》府州县社稷主制，朱添〔漆〕青字，古经不见，恐出于道家。且若作神牌，则必有室以藏，是屋也。乞依古制及唐《开元礼》与朱子之说，以石为社主，稷及配位无主，临祭设神座，以拟神位，祝文书国社国稷。"从喜等议。①

朝鲜王朝上述对社神制度的描述只涉及了神主的材质问题，关于位向问题，礼曹曾进《社稷摄事仪注》：

曹与仪礼详定所更议时日，书云观预于隔季，具时日（春秋二仲上戊及腊日）报礼曹，礼曹启闻，散告攸司，随职供办。斋戒：前祭七日，行事执事官，受誓戒于议政府。其日未明七刻，通礼门设位，初献官在北南向，亚献官终献官、荐俎官在南，北向西上；监察在西东向，执礼、典祀官、大祝、祝史、斋郎、协律郎、掌牲令、雅乐令、捧俎官、谒者、赞者、赞引在东西向，每等异位，俱重行北上。未明五刻，奉礼郎分引行事、执事官就位，引初献官就位。通赞就初献官之左，西向立，代读誓文曰："今年某月某日上戊，祭于社稷。……"②

在上述社神祭祀的位向规定中，"初献官在北南向"其实是继承了中

---

① 《世宗实录》卷五四，十三年（1431年）十一月丙寅（五日），第3册，第355页。
② 《世宗实录》卷五七，十四年（1432年）七月乙酉（二十九日），第3册，第405页。

国在祭祀社神时皇帝对社神的位向。北宋前期，因袭唐制，于社神祭祀之际，主祭的官员东向，皇帝南向。皇帝祭祀社神是为了"答阴"，因此采取了这样的位向。元丰四年（1081年）十月六日，详定礼文所言："古者祭社，君南向于北墉下，所以答阴也。今社壝内不设北墉，而有司摄事，乃设东向之位，于礼非是。伏请太社壝内设北墉，以备亲祀南向答阴之位，其有司摄事，谓宜立北墉下少西。"宋神宗从其议请。① 执礼、典祀官等具体的执礼官"在东西向"，即祭祀官对于社神是以"宾"与"主"的位置关系。这与《开元礼》卷六八（《四库全书》第646册，第446页以降）规定："若刺史有故摄祭，初献位于亚献之前，东向……"以及《政和五礼新仪》卷九三规定"又设祝位于社坛上，在西，东向……"的位置关系相反。朝鲜祭祀社神时是"监察在西东向"。因此，从位向上讲，朝鲜王朝社神的祭祀没有中国那样高，并且没有规定王参与社神祭祀的位向，而是只以初献官和亚献官代替。另外，按照朱熹的说法，社神的神主在祭坛上的位置也有待商榷，即朱熹认为社主居于坛中是不对的，应该是坛南，"旧法：……其言坛上之南方，非坛之中也。盖神位坐南向北，而祭器设于神位之北，故此石主当坛上南陛之上，更宜详考。画作图子便可见，若在坛中央，即无设祭处矣。"这其实是太社祭祀的位向要求，即"王为群姓"所立之社。②

但是，借祭祀社神的聚会时机进行礼法教化，同时号召惩戒犯罪、赡给孤贫等利民活动与神主位向和位置等关涉不大。太宗十四年（1414年）正月癸巳实录：

> 忠清道都观察使许迟请行里社之法，书曰："州府郡县皆立社，又于乡村有里社。……谨稽里社之制：凡各处乡村人民，每里一百户内立坛一所，祀五土、五谷之神。祈祷雨旸时若，五谷丰登。每年一人，轮番会首，常洁净坛场。遇春秋二社，预先率办祭物，至日约聚祭祀，其祭用一羊一豕、酒果香烛，祭毕就行会饮，会中先令一人读誓，其词曰：'凡我同里之人，各遵礼法，毋恃力凌辱，违者先共制之，然后经官。或贫无可赡，周给其家。三年不立，不使与会。其婚姻丧葬有乏，随力相助。如不从众及犯奸诈伪，一切非违之人，并不许入会。'读誓毕，长幼以次就坐，尽欢而退。……请依此法，各于乡村计民户之多寡，量境地之阻近，或四十户，或五十户，各立一社

---

① 《续资治通鉴长编》卷三一七元丰四年十月己未条，第7662—7663页。
② （宋）朱熹：《晦庵集》卷六八《杂著·社主》，文渊阁四库全书本。

而祭之。自今凡乡里之民，不遵著令，尚行淫祀，称为神堂，别立里中者，一皆烧毁痛理。"下议政府，议闻施行。①

（六）朝鲜王朝国家祭祀与宗法问题

所谓宗法制度，乃是基于先秦"三礼"（指《周礼》《仪礼》《礼记》）等经典的学说和西周初年大分封的历史事实而描述和规范的中国古代的家族和社会组织情况。其要素是父家长制和嫡长子继承制度。宗法制度的运行模式乃是于宗族内部分出大宗、小宗系统，为的是使小宗服从大宗，大宗之子作为始封祖，万世不"祧"（由于供奉世数有限制，迁出宗庙或藏于宗庙里的夹室曰"祧""祧迁"），称为"宗子"。根据王国维先生的考证，殷商之时，先祖与先妣不合祭，而是以"特祭"的专一祭祀形式："商人之名甲者，其祭之也恒以甲日"，因此无昭穆制度，亦无宗庙。因此，周始有宗法，其内容有立子立嫡之制、丧服之制、封建子弟之制、庙数之制、同姓不婚之制。② 而"宗子"法乃是宗法制度的核心内容。

所谓"别子为祖，继别为宗，继祢者为小宗"，③ 宋代鸿儒朱熹对这句经典的解说是"诸侯之庶子别为後世，为始祖也。谓之别子者，公子不得祢先君；……别子之世適也，族人尊之，谓之'大宗'，是宗子也"④。笔者认为朱熹这种"世適（嫡）"的思想流布于朝鲜半岛，乃有"宗孙"之说及其制度实践。与朱熹的"大宗"倡导不尽相同的是苏轼的"小宗"倡议："……昔三代之制，画为井田，使其比闾族党，各相亲爱，……而狱讼不生，有寇而战，则同心并力，而缓急不离……自秦汉以来，法令峻急，使民离其亲爱欢欣之心，而为邻里告讦之俗。富人子壮则出居，贫人子壮则出赘。一国之俗，而家各有法；一家之法，而人各有心……是以礼让之风息，而争斗之狱繁"，因此应该恢复《周礼》中关于"小宗"的规定，使五从兄弟皆有服，"使族人相率而尊其宗子，宗子死，则为之加服；

---

① 《朝鲜王朝实录分类集》风俗篇一《太宗实录》卷二七，第66—67页。
② 彭林：《三礼研究入门》，复旦大学出版社2012年版，第60—62页。
③ 《礼记注疏》卷三二《丧服小记》，中华书局影印"十三经注疏"本1980年版，第1495页，《仪礼》注家亦多引用。
④ （宋）朱熹：《仪礼经传通解》卷五《家礼五》，上海古籍出版社、安徽教育出版社《朱子全书》，2002年版，第2册，第201页。

犯之，则以其服坐。"① 由于苏轼的"小宗"倡议更可行，朱熹也只能无奈地说："大宗法既立不得，亦当立小宗法。祭自高祖以下，亲尽，则请出高祖就伯叔位，服未尽者祭之。"② 因此，中国明清时期与朝鲜王朝皆秉承儒学，并推扬朱熹的学说，但基于社会传统等因素，其表现不尽相同。朝鲜王朝是尽其所能严格地推行了朱熹的"大宗"倡导的，因此，"宗孙"这一礼学和家族现象的表述频繁地出现在朝鲜半岛的史料当中，而中国则无。关于宗法制度在秦汉以后的存废问题，至今学术界未有定谳。传统的学说认为宗法制乃是"三代"（夏、商、周）尤其是西周的制度，而"遭秦变古"③ 之后，宗法制度即荡然无存了，因为宗法制度的经济基础是领主世禄制，它的核心乃在于宗子法，无宗子法则无宗法之本。④ 即言汉代施行察举、征辟，魏晋力行九品中正制，乃至隋唐大兴科举，都动摇了宗法制的社会基础，因此，宗法制度乃是明日黄花。循着这个思路，很多学者（以法律史学者为主）认为中国古代的后期社会乃是以突破血缘和宗法的民间社邑规约为重要表现形式的。在继承了唐代敦煌社邑精神的基础上，"（北宋吕大钧所撰）《吕氏乡约仪》与明代的义门家范并称"，成为中国古代自宋以后占主导地位的民间自治方式，并以"民间性、乡土性、自治性、成文性"为其主要特色。⑤ 经过朱熹改造后的《吕氏乡约仪》也被推介到了朝鲜半岛，因此，对于从规约社会的角度研究朝鲜半岛社会结构的视角亦不容忽视。笔者姑且称之为"规约社会"。另外，多数的学者（以历史学学者为主）仍然认为先秦宗法制度依然可以用以解析秦汉以后的中国社会，即在各种官方的选举制度打破了世卿世禄制度以后，"宗子法"仍然以一种变异了的状态存在——"族长与嫡长制脱离关系"而已。⑥ 即用清代学者的语言描述为："其论后世不世爵世官，今之宗子非古宗子"，"阡陌不同于井田，郡县不同于封建"，然"井田废而正供之义不废，封建废而臂指相维之义不废，世官废而宗子、支子之义不废"。⑦ 诚

① （宋）苏轼：《苏轼全集·文集》卷八《策别八》，上海古籍出版社 2000 年版，第 812—813 页。
② 《朱子语类》卷九〇《礼七》，"朱子全书"本，第 17 册，第 3042 页。
③ 《新唐书》卷一一《礼乐志一》，中华书局 1975 年版，第 307 页。
④ 张金光：《秦制研究》，上海古籍出版社 2004 年版，第 451 页。
⑤ 刘笃才：《中国古代民间规约引论》，《法学研究》2006 年第 1 期。
⑥ 冯尔康：《秦汉以降古代中国"变异型宗法社会"试说——以两汉、两宋宗族建设为例》，《天津社会科学》2008 年第 1 期，第 134 页。
⑦ 《四库全书总目》卷二二《礼类四·辨定祭礼通俗谱》，中华书局 1965 年版，第 181 页下。

然，在中国，科举制度绝非入仕的唯一途径，荫补制度的广泛存在其实是在选举制度中为宗法制度的存续留下了必要的"真空"。即使是在大兴科举、崇尚儒业的宋代，依然有体系完备的荫补制度，使得中高级官员的后代可以越过科举制度相对便捷地进入官僚阶层，尽管其入仕的品级和权利受到种种限制，但宋王朝宁肯承受冗官之弊，也始终保留着荫补制度。①因此，所谓"变异的宗法"依然是传统宗法在一定的制度保障下的某种延续，是保证家族在基层社会维系其影响和控制力的有效因素。

1. 朝鲜王朝的世系传承与宗法意识

朝鲜王朝虽然奉行嫡长子继承制度，但是在其中期，频繁地出现了旁支继统的现象，与明朝嘉靖时期的"大礼议"事件相比，这种情况的出现更加频繁。所以朝鲜王朝的臣僚非常关注北宋英宗朝的"濮议"事件和明嘉靖朝的"大礼议"事件，同时也就"为人后者"之服纪问题进行了深入的讨论。兹先将朝鲜王朝中期世袭表罗列如下，并结合《宗庙仪轨》（朝鲜肃宗三十二年，1706 年编次渤成，第 177—182 页）对其神主的奉祀情况加以解说，以资便览：

（1）穆王（全州大姓，名讳安社，高丽朝以之为宜州兵马使，镇高原以抵御元兵。参《太祖实录》之《总序》第 1 册，第 1 页。肃宗时奉祀于永宁殿第一室）

（2）翼王（穆王之子，肃宗时奉祀于永宁殿第二室）

（3）度王（翼王之子，肃宗时奉祀于永宁殿第三室）

（4）桓王（度王之子，肃宗时奉祀于永宁殿第四室）

《太祖实录》卷一元年（1392 年）七月丁未（廿八日）（第 1 册，第 21 页）"追上四代尊号：高祖考曰穆王，妣李氏曰孝妃；曾祖考曰翼王，妣崔氏曰贞妃；祖考曰度王，妣朴氏曰敬妃；皇考曰桓王，妣崔氏曰懿妃。"

（5）太祖李成桂（1335—1408 年），在位期间 1392—1398 年在位，桓王之子。（肃宗时仍然奉祀于宗庙，于第一室）

（6）定宗李芳果（1357—1419 年），在位期间 1398—1400 年，太祖嫡次子。（肃宗时奉祀于永宁殿第五室）

（7）太宗李芳远（1367—1422 年），在位期间 1400—1418 年，太祖嫡五子。（肃宗时仍然奉祀于宗庙，于第二室，以其功德论列，故为不祧

---

① 游彪：《宋代荫补制度研究》，中国社会科学出版社 2001 年版；孙继民：《黑水城宋代文书所见荫补拟官程序》，《历史研究》2004 第 2 期等。

之祖）

（8）世宗李祹（1397—1450年），在位期间1418—1450年，太宗嫡四子。（肃宗时仍然奉祀于宗庙，于第三室，以其功德论列，故为不祧之祖）

（9）文宗李珦（1414—1452年），在位期间1450—1452年，世宗嫡长子。（肃宗时奉祀于永宁殿第六室）

（10）端宗李弘暐（1441—1457年），在位期间1452—1455年，文宗嫡子。被篡，封鲁山君，流放宁越，旋被害，肃宗二十四年复号。（肃宗时奉祀于永宁殿第七室）

（11）世祖李瑈（1417—1468年），在位期间1455—1468年，世宗嫡次子，端宗之叔父。（笔者按，世祖篡位，而废除端宗。肃宗时仍然奉祀于宗庙，于第四室。虽有篡位之嫌，然一则接续世宗，另外，从情感上讲，睿宗、成宗等以后诸王皆其直系血脉。）

（12）睿宗李晄（1450—1469年），在位期间1468—1469年，世祖嫡次子。（笔者按，景泰元年［1450年］正月出生于世祖私邸。初封海阳大君，长兄李暲去世后，于天顺元年［1457年］册封王世子。成化四年［1468年］九月七日受禅于寿康宫。肃宗时，奉祀于永宁殿第九室。）

（13）成宗李娎（1457—1494年），在位期间1469—1494年，世祖之嫡长子追谥德宗李暲者之嫡次子、睿宗侄子，实为德宗次子，承睿宗嗣并为其后，王大妃曾垂帘听政。德宗李暲（追封而实际未尝在位），世祖之嫡长子，谥号懿靖世子。值得注意的是，李暲庙号德宗，依据谥号，可以简称为"怀简王"，肃宗时仍然奉祀于永宁殿第八室，并未单独设立祢庙，单独由成宗奉祀。

史载：成宗康靖仁文宪武钦圣恭孝大王讳，德宗第二子也。母仁粹大王大妃韩氏，左议政西原府院君确之女。（明英宗）天顺元年（1457年）丁丑七月三十日辛卯，诞王于东邸。是年九月，德宗薨，世祖育王于宫中。王天姿岐嶷，气度异常，世祖奇爱之。辛巳正月，封者山君。王尝与母兄月山君婷，在宫中庑下读书，适有迅雷，小宦在侧震死，侍者无不颠仆失气，王略无惧色，言动自若，人皆异之。（《朝鲜王朝实录》之《成宗实录》第8册，第440页。）

（笔者按，世祖废长立幼，成宗得位虽非以武力，仍追尊其父李暲为德宗，乃是出于其父为嫡长子的考虑，也是宗法原则的体现）

（14）燕山君李㦕（1476—1506年），在位期间1494—1506年，成宗长子，失德被废，流放乔桐。

燕山君李㦕（1476—1506 年），是朝鲜王朝第十代君主，成宗大王的长子，第十代君主朝鲜中宗异母兄、第七代君主朝鲜世祖曾孙，也是朝鲜王朝历史上第一位废王。燕山君李㦕是朝鲜成宗与废妃尹氏所生，为成宗的长子。生母尹氏是成宗第二任王妃，但尹氏妒悍，杀害成宗临幸的宫女，并且击伤过成宗的面部，因此尹氏在燕山君五岁时就被废赐死，所以燕山君实际上是由贞显王后（晋城大君生母，晋城大君就是后来的中宗）抚养而长大的。记录记载：

燕山君讳㦕，成宗康靖大王长子，母废妃尹氏，判奉常寺事（起畎）〔起畐〕之女。以成化丙申（成化十二年，1476 年）十一月初七日丁未生。癸卯二月己巳，册封世子，遣领中枢韩明浍等，请命于京师。五月丁酉，帝遣太监郑同等赐敕封。少时不好学，东宫僚属有劝诫者，深衔之。及即位，宫中所行多不善，外庭犹未之知。晚年，荒悖淫纵，大肆虐政，诛杀大臣、台谏、侍从，殆尽。至有炮烙、斮胸、寸斩、碎骨飘风之刑，遂废徙乔桐，封燕山君。居数月，以疾终。年三十一，在位十二年。①1506 年，发生了"中宗反正"事件。九月一日（阴历），吏曹判书柳顺汀、知中枢府事朴元宗、副司勇成希颜等人发动政变，组织军队扑杀外戚慎守勤和任士洪，随后包围昌德宫，驱散宫中卫队后迫使燕山君退位，并以慈顺大妃（成宗王后，晋城大君生母）的名义命令燕山君交出国王印玺，燕山君于是被废黜。

（15）中宗李怿（1488—1544 年），在位期间 1506—1544 年，成宗嫡长子，燕山君之异母弟，由贞显王后尹氏所生；前任君主燕山君李㦕的同父异母弟。1494 年，燕山君即位时，李怿被册封为晋城大君。由于燕山君的"暴政"，群臣密谋废除燕山君，并拥立李怿为君主，朴敬嫔曾干政。中宗即位后废除了燕山君的不少苛政。（肃宗时，奉祀于宗庙，于第六室，因驱除燕山君，遏止暴政，施行仁政，有功于社稷，尤其得到了两班的拥戴。实则亦属于由于功劳而其神主不祧的例证）

中宗性情优柔仁懦，虽为嫡子，却并未优先被立为世子，继承王位。相反，作为废妃之子的燕山君，尽管性情暴烈，却优先得到了继承权。知子莫若父，这显然是先王成宗生前的刻意安排，目的是害怕自己的继承人即位之后受制于两班。但是最终，燕山君还是因为自己既毁佛又排儒的暴政而被推翻。这次政治变故不能说明朝鲜王朝嫡长子继承制度的动摇，而两班在发动政变推翻燕山君时，也是拥立了先王成宗的嫡长子晋城大君。

---

① 《燕山君实录》总序，第 19 册，第 623 页。

这恰恰说明了嫡长子继承制是朝野的共识。

燕山君李㦕（1476—1506 年），在位期间 1494—1506 年，成宗长子，因废黜，未立神主。

（16）仁宗李峼（1515—1545 年），在位期间 1544—1545 年，中宗嫡长子。（肃宗时，奉祀于永宁殿第十室）

（17）明宗李峘（1534—1567 年），在位期间 1545—1567 年，中宗嫡次子。（肃宗时，奉祀于永宁殿第十一室）

明宗王讳［峘］，字对阳。中宗第二子，仁庙异母弟，母妃圣烈大妃尹氏。性慈孝恭勤，雅好文艺。然幼冲践祚，母妃临朝，政由外家。群奸得志，良善多被窜杀，主势孤危。暨亲政之后，犹未免宠信戚畹，昵近刑余，朝政日紊，终幸觉悟，斥黜李梁、尹元衡之徒，国家复安。在位二十三年，寿三十四。①

监春秋馆事李光佐，禀遣知馆事金一镜、奉教尹尚白，至江华鼎足山城，考仁宗、明宗实录，一镜等归奏："明宗告仁宗祝，称皇兄，称孤弟。"且言："领议政尹仁镜等启云：'《春秋》之义，父死子继，兄亡弟及，其为世一也。'既授以国，则所传者虽非父，犹父道也。"② 笔者按，此似为兄终弟及，然明宗实则依靠外亲势力，以冲幼践祚。

（18）宣祖李昖（1552—1608 年），在位期间 1567—1608 年，中宗之庶七子德兴大院君李岹之第三子、明宗庶侄（承中宗嗣）。（肃宗时，奉祀于宗庙，于第七室）

［宣祖］大王讳昖，中宗恭僖大王之孙德兴大院君岹之第三子也。母河东府夫人郑氏赠领议政世虎之女。嘉靖三十一年壬子十一月十一日己丑，诞王于仁达坊之私第。天资岐嶷……初封河城君。……上［明宗大王］欲言而不得，左右不觉失声。已而上薨，大臣以王妃所奉遗命，令侍卫诸官，具世子仪物，迎河成君于私第，河城君方服母丧，涕泣固让，群臣拥戴，迫而后乃行，遂入翼室宅恤……翌年春，皇帝遣太监姚臣、李庆，赍诏，封为朝鲜国王，钦赐诰命冕服。在位四十一年，寿五十七③。

笔者按，依照史书记载，这是一次正常的旁支即位，由明宗的临终遗命确立并完成。宣祖以为应该尊自己的生父为王。

（19）光海君李珲（1575—1641 年），在位期间 1608—1623 年，宣祖

---

① 《英祖实录》总序，第 19 册，第 379 页。
② 《英祖实录》卷一即位年（1724 年）九月一日辛丑条，第 41 册，第 403 页。
③ 《宣祖实录》总序，第 21 册，第 172 页。

庶次子，被废，流放江华岛。因废黜，未立神主。

（20）仁祖李倧（1595—1649 年），在位期间 1623—1649 年，宣祖庶五子元宗李琈之长子、光海君庶侄。（肃宗时，仁祖神主奉祀于宗庙，于第九室）值得注意的是，元宗李琈（追封而不在位），宣祖第五子，封定远大君。肃宗时，奉祀于宗庙，于第八室，谥号全称"有明赠谥恭良元宗敬德仁宪靖穆章孝大王"。李琈封号为定远大君（其封号大抵得之于明廷），庙号元宗，以其子仁祖"反正"有功，其神主既未别立祢庙，又未奉祀于永宁殿，而是堂而皇之地奉祀于宗庙。因元宗上承其父宣祖，下启其子仁祖，在宗庙奉祀中也充分考虑到这种世系连续性。但是从正统的礼制上来讲，这是对于宗庙礼制的僭越，而完全是宗庙奉祀中的人情因素和作为相对独立藩国的自专之权。

史载：十三日癸卯，上（仁祖）举义兵，奉王大妃复位，以大妃命，即位于庆运宫，废光海君，放于江华，诛李尔瞻等，大赦国中。上宣祖大王之孙，元宗大王（定远君讳琈，追尊为元宗）之长子也。[①] 笔者按，仁祖以武力篡位的方式即位，故而追尊其生父为大王。

（21）孝宗李淏（1619—1659 年），在位期间 1649—1659 年，仁祖嫡次子。（肃宗时，奉祀于宗庙，于第十室）

（22）显宗李棩（1641—1674 年），在位期间 1659—1674 年，孝宗嫡子。（肃宗时，奉祀于宗庙，于第十一室）

（23）肃宗李焞（1661—1720 年），在位期间 1674—1720 年，显宗嫡子。张禧嫔曾干政。

（24）景宗李昀（1688—1724 年），在位期间 1720—1724 年，肃宗庶长子。

（25）英祖（英宗）李昑（1694—1776 年），在位期间 1724—1776 年，肃宗庶四子。

（26）正祖（正宗）李祘 1752—1800 年，在位期间 1776—1800 年，英祖次子庄献世子李愃之次子。

（27）纯祖（纯宗）李玜（1790—1834 年），在位期间 1800—1834 年，正祖庶长子。

（28）宪宗李奂（1827—1849 年），在位期间 1834—1849 年，纯祖嫡长子孝明世子（文祖）李昊的嫡子，王大妃曾垂帘听政。笔者按，文祖封赠与奉祀之义例当依德宗、元宗。

---

① 《英宗实录》卷一，元年（1623 年）三月十三日（癸卯条），第 33 册，第 502 页。

（29）哲宗李昇（1831—1863年），在位期间1849—1863年，庄献世子第三子恩彦君李裀之孙，父为恩彦君第三子全溪大院君李㼅。

（30）高宗李熙（1852—1919年），在位期间1863—1907年，庄献世子第四子恩信君李禛之曾孙，祖父南延君李球为仁祖嫡三子麟坪大君第六代孙，父为南延君第四子兴宣大院君李昰应，王大妃曾垂帘，闵妃即明成皇后亦曾参政。

（31）纯宗李坧（1874—1926年），在位期间1907—1910年，高宗嫡长子。

综上，朝鲜王朝仍然以"父死子继"为主要传位方式，"兄终弟及"作为补充原则，也长行不悖。在宗脉绝续的情况下才考虑旁支继位。凡是以旁支继位的，一般只继嗣不继统，即不再追尊其生父为王，除非当时的大王以武力夺位，比较强势。按照礼法，正常的旁支继位理应如此。武装篡位者已然使得宗脉情感荡然无存，故而追尊生父为王，或奉祀于永宁殿，或直接纳入宗庙的祭祀体系，此非王朝正常典制，也不是明廷诏准的做法，所以就会出现仅仅被明廷封赠为某某大君的人却在宗庙、永宁殿内以王的规格得到奉祀的情况。

2. "为人后者之服纪"及其在政治生活中的应用

对于"为人后者之服纪"，从礼法上看，出继为人后者须对其所继后之家的父母及亲属服丧，为亲生父母及其本宗诸亲则须降服：

> 为人后者为所后父母及内外亲，并如亲子，其报服亦同。为所生父母服期，解官心丧三年。为本宗诸亲并降一等。报服亦同。①

但这只是《经国大典》之《礼典》的规定。《续大典》之《吏典》则有"出继者于本生亲一体相避"之说，②则反映了由血缘而缔结的亲属关系乃是人情所系，在政治实践中必须遵从。

世宗大王规定为人后为所后者之服纪一依《元六典》之《礼典》"高祖父母齐衰三月，曾祖父母齐衰五月，同姓四寸兄弟大功，异姓三寸叔小功"：

> 议政府据礼曹呈启："凡士大夫无後者，令同姓继嗣，已曾立法，但其为后者为所后者之诸亲及本宗服丧之法则未有定制。谨按《仪礼

---

① 《经国大典》卷三《礼典》，第20—21页。
② 《大典通编》卷一《吏典》相避条，第182—183页。

经传通解续》丧服篇斩衰章曰:'为人後者,斩衰三年'。……自今依古制,凡为人后者为所后者之夫妻如亲子例,父则斩衰,母则齐衰,皆服三年。自所后者之父母祖父母曾祖父母,下至所厚者之同姓六寸兄弟之子,以至所后者妻之父母同姓兄弟及兄弟之子,又如亲子而为之服。其于本宗则为所生父母期。期如父在为母之期,而馀亲皆降一等。但《通解续》内:'为所后者之昆弟之子齐衰不杖期,为所後者之祖父母齐衰三月。'注云:'不言高祖同服故也。'为所后者之妻昆弟,缌麻三月。《元(六典)·礼典》则依《家礼》,高祖父母齐衰三月,曾祖父母齐衰五月,同姓四寸兄弟大功,异姓三寸叔小功,与《通解续》不同。然本朝士大夫服制日数,依《六典》给暇,已曾成例。右高祖父母曾祖父母及同姓四寸兄弟异姓三寸叔服制,一依《六典》施行。"从之。①

就一般的政治权益而言,"三代为限"是宗法制度中的一条重要原则。如《宋史·礼志》中强调"无嫡孙,嫡孙同母弟承重;无母弟,庶孙长者承重",即言宗法的"主干"原则是有限度的——在三代为限的原则下,庶孙亦优先于嫡曾孙。朝鲜王朝规定,即使是妾之子孙,若是处于"承重"之地位(即被列为父、祖之"后"——礼制意义上的继承人),则享有荫补入仕的特权,尤其是在侍从武官的选任上,如从三品的忠义卫、从四品的忠赞卫规定的人选是"原从功臣及子孙属焉,妾子孙承重者亦属"。应该指出的是,朝鲜王朝还对于外亲的荫补入仕提供了特许的权利,这是在强调"为人后者"的男系宗法权益的同时,为彰显其礼制传统和治国特色而设立的规定,如对于从三品武官忠顺卫的人选规定即是"异姓缌麻外六寸以上亲,王妃缌麻外五寸以上亲(先王、先后亲同);东班六品以上、西班四品以上曾经实职显官,文武科出身生员、进士有子孙、婿、弟、姪属焉"②。从上述的典制中可以看出,忠顺卫的人选主要是针对王和王妃的亲属,其范围扩展到异姓五寸、六寸,范围极广,而对于文武科出身生员、进士则只是规定了有子孙、弟、姪等男系宗亲,唯独一定品级的官僚及文武科出身生员、进士的女婿算是沾到了外亲荫补入仕的恩泽而已。对于由功臣的后代充任的忠义卫、忠赞卫则严格按照东亚主流的男系宗法来实行,强调"承重"与荫补任官的必须关联。

---

① 《世宗实录》卷九二,二十三年(1441)五月二十七日(壬戌)条,第4册,第344页。
② 《经国大典》卷四《兵典》,第36—38页。

综上，出于实际的政治权益分配的考虑，朝鲜王朝是灵活地运用了自身传统礼制中重视外亲的传统来扩大王及王妃的权益，利用东亚主流的男系宗法制度限制官僚集团，尤其要限制功臣后代的荫补权益。

世祖废长立幼，成宗之得位虽然是和平即位，并非依靠武力的篡弑，但即位之后仍追尊其父李暲为德宗。这里除了父子之情以外，还有一条重要的因素，就是出于成宗之父乃是嫡长子的考虑。如果是按照士大夫之家的家祭礼，这种做法是符合宗法原则的，也是顺理成章的事情。但如果涉及政治上的继统问题，就显得十分复杂了。成宗继位之初虽然追尊其父为王，然群僚反对，只得暂时尊为皇伯考。成宗二年（公元 1471 年）二月，追尊懿敬世子曰温文懿敬王，粹嫔曰仁粹王妃。初，上之即位也，以追崇所生，召政府六曹议之。卢思慎、金国光、徐居正、郑兰宗以为当称宗称王，别立庙，称皇伯考、姪子臣，尊粹嫔为大王妃。申叔舟、郑麟趾、崔恒等以为宜追王，不称宗，别立庙，称皇伯考、孝姪，使月山君婷奉祀，封粹嫔为王妃。上从叔舟议。（出《国朝实鉴》）[①] 后来正祖大王谈论宗庙祭祀世数时，奇大升进奏："宗庙祧迁之事，亦于《五礼仪》之文，一位递迁，则明宗当以入祔。……仁宗、明宗为考，中宗为祖，成宗为曾祖，德宗、睿宗为高祖，此其四亲。四亲之外，礼当递迁，而或有功德之主，则自为不迁之位。所谓不迁之主，当论于亲尽临祧之后，不可预议于四亲之内也。"[②]

初，世宗大王有二子，长曰懿敬世子，次曰海阳大君。懿敬早卒，海阳入承大统。是为睿宗。睿宗有二子，长曰月山君婷，次曰者山君（讳蜇笔者按，当为"娎"之误，以兄弟连名也）。睿宗之薨，慈圣大妃召大臣立者山君以为嗣，是为成宗。……原夫称宗之礼，其来远矣。《礼》曰："有虞氏祖颛顼而宗尧，夏后氏祖颛顼而宗禹。殷人祖契而宗汤，周人祖文王而宗武王。盖唯有大功于民者，乃祖乃宗，非世世可称者。"……诸侯不得称宗，以其不祧者，谓之世室。《礼》曰："鲁公之庙，文世室也。武公之庙，武世室也。"（《明堂位》）丁若镛指出：至汉犹有此法，文帝曰太宗，武帝曰世宗，宣帝曰中宗，明帝曰显宗。章帝曰肃宗。其余谥而不宗。然且武帝之尊为世宗在昭帝即位之十五年，宣帝之尊为中宗，在光武中兴之十九年，皆于久远之后追议功德，定其世祀而加之宗号，非如崩

---

①　丁若镛：《与犹堂全集》第三集卷二〇《丧礼外编·国朝典礼考一》第 284 册，第 422—423 页。

②　《宣祖实录》卷三，二年（1569）四月五日（戊寅）条，第 21 册，第 203 页。

年上谥，遂为臣民之所称也。自唐以降，礼术益晦，无帝不宗。宗亦可祧，然犹躬临大位。为天下君，乃得为宗，宋之濮王，帝亦勿之宗。

丁若镛又对中国历史上的类似礼制悬疑之处加以论述，如其论及元史及高丽史时，颇有微词，不乏贬损之倾向：

> 何论矣？臣考追崇称宗之法，昉于元武宗，武宗以藩王入承，追尊其父为顺宗。（《元史》云：怀宁王海山即位，追尊考答剌麻八剌为顺宗）泰定帝以藩王入承，追尊其父为显宗。（《元史》云：晋王也孙帖木儿立，追尊考甘麻剌为显宗）统嗣之乱而无序，未有甚于元世，则不足引重。

前此，高丽之初，逆臣康兆，废穆宗而立显宗（即大良君询），追尊其父（王子郁，即太祖子）为安宗。此乃宋真宗大中祥符二年事。则追崇称宗始于高丽，丁若镛认为"总系外国，蒙昧古典而为之者"。

丁若镛认为唐代追尊之皇帝皆出于情理，乃是兄弟团结、棠棣情深的表现，同时"追尊兄长之事"也符合宗法原则。[①] 朝鲜成宗之追尊其父为大王，乃是出于其父为嫡长子之故。同时，宋英宗朝之未追尊濮王为皇帝之事件也得到了丁若镛的赞许：进而对明史之"大礼议"事件加以批评，认为其与元朝及高丽之弊政如出一辙：

> 谓懿敬宜称宗也，皇明建文皇帝尊其父懿文太子为兴宗康皇帝。嘉靖皇帝尊其父兴献王为睿宗献皇帝，皆系元武宗以后之事。则追王称宗之昉于丽、元，灼然无疑。四臣之所据，其不在于丽、元乎？
>
> 新罗及唐史有是矣。唐有让皇帝、承天皇帝等追尊兄长之事。是则出于情以顺礼乎，抑或发于奇想以乱礼乎？
>
> 诚以创业之君，尊其祖考，是为正统；继体之君，尊其私亲，是为贰统。故汉高祖尊其父为太上皇，则后世无讥。汉哀帝尊其父为共皇帝，则先儒有讁，斯易悟也。汉宣帝不追尊史皇孙，汉光武不追尊南顿君，宋英宗不追尊濮王，斯义也，建诸天地而不悖。

---

① 笔者按，让皇帝李宪乃是皇后嫡出，唐玄宗之兄，以玄宗勇武果敢过人，主动让位；承天皇帝李倓乃是代宗皇帝的异母弟，且为宫人所生，因其于安史之乱时功勋卓著，且被谗冤死，于是代宗皇帝乃追尊李倓为承天皇帝。（事见《新唐书》卷八二《十一宗诸子列传》）实则，丁若镛在点评唐史时有叙述不够准确之处，但这不影响其基本礼学思想的阐发。

虽然，时有古今，礼有损益，哀帝之礼也，今以为天经地义。汉安帝尊其父清河孝王曰孝德皇。新罗入承之君，率皆封其父为葛文王（王妃之父亦封葛文王）。高句丽宝臧王封其父为大阳王。（并见《三阙史》）朝臣贵者亦皆追尊其亲：相之父为相，卿之父为卿。溯而上之，帝之父为帝，王之父为王，又谁能争之？为其称宗一事，名实相舛。其礼不中，又其法本起于丽、元，不足取重，斯其所不可也。

臣又按别庙之义，天之经也。光武立国，祭高帝以下于太庙。立其四亲庙于章陵。此嘉靖议礼之臣所以执以争者也。凡其生时不躬践大位者，不可以入太庙。此天地之限也，君臣之纪也，父子之序也。凡议礼之臣，宜以死争者，在此一事。

臣谨案申、郑、崔三臣之议，欲追王而不称宗，其视四臣之议，可谓凤鸣，但其称皇伯考、孝侄，又何据也？此俗昉于晋代，盛于宋世。上燕公者，曹奂之生父也，晋人谓之从祖父。（见《晋书·礼志》）李超者，李昉之生父也，昉表称以叔父。［见王柽《贻（诒）谋录》］时俗本然，伊川特顺俗而言之耳。然其义为世所宗。今不敢轻议，然为人后者未必皆为人子也。私家之立后，必取于子侄之列。故论礼者，遂以立后认之为立子。然帝王家为后之法，不拘昭穆，或弟为兄后（殷人之兄亡弟及），或兄为弟后（鲁僖公），或以从子为叔父之后，或以叔父为从子之后（周孝王、唐宣宗）。或孙为祖后（周桓王），或从孙为从祖之后（周夷王、汉宣帝）。及其入承也，又无不斩衰苴杖，为君父之父。及其祭之也，无不称嗣王臣某。然其属称，未必皆皇考也。兄者兄之，弟者弟之，祖者祖之，孙者孙之。奚独于叔父、父必变其本称，改之曰皇考也？所後家之称之为皇考，犹之可也。本生家称之为皇伯、皇叔，无乃不可乎？适幸两家二亲，本系同气，称其本生之父曰皇伯考、皇叔考，犹之未远。若两家二亲，本系疏属，又将奈何？堂伯父、堂叔父、族伯父、族叔父，非所以称于天显者。讲礼到此，虽游、夏当之，无以措一词矣。……夫入而为叔父後者，与入而为皇兄后者，其情无以异也。彼称皇兄，不害其嫡统，此称皇叔，胡独为非礼乎？统与属不同，圣圣相承，斯谓之统；子子相传，斯谓之属。今必曰名之为父子，然后乃可承统，则彼弟为兄后，叔为侄后者，不得为统乎？若云斯人之统，直系其考，则中间一二君，其将为闰位乎？宋太宗不考太祖，将云正统遂绝乎？此其义必不可通者也。其于继统之先君称之曰皇叔考，而自称曰子，不嫌于乱统也？且侄者，对姑之称，虽流俗讹传，得称叔侄，堂堂宗庙之中，岂可以俗称称之乎？孝娃二字，不可曰有稽也！①

综上，可见朝鲜学者对"宗"和嫡长子的观念十分重视，以私情可以追尊父亲，但其父不能夺宗，不能以"宗"冠之。"统"既是就政治意义而言的，也是依宗法意义而确立的。政治意义的继统如"彼弟为兄後，叔为姪後者"，然后世仍然需对其进行矫正，如成宗之尊其父为大王，乃是以宗法矫正前代那些从权而为的继统行为。"属"则是父子之常情，即子之继父。无论从情感上讲还是从自然常识上讲，继属的情况都可以世代不绝。但是按照正统的儒家天命观，"统"在特定情况下是可以断续的，易姓受命也是史不绝书的。所以，"统"在本质上讲是政治范畴的，是国家的"公"的礼仪，所以自有宋之濮议，及至明之大礼议，乃是朝鲜王朝对于继"统"还是继"属"的分辨，无疑都反映了士大夫家礼与王朝礼制的不同。继"属"可以完全遵照家族的宗法或人情办事，而继"统"则是一个王朝是否能够存续及如何存续的政治问题了。

---

① 丁若镛：《与犹堂全集》第三集卷二〇《丧礼外编·国朝典礼考一》第284册，第422页。

附录：朝鲜民族系寸法图示

내종간(內從間)의 계촌법(系寸法)

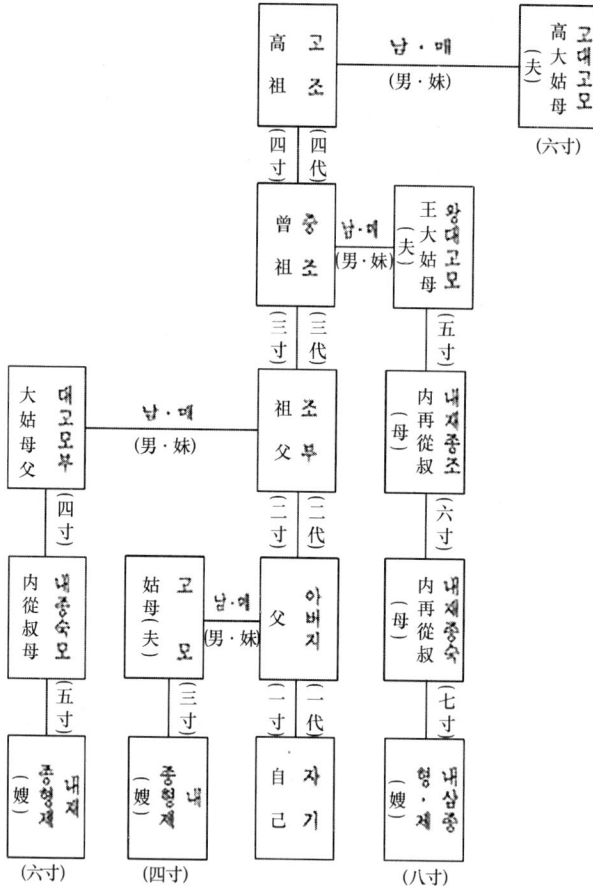

고조 高祖 ── 남·매 (男·妹) ── 고대고모 高大姑母 (夫) (六寸)

[四寸] [四代]

증조 曾祖 ── 남·매 (男·妹)

왕대고모 王大姑母 (夫) (五寸)

[三寸] [三代]

내재종조 内再從叔 (母) (六寸)

대고모부 大姑母父 (四寸) ── 남·매 (男·妹) ── 조부 祖父

[二寸] [二代]

내재종숙 内再從叔 (母) (七寸)

내종숙모 内從叔母 (五寸)

고모 姑母 (夫) (三寸) ── 남·여 (男·妹) ── 아버지 父

[一寸] [一代]

내재종숙 内再從叔 (母) (七寸)

내재종형·제 (嫂) (八寸)

내재종형제 (嫂) (六寸)

종형제 (嫂) (四寸)

자기 自己 [一代]

资料来源：此图表出于俞惕善《韩国人的冠、婚、丧、祭》，首尔：弘文馆 1961 年版，第517—518 页。

主要参考文献

丁若镛:《与犹堂全书》第三集,《韩国文集丛刊》,韩国民族文化推进会
　　1981 年版。

李瀷:《星湖全书》,《韩国文集丛刊》本,韩国民族文化推进会 1981
　　年版。

申叔舟:《国朝五礼仪》,民昌文化社影印本 1994 年版。

徐文重等:《宗庙仪轨》,首尔大学奎章阁印行 1997 年 12 月版。

李瀷:《星湖全集》,《韩国文集丛刊》本,韩国民族文化推进会 1981
　　年版。

金长生:《丧礼备要》,太白山实录史库本。

《朝鲜王朝实录》,国史编纂委员会 1955 年版。

《朝鲜王朝实录分类集》风俗篇一,国史编纂委员会、大韩民国教育部
　　1991 年版。

尹凤九:《屏溪集》,《韩国文集丛刊》本,韩国民族文化推进会 1981
　　年版。

宋时烈:《宋子大全》拾遗,《韩国文集丛刊》本,韩国民族文化推进会
　　1981 年版。

洪大容:《湛轩集》内集,《韩国文集丛刊》本,韩国民族文化推进会
　　1981 年版。

崔恒:《经国大典》,万历四十一年(1613 年)九月太白山实录史库本,
　　亦可见首尔大学奎章阁印行本,1997 年 12 月。

(徐宗玉等,英祖二十二年,1746 年)《续大典》,首尔大学奎章阁印行,
　　1998 年 12 月。

(朝鲜正祖九年,1785 年)《大典通编》,首尔大学奎章阁印行,1998 年
　　12 月。

(朝鲜正祖五年,1781 年)朴一源《秋官志》,"京城府"(今首尔):"朝
　　鲜总督府中枢院"排印本,昭和十四年(1938 年)。

成宗二十二年（1491 年）李克增等撰《大典续录》，首尔大学奎章阁影印本 1997 年版。

中宗八年（1513 年）尹殷辅等《大典后续录》，首尔大学奎章阁影印本 1997 年版。

明宗十年（1555 年）安玮等撰《经国大典注解》，首尔大学奎章阁影印本 1997 年版。

（朝鲜王朝）郑麟趾（于明代宗景泰二年，1451 年）《高丽史》，亚细亚文化社 1972 年影印本。

《明集礼》，台湾：影印文渊阁《四库全书》本 1986 年版。

（明）刘惟谦撰，怀效锋点校《大明律》，法律出版社 1999 年版。

（清）毛奇龄：《庙制折衷》，齐鲁书社影印本《四库存目丛书》本 1996 年版。

俞应善：《韩国人的冠、婚、丧、祭》，首尔：弘文馆 1961 年版。

韩重洙：《四礼便览：（新·旧）冠、婚、丧、祭礼大典》，明文堂 1981 年版。

后　记

　　值此《朝鲜王朝礼制研究》杀青并即将付梓之际，我由衷地感谢国家社科基金后期资助项目，感谢我们国家对社会科学工作者的优渥奖掖和不断激励。

　　感谢韩国高等教育财团，感谢他们对中国及其他亚洲学者的资助与扶持，并以其独特的伯乐睿智将我介绍到首尔大学奎章阁从事有关东亚传统礼制的研究。在首尔大学奎章阁，我得到了朴泰钧教授的诸多关照以及梁晋硕教授在资料和文献等方面的指导。

　　由衷地感谢我工作和学习的辽宁大学历史学院，十余年来，成长于斯，立业于斯。颠沛造次，时时念兹。木秀于林，植于沃土；寒泉不绝，源于深谷；竹之有节，个笋所出；鱼恋其渊，犬守其户；乌鸟有巢，筑于扶苏。物情如此，人情亦笃！

　　值此一元复始之际，由衷地感谢父母赐予我生命，使我得以有"受、想、行、识"去体悟世界，感悟人生。于行将不惑之年，我深深地体悟到了生命旅程的本身就是曲折历练与精彩华章的夹杂与融会。历经苦乐，人生由此升华！

　　由衷地感谢业师任爽先生，感谢恩师对我学术生涯的启蒙教诲和基本功的督导、锤炼，使得我能在首尔大学奎章阁卷帙浩繁的文献中找到研读文献，阐释历史的册府幽径。愿业师在天之灵永享福祉与安宁。

　　在韩国期间，由于文档的存储错误，书稿于草成之际曾陷入"乱码"状态，多方求助，未能修复。多亏辽宁大学物理专业毕业生刘庆鹏同学（吉林省白山市人），技高一着，对文稿做了完美的修复，使我不至于事倍功半，从头再来，在此深表谢忱。

　　世界历史发展到今天，多文化与跨文化的课题研究日臻丰富。作为一名以中国古代史为基本学术素养的探索者，能够在朝鲜半岛古代历史的研究中尽一些绵薄之力，对于我而言无疑是偶然的，也是十分幸运的。多文化与跨文化的课题研究应当只有一个目的，就是世界各国人民，无论其所系属之族群，无论其所生息之畛域，都应该秉持着继承人类共同遗产的态度，排除偏见，直面历史与现实问题，共谋和平发展之路。这也是我选择朝鲜王朝礼制研究这一课题的初衷，而不是认为中国传统如何独大独尊，理当目之为东亚地区乃至世界文明共享的文化财富。

由于体例所限，一本专著不能囊括所有。更多学习经历、体悟及在韩见闻，敬请读者关注本人网易博客 zhaox606. blog. 163. com。

赵旭

二〇一五年元月二十四日于沈阳辽宁大学蒲河校区